정서행동장애개론

제2판

이승희 지음

Introduction to Emotional and Behavioral Disorders

학지사

To My Father

제2판 머리말

정서행동장애는 특성상 많은 분야(예: 의학, 심리학, 교육학 등)와 관련되어 있다. 이러한 분야들에서 21세기 들어 두드러지게 나타나는 두 가지 주제가 있는데 하나는 '뇌기반(brain-based)'이고 다른 하나는 '증거기반(evidence-based)'이다. 또한 '예방(prevention)'도 꾸준히 강조되는 주제인데 이는 조기발견에 따른 예방이 조기판별을 통한 조기중재보다 더 효과적이고 바람직하기 때문이다. 이와 같은 세 가지 주제(뇌기반, 증거기반, 예방)는 2017년에 출간된 이 책의 초판에서는 크게 다루어지지 않았지만, 현재 정서행동장애 분야에서 주목해야 할 주제로 대두되고 있다. 그리고 2022년에는 DSM의 최신판인 DSM-5-TR이 발간되었다. 따라서 이번 제2판은 뇌기반, 증거기반, 예방, DSM-5-TR에 중점을 두고 개정이 이루어졌다. 이에 더하여 제2판에서는 SW-PBS와 RTI를 통합한 포괄적인 모델로 새로 출현한 다층지원체계(MTSS)를 소개하였고 새로 출시된 사정도구들도 추가하였다.

이와 같은 제2판의 개정내용을 책의 차례에 따라 간략하게 소개하면 다음과 같다. 첫째, 제2판에서는 개정내용에 맞추어 책의 구성에 큰 변화가 있었다. 3개 부(part)는 유지되었으나 제2부와 제3부의 위치가 바뀌었고, 전체적으로 8개 장(chapter)에서 11개 장으로 늘었다. 둘째, '뇌기반'을 반영하기 위해 제1장의 1절과 2절을 새로 추가하였으며 제4장의 3절도 새로 추가되었다. 즉, 제1장 1절과 2절에서는 뇌기반과 깊이 연관된 신경과학이나 관련분야(예: 생물학, 심리학 등)에서 사용하는 '정서' 및 '행동'의 개념과 특수교육 분야의 정서행동장애 영역에서 사용하는 '정서' 및 '행동'의 개념 간의 차이를 살펴보고 이 책에서 사용할 '정서', '행동', '행동문제', '정서행동장애'의 개념을 설명하였다. 그리고 제4장 3절에서는 '뇌기반 모델'을 학제간 모델로 제안하고 관련주제(내수용감각, 신체표지가설)도 살펴보았다. 셋째, 초판의 제1장 6절 '정서행동장애의 원인'과 7절 '정서행동장애의 평가'를 제2판에서는 제2장과 제3장으로 각각 설정하여 내용을 보완하였다. 특히 제3장에서는 선별을 '사례-특정적 선별'과 '보편적 선별'의 두 가지 유형으로 나누어 설명하였으며 새로 출시된 사정도구들도 소개하였다. 넷째, '증거기반'을 반영하기 위해 제5장 '증거기반실제'를 추가하였다. 다섯째, '예방'을 강조하기 위해 제8장에서 1절 '의뢰전 중재'를 추가하여 SW-PBS 및 RTI와 함께 다층지원체계(MTSS)를 소개하였으며 특히 '정서행동장애를 위한 MTSS와 특수교육의 연계 모형'을 제안하였다. 여섯째, 제3부의 제9장, 제10장, 제11장에서는 DSM-5-TR(APA, 2022)을 반영하여 진단준거와 관련내용을 수정하고 보완하였다. 일곱째, 이번 개정판에서 한 가지 주목할 부분은 제1장에 8절을 추가하여 다른 장애들과 비교되는 '정서행동장애의 차별점'을 부각시켰다는 것이다. 즉, 정서행동장애는 다른 장애들에 비해 예방 가능성과 치료(또는 회복) 가능성이 높다는 점을 강조하였으며 이러한 차별점은 정서행동장애의 정의, 평가, 중재 등에도 반영되어 수정과 보완이 이루어졌다. 여덟째, 저자가 초판을 교재로 강의하면서 수정 또는 보완을 위해 작성하거나 수집한 자료를 최대한 반영하고자 하였다.

제2판의 출간을 앞두고 보니 이번 개정작업 중에 유난히 마음에 와닿던 문구가 다시금 떠오른다. 법학자이자 철학자인 몽테스키외(Montesquieu, 1689~1755)는 '조금 알기 위해서 많이 공부해야 한다.'라고 하였다. 여기에 나는 '조금 쓰기 위해서 많이 알아야 한다.'라는 말을 곁들여서 "조금 쓰기 위해서 아주 많이 공부해야 한다."라고 말하고 싶다. 이는 책을 집필할 때마다 드는 생각이고 따라서 이번 개정판을 준비하면서도 나름으로 열심히 공부하고자 하였다. 하지만 여전히 부족한 부분에 대해서는 계속 공부하고 보완하는 노력을 하고자 한다.

출간을 앞두고 김진환 사장님, 최임배 부사장님, 김순호 이사님, 정은혜 차장님, 윤상우 과장님 등 학지사 분들에게 먼저 감사를 표하고 싶다. 첫 번째 저서인『특수교육평가』가 출간된 2006년부터 올 2025년까지 4권의 저서와 6권의 개정판을 출간하면서 학지사와 어느덧 20년간 인연을 맺고 있다고 생각하니 마음 한편이 먹먹해진다. 그리고 책을 출간할 때마다 고마움을 전하고 싶은 사람들이 주위에 많다는 것에 새삼 놀라기도 하면서 그분들에게 평소에 소홀했던 나를 되돌아보게 된다. 그 모든 분에게 다시 한번 깊은 감사를 드린다.

2025년 8월 30일
Erik Satie의 '그노시엔느 1번'이 흐르는
시카고특수교육연구소(Chicago RISE)에서
양정(養正) 이승희

제1판 머리말

이 책의 제1장 첫 부분에 언급되어 있듯이, 이 책은 부정적인 정서와 행동을 보이는 아동과 청소년에 관한 책이라고 할 수 있다. 그런데 아동과 청소년이 보일 수 있는 부정적인 정서와 행동은 지난 수십 년간 다양한 용어로 표현되어 왔고 그 정의 또한 다양하게 제시되어 왔다. 따라서 이 책은 첫 장에서 이러한 다양한 용어와 정의를 살펴보고 이 책에서 사용할 용어와 정의를 제시하고 있다. 즉, 이 책에서는 '정서행동장애'라는 용어를 사용하며 '자신의 발달이나 타인의 생활 혹은 양자 모두를 뚜렷이 방해하여 특수교육이 필요하거나 필요할 위험이 있는 부정적인 정서와 행동'으로 정의한다. 이 정의는 교육적 관심이 필요하거나 임상적으로 진단되었거나 특수교육이 필요한 부정적 정서와 행동을 모두 포함하는데, 임상적으로 진단된 부정적 정서와 행동이란 정신장애의 범주적 분류체계인 『정신장애의 진단 및 통계 편람(DSM)』에 포함된 다양한 정신장애를 말한다. 그리고 이러한 정신장애에 따라 정서행동장애의 유형을 분류하기도 하는데, 이 책 또한 제2부 '정서행동장애의 유형'에서 15가지 정신장애를 개별적으로 다루고 있다. 이와 같이 정서행동장애는 그 정의가 광범위할 뿐 아니라 질적으로 구분되는 다양한 정신장애를 포함하고 있으므로 이 책의 제목을 『정서행동장애개론』으로 붙여 보았다.

이 책은 구성상 정서행동장애의 개관, 유형, 중재의 세 부분으로 나뉘어 있다. 제1부 '정서행동장애의 개관'에서는 먼저 정서행동장애의 기초를 관련용어, 정의, 분류, 출현율, 특성, 원인, 평가로 나누어 살펴보았고, 그다음 정서행동장애의 개념적 모델을 단일모델(생물학적 모델, 정신분석적 모델, 행동적 모델, 인지적 모델, 생태학적 모델)과 통합모델(취약성-스트레스 모델, 생물심리사회적 모델)로 나누어 살펴보았다. 제2부 '정서행동장애의 유형'에서는 내재화장애, 외현화장애, 기타 장애로 구분하여 DSM에 제시된 정신장애 가운데 15가지(우울장애, 양극성장애, 분리불안장애, 범불안장애, 공황장애, 특정공포증, 사회불안장애, 강박장애, 외상후 스트레스장애, 품행장애, 적대적 반항장애, 주의력결핍과잉행동장애, 조현병, 배설장애, 섭식장애)를 정의, 출현율, 원인, 평가, 중재를 중심으로 살펴보았다. 특히, 15가지 정신장애의 정의로는 DSM 진단준거를 사용하였는데 이때 DSM-IV-TR(APA, 2000)과 DSM-5(APA, 2013)의 진단준거를 둘 다 제시하였다. 제3부 '정서행동장애의 중재'는 생물학적 중재, 심리사회적 중재, 교육적 중재로 구성되어 있다. 먼저 생물학적 중재에서는 약물적 중재와 비약물적 중재를 살펴보았고, 그다음 심리사회적 중재에서는 정신분석적 중재, 행동적 중재, 인지적 중재, 생태학적 중재를 살펴보았으며, 마지막 교육적 중재에서는 학업중재, 사회성기술 중재, 통합교육을 살펴보았다.

세 번째 저서인 이 책의 출간을 앞두고 보니 이전에 느끼지 못했던 먹먹함이 밀려온다. 아마 앞서 출간된 저서들에 비해 더 긴 집필기간인 5년여간 천천히 끊임없이 한 땀 한 땀 바느질을 하듯 써 온 책이기 때문이 아닐까 한다. 철학자 윌 듀런트(William J. Durant, 1885~1981)는 "하루를 잘 보내면 그 잠은 달다. 인생을 잘 보내면 그 죽음이 달다."라고 하였다. 이 책이 출간된 후 만약 많은 이들에게 도움이 된다면 지금의 먹먹함이 달콤한 보람으로 다가올 수도 있을 것이라는 순박한 바람도 가져본다.

출간을 앞두고 떠오르는 분들이 많다. 세 저서를 모두 학지사에서 출간하다 보니 학지사 분들에게 인사하는 것이 이제는 쑥스럽지 않게 느껴진다. 항상 집필을 응원해 주시는 김진환 사장님과 정승철 이사님, 저자의 의견을 깊이 헤아려 주시는 김순호 부장님, 외모만큼이나 차분하고 섬세한 마음으로 편집해 주신 백소현 차장님 등 학지사 분들에게 고마움을 표한다. 특히, 저세상에 계시지만 늘 곁에서 저의 길을 지켜봐 주시는 부모님에게 못다 한 사랑과 감사를 전하면서 어머님의 그림 가운데 아버님이 유난히 좋아하셨던 그림으로 이 책의 표지를 꾸며보았다. 그리고 어느덧 50~60대가 되어 서로의 건강을 염려해 주는 언니 · 동생들에게도 고마움과 그리움을 보낸다. 마지막으로 5년여라는 지난한 여정을 산소 같은 존재로 동행해 주신 분들에게도 진심으로 감사를 드린다.

2017년 새해 첫날
무등산 자락에 드리운 여명을 바라보며
운림동 보금자리에서
이승희

개괄 차례

차례

제3부

정서행동장애의 유형

제09장 내재화장애 • 289

제11장 기타 장애 • 367

표 차례

제01장

제02장

제03장

제04장

제06장

제07장

제08장

제09장

제10장

제11장

그림 차례

보충설명 차례

제08장

제09장

제10장

제1부 정서행동장애의 개관

제1장 Introduction to Emotional and Behavioral Disorders

정서행동장애의 기초

1. 정서행동장애의 관련개념

21세기에 들어 특수교육과 관련된 분야에서 두드러지게 나타나는 주제 중 하나가 '뇌기반(brain-based)'인데 이와 가장 깊이 연관된 분야는 신경과학이라고 할 수 있다. 신경과학(neuroscience)은 특히 뇌에 중점을 두고 신경계(뇌, 척수, 말초신경계)의 기능 및 장애에 대해 과학적으로 연구하는 학문으로서 생물학, 심리학, 의학, 철학 등의 다양한 분야를 통합하는 학제간 과학으로 알려져 있다(저자주: 신경과학이 특히 뇌에 중점을 두고 있어서 'neuroscience'를 흔히 '뇌신경과학'으로 번역하기도 함). 이러한 신경과학 분야에서 나오는 '뇌기반'과 관련된 정보는 정서행동장애를 이해하고 중재하는 데 중요한 요소로 받아들여지고 있는데 그 이유는 인간의 정서 및 행동 영역이 뇌와 긴밀히 연결되어 있기 때문이다. 따라서 이 책에서도 필요할 때 '뇌기반'과 관련된 내용을 다루고자 한다. 하지만 신경과학 및 관련분야(생물학, 심리학 등)에서 사용하는 '정서'와 '행동'의 개념이 특수교육 분야의 정서행동장애 영역에서의 개념과는 다소 차이가 있으므로 다음에서는 먼저 이 책에서 사용할 '정서'와 '행동'의 개념에 대해 살펴보고 아울러 이 책의 핵심적 용어인 '행동문제'의 개념을 설명하고자 한다.

1) 정서의 개념

흔히 사람들은 정서를 느끼고 정서에 대해 반응한다고 생각한다. 그러나 정서가 무엇인가라는 정의를 내리는 것은 쉽지 않을 뿐 아니라 분야나 학자들 간에 일치된 정의도 찾아보기 어렵다. 특히 신경과학 분야에서는 뇌에 기반하여 정서를 설명하기 때문에 신경과학 분야에서 제시하는 정서의 개념을 다루기 위해서는 뇌의 구조와 기능에 대한 기본적인 이해가 필요하다. 따라서 다음에서는 뇌의 구조와 기능에 대해 간단히 살펴본 후 이 책에서 사용할 정서의 개념을 제시하기로 한다.

(1) 뇌의 구조와 기능

뇌의 구조와 기능은 매우 복잡하지만, 이 책의 의도상 간단히 두 가지(뇌 외부, 뇌 내부)로 나누어 주요 부위를 살펴보면 다음과 같다.

① 뇌 외부

뇌 외부의 주요 부위로는 [그림 1-1]에 보이듯이 4개의 엽(전두엽, 측두엽, 후두엽, 두정엽), 운동피질과 체감각피질, 그리고 소뇌가 있다(Sousa, 2007).

[그림 1-1] 뇌 외부의 주요 부위

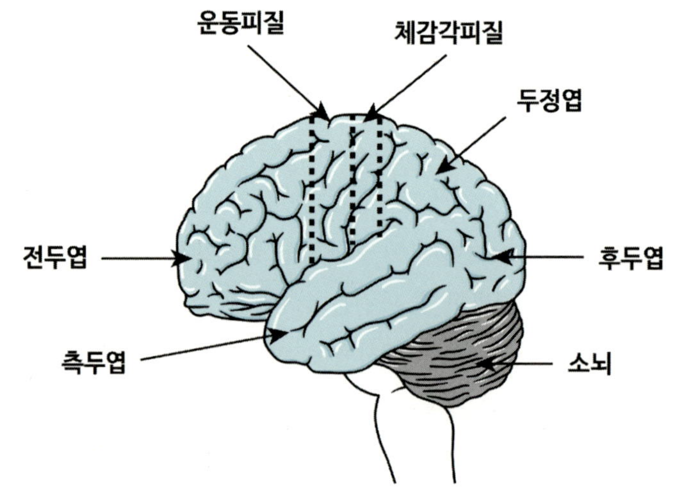

자료출처: Sousa, D. A. (2007). *How the special needs brain learns* (2nd ed.). Thousand Oaks, CA: Corwin Press. (p. 6)

ⓐ 4개의 엽

첫째, 전두엽(frontal lobe)은 뇌 앞부분에 있으며 뇌반구의 50% 정도를 차지한다. 전두엽 중에서도 이마 바로 뒤에는 전전두피질(prefrontal cortex)이 있다. 전두엽은 계획과 사고를 담당한다. 또한 전두엽은 이성 및 실행의 통제센터(rational and executive control center)로서 고차원적 사고를 점검하고 문제해결을 안내하며 과도한 정서를 조절한다. 정서는 주의를 유도하기 때문에 이 영역의 효율성은 변연계와 관련된다. 둘째, 측두엽(temporal lobe)은 귀 위쪽에 위치하며 소리, 음악, 얼굴 및 사물 인식, 그리고 일부 장기기억을 담당한다. 보통 좌반구 측두엽에 말센터(speech center)가 있다. 셋째, 후두엽(occipital lobe)은 뇌의 뒷부분에 위치하며 주로 시각처리를 담당한다. 넷째, 두정엽(parietal lobe)은 정수리 가까이 위치하며 주로 공간정위, 계산, 그리고 일부 유형의 인식을 담당한다.

ⓑ 운동피질과 체감각피질

두정엽과 전두엽 사이에는 한쪽 귀에서 뇌의 맨 위를 지나 다른 쪽 귀에 이르는 2개의 띠가 있다. 앞쪽에 있는 띠는 운동피질(motor cortex)인데, 신체운동을 통제하고 소뇌와 협력하여 운동기술의 학습을 조정한다. 운동피질 바로 뒤에 있는 두정엽의 시작 부분이 체감각피질(somatosensory cortex)인데, 신체 여러 부위에서 온 촉각신호를 처리한다.

ⓒ 소뇌

소뇌(cerebellum)는 대뇌의 뒤쪽 부분 아래, 즉 뇌간 바로 뒤에 위치하며 운동협응을 담당한다.

② 뇌 내부

뇌 내부의 주요 부위로는 [그림 1-2]에 보이듯이 뇌간, 변연계, 그리고 대뇌피질이 있다(Sousa, 2007). 뇌간, 변연계, 대뇌피질을 각각 생존의 뇌, 정서의 뇌, 이성의 뇌로 부르기도 한다. 또한 근래에는 부변연계라는 부위가 새롭게 주목을 받고 있다(문요한, 2019).

[그림 1-2] 뇌 내부의 주요 부위

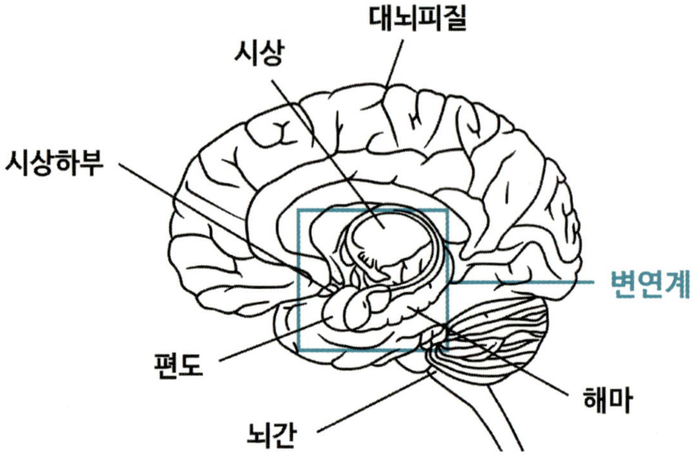

자료출처: Sousa, D. A. (2007). *How the special needs brain learns* (2nd ed.). Thousand Oaks, CA: Corwin Press. (p. 9)

ⓐ 뇌간

뇌간(brainstem)은 뇌에서 가장 오래되고 가장 깊은 곳에 있다. 뇌간을 파충류의 뇌(reptilian brain)라고도 하는데, 이는 뇌간이 파충류의 뇌 전체와 유사하기 때문이다. 몸에서 뇌로 가는 12개 신경 중 냄새를 위한 후신경은 곧바로 변연계로 가고 나머지 11개는 뇌간으로 간다. 뇌간은 심장박동, 호흡, 체온, 소화 등 생명유지에 필요한 신체기능을 점검하고 통제한다(Sousa, 2007).

ⓑ 변연계

뇌간과 대뇌피질 사이에는 한 무리의 구조물인 변연계(limbic area)가 있는데 포유류의 뇌(mammalian brain)라고도 한다. 변연계가 뇌간과 대뇌피질 사이에 위치함으로써 정서와 이성의 상호작용이 가능하다. 변연계의 구조물들은 정서를 생성하고 정서적 기억을 처리하는 등 여러 가지 다양한 기능을 수행하는데, 다음 네 가지 부위(시상, 시상하부, 해마, 편도)는 학습과 기억에 중요한 역할을 한다(Sousa, 2007).

- 시상(thalamus): 냄새를 제외한 모든 감각정보는 먼저 시상으로 간다. 시상에 도착한 정보는 추가적 처리를 위해 뇌의 여러 부위로 가게 된다.

- 시상하부(hypothalamus): 시상 바로 아래에 시상하부가 있다. 시상이 외부에서 유입되는 정보를 점검하는 반면, 시상하부는 신체의 항상성(homeostasis)을 유지하기 위해 내부 체계를 점검한다. 즉, 다양한 호르몬의 분비를 통제하여 수면, 섭식, 수분섭취 등 많은 신체기능을 조정한다.
- 해마(hippocampus): 해마는 변연계의 맨 아랫부분 가까이에 있다. 학습내용을 공고화하거나 작업기억 정보를 장기 저장고로 전환할 때 중요한 역할을 한다.
- 편도(amygdala): 해마 끝에는 아몬드를 닮은 편도가 있다. 편도는 정서(특히 공포)에서 중요한 역할을 한다. 따라서 편도를 정서반응의 센터(center of emotional response)라고도 부른다. 냄새를 제외한 모든 감각정보는 먼저 시상으로 가고 시상으로 유입된 정보, 즉 정서적 신호(emotional signals)는 [그림 1-3]에 보이듯이 2개의 통로를 지나 편도로 간다. 빠른 통로(시상통로)에서는 신호가 시상에서 곧장 편도로 간다([그림 1-3]에서 A통로). 두 번째 통로(피질통로)에서는 신호가 먼저 인지적 처리를 위해 시상에서 대뇌피질로 바로 가고 그다음 편도로 간다([그림 1-3]에서 B통로). 신호가 이 2개의 통로를 지날 때 걸리는 시간은 각기 다르다. 예를 들어, 소리신호가 A통로를 지나는 데에는 약 12밀리초(1밀리초는 1/1,000초) 걸리고 B통로를 지나는 데에는 약 두 배 걸린다. 신호가 어느 통로를 택하는가는 생(生)과 사(死)의 차이를 의미할 수도 있다. 경적을 울리는 차소리가 A통로를 지나면 우리는 무엇이 다가오는지 모르더라도 놀라서 재빨리 길옆으로 피할 것이다. 이후에야 B통로를 통해 우리의 대뇌피질은 무슨 일이 일어났는지에 대한 설명을 제공한다. 이처럼 편도는 대뇌피질에서 온 정보가 없어도 활성화될 수 있으며 이 경우에는 뇌가 사고나 추리 같은 인지적 기능의 도움 없이 정서적으로 반응하는 것이다.

ⓒ 대뇌피질

대뇌피질(cerebral cortex)은 대뇌의 표면에 위치하는 신경세포들의 집합이라고 할 수 있다. 대뇌피질은 부위에 따라 기능이 다르며 각각 기억, 집중, 사고, 언어, 각성, 및 의식 등을 담당한다. 대뇌(cerebrum)는 한정된 공간에서 넓은 표면적을 갖도록 복잡하게 주름져 있다. 표면 쪽으로 융기된 부위를 이랑(gyrus)이라 하고 그 사이의 움푹 들어간 부위를 고랑(sulcus)이라고 한다. 전체 대뇌피질의 약 2/3는 대뇌고랑을 이루며 안쪽으로 들어가 있어 표면에서 관찰되지 않는다. 대뇌피질은 고랑과 이랑의

[그림 1-3] 정서적 신호의 통로

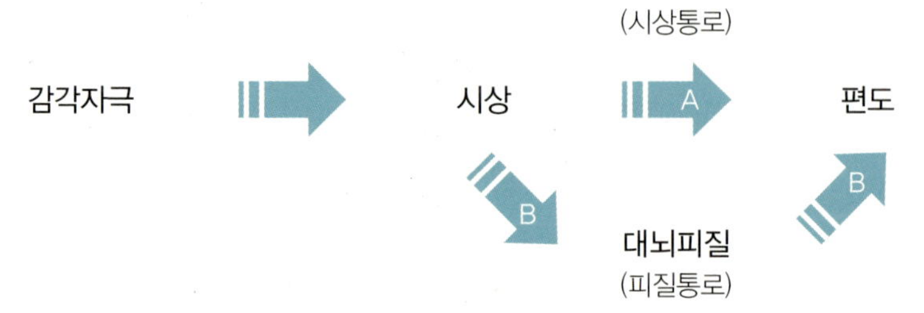

자료출처: Sousa, D. A. (2007). *How the special needs brain learns* (2nd ed.). Thousand Oaks, CA: Corwin Press. (p. 161)

모양과 그 부위가 위상적으로 어디에 있는지에 따라 앞서 설명한 바 있는 4개의 엽(전두엽, 측두엽, 후두엽, 두정엽)으로 나뉜다(위키백과, 2024).

ⓓ 부변연계

부변연계(para-limbic area)는 해부학적으로 '이성의 뇌'라고 할 수 있는 대뇌피질과 '정서의 뇌'라고 할 수 있는 변연계 사이에 있는 구조물이다. 이 부변연계의 주요 부위로 다음 두 가지(대상피질, 섬엽)가 있다(문요한, 2019).

- 대상피질(cingulate cortex): 대상피질, 특히 전대상피질(anterior cingulate cortex: ACC)은 '이성의 뇌'인 대뇌피질을 도와서 충동조절이나 판단과 같은 고차원적 사고에 관여하고 동시에 '정서의 뇌'인 변연계를 도와 정서의 처리와 조절에 영향을 준다.
- 섬엽(insula): 섬엽은 한마디로 '신체자각(body-awareness)의 뇌'라고 할 수 있는데 몸의 곳곳에서 전달되는 감각신호를 받아들이고 그 가운데 중요한 신호를 대뇌피질로 연결하여 판단과 결정이 내려지도록 한다.

(2) 이 책에서 사용할 정서의 개념

앞서 '(1) 뇌의 구조와 기능'에서 살펴보았듯이, 뇌 내부의 주요 부위로 뇌간(생존의 뇌), 변연계(정서의 뇌), 대뇌피질(이성의 뇌)이 있으며 또한 변연계와 대뇌피질 사이에 있는 부변연계도 새롭게 주목받고 있다. 이들 가운데 정서를 생성하고 정서적 기억을 처리하는 '변연계'와 새롭게 주목받고 있는 '부변연계'는 특히 정서와 관련된 구조물이라고 할 수 있다. 이처럼 정서는 뇌의 반응과 깊이 관련되어 있다.

정서(情緖)의 영어인 'emotion'은 'move out'을 뜻하는 라틴어 'emovere'에서 유래되었는데 이는 외부로의 움직임을 의미한다. 따라서 정서(emotion)는 의미상 외현적 표현과 관계가 있으며 신체화된 경험으로 나타날 수 있는 것으로 해석된다. 즉, 정서란 특정 상황이나 자극에 대한 뇌의 반응으로 일어나는 신체적 변화라고도 볼 수 있다. 이처럼 인간의 정서는 뇌와 연결되어 있으므로 신경과학 및 관련분야에서 사용하는 정서의 개념이 유용할 것으로 보인다. 따라서 이 책에서는 신경과학자로 널리 알려진 Antonio R. Damasio가 제시한 정서의 개념을 사용하기로 한다. Damasio(1994)에 따르면 정서(emotion)란 '자극에 반응하여 나타나는 신체와 뇌 상태의 변화(changes in both body and brain states in response to stimuli)'라고 할 수 있다(Wikipedia, 2024). 신체적 변화에는 타인이 감지할 수 있는 것(예: 표정, 자세 등)과 감지할 수 없는 것(예: 심장박동, 근육긴장, 내분비활동 등)이 있으며, 이러한 신체적 반응은 뇌의 특정 영역(즉, 섬엽)으로 전달된다. 이처럼 Damasio는 정서를 신체적인 것으로 보았는데 이는 그가 공식화한 '신체표지가설(somatic marker hypothesis)'과도 관련이 있다. 이 가설에서 Damasio는 정서적 과정(emotional process)이 행동이나 의사결정에 영향을 준다고 보았다. Damasio의 신체표지가설에 대해서는 이 책 제4장 '정서행동장애의 개념적 모델'에서 살펴볼 것이다.

2) 행동의 개념

인간의 행동(behavior)에는 내현적 행동과 외현적 행동의 두 가지 유형이 있다(Chance, 2014; Martin & Pear, 2011; Miltenberger, 2016). 내현적 행동(covert behavior)은 다른 사람에 의해 쉽게 관찰될 수 없는 행동을 말하는데 그 예로는 마음속으로 말하기(inner speaking)나 생각하기(thinking)가 있다. 반면에 외현적 행동(overt behavior)은 다른 사람에 의해 관찰가능하고 측정될 수 있는 행동을 말하며 걷기(walking), 던지기(throwing) 등이 그 예가 될 수 있다. 일반적으로 행동은 외현적 행동을 가리킨다. 하지만 내현적 행동도 신뢰롭게 측정될 수만 있다면 행동이라고 본다(Chance, 2014). 이처럼 행동은 측정이 가능해야 하는데, 측정될 수 있는 행동의 특성을 행동의 차원(dimensions of behavior)이라고 한다. 일반적으로 행동의 차원에는 빈도(frequency),

강도(intensity), 지속시간(duration)이 포함된다(Martin & Pear, 2011; Miltenberger, 2016).

3) 행동문제의 개념

앞서 행동의 예로 마음속으로 말하기, 생각하기, 걷기, 던지기 등이 제시되었는데 이처럼 행동은 어떤 동작이나 말을 하는 인간의 행위(action)며 행위동사(action verb)로 기술된다(Miltenberger, 2016). 따라서 손톱-물어뜯기(nail-biting), 안절부절못하기(fidgeting), 소리지르기(yelling), 때리기(hitting) 등도 행동의 예가 될 수 있다. 이 4개 행동의 공통점은 다소 부정적인 행동, 즉 문제행동(problem behavior)이라고 할 수 있다. 하지만 이 4개 행동 중 전자 2개(손톱-물어뜯기, 안절부절못하기)는 '불안(anxiety)'이라는 표찰(label)에 포함되고 후자 2개(소리지르기, 때리기)는 '공격성(aggression)'이라는 표찰에 포함된다. 이때 표찰(label)이란 어떤 유형의 행동들(즉, 어떤 행동군)에 대해 보편적으로 사용되는 일반적 명칭을 말한다(이승희, 2021b). 특히 어떤 유형의 문제행동들에 대한 표찰은 '행동문제(behavior problem)'라고도 한다. 따라서 문제행동(problem behavior)이 특정 행동이라면 행동문제(behavior problem)는 어떤 행동들의 군(群)을 가리킨다고 할 수 있다. 행동문제는 두 가지 유형으로 나뉘는데 하나는 내재화 행동문제(internalizing behavior problems)고 다른 하나는 외현화 행동문제(externalizing behavior problems)다. 앞서 언급한 불안이 내재화 행동문제로 분류된다면 공격성은 외현화 행동문제로 분류된다.

2. 정서행동장애의 개념

앞서 행동문제를 내재화 행동문제와 외현화 행동문제로 분류하였는데 이러한 행동문제는 정서행동장애의 핵심적 특성이다. 정서행동장애를 영어로 표현하면 'emotional and behavioral disorders'인데, 이는 'emotional disorders'와 'behavioral disorders'의 합성어라고 할 수 있으며 각각은 '정서적 장애'와 '행동적 장애'로 번역된다. 이러한 정서적 장애와 행동적 장애는 각각 '내재화장애(internalizing disorders)'와 '외현화장애(externalizing disorders)'라고도 한다(Webber & Plotts, 2008; Wicks-Nelson

〈표 1-1〉 '정서행동장애'라는 개념의 해석

개념	구분	특성	
정서행동장애	정서적 장애(내재화장애)	내재화 행동문제	• 위축 • 우울 • 불안 • 공포 • 열등감 • 과도하게 민감함
	행동적 장애(외현화장애)	외현화 행동문제	• 반항 • 과잉행동 • 공격성 • 욕하기 • 파괴적임 • 과도한 관심을 요구함

& Israel, 2009). 이 가운데 내재화장애의 특성은 내재화 행동문제고 외현화장애의 특성은 외현화 행동문제라고 할 수 있다. 따라서 이 책에서는 정서행동장애를 내재화 행동문제와 외현화 행동문제가 나타나는 장애로 보는데, 이를 요약하여 제시하면 〈표 1-1〉과 같다.

3. 정서행동장애의 관련용어

앞서 정서행동장애를 영어로 표현하면 'emotional and behavioral disorders'라고 하였는데, 정서행동장애와 관련된 용어는 〈표 1-2〉에 보이듯이 다소 다양하다. 다음에서는 이 용어들에 대해 간단히 살펴보기로 한다. 첫째, 미국에서 사용되는 용어로 'emotional disturbance', 'behavioral disorders', 'emotional or behavioral disorder', 'emotional and behavioral disorders'가 있다. 우리나라에서 'emotional disturbance'는 '정서장애'로, 'behavioral disorders'는 '행동장애'로, 'emotional or behavioral disorder'와 'emotional and behavioral disorders'는 '정서행동장애', '정서 · 행동장애', 또는 '정서 및 행동장애'로 번역되는 경향이 있다. 이와 같은 용어들은 단지 명칭에 차이가 있을 뿐 지칭하는 영역에서 차이가 있는 것은 아니다(Zionts,

〈표 1-2〉 정서행동장애 관련용어

미국	우리나라
• emotional disturbance (U.S. Department of Education, 1997) • behavioral disorders (Nelson, Benner, & Mooney, 2008) • emotional or behavioral disorder (NMHSEC as cited in Forness & Knitzer, 1992) • emotional and behavioral disorders (Cullinan, 2007; Davis, Culotta, Levine, & Rice, 2011; Flick, 2011; Kauffman & Landrum, 2009; Pierangelo & Giuliani, 2008; Rutherford, Quinn, & Mathur, 2004; Webber & Plotts, 2008; Yell, Meadows, Drasgow, & Shriner, 2009)	• 정서장애 • 행동장애 • 정서행동장애 • 정서 · 행동장애 • 정서 및 행동장애

Zionts, & Simpson, 2002).

둘째, 특수교육 관련법의 측면에서 살펴보면 미국의 경우 「장애인교육법(Individuals with Disabilities Education Act: IDEA 2004)」(U.S. Department of Education, 2004)에서 '정서장애'를 사용하고 있는 데 비해 우리나라의 경우 2007년 이전에는 「특수교육진흥법」(교육인적자원부, 2005)에서 '정서장애'를 그리고 2007년부터는 「장애인 등에 대한 특수교육법」(교육인적자원부, 2007)에서 '정서 · 행동장애'를 사용하고 있다. 이러한 용어들은 관련법에 명시되어 공식적으로(formally) 사용됨으로써 비공식적으로 사용되는 다른 용어들과 차이가 있으나 이는 단지 사용상(즉, 공식적 사용 또는 비공식적 사용)의 차이일 뿐 지칭하는 영역상의 차이는 아니라고 할 수 있다.

셋째, 관련 학술분야의 측면에서 살펴보면 미국에서는 'emotional and behavioral disorders'를 가장 선호하는 것으로 보이며 우리나라에서도 이 용어를 번역한 '정서행동장애'가 가장 보편적으로 사용된다고 할 수 있다.

넷째, 예방이 강조되는 경향의 측면에서 살펴보면 정서행동문제(emotional and behavioral problems)(Bell, Foster, & Mash, 2005; Zionts et al., 2002)라는 용어도 사용되고 있는데 이는 정서행동장애 위험(at-risk) 아동과 청소년에 대한 관심이 반영된 것으로 보인다. 특수교육에서 '위험(at-risk)'이란 현재는 장애가 없지만 향후 장애를 보일 가능성이 보통 이상인 경우를 말하며 생물학적 조건, 출생 시 사건, 또는 가정환경 특성으로 말미암아 나중에 발달문제를 경험할 것으로 보이는 영유아나 일반학급에서 주목할 만한 학습문제 또는 행동문제를 보임으로써 특수교육대상자가 될 위험에 처해 있는 학생들에게 적용된다(Heward, 2009).

다섯째, '장애'라는 용어의 측면에서 한 가지 주목할 사항은 '정서행동장애'에서는 장애가 'disorder'로 표현된다는 점이다. 장애와 관련된 용어를 논의할 때 일반적으로 세 가지 용어, 즉 손상(impairment), 장애(disability), 핸디캡(handicap)을 비교한다. 〈표 1-3〉에 제시된 바와 같이 손상은 신체의 특정 부위 또는 기관이 상실되거나 그 기능이 감소된 상태를 말하고(예: 사지 상실), 장애는 손상으로 말미암아 대부분의 사람이 하는 방법으로 특정 과제(예: 걷기, 보기, 숫자 더하기)를 수행할 수 있는 능력이 제한된 상태를 말하며, 핸디캡은 손상이나 장애로 인해 환경과의 상호작용에서 문제나 불이익이 초래된 상태를 말한다(Heward, 2009). 이처럼 일반적으로 장애가 학습장애(learning disability)나 발달장애(developmental disability)에서처럼 'disability'로 표현되는 데 비해 정서행동장애에서는 'disorder'로 표현된 것에 대하여 몇 가지 가능한 해석을 보면 첫째, 'disorder'와 'disability'를 동의어로 사용한 것으로 볼 수 있다. 예를 들어, 미국의 전국정신건강및특수교육연합(National Mental Health and Special Education Coalition: NMHSEC)은 'emotional or behavioral disorder'라는 용어를 제안하면서 이 용어에 대한 정의를 다음과 같이 시작하고 있다: "The term emotional or behavioral disorder means a disability characterized by ……"(Forness & Knitzer, 1992, p. 13). 또한 'emotional and behavioral disabilities'라는 용어를 사용하는 특수교육개론서도 있다(예: Rosenberg, Westling, & McLeskey, 2011). 둘째, 이 분야가 전통적으로 정신건강과 밀접한 관계를 가지고 있으므로 정신건강전문가들이 주로 사용하는 진단체계인『정신장애의 진단 및 통계 편람(Diagnostic and Statistical Manual of Mental Disorders: DSM)』에서 장애가 disorder로 표현되는 것과 관련이 있을 수 있다. 예를 들어, DSM-5-TR(American Psychiatric Association, 2022)에 의하면 우울장애(depressive disorders), 불안장애(anxiety disorders), 품행장애(conduct disorder), 주의력결핍과잉행동장애(attention deficit hyperactivity disorder) 등에서 장애가 'disorder'로 표현된다. 셋째, disability와 구분하기 위하여 disorder가 사용되었을 수도 있다. 의학계에서는 disability와 disorder를 구분하기도 하는데,『영한의학대사전』(김기령, 백만기, 조규상, 1995)에 의하면 disability는 '신체적 · 정신적 정상기능의 부족, 능력부족'으로 그리고 disorder는 '장애, 질병'으로 기술되어 있다. 즉, disability에 비해 disorder에는 치료를 필요로 한다는 의미가 내포되어 있다고 할 수 있다. 이처럼

〈표 1-3〉 장애 관련용어

<table>
<tr><th>용어</th><th>정의</th><th>비고</th></tr>
<tr><td>손상
(impairment)</td><td>신체의 특정 부위 또는 기관이 상실되거나 그 기능이 감소된 상태</td><td rowspan="3">어떤 손상이나 장애는 상황에 따라 핸디캡이 될 수도 있고 그렇지 않을 수도 있다. 예를 들어, 다리가 없어 의족을 착용한 아동이 농구장에서 또래와 경쟁할 때 핸디캡이 있을 수 있지만 교실에서 학습할 때는 핸디캡이 없을 수 있다. 또한 어떤 장애인들은 손상이나 장애와는 상관없이 일반인들의 부정적 태도와 부적절한 행동으로 인해 학교, 직장, 지역사회의 참여에 제한을 받음으로써 핸디캡을 경험하기도 한다.</td></tr>
<tr><td>장애
(disability)</td><td>손상으로 말미암아 대부분의 사람이 하는 방법으로 특정 과제를 수행할 수 있는 능력이 제한된 상태</td></tr>
<tr><td>핸디캡
(handicap)</td><td>손상이나 장애로 인해 환경과의 상호작용에서 문제나 불이익이 초래된 상태</td></tr>
</table>

수정발췌: Heward, W. L. (2009). *Exceptional children* (9th ed.). Upper Saddle River, NJ: Pearson Education, Inc. (p. 10)

disorder에 치료를 필요로 한다는 의미가 내포되어 있다면, 이는 disorder가 치료될 수 있다는 것을 의미하기도 한다. 따라서 disorder는 'disease(질병)'와 유사한 용어라고 할 수 있다. 정신건강전문가들이 DSM과 함께 많이 참고하는 진단체계인 『국제질병분류(International Classification of Diseases: ICD)』의 제목에도 disease가 사용되고 있다. Disease는 '병인이나 병태생리가 알려져 있는 비정상적 상태 또는 위험한 상태'로 정의된 바 있는데(Hyman, 2010; Kraemer, 2008), 이는 disease가 예방이 가능하며 걸릴 경우에는 치료도 가능하다는 것을 뜻한다(Stewart & Devlin, 2006; Sykes, 2001). 이처럼 disorder가 예방과 치료의 가능성을 함축하고 있는 disease와 유사한 용어라면 정서행동장애(emotional and behavioral disorders)도 예방과 치료(또는 회복)의 가능성을 내포하고 있다고 할 수 있다.

이상에서 살펴본 것처럼 정서행동장애와 관련된 용어들이 다소 다양한데 이 책에서는 학술분야에서 가장 선호하는 것으로 보이는 '정서행동장애(emotional and behavioral disorders)'를 선정하여 사용한다. 또한 이 책에서는 정서행동장애를 '정서행동문제'가 포함되는 포괄적인 의미로 사용하고 예방과 치료(또는 회복)의 가능성이 내포되어 있는 것으로 보고자 하며 그 정의는 다음 절에서 살펴보기로 한다.

4. 정서행동장애의 정의

앞서 살펴본 정서행동장애의 관련용어들이 다양하듯이 정서행동장애의 정의도 다소 다양하게 제시되고 있는데 이는 정서행동장애를 정의하기가 쉽지 않다는 것을 의미한다. 정서행동장애를 정의하기 어려운 이유는 [보충설명 1-1]과 같이 여러 가지로 설명될 수 있으며 이러한 이유들로 인해 정서행동장애에 대한 객관적이고 절대확실한(fail-safe) 정의를 내리는 것이 불가능할 수 있다는 입장(Rosenberg, Wilson, Maheady, & Sindelar, 2004)도 있다.

이와 같이 정서행동장애에 대한 합의된 정의는 없으나 관련문헌들에서는 법적 정의를 가장 보편적으로 사용하고 있다. 그러나 [보충설명 1-1]에 보이듯이 누가 무엇 때문에 필요로 하는가, 즉 목적에 따라 다양한 정의가 있을 수 있는데 이러한 정의들 중 하나인 법적 정의만 제시하는 것은 정서행동장애의 정의를 이해하는 데 한계를 가져올 수 있다. 따라서 다음에서는 정서행동장애의 정의를 체계적으로 고찰한 이승희(2012)의 연구를 근거로 법적 정의와 함께 다른 목적에 따른 정의인 임상적 정의와 교육적 정의도 살펴본 후 이 책에서 사용할 정서행동장애의 정의를 제시하고자 한다.

1) 법적 정의

정서행동장애의 법적 정의(legal definition)란 국가가 특수교육대상자 선정이라는 행정적 목적을 가지고 특수교육 관련법에 명시한 정의라고 할 수 있다. 따라서 미국의 「장애인교육법(IDEA 2004)」과 우리나라의 「장애인 등에 대한 특수교육법」에 명시된 정의가 여기에 해당된다. 〈표 1-4〉는 미국 「장애인교육법(IDEA 2004)」에 명시된 장애영역과 정의를 그리고 〈표 1-5〉와 〈표 1-6〉은 우리나라 「장애인 등에 대한 특수교육법」과 동법 시행령에 각각 명시된 장애영역과 정의(즉, 특수교육대상자 선정기준)를 제시하고 있는데, 다음에서는 정서행동장애에 국한하여 미국과 우리나라의 법적 정의를 좀 더 구체적으로 살펴보고자 한다. 장애의 법적 정의와 관련하여 한 가지 주목해야 할 점은 법적 정의는 해당 정부가 행정적 목적을 가지고 설정한 정의이므로 국가에 따라 차이가 있을 수 있으며, 미국의 경우는 주(州)에 따라서도 차이가 있을 수 있다는 것이다. 즉, 한 아동이 어떤 국가에서는 정서행동장애로 판별되어도 다

[보충설명 1-1] 정서행동장애 정의의 어려움

다른 장애영역과 마찬가지로 정서행동장애 영역에서도 장애의 정의를 내리고자 많은 노력을 해 왔으나 합의된 정의의 도출은 여전히 해결해야 할 과제로 남아 있다. 이처럼 정서행동장애를 정의하기가 어려운 데에는 다음과 같은 이유들이 있다.

1 정서행동장애를 정의하고자 하는 목적의 다양성

정서행동장애를 정의하고자 하는 목적이 다를 수 있는데 이러한 목적에 따라 정의가 달라질 수 있다(Kauffman & Landrum, 2009). 즉, 국가가 특수교육대상자 선정이라는 행정적 목적을 가지고 특수교육 관련법에 명시한 법적 정의, 정신건강전문가들이 정신장애 진단이라는 임상적 목적을 가지고 진단체계에 명시한 임상적 정의, 교육전문가들이 정서행동장애의 중재와 예방이라는 교육적 목적을 가지고 비공식적으로 사용하고 있는 교육적 정의는 그 내용이 다를 수 있다(저자주: 각 정의에 대해서는 이 장 4절 '정서행동장애의 정의'를 참조할 것).

2 정서행동장애에 대한 개념적 모델의 다양성

정서행동장애를 이해하기 위한 다양한 모델이 개발되어 왔는데 이러한 모델에 따라 정의가 달라질 수 있다(Heward, 2009; Kauffman & Landrum, 2009; Rosenberg et al., 2011; Webber & Plotts, 2008). 왜냐하면 이러한 모델들은 정서행동장애의 원인과 중재에 대한 서로 다른 견해를 보이기 때문이다(저자주: 각 모델에 대해서는 이 책 제4장 '정서행동장애의 개념적 모델'을 참조할 것).

3 정서행동장애에 대한 판단기준의 다양성

누군가가 언어를 습득하지 못하거나, 걷지 못하거나, 보지 못하거나, 듣지 못하는 것과 같이 의사소통장애, 지체장애, 시각장애, 청각장애 등에서 나타나는 행동은 일반 아동들에게는 나타나지 않기 때문에 장애의 유무가 분명하다. 그러나 정서행동장애 아동들이 보이는 거의 모든 행동은 일반 아동들에게서도 관찰되기 때문에 장애의 유무를 판단하기 위해서는 다음과 같은 기준들(standards)을 고려하게 된다.

- **행동의 빈도(frequency), 강도(intensity), 및 지속시간(duration)**

  모든 아동은 때때로 부적절한 행동을 한다. 그러나 그 행동의 빈도, 강도, 또는 지속시간이 지나칠 경우 문제가 있는 것으로 간주한다(Heward, 2009; Kauffman & Landrum, 2009; Webber & Plotts, 2008; Wicks-Nelson & Israel, 2009). 예를 들어, 어린 아동이 공포(fear)를 나타내는 것은 특이한 일이 아니지만 너무 자주 그리고 너무 심하게 나타내거나 시간이 지나도 나아지지 않는다면 문제라고 할 수 있다.

[보충설명 1-1] 계속됨

• **성별**(gender)

대부분의 사회에서 남자는 상대적으로 더 공격적이고 지배적이고 활동적이고 모험적일 것으로 기대되는 데 반해 여자는 더 수동적이고 의존적이고 조용하고 민감하고 정서적일 것으로 기대되는데, 이와 같은 성별 고정관념(gender stereotype)은 행동의 정상성 판단에 지침 역할을 하게 된다(Webber & Plotts, 2008; Wicks-Nelson & Israel, 2009). 예를 들어, 일반적으로 지나치게 민감하고 수줍음을 잘 타는 딸과 지나치게 공격적이고 지배적인 아들에 대해서는 이들의 성이 거꾸로 된 경우에 비해 부모가 염려를 덜 하는 경향이 있다.

• **연령**(age)

어떤 행동은 특정 연령수준에서는 수용가능하지만 보다 높은 연령에서는 매우 부적절한 것으로 생각될 수 있다(Kauffman & Landrum, 2009; Webber & Plotts, 2008; Wicks-Nelson & Israel, 2009). 예를 들어, 엄지손가락 빨기, 성질부리기, 야뇨증 등은 어떤 발달기간 동안에는 정상적으로 간주되지만 그 기간을 넘어서 지나치게 지속되면 경각심을 일으키게 된다.

• **상황**(situation)

어떤 행동은 특정 상황에서는 수용되지만 다른 상황에서는 수용되지 않을 수 있다(Kauffman & Landrum, 2009; Wicks-Nelson & Israel, 2009). 예를 들어, 뛰어다니는 행동은 놀이터에서는 받아들여질 수 있겠지만 도서관에서는 용납되지 않을 것이다.

• **문화**(culture)

어떤 아동의 행동은 그 아동이 소속된 문화에서는 수용되지만 다른 문화에서는 수용되지 않을 수 있다(Heward, 2009; Webber & Plotts, 2008; Wicks-Nelson & Israel, 2009). 즉, 아동에게 기대되거나 적절하다고 생각되는 행동은 문화에 따라 다르다는 것이다. 예를 들어, 미국 청소년들은 우리나라 청소년들에 비해 자기통제를 덜 하고 어른에게 복종을 덜 할 것으로 기대된다.

• **다른 사람들의 역할**(role of others)

아동의 어떤 행동의 정상성 여부에 대한 판단은 성인에 따라 차이가 있을 수 있다(Wicks-Nelson & Israel, 2009). 사실 아동이나 청소년들이 스스로 자신에게 문제가 있다고 생각하고 임상적 평가에 의뢰하는 경우는 거의 없으며 그 주변에 있는 성인들(예: 부모, 교사 등)의 느낌과 생각이 중요한 역할을 하는 경우가 대부분이다. 그러나 성인마다 아동의 행동에 대한 태도, 민감성, 인내심, 대처능력 등의 특성이 다르므로 아동의

[보충설명 1-1] 계속됨

어떤 행동의 문제 여부에 있어 성인들 사이에 의견이 일치하지 않을 수 있다.

• **관점의 변화**(change of views)

비정상성에 대한 관점은 변화할 수 있으며 따라서 어떤 행동의 비정상성에 대한 판단은 변화되는 관점에 따라 달라질 수 있다(Wicks-Nelson & Israel, 2009). 예를 들어, 1952년에 처음 발간된 DSM에서는 동성애(homosexuality)가 정신장애로 분류되어 있었으나 현재 DSM에는 포함되어 있지 않다.

4 정서행동장애 유형의 다양성

정서행동장애에는 여러 유형이 있는데 이 유형들을 모두 어우르는 하나의 정의를 내리기는 매우 어렵다(저자주: 정서행동장애의 유형에 대해서는 이 장 5절 '정서행동장애의 분류'를 참조할 것). 이러한 어려움은 정신장애 진단체계인 DSM-5-TR(APA, 2022)이 정신장애에 대한 정의를 제시하면서도 어떤 정의도 DSM에 포함된 다양한 장애의 모든 측면을 포착할 수는 없다고 언급한 데에 잘 드러나 있다.

5 정서행동장애 유형들의 공존성

정서행동장애는 두 가지 이상의 유형이 동시에 나타나는 경우가 많이 있는데 이러한 경우들을 고려하지 않은 정의는 심한 정서행동장애를 변별해 내지 못하는 결과를 초래할 수 있다(Webber & Plotts, 2008). 따라서 두 가지 이상의 유형이 공존하는 경우도 수용할 수 있는 정서행동장애 정의의 도출이 필요하지만 「장애인교육법(IDEA 2004)」의 정의도 이 점에서 비판을 받고 있다(Gresham & Kern, 2004; Kauffman, Brigham, & Mock, 2004)는 것은 이 작업이 쉽지 않다는 것을 의미한다.

6 정서행동장애와 다른 장애의 공존성

정서행동장애는 다른 장애(예: 지적장애, 학습장애)와 동반하여 나타나는 경우가 많은데 이러한 다른 장애의 조건을 배제하고 정서행동장애를 정의하는 것은 비현실적이다(Heward, 2009; Kauffman & Landrum, 2009; Webber & Plotts, 2008). 따라서 다른 장애와의 공존을 수용할 수 있을 만큼 광범위한 정의를 내리는 것이 필요하지만 이는 쉬운 일이 아니다.

른 국가에서는 정서행동장애로 판별되지 않을 수 있으며 동일한 논리로 미국의 경우는 한 아동이 어떤 주(州)에서는 정서행동장애로 판별되어도 다른 주(州)에서는 정서행동장애로 판별되지 않을 수 있다.

〈표 1-4〉 미국 「장애인교육법(IDEA 2004)」의 장애영역 및 정의

장애영역	정의
자폐증 (autism)	(i) 자폐증은 일반적으로 3세 이전에 나타나 구어 및 비구어 의사소통과 사회적 상호작용에 심각한 영향을 미침으로써 아동의 교육적 수행에 부정적인 영향을 미치는 발달장애를 의미한다. 자폐증과 흔히 연관되는 다른 특성들로는 반복적 활동과 상동적 동작에의 몰입, 환경적 변화나 일과의 변화에 대한 저항, 감각적 경험에 대한 비정상적 반응이 있다. (ii) 아동의 교육적 수행에 부정적인 영향을 미치는 주된 원인이 정서장애인 경우에는 자폐증이 적용되지 않는다. (iii) 아동이 3세 이후에 자폐증의 특성을 보이는 경우 위 (i)의 준거에 부합된다면 자폐증을 지닌 것으로 판별될 수 있다.
농-맹 (deaf-blindness)	• 농-맹은 청각장애와 시각장애의 동반을 의미하며, 농과 맹 중 한 가지만 지닌 아동을 위한 특수교육 프로그램으로는 충분하지 않은 심각한 의사소통 및 다른 발달적/교육적 어려움을 야기한다.
농 (deafness)	• 농은 보청기를 착용하거나 착용하지 않은 상태에서 청각을 통해 언어적 정보를 처리하지 못함으로써 아동의 교육적 수행에 부정적인 영향을 미치는 심각한 청각장애를 의미한다.
정서장애 (emotional disturbance)	(i) 정서장애는 아동의 교육적 수행에 부정적인 영향을 미칠 만큼 오랜 기간에 걸쳐 현저한 정도로 다음 특성 중 하나 이상을 나타내는 상태를 의미한다. (A) 지적, 감각적, 건강상의 요인으로 설명할 수 없는 학습상의 무능력 (B) 또래 및 교사와 만족할 만한 대인관계를 형성하거나 유지하지 못함 (C) 정상적인 상황에서 나타나는 부적절한 형태의 행동이나 감정 (D) 일반적이고 전반적인 불행감이나 우울감 (E) 개인적 또는 학교 문제와 관련하여 신체적 증상이나 두려움을 보이는 경향 (ii) 정서장애는 조현병을 포함한다. 이 용어는 위 (i)에 의해 정서장애를 가진 것으로 판별되지 않는 한 사회적 부적응을 보이는 아동에게는 적용되지 않는다.

〈표 1-4〉 계속됨

장애영역	정의
청각장애 (hearing impairment)	• 청각장애는 농의 정의에 해당되지 않지만 아동의 교육적 수행에 부정적인 영향을 미치는 영구적이거나 변동적인 청각의 손상을 의미한다.
지적장애[1] (intellectual disability)	• 지적장애는 발달기에 적응행동상의 결함과 동시에 나타나 아동의 교육적 수행에 부정적인 영향을 미치는 심각한 평균이하의 지적 기능을 의미한다.
중복장애 (multiple disabilities)	• 중복장애는 손상들의 공존(예: 지적장애-맹 또는 지적장애-지체장애)을 의미하며, 한 가지 손상을 지닌 아동을 위한 특수교육 프로그램으로는 충분하지 않은 심각한 교육적 어려움을 야기한다. 농-맹은 중복장애에 포함되지 않는다.
지체장애 (orthopedic impairment)	• 지체장애는 아동의 교육적 수행에 부정적인 영향을 미치는 심각한 정형외과적 손상을 의미한다. 이 용어는 선천적 기형(예: 내반족, 신체 일부의 결손), 질병에 의한 손상(예: 소아마비, 골결핵), 기타 원인에 의한 손상[예: 뇌성마비, 사지 절단, 구축(拘縮)을 초래하는 골절이나 화상]을 포함한다.
기타 건강장애 (other health impairment)	• 기타 건강장애는 제한된 체력, 활력, 민첩성을 나타내는 것을 의미하며, 교육환경과 관련하여 제한된 민첩성으로 귀결되는 환경자극에 대한 과도한 민첩성을 포함한다. (i) 천식, 주의력결핍장애나 주의력결핍과잉행동장애, 당뇨, 간질, 심장 상태, 혈우병, 납중독, 백혈병, 신장염, 류머티즘성 열병, 겸상적혈구빈혈증, 투렛증후군과 같은 만성적 또는 급성적 건강문제에 기인한다. (ii) 아동의 교육적 수행에 부정적인 영향을 미친다.
특정 학습장애 (specific learning disability)	(i) 일반적: 특정 학습장애는 듣기, 생각하기, 말하기, 읽기, 쓰기, 철자, 또는 산술의 불완전한 능력으로 나타날 수 있는, 구어나 문어의 이해 및 사용과 관련된 기본적인 심리적 과정에 있어서의 한 가지 이상의 장애를 의미하며 지각장애, 뇌손상, 미세뇌기능이상, 난독증, 및 발달적 실어증과 같은 상태를 포함한다. (ii) 포함되지 않는 장애: 특정 학습장애는 시각 · 청각 · 운동장애, 지적장애, 정서장애에 의하거나 환경적, 문화적, 경제적 불이익에 의해 일차적으로 나타난 학습문제는 포함하지 않는다.
말/언어장애 (speech or language impairment)	• 말/언어장애는 아동의 교육적 수행에 부정적인 영향을 미치는 말더듬, 조음장애, 언어장애, 음성장애와 같은 의사소통장애를 의미한다.

〈표 1-4〉 계속됨

장애영역	정의
외상성 뇌손상 (traumatic brain injury)	• 외상성 뇌손상은 전반적이거나 부분적인 기능장애 또는/그리고 심리사회적 손상을 초래하는 외부적인 물리적 힘에 기인한 뇌손상을 의미하며 아동의 교육적 수행에 부정적인 영향을 미친다. 외상성 뇌손상은 인지, 언어, 기억, 주의력, 논리, 추상적 사고, 판단, 문제해결, 감각 · 지각 · 운동 능력, 심리사회적 행동, 신체적 기능, 정보처리, 그리고 말하기와 같은 영역 중에서 한 가지 이상 영역에서의 손상을 초래하는 개방형 또는 폐쇄형 머리손상에 적용된다. 선천성 또는 퇴행성 뇌손상이나 출생 시 외상에 의한 뇌손상에는 외상성 뇌손상이 적용되지 않는다.
맹을 포함한 시각장애 (visual impairment including blindness)	• 맹을 포함한 시각장애는 교정을 한 후에도 아동의 교육적 수행에 부정적인 영향을 미치는 시각 손상을 의미한다. 이 용어는 저시력과 맹을 모두 포함한다.

[1] 미국 「장애인교육법(IDEA 2004)」에서는 정신지체(mental retardation)라는 용어가 사용되었으나 2010년 10월 Obama 대통령이 Rosa's Law에 서명한 이후부터 지적장애(intellectual disability)라는 용어로 변경되었음. 그러나 그 정의는 변하지 않았음.

자료출처: Regulations to IDEA 2004, Part 300/A/§300.8.

〈표 1-5〉 우리나라 「장애인 등에 대한 특수교육법」의 장애영역

1. 시각장애
2. 청각장애
3. 지적장애
4. 지체장애
5. 정서 · 행동장애
6. 자폐성장애(이와 관련된 장애를 포함한다)
7. 의사소통장애
8. 학습장애
9. 건강장애
10. 발달지체
11. 그 밖에 두 가지 이상의 장애가 있는 경우 등 대통령령으로 정하는 장애

〈표 1-6〉 우리나라 「장애인 등에 대한 특수교육법 시행령」의 특수교육대상자 선정기준[1)]

장애영역	정의[1)]
시각장애	시각계의 손상이 심하여 시각기능을 전혀 이용하지 못하거나 보조공학기기의 지원을 받아야 시각적 과제를 수행할 수 있는 사람으로서 시각에 의한 학습이 곤란하여 특정의 광학기구 · 학습매체 등을 통하여 학습하거나 촉각 또는 청각을 학습의 주요 수단으로 사용하는 사람
청각장애	청력 손실이 심하여 보청기를 착용해도 청각을 통한 의사소통이 불가능 또는 곤란한 상태이거나, 청력이 남아 있어도 보청기를 착용해야 청각을 통한 의사소통이 가능하여 청각에 의한 교육적 성취가 어려운 사람
지적장애	지적 기능과 적응행동상의 어려움이 함께 존재하여 교육적 성취에 어려움이 있는 사람
지체장애	기능 · 형태상 장애를 가지고 있거나 몸통을 지탱하거나 팔다리의 움직임 등에 어려움을 겪는 신체적 조건이나 상태로 인해 교육적 성취에 어려움이 있는 사람
정서 · 행동장애	장기간에 걸쳐 다음 각 목의 어느 하나에 해당하여, 특별한 교육적 조치가 필요한 사람 가. 지적 · 감각적 · 건강상의 이유로 설명할 수 없는 학습상의 어려움을 지닌 사람 나. 또래나 교사와의 대인관계에 어려움이 있어 학습에 어려움을 겪는 사람 다. 일반적인 상황에서 부적절한 행동이나 감정을 나타내어 학습에 어려움이 있는 사람 라. 전반적인 불행감이나 우울증을 나타내어 학습에 어려움이 있는 사람 마. 학교나 개인 문제에 관련된 신체적인 통증이나 공포를 나타내어 학습에 어려움이 있는 사람
자폐성장애	사회적 상호작용과 의사소통에 결함이 있고, 제한적이고 반복적인 관심과 활동을 보임으로써 교육적 성취 및 일상생활 적응에 도움이 필요한 사람
의사소통장애	다음 각 목의 어느 하나에 해당하여 특별한 교육적 조치가 필요한 사람 가. 언어의 수용 및 표현 능력이 인지능력에 비하여 현저하게 부족한 사람 나. 조음능력이 현저히 부족하여 의사소통이 어려운 사람 다. 말 유창성이 현저히 부족하여 의사소통이 어려운 사람 라. 기능적 음성장애가 있어 의사소통이 어려운 사람
학습장애	개인의 내적 요인으로 인하여 듣기, 말하기, 주의집중, 지각(知覺), 기억, 문제해결 등의 학습기능이나 읽기, 쓰기, 수학 등 학업 성취 영역에서 현저하게 어려움이 있는 사람

〈표 1-6〉 계속됨

장애영역	정의[1]
건강장애	만성질환으로 인하여 3개월 이상의 장기입원 또는 통원치료 등 계속적인 의료적 지원이 필요하여 학교생활 및 학업 수행에 어려움이 있는 사람
발달지체	신체, 인지, 의사소통, 사회 · 정서, 적응행동 중 하나 이상의 발달이 또래에 비하여 현저하게 지체되어 특별한 교육적 조치가 필요한 영아 및 9세 미만의 아동
두 가지 이상 중복된 장애	다음 각 목의 구분에 따른 구분에 따른 장애를 지닌 사람으로서 제1호부터 제6호까지의 규정에 따른 특수교육대상자에 대한 각각의 교육지원만으로 교육적 성취가 어려워 특별한 교육적 조치가 필요한 사람 가. 중도중복(重度重複)장애: 다음의 구분에 따른 장애를 각각 하나 이상씩 지니면서 각각의 장애의 정도가 심한 경우. 이 경우 장애의 정도는 법 제14조 제1항에 따른 선별검사의 결과, 제9조 제4항에 따라 제출한 진단서 및 「장애인복지법 시행령」 제2조 제2항에 따른 장애의 정도 등을 고려하여 정한다. 1) 지적장애 또는 자폐성장애 2) 시각장애, 청각장애, 지체장애 또는 정서 · 행동장애 나. 시청각장애: 시각장애 및 청각장애를 모두 지니면서 시각과 청각에 의한 학습이 곤란하고 의사소통 및 정보 접근에 심각한 제한이 있는 경우

[1] 「장애인 등에 대한 특수교육법 시행령」에서는 '특수교육대상자 선정기준'으로 표현하고 있으나 내용상 정의에 해당된다고 할 수 있음.

자료출처: 「장애인 등에 대한 특수교육법 시행령」(교육부, 2023) 제10조 관련.

(1) 미국의 법적 정의

미국 「장애인교육법(IDEA 2004)」은 〈표 1-4〉에 보이듯이 13개의 장애영역과 정의를 명시하고 있다. 이 가운데 정서장애 정의는 「장애인교육법(IDEA 1990)」(U.S. Department of Education, 1990)부터 사용되었는데, 이 정의에 대해 관련전문가들 사이에서 다음과 같은 문제점이 제기되고 있다. 첫째, 이 정의에 의하면 정서행동장애로 판별되기 위해서는 (A)~(E)의 다섯 가지 특성 중 적어도 한 가지 특성을 보여야 하며 이에 더하여 '오랜 기간에 걸쳐(over a long period of time)', '현저한 정도로(to a marked degree)', '교육적 수행에 부정적인 영향을 미치는(adversely affects educational performance)'이라는 지속기간(duration), 정도(severity), 교육적 영향(educational impact)의 세 가지 제한준거(limiting criteria)도 만족시켜야 한다(Gresham, 1999; Webber & Plotts, 2008). 그러나 이 세 가지 준거는 매우 주관적이고 모호할 뿐 아니라 연방법인「장애인교육법(IDEA 2004)」에도 이들에 대한 조작적 정의가 제시되어 있지 않다(Merrell, 2003). 따라서 이 세 가지 제한준거에 대한 해석이 주(州)마다 달라 정서행동장애를 판별하는 지침이 다양하게 나타나고 있는데(Forness & Kavale, 2000), 앞서 미국의 경우 한 아동이 어떤 주(州)에서는 정서행동장애로 판별되어도 다른 주에서는 정서행동장애로 판별되지 않을 수 있다고 한 이유가 여기에 있다.

둘째, 만약 교육적 수행(educational performance)이 학업기술, 사회성기술, 직업기술, 및 개인기술 등을 포함하는 포괄적 개념이 아닌 학업성취(academic achievement)에 국한된 개념을 의미한다면 '교육적 수행에 부정적인 영향을 미치는(adversely affects educational performance)'이라는 문구는 특성 (A)의 '학습상의 무능력(an inability to learn)'이라는 문구와 중복될 뿐만 아니라(Kauffman & Landrum, 2009) 적절한 학업성취를 보이는 아동과 청소년들은 심각한 정서행동문제가 있더라도 정서행동장애 판별에서 배제될 수 있다(Gresham & Kern, 2004; Webber & Plotts, 2008).

셋째, 이 정의에는 정서행동장애의 여러 유형이 동시에 나타나는 경우(예: 우울장애와 불안장애, 우울장애와 품행장애, 품행장애와 ADHD), 즉 공존장애(comorbidity)가 아동 및 청소년들에게 흔히 나타나는 점이 반영되지 않았다(Gresham & Kern, 2004; Kauffman et al., 2004)(저자주: 공존장애에 대해서는 이 장 5절 '정서행동장애의 분류'를 참조할 것).

넷째, 정서행동장애를 내재화장애와 외현화장애로 분류할 경우 이 정의는 내재화장애에 편중되어 있다(저자주: 내재화장애와 외현화장애에 대해서는 이 책 제3부 '정서행동장애의 유형'을 참조할 것). 왜냐하면 특성 (A)~(E) 가운데 학습상의 무능력과 관련되어 내재화장애 또는 외현화장애로 판단하기 힘든 특성 (A)를 제외한 나머지 네 가지 특성이 모두 내재화장애로 해석될 수 있기 때문이다(Gresham & Kern, 2004). 물론 부적절한 형태의 행동이나 감정과 관련된 특성 (C)를 외현화장애로 보는 문헌(예: Cullinan, 2004)도 있으나 특성 (C)를 외현화장애로 해석한다 하더라도 여전히 내재화장애에 편중된 경향이 있다.

다섯째, 이 정의와 관련하여 가장 많은 논쟁이 되고 있는 점은 사회적 부적응(social maladjustment)을 정서행동장애에 포함시키지 않았다는 것이다(Forness & Kavale, 2000). 즉, 이 정의에 의하면 사회적 부적응을 보이더라도 (A)~(E)의 다섯 가지 특성 중 적어도 한 가지가 오랜 기간에 걸쳐 현저한 정도로 나타나 교육적 수행에 부정적인 영향을 미치지 않는 한 정서행동장애로 판별될 수 없다. 이와 관련하여 다음과 같은 점들이 논쟁의 대상이 되고 있다.

- 먼저, 앞서 살펴본 (i)의 세 가지 제한준거(지속기간, 정도, 교육적 영향)와 마찬가지로 사회적 부적응 또한 정확한 정의가 「장애인교육법(IDEA 2004)」에 제시되어 있지 않다(Epstein, Cullinan, Ryser, & Pearson, 2002).
- 전통적으로 '사회적 부적응(social maladjustment)'이라는 용어는 목적지향적이고 자의적이며 흔히 또래 준거집단(reference group: 한 개인이 자신의 신념, 태도, 가치, 및 행동방향을 결정하는 데 기준으로 삼고 있는 사회집단)에 의해 강화되는 것으로 여겨지는 행동문제의 한 패턴이라고 할 수 있다(Merrell, 2003). 이러한 사회적 부적응을 보일 경우 전형적으로 일반 또래들과 교사를 포함하는 다른 성인들과의 관계에 어려움이 나타나게 되는데 이는 정의에 제시된 특성 (B)에 해당한다(Webber & Plotts, 2008). 또한 (A)~(E)의 다섯 가지 특성 중 적어도 한 가지 이상(특히 B, C, 또는 모두)을 교육적 수행에 부정적인 영향을 미칠 정도로 오랜 기간에 걸쳐 현저하게 나타내지 않으면서 사회적 부적응을 보이는 학생은 없다(Kauffman & Landrum, 2009; Shepherd, 2010). 따라서 사회적 부적응이 있는 정서행동장애와 사회적 부적응이 없는 정서행동장애를 구별하려는 시도 자체가 무리일 뿐 아니라(Webber & Plotts, 2008) 사회적 부적응과 정서행동장애를 구별하는 것도 논리적으로 설득력이 떨어진다(Walker, Ramsey, & Gresham, 2004).
- 흔히 사회적 부적응을 품행장애(conduct disorder)와 동일시하기도 한다. 따라서 사회적 부적응을 정서행동장애에 포함시키지 않는다는 것은 품행장애를 가진 학생들을 특수교육에서 배제시킨다는 의미인데 이는 정서행동장애로 특수교육에 의뢰된 많은 학생이 품행장애 측정에서 높은 점수를 받고 있는 교육실제와 상반된다(Forness & Kavale, 2000). 여기에서 한 가지 유념할 사항은 사회적 부적응을 보이는 학생들이 정서행동장애로 특수교육에 의뢰될 수 없다는 것이 아니라 사회적 부적응을 보이는 것만으로는 정서행동장애로 인한 특수교육대상자가 될 수 없다는 것이다(Cullinan, 2004). 즉, 사회적 부적응을 보이는 학생들도 이 정의의 (i)을 만족시키면 정서행동장애로 판별되어 특수교육대상자로 선정될 수 있다는 것이다(Webber & Plotts, 2008). 그러나 앞서 살펴본 바와 같이 (i)에 제시된 특성들도 우울장애와 같은 내재화장애에 편중되어 있어 품행장애와 같은 외현화장애는 (i)과 (ii)에서 이중으로 배제되는 모순이 있다.

〈표 1-7〉 미국 NMHSEC의 정서행동장애 정의 및 장점

정의	장점
(i) 정서행동장애(emotional or behavioral disorder)라는 용어는 적절한 연령, 문화, 또는 인종적 규준과 매우 달라서 학업기술(academic skills), 사회성기술(social skills), 직업기술(vocational skills), 또는 개인기술(personal skills)이 포함되는 교육적 수행(educational performance)에 부정적인 영향을 미치는 학교에서의 정서적 또는 행동적 반응으로 특징지어지는 장애를 의미한다. 이러한 반응은 (A) 환경 내의 스트레스성 사건에 대해 일시적으로 보일 만하다고 예상되는 반응보다 심하게 나타나며; (B) 적어도 한 가지 학교관련 환경을 포함한 두 가지 다른 환경에서 일관성 있게 나타나고; 또한 (C) 아동/청소년의 이력상 효과적일 것이라는 팀의 판단하에 제공된 교육 프로그램 내 개별화 중재에도 불구하고 지속적으로 나타난다. (ii) 정서행동장애는 다른 장애와 공존할 수 있다. (iii) 정신분열장애(schizophrenic disorders), 정동장애(affective disorders)[1], 불안장애(anxiety disorders) 또는 지속적인 품행장애나 적응장애(disturbances of conduct or adjustment)가 (i)에서와 같이 교육적 수행에 부정적인 영향을 미친다면 이러한 장애를 가진 아동과 청소년도 이 범주에 포함될 수 있다.	• 표찰문제(즉, 낙인)를 최소화하고자 하는 전문가의 선호도와 관심이 반영된 용어를 사용한다. • 정서장애와 행동장애 모두를 포함한다.[2] • 학교중심이긴 하지만 학교 밖에서 보이는 장애도 중요하다는 것을 인정한다. • 인종과 문화의 차이에 민감하다. • 사소하거나 일시적 문제 또는 스트레스에 대한 통상적 반응은 포함하지 않는다. • 의뢰전 중재의 중요성을 인정하지만 극단적인 경우에는 의뢰전 중재의 실시를 요구하지 않는다. • 아동/청소년이 중복장애를 가질 수 있다는 것을 인정한다. • 정신건강 및 특수교육 전문가들이 관심을 갖는 정서행동장애의 전반적 유형을 임의적인 배제 없이 모두 포함한다.

[1] 정동장애(affective disorders)라는 용어는 DSM-III-R(APA, 1987)부터 기분장애(mood disorders)로 변경되었음. 그러나 DSM-5(APA, 2013)에서 기분장애라는 주요범주가 삭제되고 대신 '우울장애(depressive disorders)'와 '양극성 및 관련 장애(bipolar and related disorders)'라는 2개의 주요범주가 신설되었음.

[2] 내재화장애와 외현화장애를 정서장애와 행동장애로 표현함.

자료출처: Forness, S. R., & Knitzer, J. (1992). A new proposed definition and terminology to replace "serious emotional disturbance" in Individuals with Disabilities Education Act. *School Psychology Review, 21*(1), 12-20.

이상과 같은 문제점을 보완하고자 1992년 미국의 전국정신건강및특수교육연합(NMHSEC)은 〈표 1-7〉과 같은 대안적 정의를 제시하였다(Forness & Knitzer, 1992). 〈표 1-7〉에 보이듯이 이 대안적 정의에는 여러 가지 장점이 있으나 두 가지를 추가하면 첫째, 「장애인교육법(IDEA 2004)」의 정의에 명확하게 기술되지 않았던 '교육적 수행'이라는 개념을 '학업기술(academic skills), 사회성기술(social skills), 직업기술

(vocational skills), 또는 개인기술(personal skills)이 포함되는 교육적 수행(educational performance)'으로 제시함으로써 학업성취(academic achievement)에만 국한되는 개념이 아니라는 것을 명시하였다. 둘째, 「장애인교육법(IDEA 2004)」의 정의가 사회적 부적응을 정서행동장애에 포함시키지 않는 데 비해 이 대안적 정의는 품행문제나 적응문제도 정서행동장애에 포함될 수 있도록 하였다. 그러나 이 정의를 법적 정의로 채택할 경우 훨씬 많은 수의 학생이 특수교육대상자로 선정될 것이라고 우려한 미국의 전국학교위원협회(National School Board Association: NSBA)의 반대로 이 정의는 법적 정의로 채택되지는 못하였다(Forness & Kavale, 2000). 따라서 이 정의를 지지하는 사람들은 이 정의가 연방정부의 법과 규정에 반영되고 궁극적으로는 주정부에 의해서도 표준으로 채택될 것을 희망하면서 그 실현을 위해 지속적인 노력을 기울이고 있다(Kauffman & Landrum, 2009).

(2) 우리나라의 법적 정의

우리나라 「장애인 등에 대한 특수교육법(약칭: 특수교육법)」(교육부, 2022a)과 동법 시행령(교육부, 2023)은 각각 〈표 1-5〉와 〈표 1-6〉에 보이듯이 11개의 장애영역과 정의(즉, 특수교육대상자 선정기준)를 명시하고 있다. 〈표 1-6〉의 내용 중 정서 · 행동장애 정의는 앞서 살펴본 미국 「장애인교육법(IDEA 2004)」의 정서장애 정의 및 전국정신건강및특수교육연합(NMHSEC)의 정서행동장애 정의와 비교해 볼 때 「장애인교육법(IDEA 2004)」의 정의와 유사하다. 따라서 「장애인교육법(IDEA 2004)」의 정서장애 정의에 대해 관련전문가들이 제기한 문제점들 다수가 이 정의에도 해당된다. 예를 들어, '장기간에 걸쳐'라는 지속기간(duration)에 대한 조작적 정의가 제시되어 있지 않고, 정서행동장애의 여러 유형이 동시에 나타나는 공존장애에 대한 고려가 반영되지 않았으며, 정서행동장애를 내재화장애와 외현화장애로 분류했을 때 내재화장애에 편중되어 있다. 그러나 「장애인교육법(IDEA 2004)」의 정의와 다음과 같은 차이점도 있다. 첫째, 정도(severity)에 대한 언급이 없다. 이에 비해 「장애인교육법(IDEA 2004)」의 정의에서는 '현저한 정도로(to a marked degree)'라는 정도(severity)의 제한준거가 있다(그러나 이 제한준거에 대한 조작적 정의는 제시되지 않았음).

둘째, 항목 '나'부터 항목 '마'까지 마지막 부분에 '학습에 어려움을 겪는 사람' 또는 '학습에 어려움이 있는 사람'이라는 문구가 추가되었다. 「장애인교육법(IDEA 2004)」의 정의에서는 '교육적 수행에 부정적인 영향을 미치는(adversely affects educational performance)'이라는 교육적 영향(educational impact)의 제한준거가 있으나 이 준거에 대한 조작적 정의가 제시되지 않아 교육적 수행(educational performance)이 학업성취(academic achievement)에 국한된 개념인지 아닌지 명확하지 않았다. 이에 반해 전국정신건강및특수교육연합(NMHSEC)은 '교육적 수행'이라는 개념을 학업성취(academic achievement)에만 국한된 개념이 아닌 사회성기술(social skills), 직업기술(vocational skills), 또는 개인기술(personal skills)이 포함되는 포괄적인 개념으로 제시하였다. 즉, 학업은 교육적 수행의 일부분이며 따라서 학업에는 부정적인 영향을 미치지 않더라도 사회성기술, 직업기술, 또는 개인기술에 부정적인 영향을 미치게 되면 정서행동장

〈표 1-8〉 우리나라 「장애인복지법」과 「장애인 등에 대한 특수교육법」의 장애영역

<table>
<tr><th colspan="3">장애인복지법</th><th rowspan="2">장애인 등에 대한 특수교육법</th></tr>
<tr><th>대분류</th><th>중분류</th><th>소분류</th></tr>
<tr><td rowspan="12">신체적 장애[1]</td><td rowspan="6">외부신체기능의 장애</td><td>지체장애</td><td rowspan="2">지체장애</td></tr>
<tr><td>뇌병변장애</td></tr>
<tr><td>시각장애</td><td>시각장애</td></tr>
<tr><td>청각장애</td><td>청각장애</td></tr>
<tr><td>언어장애</td><td>의사소통장애</td></tr>
<tr><td>안면장애</td><td>–</td></tr>
<tr><td rowspan="6">내부기관의 장애</td><td>신장장애</td><td rowspan="6">건강장애</td></tr>
<tr><td>심장장애</td></tr>
<tr><td>호흡기장애</td></tr>
<tr><td>간장애</td></tr>
<tr><td>장루 · 요루장애</td></tr>
<tr><td>뇌전증장애</td></tr>
<tr><td rowspan="3">정신적 장애[1]</td><td rowspan="2">발달장애</td><td>지적장애</td><td>지적장애</td></tr>
<tr><td>자폐성장애</td><td>자폐성장애</td></tr>
<tr><td>정신질환으로 발생하는 장애</td><td>정신장애</td><td>정서 · 행동장애</td></tr>
<tr><td colspan="3">–</td><td>학습장애</td></tr>
<tr><td colspan="3">–</td><td>발달지체</td></tr>
</table>

[1] 「장애인복지법」(보건복지부, 2021) 제2조(장애인의 정의 등)
"신체적 장애"란 주요 외부신체기능의 장애, 내부기관의 장애 등을 말한다.
"정신적 장애"란 발달장애 또는 정신질환으로 발생하는 장애를 말한다.

〈표 1-9〉 우리나라 「장애인복지법」의 정신장애인 기준 및 장애 정도

정신장애인의 기준[1]	정신장애인의 장애 정도[2]
다음 각 목의 장애 · 질환에 따른 감정조절 · 행동 · 사고 기능 및 능력의 장애로 일상생활이나 사회생활에 상당한 제약을 받아 다른 사람의 도움이 필요한 사람. 가. 지속적인 양극성 정동장애(情動障碍, 여러 현실 상황에서 부적절한 정서 반응을 보이는 장애), 조현병, 조현정동장애(調絃情動障碍) 및 재발성 우울장애. 나. 지속적인 치료에도 호전되지 않는 강박장애, 뇌의 신경학적 손상으로 인한 기질성 정신장애, 투렛장애(Tourette's disorder) 및 기면증.	가. 장애의 정도가 심한 장애인 1) 조현병 또는 뇌의 신경학적 손상으로 인한 기질성 정신장애로 망상, 환청, 사고장애 및 기괴한 행동 등의 양성증상이 있으나, 인격변화나 퇴행은 심하지 않은 경우로서 기능 및 능력 장애로 일상생활이나 사회생활에 간헐적으로 도움이 필요한 사람 2) 양극성 정동장애(情動障碍, 여러 현실 상황에서 부적절한 정서 반응을 보이는 장애)에 따른 기분 · 의욕 · 행동 및 사고의 장애 증상이 심하지는 않으나, 증상기가 지속되거나 자주 반복되는 경우로서 기능 및 능력 장애로 일상생활이나 사회생활에 간헐적으로 도움이 필요한 사람 3) 재발성 우울장애로 기분 · 의욕 · 행동 등에 대한 우울 증상기가 지속되거나 자주 반복되는 경우로서 기능 및 능력 장애로 일상생활이나 사회생활에 간헐적으로 도움이 필요한 사람 4) 조현정동장애(調絃情動障碍)로 1)부터 3)까지에 준하는 증상이 있는 사람 나. 장애의 정도가 심하지 않은 장애인 1) 조현병 또는 뇌의 신경학적 손상으로 인한 기질성 정신장애로 망상, 환청, 사고장애 및 기괴한 행동 등의 양성증상이 있으나, 인격변화나 퇴행은 심하지 않은 경우로서 기능 및 능력 장애로 일상생활이나 사회생활에 경미한 도움이 필요한 사람 2) 양극성 정동장애(情動障碍, 여러 현실 상황에서 부적절한 정서 반응을 보이는 장애)에 따른 기분 · 의욕 · 행동 및 사고의 장애 증상이 심하지는 않으나, 증상기가 지속되거나 자주 반복되는 경우로서 기능 및 능력 장애로 일상생활이나 사회생활에 경미한 도움이 필요한 사람 3) 재발성 우울장애로 기분 · 의욕 · 행동 등에 대한 우울 증상기가 지속되거나 자주 반복되는 경우로서 기능 및 능력 장애로 일상생활이나 사회생활에 경미한 도움이 필요한 사람 4) 조현정동장애(調絃情動障碍)로 1)부터 3)까지에 준하는 증상이 있는 사람 5) 지속적인 치료에도 호전되지 않는 강박장애, 투렛장애(Tourette's disorder) 또는 기면증으로 기분 · 의욕 · 행동 및 사고의 장애증상이 심한 경우로서 일상생활이나 사회생활에 수시로 도움이 필요한 사람

[1] 「장애인복지법 시행령」(보건복지부, 2023) 제2조 관련.
[2] 「장애인복지법 시행규칙」(보건복지부, 2022) 제2조 관련.

애에 해당된다는 것이다. 그러나「장애인 등에 대한 특수교육법」의 정의는 항목 '나'부터 항목 '마'까지 마지막 부분에 '학습에 어려움을 겪는 사람' 또는 '학습에 어려움이 있는 사람'이라는 문구를 추가함으로써 교육적 수행을 학업성취로 국한하였다고 볼 수 있다(이승희, 2008). 이는 아무리 심한 정서행동문제를 가졌다 하더라도 학업에 문제가 없는 한 정서행동장애를 가진 특수교육대상자로 선정될 수 없다는 것을 의미한다.

셋째, 조현병이 포함되어 있지 않다. 이에 비해「장애인교육법(IDEA 2004)」의 정의뿐만 아니라 전국정신건강및특수교육연합(NMHSEC)의 정의는 조현병을 포함하고 있다. 더욱이 〈표 1-8〉과 〈표 1-9〉에 보이듯이 우리나라의「장애인복지법」(보건복지부, 2021)과 동법 시행령(보건복지부, 2023) 및 시행규칙(보건복지부, 2022)의 정신장애(저자주:「장애인복지법」의 장애영역 중「장애인 등에 대한 특수교육법」의 정서・행동장애에 해당하는 장애영역으로 볼 수 있음)에도 조현병이 포함되어 있다. 물론 성인기 출현율보다는 훨씬 낮지만 아동기 또는 청소년기에 조현병이 나타나고 있으므로(Wicks-Nelson & Israel, 2009) 이러한 경우 적절한 지원과 치료를 받을 수 있어야 할 것으로 보인다. 그러나「장애인 등에 대한 특수교육법」의 정의는 이러한 경우를 배제하고 있다(이승희, 2008).

넷째, 사회적 부적응에 대한 언급이 없다. 이는 사회적 부적응(social maladjustment)을 포함시키지 않았다는「장애인교육법(IDEA 2004)」의 정의에 있어서의 문제점이「장애인 등에 대한 특수교육법」의 정의에는 해당되지 않을 것 같은 오해를 초래할 수도 있다. 그러나 앞서 지적하였듯이「장애인교육법(IDEA 2004)」과 마찬가지로「장애인 등에 대한 특수교육법」 정의의 항목들이 내재화장애에 편중되어 있어 품행장애와 같은 외현화장애가 배제되는 문제점을 여전히 안고 있다. 이러한 문제점은 〈표 1-9〉에 나타나 있듯이 우리나라「장애인복지법」의 정신장애에도 해당된다고 볼 수 있다.

2) 임상적 정의

정서행동장애의 임상적 정의(clinical definition)란 정신건강전문가들이 정신장애의 진단이라는 임상적 목적을 가지고 진단체계에 명시한 정의라고 할 수 있다. 따라서 정신건강전문가들이 주로 사용하는 진단체계인『정신장애의 진단 및 통계 편람(DSM)』에 명시된 정의가 여기에 해당된다고 하겠다. DSM-5-TR(APA, 2022)에는 350여 개의 정신장애가 포함되어 있는데 이러한 정신장애는 "정신기능의 기저가 되는 심리적, 생물학적, 또는 발달적 과정의 기능장애를 반영하는 개인의 인지, 정서조절, 또는 행동에 있어서의 임상적으로 유의미한 교란을 특징으로 하는 증후군"(p. 14)으로 정의되어 있다.

정서행동장애의 임상적 정의와 관련하여 한 가지 유념할 사항은 DSM-5-TR에 의해 어떤 정신장애가 있는 것으로 진단되었다고 해서 특수교육대상자로 적격한 것은 아니라는 것이다(Cullinan, 2007; Kauffman & Landrum, 2009; Rosenberg et al., 2011; Yell et al., 2009). 예를 들어, 임상가에 의해 품행장애 진단을 받았다 하더라도 앞서 살펴본 정서행동장애의 법적 정의를 충족시키지 못할 경우 특수교육대상자로 선정되지 못한다. 이는 임상적 정의가 법적 정의보다 좀 더 광범위하다는 것을 의미한다. 그러나 정서행동장애의 법적 정의를 충족시키기 위해 정신장애 진단이 반드시 필요하지는 않기 때문에 특수교육대상자로 선정된 모든 정서행동장애학생이 정신장애 진단을 받은 것은 아니다(Cullinan, 2007). 따라서 정신장애의 임상적 진단은 정서행동장애의 법적 정의를 충족시키기 위한 충분조건이나 필요조건은 아니라고 할 수 있다.

3) 교육적 정의

정서행동장애의 교육적 정의(educational definition)란 교육전문가들이 정서행동장애의 중재와 예방이라는 교육적 목적을 가지고 비공식적으로 사용하는 정의라고 할 수 있다. 따라서 법적 정의나 임상적 정의처럼 법체계나 진단체계와 같은 특정 체계에 명시되기보다는 교육전문가들이 개념적으로 선호하는 정의라고 하겠다. 예를 들어, 강종구 등(2010)은 "일반적으로 정서 · 행동장애는 아동 그 자신의 발달이나 타인의 생활 혹은 그 둘 다를 방해하는 행동으로서 일반아동에 비해 현저하게 일탈된 행동으로 정의된다."(p. 243)라고 하였으며 Heward(2009)는 "정서행동장애 아동들은 외현화와 내재화의 2개의 차원에서 자신의 문화 및 또래집단의 규준보다 유의하게 높게 나타나는 행동에 의해 주로 특징지어진다."(p. 215)라고 한 바 있다. 이와 같이 교육적 정의는 명문화되어 있지 않지만 관련문헌들(예: 강종구 외, 2010; Heward, 2009)과 앞서 '정서행동장애'라는 개념의 해석과 관련하여 제시된 〈표 1-1〉의 내용을 참고하여 '자신의 발달이나 타인의 생활 혹은 양자 모두를 뚜렷이 방해하여 특수교육이 필요하거나 필요할 위험이 있는 내재화 행동문제와 외현화 행동문제'로 정의할 수도 있다.

정서행동장애의 교육적 정의와 관련하여 한 가지 주목할 점은 교육적 정의가 현재는 장애가 없지만 향후 장애를 보일 가능성이 보통 이상이라고 할 수 있는 위험(at-risk) 아동과 청소년들도 포함하고 있다는 것이다. 이는 장애에 대한 중재와 더불어 장애의 예방을 특히 강조하는 추세를 반영하고 있는 것으로 볼 수 있으며 근래 교육현장에서 예방에 초점을 둔 학교차원의 긍정적 행동지원(schoolwide positive behavior support: SW-PBS)이나 중재에 대한 반응(response to intervention 또는 responsiveness to intervention: RTI 또는 RtI)(이하 RTI), 그리고 SW-PBS와 RTI를 통합시킨 다층지원체계(multi-tiered system of supports: MTSS)에 관한 관심이 높아지는 경향에 비추어 볼 때도 적절한 정의라고 하겠다(저자주: SW-PBS, RTI, MTSS에 대해서는 이 책 제2부 '정서행동장애의 중재'를 참조할 것). 이와 같이 장애의 중재뿐만 아니라 장애의 예방까지 고려한 교육적 정의는 앞서 논의한 법적 정의나 임상적 정의보다 더 광범위하다고 할 수 있는데 이러한 포함관계를 도식으로 제시해 보면 [그림 1-4]와 같다.

[그림 1-4] 정서행동장애의 법적, 임상적, 교육적 정의의 포함관계

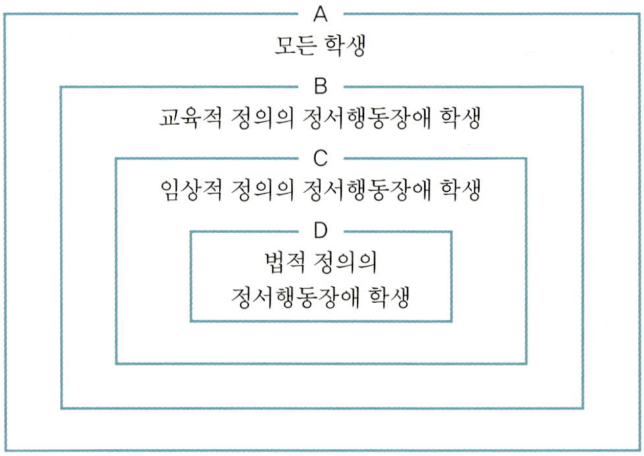

-A⊃B⊃C⊃D
-법적 정의: 국가가 특수교육대상자 선정이라는 행정적 목적을 가지고 특수교육 관련법에 명시한 정의
-임상적 정의: 정신건강전문가들이 정신장애의 진단이라는 임상적 목적을 가지고 진단체계에 명시한 정의
-교육적 정의: 교육전문가들이 정서행동장애의 중재와 예방이라는 교육적 목적을 가지고 비공식적으로 사용하는 정의

자료출처: 이승희(2012). 정서행동장애 정의와 출현율의 개념 및 관계에 대한 체계적 고찰. **정서 · 행동장애연구, 28**(3), 37-58. (p. 46)

4) 법적, 임상적, 교육적 정의의 비교

이상에서 살펴본 바와 같이 정서행동장애의 세 가지 정의(법적 정의, 임상적 정의, 교육적 정의)는 각각 다른 목적에 의거하여 설정되어 내용상 차이가 있으므로 다음에서는 이러한 차이를 비교해 본 후 이 책에서 사용할 정의를 제시하고자 한다.

이 세 가지 정의는 첫째, 개념적 차이가 있다. 즉, 법적 정의는 특수교육대상자를 선정하기 위해 정부가 특수교육 관련법에 명시한 정의고, 임상적 정의는 정신장애를 진단하기 위해 정신건강전문가들이 진단체계에 명시한 정의며, 교육적 정의는 정서행동장애를 중재 또는 예방하기 위해 교육전문가들이 비공식적으로 사용하는 정의라고 할 수 있다. 둘째, 이 세 가지 정의는 포함범위에서 차이를 보인다. 왜냐하면 앞서 살펴보았듯이 임상적 정의에 근거하여 정신장애 진단을 받았다고 해서 특수교육대상자 선정을 위한 법적 정의를 충족시킬 수 있는 것은 아니므로 임상적 정의가 법적 정의보다 더 광범위하다고 할 수 있고, 또한 중재뿐만 아니라 예방도 강조하여 장애를 가진 것으로 진단된 경우와 장애를 가질 위험이 있는 것으로 판단되는 경우를 모두 포함하는 교육적 정의는 임상적 정의보다 더 광범위하다고 할 수 있기 때문이다. 따라서 법적 정의가 가장 좁은 범위의 정의라면 교육적 정의는 가장 넓은 범위의 정의고 임상적 정의는 그 중간 정도 범위의 정의라고 하겠다. 셋째, 정의의 포함범위 차이는 정서행동장애의 출현율 차이를 가져온다. 즉, 포함범위가 좁을수록 출현율이 낮아지고 포함범위가 넓을수록 출현율이 높아질 것이므로 법적 정의에 의한 출현율이 가장 낮고 교육적 정의에 의한 출현율이 가장 높으며 임상적 정의에 의한 출현율은 그 중간 정도가 될 것이다(저자주: 출현율 차이는 이 장 6절 '정서행동장애의 출현율'을 참조할 것). 넷째, 포함범위와 출현율에 있어서의 차이는 여섯 단계(선별, 진단, 적부성, 프로그램계획 및 배치, 형성평가, 총괄평가)로 구성된 일련의 점진적인 과정을 통해 이루어지는 정서행동장애의 평가에서 해당되는 단계의 차이와도 관계가 있다(저자주: 평가의 여섯 단계에 대해서는 이 책 제3장 '정서행동장애의 평가'를 참조할 것). 즉, 가장 좁은 포함범위와 가장 낮은 출현율이 특성인 법적 정의가 아동이 특수교육대상자로 적격한가를 결정하는 '적부성(eligibility)'에 해당되고 중간 정도의 포함범위와 출현율이 특성인 임상적 정의는 아동이 장애를 가지고 있는가를 결정하는 '진단(diagnosis)'에 해당된다면, 가장 넓은 포함범위와 가장 높은 출현율이 특성인 교육적 정의는 아동을 심층평가에 의뢰할 것인가를 결정하는 '선별(screening)'에 해당된다고 할 수 있다.

이 책에서는 이상의 세 가지 정의 가운데 장애의 중재뿐만 아니라 예방도 강조되는 추세를 감안하여 교육적 정의를 선정하여 사용하기로 하고 따라서 정서행동장애를 '자신의 발달이나 타인의 생활 혹은 양자 모두를 뚜렷이 방해하여 특수교육이 필요하거나 필요할 위험이 있는 내재화 행동문제와 외현화 행동문제'로 정의한다.

5. 정서행동장애의 분류

앞서 [보충설명 1-1]에서 살펴보았듯이 정서행동장애를 정의하기 어려운 이유 중 하나가 정서행동장애 유형의 다양성이었다. 즉, 정서행동장애에는 여러 유형이 있는데 이러한 유형들을 구분하는 절대적인 기준은 없으나 〈표 1-10〉에 제시된 바와 같이 일반적으로 크게 정서적 장애(emotional disorders)와 행동적 장애(behavioral

〈표 1-10〉 정서행동장애의 구분과 분류체계

<table>
<tr><th rowspan="3">구분</th><th colspan="3">분류체계</th></tr>
<tr><th rowspan="2">DSM-5-TR(2022)</th><th colspan="2">ASEBA(2001)</th></tr>
<tr><th>하위척도[1]</th><th>상위척도[2]</th></tr>
<tr><td rowspan="5">정서적 장애
(내재화장애)</td><td>우울장애</td><td rowspan="5">불안/우울
위축/우울
신체증상</td><td rowspan="5">내재화</td></tr>
<tr><td>양극성장애</td></tr>
<tr><td>불안장애</td></tr>
<tr><td>강박장애</td></tr>
<tr><td>외상후 스트레스장애</td></tr>
<tr><td rowspan="3">행동적 장애
(외현화장애)</td><td>품행장애</td><td rowspan="2">규칙위반
공격행동</td><td rowspan="2">외현화</td></tr>
<tr><td>적대적 반항장애</td></tr>
<tr><td>주의력결핍과잉행동장애</td><td>주의집중문제</td><td rowspan="4">–</td></tr>
<tr><td rowspan="3">기타 장애</td><td>조현병</td><td>사고문제</td></tr>
<tr><td>배설장애</td><td rowspan="2">–</td></tr>
<tr><td>섭식장애</td></tr>
</table>

[1] ASEBA에는 8개의 증후군 척도(불안/우울, 위축/우울, 신체증상, 사회적 미성숙, 사고문제, 주의집중문제, 규칙위반, 공격행동)가 포함되어 있는데 이 가운데 '사회적 미성숙'은 해당사항이 없어 언급되지 않았음.

[2] ASEBA의 8개 증후군 척도 중 불안/우울, 위축/우울, 신체증상 척도는 내재화문제로, 규칙위반과 공격행동은 외현화문제로 분류되어 상위척도인 내재화 및 외현화 척도를 구성하고 있음.

[그림 1-5] DSM-I~DSM-5-TR 그리고 ASEBA

DSM-I~DSM-5-TR

ASEBA

disorders)(Bell et al., 2005; Forness, 2005) 또는 내재화장애(internalizing disorders)와 외현화장애(externalizing disorders)(Webber & Plotts, 2008)의 두 가지 주요 유형(major types)으로 구분하고 이에 더하여 기타 장애를 두기도 한다(저자주: 내재화장애를 내면화장애 또는 내현화장애라고도 함). 이와 같은 정서행동장애의 일반적 구분은 〈표 1-10〉에 보이듯이 DSM-5-TR 및 ASEBA라는 두 가지 분류체계와 관련이 있는데, 전자가 임상적 분류체계라면 후자는 교육적 분류체계라고 할 수 있다([그림 1-5] 참조). 다음에서는 이 두 가지 분류체계에 대해 각각 살펴본 후 차이점을 비교해 보고자 하며 또한 어느 분류체계를 사용하느냐에 상관없이 두 가지 이상의 정서행동장애 유형이 함께 나타나는 경우인 공존장애에 대해서도 살펴보기로 한다.

1) 임상적 분류

임상적 분류(clinical classification)는 정신의학적 분류(psychiatric classification) 또는 범주적 분류(categorical classification)라고도 하는데(Kauffman & Landrum, 2009; Wicks-Nelson & Israel, 2009; Yell et al., 2009), 이 분류에 의한 대표적인 분류체계가 『정신장애의 진단 및 통계 편람(DSM)』이다. DSM은 미국정신의학회(American Psychiatric Association: APA)가 발간하는 정신장애 분류체계로서 특정 집단의 개인들이 보이는 행동양상에 대한 관찰을 근거로 특정 특성들이 함께 발생한다는 임상적 합의(clinical consensus)에 의해 정신장애를 범주로 분류하고 함께 발생하는 특성들을 그 범주의 진단준거로 선택하는 과정을 거쳐 개발된다. 1952년 DSM-I이 발간된 이후 임상가들의 합의에 의해 범주가 추가 또는 삭제되거나 진단준거가 수정되기도 하면서 DSM-II(1968), DSM-III(1980), DSM-III-R(1987), DSM-IV(1994), DSM-IV-TR(2000), DSM-5(2013), DSM-5-TR(2022)까지 발간되었는데 DSM-5-TR(2022)에

〈표 1-11〉 DSM-5-TR의 22개 주요범주와 정서행동장애관련 하위범주

1. 신경발달장애
   - 주의력결핍과잉행동장애
2. 조현병 스펙트럼 및 기타 정신증적 장애
   - 조현병
3. 양극성 및 관련 장애
   - 제I형 양극성장애
   - 제II형 양극성장애
   - 순환성장애
4. 우울장애
   - 파괴적 기분 조절부전장애
   - 주요우울장애
   - 지속성 우울장애
5. 불안장애
   - 분리불안장애
   - 범불안장애
   - 공황장애
   - 특정공포증
   - 사회불안장애
6. 강박 및 관련 장애
   - 강박장애
7. 외상 및 스트레스원 관련 장애
   - 외상후 스트레스장애
8. 해리장애
9. 신체화 증상 및 관련 장애
10. 급식 및 섭식 장애
    - 신경성 식욕부진증
    - 신경성 폭식증
11. 배설장애
    - 유뇨증
    - 유분증
12. 수면-각성 장애
13. 성기능 장애
14. 성별 불쾌감
15. 파괴적, 충동-조절, 및 품행 장애
    - 적대적 반항장애
    - 품행장애
16. 물질관련 및 중독 장애
17. 신경인지장애
18. 성격장애
19. 성도착 장애
20. 기타 정신장애
21. 약물치료로 유발된 운동장애 및 약물치료의 기타 부작용
22. 임상적 관심의 초점이 될 수 있는 기타 상태

는 22개 주요범주와 350여 개의 하위범주가 포함되어 있으며 하위범주별로 진단준거가 제시되어 있다.

이와 같이 DSM은 범주적으로 정신장애를 분류하기 때문에 아동이 진단에 의뢰될 경우 진단준거를 충족시키거나 충족시키지 않는다. 따라서 정상과 이상의 차이는 양적 차이가 아닌 질적 차이로 본다(권석만, 2023a, 2023b). 〈표 1-11〉은 DSM-5-TR의 22개 주요범주와 정서행동장애관련 하위범주(즉, 이 책에서 다루는 정서행동장애와 관련된 하위범주)를 제시하고 있다. 또한 [그림 1-6]은 DSM-5-TR의 정신장애에 대한 범주적 분류를 모형으로 제시하고 있는데, 첫 번째 주요범주(즉, 신경발달장애)에 국한하여 해당 하위범주들(지적발달장애, 의사소통장애, 자폐스펙트럼장애, 주의력결핍과잉행동장애, 특정학습장애, 운동장애)이 제시되었고 이러한 하위범주들 중 '운동장애'에 국한하여 해당 하위범주들(발달성 협응장애, 상동증적 운동장애, 틱장애)이 제시되었다.

[그림 1-6] DSM-5-TR의 정신장애에 대한 범주적 분류모형[1)]

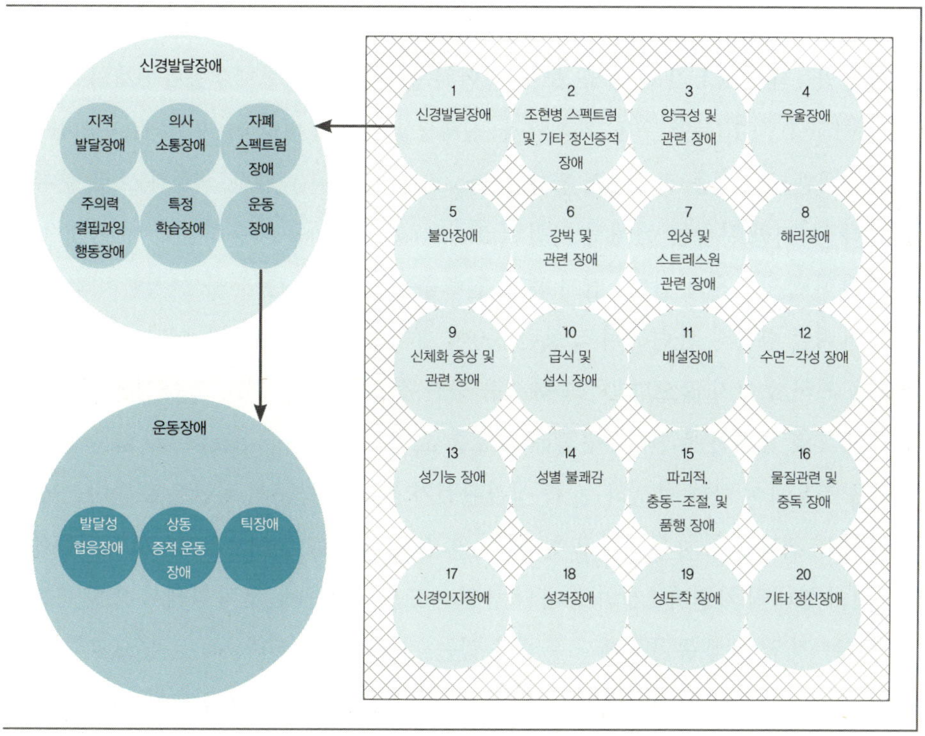

1) DSM-5-TR의 22개 주요범주 중 마지막 2개는 정신장애 주요범주가 아니고 DSM을 이용하여 진단할 때 참고해야 하는 상태와 문제로 구성되어 있으므로 이 그림에서는 제시되지 않았음.

※ 아래 무늬 부분은 '정상'을 의미함.

2) 교육적 분류

교육적 분류(educational classification)는 경험적 분류(empirical classification) 또는 차원적 분류(dimensional classification)라고도 하는데(Kauffman & Landrum, 2009; Wicks-Nelson & Israel, 2009; Yell et al., 2009), 이 분류에 의한 대표적인 분류체계가 「Achenbach 경험기반 사정체계(Achenbach System of Empirically Based Assessment: ASEBA)」다. ASEBA(Achenbach & Rescorla, 2001)는 이전에 개발되었던 「Child Behavior Checklist(CBCL)」(Achenbach, 1991a), 「Teacher's Report Form(TRF)」(Achenbach, 1991b), 「Youth Self-Report(YSR)」(Achenbach, 1991c)를 토대로 하여 전 연령대에 걸쳐 행동문제를 평가할 수 있는 시스템으로 구축된 것인데 특히 아동과 청소년들을 위한 척도들은 ASEBA 학령기용(School-Age Forms)으로 명명되었다. ASEBA 학령기용(Achenbach & Rescorla, 2001)에는 6~18세 아동이나 청소년의 문제행동을 부모가 평정하는 CBCL, 6~18세 아동이나 청소년의 문제행동을 교사가 평정하는 TRF, 그리고 11~18세 청소년이 자신의 문제행동을 스스로 평정하는 YSR이 포함되어 있는데 CBCL, TRF, YSR 모두 경험적 분석을 통해 문제행동을 8개의 협대역(narrowband) 차원(불안/우울, 위축/우울, 신체증상, 사회적 미성숙, 사고문제, 주의집중문제, 규칙위반, 공격행동)과 2개의 광대역(broadband) 차원(내재화, 외현화)으로 분류하고 있다. 이러한 분류는 통계적 기법(statistical technique)을 사용하는데 이 과정을 간단히 살펴보면 다음과 같다. 먼저 해당 연령층을 대표하는 표본을 선정한 다음 응답자로 하여금 행동과 관련하여 작성된 100여 개의 문항에 대해 아동이나 청소년이 그 행동을 전혀 보이지 않으면 '0', 그 특성을 중간 정도로 보이면 '1', 그 특성을 명백하게 보이면 '2'로 표시하게 한다. 수집된 자료를 요인분석(factor analysis)과 같은 통계적 기법을 적용하여 함께 발생하는, 즉 상관관계가 높은 문항들의 집단을 도출하는데 이때 도출된 집단들을 차원이라고 한다. 이와 같은 과정을 통해 ASEBA 학령기용에서는 8개의 협대역 차원과 2개의 광대역 차원이 도출되었는데 각 차원에서 특정 수준을 초과하는 경우 그 행동차원에서 문제가 있는 것으로 판단된다. 즉, 표본으로부터 수집된 자료로 작성된 각 차원별 규준을 통해 점수를 산출하고 그 점수가 기준에 제시된 분할점수(cut-off score)를 초과하는지를 살펴봄으로써 각 차원에서의 문제 여부를 판단하게 된다.

이와 같이 ASEBA는 차원적으로 행동문제를 분류하기 때문에 아동들은 모든 차원

〈표 1-12〉 CBCL, TRF, YSR의 협대역 차원과 광대역 차원

행동적 차원			비고
협대역 차원		광대역 차원	
1	불안/우울	내재화	내재화 차원은 3개의 협대역 차원(불안/우울, 위축/우울, 신체증상)의 합으로 구성됨
2	위축/우울		
3	신체증상		
4	사회적 미성숙	–	–
5	사고문제		
6	주의집중문제		
7	규칙위반	외현화	외현화 차원은 2개의 협대역 차원(규칙위반, 공격행동)의 합으로 구성됨
8	공격행동		

[그림 1-7] ASEBA의 행동문제에 대한 차원적 분류모형

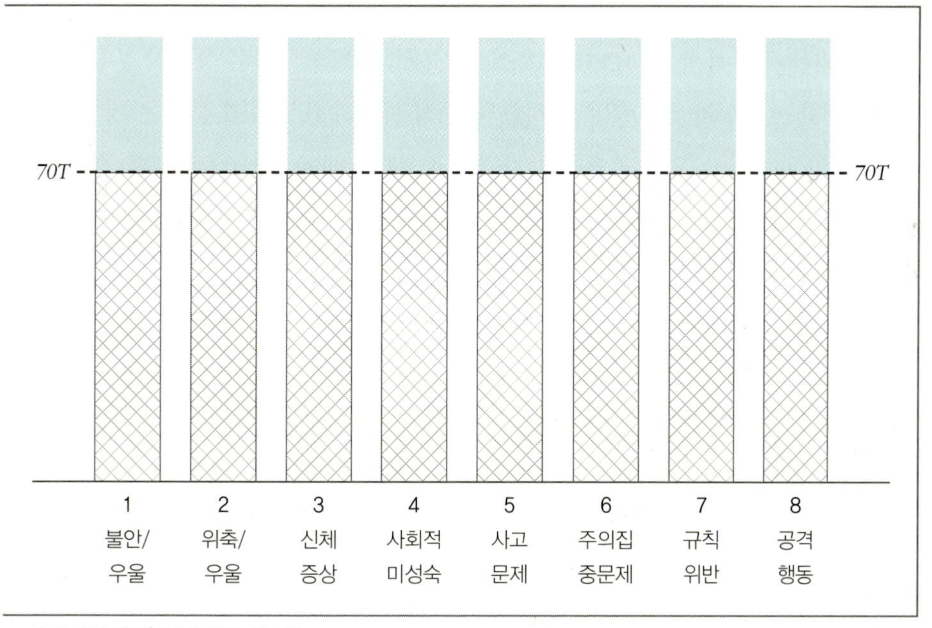

※ 아래 무늬 부분은 '정상'을 의미함.

에서 낮은 수준, 중간 수준, 혹은 높은 수준을 보일 수 있다. 즉, 모든 아동과 청소년은 정도만 다를 뿐 모든 차원에서 특성을 나타낸다(Waldman & Lilienfeld, 1995). 따라서 정상과 이상의 차이는 질적 차이가 아닌 양적 차이로 본다(권석만, 2023a, 2023b).

〈표 1-12〉는 ASEBA 학령기용에 포함되어 있는 CBCL, TRF, YSR의 8개 협대역 차원과 2개의 광대역 차원을 제시하고 있다(저자주: ASEBA 학령기용에 포함된 CBCL, TRF, YSR은 모두 우리나라에서 표준화되어 사용되고 있으며 이에 대해서는 이 책 제3장 '정서행동장애의 평가'를 참조할 것). 또한 [그림 1-7]은 ASEBA의 행동문제에 대한 차원적 분류를 모형으로 제시하고 있는데, 8개 차원(불안/우울, 위축/우울, 신체증상, 사회적 미성숙, 사고문제, 주의집중문제, 규칙위반, 공격행동)에서 분할점수는 70*T*며 따라서 70*T* 이상이면 해당 차원에서 문제가 있는 것으로 판단한다.

3) 임상적 분류와 교육적 분류의 비교

이상에서 살펴본 바와 같이 정서행동장애의 유형은 임상적 분류와 교육적 분류에 의해 나눌 수 있는데 이 두 가지 분류체계의 차이점을 비교해 보면 다음과 같다. 첫째, 임상적 분류가 임상적 합의에 의한 정신의학적 분류라면 교육적 분류는 통계적 기법에 의한 경험적 분류다(Wicks-Nelson & Israel, 2009). 둘째, 임상적 분류가 정서행동장애를 범주(category)로 분류하는 범주적 분류라면 교육적 분류는 정서행동장애를 차원(dimension)으로 분류하는 차원적 분류다(Yell et al., 2009). 셋째, 임상적 분류에 의하면 어떤 범주에서의 진단준거 충족 여부에 의해 정서행동장애가 판별되지만 교육적 분류에 의하면 어떤 차원에서의 특정 수준 초과 여부에 의해 정서행동장애가 판별된다(Cullinan, 2004; Yell et al., 2009). 넷째, 임상적 분류에서는 정상과 이상의 차이를 종류(kind)의 차이로 간주하지만 교육적 분류에서는 정상과 이상의 차이를 정도(degree)의 차이로 본다. 따라서 임상적 분류에서는 정상과 이상이 질적으로(qualitatively) 구분되지만 교육적 분류에서는 정상과 이상이 양적으로(quantitatively) 구분된다(Wicks-Nelson & Israel, 2009). 다섯째, 임상적 분류는 정서행동장애를 진단하는 정신건강전문가에게 유용한 반면 교육적 분류는 정서행동장애를 예방하고 중재하고자 하는 교육전문가들에게 더 유용한 것으로 보인다(Yell et al., 2009). 따라서 앞서 살펴본 정서행동장애의 정의(법적 정의, 임상적 정의, 교육적 정의)와 연관시켜 볼 때 임상적 분류는 임상적 정의(정신장애를 진단하기 위해 정신건강전문가들이 진단체계에 명시한 정의)와 일맥상통하고 교육적 분류는 교육적 정의(정서행동장애를 중재 또는 예방하기 위해 교육전문가들이 비공식적으로 사용하는 정의)와 일맥상통한다고 할 수 있다.

4) 공존장애

임상적 분류체계를 사용하느냐 또는 교육적 분류체계를 사용하느냐에 관계없이 두 가지 이상의 유형이 함께 나타나는 경우가 종종 있다. 이러한 경우를 설명하고자 할 때 보편적으로 사용되는 용어가 공존장애(comorbidity)(저자주: 공존장애를 합병 또는 동반이환이라고도 함)인데 연구자에 따라 동시발생(co-occurrence)이라는 용어를 선호하기도 한다(Widiger & Clark, 2000). 따라서 정서행동장애에 있어서 공존장애란 한 아동이나 청소년이 정서행동장애 유형의 다수 범주(임상적 분류)에서 진단준거를 충족시키거나 다수 차원(교육적 분류)에서 분할점수(cut-off score)를 초과하는 경우로 정의될 수 있다(Cullinan, 2004). 이러한 공존장애는 정서행동장애를 가진 아동이나 청소년들에게 흔히 나타나는데(Lilienfeld, 2003; Webber & Plotts, 2008; Wicks-Nelson & Israel, 2009) 이와 관련하여 몇 가지 유념할 사항이 있다. 첫째, 정서행동장애를 가진 아동이나 청소년들 가운데 한 가지 유형만 보이는 경우보다 두 가지 이상의 유형을 함께 보이는 공존장애가 더 흔하다는 것이다(Angold, Costello, & Erkanli, 1999; Cullinan & Epstein, 2001; Kauffman & Landrum, 2009). 둘째, 두 가지 이상의 유형을 함께 보이는 경우는 한 가지 유형만 보이는 경우에 비해 더 오래 지속되고 더 심각한 문제를 가질 가능성이 높은 것으로 알려져 있다(Nottelmann & Jensen, 1995). 예를 들어, 품행장애와 ADHD가 공존하는 경우 아동에게 특히 해로우며 성공적으로 중재하기가 극히 어렵다(Gresham, Lane, & Lambros, 2000). 셋째, 정서행동장애에서 공존장애가 매우 흔하고 심각한 문제를 보일 가능성이 높음에도 불구하고 앞서 살펴보았듯이 정서행동장애의 법적 정의에 이러한 공존장애가 반영되어 있지 않다는 점이다(Gresham & Kern, 2004; Kauffman et al., 2004).

이상과 같이 공존장애라는 용어는 정서행동장애의 다수 유형이 함께 나타나는 경우를 지칭하지만 정서행동장애가 다른 장애와 함께 나타나는 경우를 지칭하기도 한다. 그러나 이때 다른 장애란 지적장애나 학습장애, 의사소통장애와 같이 정신의학이나 심리학과 관련된 정신장애를 의미하며 정서행동장애가 시각장애나 청각장애 또는 지체장애와 같은 감각장애나 신체장애와 함께 나타나는 경우는 중복장애(multiple disability)(특수교육학 용어로 두 가지 이상의 장애가 공존하는 경우)로 지칭하는 것이 바람직하다. 그 이유는 공존장애가 특수교육학 용어라기보다 정신의학이나 심리학 용어이기 때문이다. 공존장애(comorbidity)라는 용어는 의학자 Feinstein(1970)

에 의해 처음 소개되었는데, 현재 의학뿐만 아니라 다양한 분야에서 사용되고 있으나 아직 이 용어에 대한 합의된 정의는 없다(Valderas, Starfield, Sibbald, Salisbury, & Roland, 2009). 정신의학이나 심리학에서 공존장애란 동일한 개인에게 두 가지 이상의 정신장애가 동시에 존재하는 경우를 의미한다(Wicks-Nelson & Israel, 2009).

6. 정서행동장애의 출현율

정서행동장애의 출현율을 살펴보기에 앞서 먼저 출현율(prevalence) 및 관련용어인 발생률(incidence)과 평생출현율(lifetime prevalence)의 의미부터 이해할 필요가 있는데, 이 세 가지 용어에 대한 구체적인 내용은 [보충설명 1-2]에 제시되어 있다. [보충설명 1-2]에 언급되어 있듯이 출현율은 얼마나 많은 개인이 특정 장애를 가지고 있는가에 초점을 두고 있어 특정 장애가 얼마나 자주 나타나는가에 초점을 두는 발생률보다 특수교육의 목적상 더 많은 의미를 갖는다고 할 수 있는데 그 이유는 특수교육에서 다루는 대부분의 장애가 발달적이고 일생적인 특성을 지닌 것으로 간주되기 때문이다(Kauffman & Landrum, 2009). 또한 출현율은 정부나 관련기관(예: 교육청)이 특수교육과 관련된 정책 및 예산을 수립하는 데 필수적인 자료가 된다는 점에서도 중요성을 엿볼 수 있다.

이와 같이 출현율이 특수교육에서 의미 있고 중요한 자료임에도 불구하고 연구에 따라 정서행동장애의 출현율은 학령기 인구의 약 0.5%에서부터 20% 이상까지 매우 다양하게 보고되고 있다(Kauffman & Landrum, 2009). 이처럼 출현율 추정치가 다양하게 나타나는 데에는 여러 가지 이유가 있을 수 있으나 세 가지만 제시해 보면 첫째, 정서행동장애 정의가 다양하기 때문이다(Cullinan, 2007; Kauffman & Landrum, 2009). 즉, 정서행동장애를 어떻게 정의하느냐에 따라 출현율이 달라진다는 것이다. 앞서 이 장 4절 '정서행동장애의 정의'에서 세 가지 정의(법적 정의, 임상적 정의, 교육적 정의)를 비교하면서 언급하였듯이 정의에 따라 포함범위에서 차이가 있으며 이러한 포함범위의 차이는 출현율 차이를 가져오게 된다. 둘째, 정서행동장애를 평가하는 방법이 다양하기 때문이다(Cullinan, 2007; Kauffman & Landrum, 2009). 즉, 어떤 사정도구를 사용하였느냐에 따라 출현율이 달라질 수 있다는 것이다. 예를 들어, 한 연구에서는 부모가 학생에 대해 평정하는 도구를 사용하고 다른 연구에서는 교사가 학생에 대

[보충설명 1-2] 출현율, 발생률, 평생출현율의 의미

• **출현율**

출현율(prevalence)이란 특정 시점에 한 모집단에서 어떤 장애를 가진 사례수의 비율을 말하며 사례수를 모집단의 총인구수로 나누어 산출된다(저자주: 출현율을 유병률이라고도 함). 예를 들어, 한 학교에서 1,000명의 학생 중 20명이 정서행동장애로 판별되었다면 출현율은 2%가 된다.

• **발생률**

발생률(incidence)이란 특정 기간에 한 모집단에서 어떤 장애가 새로 나타난 사례수의 비율을 말하며 출현율과 마찬가지로 사례수를 모집단의 총인구수로 나누어 산출된다(저자주: 발생률을 발병률이라고도 함). 사례(case)는 개인(individual) 또는 장애의 삽화(episode)를 의미하기 때문에 발생률과 관련하여 한 가지 유념할 점은 특정 기간에 어떤 사람이 장애를 보이다가 호전되어 장애를 보이지 않은 후 다시 재발하여 장애를 보인 경우 그 사람은 발생률 산출에서 두 번 포함되는 오류가 생길 수도 있다는 것이다. 발생률의 예를 들어 보면, 특정 연도에 한 학교에서 1,000명의 학생 중 5명이 새로 정서행동장애로 판별되었다면 그 연도의 정서행동장애 발생률은 0.5%가 된다. 이와 같이 발생률이 특정 장애가 얼마나 자주 나타나는가에 관심을 두는 반면 앞서 언급된 출현율은 얼마나 많은 개인이 특정 장애를 가지고 있는가에 관심을 둔다고 할 수 있다.

• **평생출현율**

평생출현율(lifetime prevalence)이란 한 모집단에서 평생 한 번이라도 어떤 장애로 진단받은 사례수의 비율을 말한다(저자주: 평생출현율을 평생유병률이라고도 함). 예를 들어, 조현병의 평생출현율은 0.3~0.7% 정도인 것으로 알려져 있는데(APA, 2022) 이는 인구의 0.3~0.7% 정도가 평생 한 번은 조현병을 경험할 수 있다는 것을 의미한다.

해 평정하는 도구를 사용하였을 경우 두 연구에서 추정되는 출현율에는 차이가 있을 것이다. 또한 두 연구가 모두 교사가 학생에 대해 평정하는 도구를 사용하였다 하더라도 동일한 도구가 사용되지 않았다면 두 연구에서 추정되는 출현율이 동일하지 않을 수도 있다. 셋째, 표본이 다양하기 때문이다(Cullinan, 2007). 즉, 출현율을 추정하고자 실시되는 역학조사(epidemiological survey)는 일반적으로 전수조사보다는 표본조사를 통해 이루어지는데 이 표본들이 성별, 연령, 지역 등의 측면에서 모집단을 대표하지 못하는 경우가 많다는 것이다. 예를 들어, 정서행동장애 유형 가운데 전형적으로 아동기보다 청소년기에 상대적으로 더 높게 나타나는 유형(예: 품행장애)이 있으므로 초등학생만을 대상으로 하였을 경우 중등학생까지 포함한 경우보다 출현율이 낮게 나올 수 있다.

이상과 같이 정의의 다양성, 평가방법의 다양성, 표본의 다양성 등으로 인해 정서행동장애의 출현율도 다양하게 나타나고 있으므로 어떤 출현율을 접했을 때는 그 출현율이 산출된 정의, 평가방법, 및 표본에 대한 정보도 같이 고려할 필요가 있다. 특히 어떤 정의를 근거로 출현율이 추정되었는지를 파악하는 것은 그 출현율을 활용하는 데 도움이 된다. 따라서 다음에서는 세 가지 정의(법적 정의, 임상적 정의, 교육적 정의)에 따른 출현율을 각각 살펴본 후 차이점을 비교해 보고 더불어 출현율의 성차도 살펴보고자 한다.

1) 법적 정의에 근거한 출현율

앞서 언급되었듯이 정서행동장애의 법적 정의란 정부가 특수교육대상자 선정이라는 행정적 목적을 가지고 특수교육 관련법에 명시한 정의로서 우리나라의 「장애인 등에 대한 특수교육법」에 명시된 정의가 여기에 해당된다. 따라서 우리나라 정부가 이 법에 의거하여 제공한 특수교육대상자 현황 자료를 통해 법적 정의에 근거한 정서행동장애의 출현율을 추정할 수 있다. 〈표 1-13〉에는 교육부(2024a)가 제공한 장애영역별 학생수가 제시되어 있는데, 우리나라 유·초·중등 전체 학생수(즉, 학령기 인구)에 대한 정서행동장애 학생수의 비율을 산출하면 된다(저자주: 학령기 인구 중 정서행동장애로 특수교육을 받은 학생의 비율이므로 출현율이 아닌 수혜율로 보는 것이 더 정확할 수 있으나 대부분의 관련문헌에서 출현율로 보고되고 있음).

〈표 1-14〉는 우리나라 학령기 인구에 대한 정서행동장애학생의 비율을 제시하고 있는데, 두 가지 주목할 만한 점이 있다. 첫째, 전체 학생수(즉, 학령기 인구)는 지속적으로 감소하는 추세인 반면에 장애 학생수는 꾸준히 증가하는 추세다. 따라서 전체 학생수에 대한 장애 학생수의 비율도 계속 증가하여 2024년 현재 학령기 인구 100명당 2명 정도가 장애학생인 것으로 나타나고 있다. 둘째, 장애 학생수는 꾸준히 증가한 반면 정서행동장애 학생수는 전체 학생수와 마찬가지로 지속적으로 감소하는 추세다. 따라서 전체 학생수에 대한 정서행동장애 학생수의 비율이 0.03% 정도로 유

지되는 경향을 나타내는 것으로 보인다. 즉, 전체 학생수에 대한 정서행동장애 학생수의 비율로 산출했을 때 우리나라 법적 정의에 근거한 정서행동장애의 출현율은 약 0.03%(즉, 10,000명당 3명 정도)라고 할 수 있다.

〈표 1-13〉 연도별 장애영역별 학생수

단위: 명, (%)[1]

연도	시각 장애	청각 장애	지적 장애	지체 장애	정서·행동 장애	자폐성 장애	의사소통 장애	학습 장애	건강 장애	발달 지체	계
2020	1,908 (2.0)	3,132 (3.3)	50,693 (53.1)	9,928 (10.4)	1,993 (2.1)	13,917 (14.6)	2,404 (2.5)	1,226 (1.3)	1,785 (1.9)	8,434 (8.8)	95,420 (100)
2021	1,826 (1.9)	3,026 (3.1)	51,788 (52.8)	9,695 (9.9)	1,874 (1.9)	15,215 (15.5)	2,450 (2.5)	1,114 (1.1)	1,799 (1.8)	9,367 (9.5)	98,154 (100)
2022	1,753 (1.7)	2,961 (2.9)	53,718 (51.8)	9,639 (9.3)	1,865 (1.8)	17,024 (16.4)	2,622 (2.5)	1,078 (1.0)	1,948 (1.9)	11,087 (10.7)	103,695 (100)
2023	1,745 (1.6)	2,907 (2.6)	55,867 (50.9)	9,522 (8.7)	1,831 (1.7)	19,275 (17.6)	2,645 (2.4)	1,037 (0.9)	1,956 (1.8)	12,918 (11.8)	109,703 (100)
2024	1,698 (1.5)	2,842 (2.5)	57,883 (50.1)	9,263 (8.0)	1,785 (1.5)	22,194 (19.2)	2,600 (2.2)	1,065 (0.9)	1,979 (1.7)	14,301 (12.4)	115,610 (100)

[1] 괄호 안 통계치(%)를 해당 장애영역의 출현율로 오인하는 경우가 있는데, 이 통계치는 전체 장애 학생수에 대한 해당 장애영역 학생수의 비율이다. 즉, 2024년 현재 전체 장애학생(115,610명) 가운데 1.5% 정도가 정서행동장애학생(1,785명)이다.

자료출처: 교육부(2024a). 2024 특수교육통계. 충남: 교육부 국립특수교육원. (p. 4)

〈표 1-14〉 우리나라 학령기 인구에 대한 정서행동장애학생의 비율

연도	(유·초·중등) 전체 학생	장애학생(특수교육대상자)		정서행동장애학생	
	학생수[1]	학생수[2]	전체 학생수에 대한 비율	학생수[2]	전체 학생수에 대한 비율[3]
2020	6,010,006	95,420	1.59%	1,993	0.03%
2021	5,957,118	98,154	1.65%	1,874	0.03%
2022	5,879,768	103,695	1.76%	1,865	0.03%
2023	5,783,612	109,703	1.90%	1,831	0.03%
2024	5,684,745	115,610	2.03%	1,785	0.03%

[1] 교육부(2024b). 2024년 교육기본통계. 세종: 저자.

[2] 교육부(2024a). 2024 특수교육통계. 충남: 교육부 국립특수교육원.

[3] 학령기 인구(즉, 유·초·중등 전체 학생)에 대한 정서행동장애 학생수의 비율이므로 법적 정의에 근거한 정서행동장애의 출현율로 볼 수 있음.

2) 임상적 정의에 근거한 출현율

앞서 살펴보았듯이 정서행동장애의 임상적 정의란 정신건강전문가들이 정신장애의 진단이라는 임상적 목적을 가지고 진단체계에 명시한 정의다. 따라서 임상적 정의에 근거한 정서행동장애 출현율은 정신건강전문가들이 DSM과 같은 진단체계를 통해 진단한 결과에 따라 제공한 자료를 근거로 추정할 수 있다. 이와 같은 임상적 정의에 근거한 출현율은 법적 정의에 근거한 출현율보다 높게 나타나는데 그 이유는 임상적으로 어떤 정신장애가 진단되었다고 해서 반드시 법적으로 특수교육대상자가 되는 것은 아니기 때문이다.

우리나라에서 2001년부터 5년 주기로 성인을 대상으로 정신건강실태조사가 5차례 실시되었는데, 2022년에는 소아·청소년을 대상으로 전국단위의 정신건강실태조사가 처음으로 실시되었으며 그 결과가 2024년에 발표되었다(보건복지부, 2024. 5. 2.). 이 조사는 전수조사가 아닌 표본조사였는데, 조사대상은 소아·청소년(6세 이상~17세 이하) 6,275명이었다. 조사결과, 우리나라 소아·청소년의 정신장애 유병률(조사 시점에 증상 지속기간을 포함하여 장애진단 준거를 충족한 경우)이 7.1%(소아 4.7%, 청소년 9.5%)로 나타났다. 이는 2022년을 기준으로 임상적 정의에 근거한 정서행동장애의 출현율을 7.1%로 추정해 볼 수 있다는 것을 의미한다.

3) 교육적 정의에 근거한 출현율

앞서 언급되었듯이 정서행동장애의 교육적 정의란 교육전문가들이 정서행동장애의 중재와 예방이라는 교육적 목적을 가지고 비공식적으로 사용하는 정의로서 장애에 대한 중재와 더불어 예방에도 초점을 두고 있다. 따라서 교육적 정의에 근거한 출현율은 현재 장애를 보이는 아동과 청소년뿐만 아니라 향후 장애를 보일 가능성이 있는 위험(at-risk) 아동과 청소년들도 포함한 자료를 근거로 추정할 수 있다. 이와 같은 교육적 정의에 근거한 출현율은 법적 정의에 근거한 출현율보다 높게 나타나는 임상적 정의에 근거한 출현율보다도 더 높게 나타나는데 그 이유는 교육적 정의에 근거한 출현율이 임상적으로 장애가 있는 경우뿐만 아니라 준임상적 문제를 보이는 경우도 포함하기 때문이다.

우리나라에서는 학생들의 정서·행동문제를 조기에 발견하고 관리하기 위해

2007년부터 매년 '학생정서 · 행동특성검사'를 실시하고 있다. 2013년부터는 초등학교 1 · 4학년, 중학교 1학년, 고등학교 1학년 학생들에게 의무적으로 실시되고 있으며 이상 징후를 보인 학생은 '관심군'으로 선별하는데 2022년에 실시된 검사에서는 80,676명이 '관심군'으로 분류되었다(동아일보, 2024. 1. 30.). 특히 2012년에는 '학생정서 · 행동특성검사'가 전국 초 · 중 · 고등학교 학생들에게 전국단위의 전수조사로 실시된 바 있다. 조사결과, 관심군이 16.3%(초등학생 16.6%, 중학생 18.3%, 고등학생 13.8%)로 나타났다(교육과학기술부, 2013. 2. 8.). 이는 2012년을 기준으로 교육적 정의에 근거한 정서행동장애의 출현율을 16.3%로 추정해 볼 수 있다는 것을 의미한다.

4) 법적, 임상적, 교육적 정의에 근거한 출현율의 비교

이상에서 살펴본 바와 같이 정서행동장애의 출현율은 어떤 정의를 근거로 하였는가에 따라 차이가 있는데 이를 요약하여 제시하면 〈표 1-15〉와 같다. 〈표 1-15〉에 보이듯이 교육적 정의에 근거한 출현율이 가장 높고 법적 정의에 근거한 출현율이 가장 낮다. 이와 같이 법적 정의에 근거한 출현율이 특히 낮은 이유를 몇 가지 살펴보면 다음과 같다. 첫째, 〈표 1-15〉에 제시된 법적 정의에 근거한 출현율이 전수조사나 표본조사를 통해 이루어지는 역학조사가 아닌 실태조사에 의한 출현율이기 때문일 수 있다. 앞서 기술되었듯이 0.03%는 모두 실태조사에 의해 나타난 전체 학생수(즉, 학령기 인구)와 정서행동장애 학생수에 의거하여 산출된 출현율인데, 역학조사는 특수교육을 받고 있는 학생들뿐만 아니라 특수교육이 필요하지만 평가에 의뢰된 적이 없는 학생들도 파악할 수 있으나 실태조사는 특수교육을 받고 있는 학생들만 파악하므로 실태조사에 의한 출현율은 역학조사에 의한 출현율보다 낮을 수밖에 없다. 둘째, 이 장 4절 '정서행동장애의 정의'에서 언급되었듯이 미국과 우리나라의 법적 정의에 품행장애나 ADHD와 같은 외현화장애가 배제되어 있기 때문이다. 셋째, 임상적 진단을 받아도, 즉 임상적 정의에 근거한 출현율에 반영되는 경우라 하더라도 법적 정의를 쉽게 충족시키지는 못하기 때문이다. 특히 우리나라의 법적 정의는 교육적 수행을 학업성취에 국한하였을 뿐 아니라 조현병도 포함하지 않고 있으므로 미국의 법적 정의보다 충족시키기가 더 어렵다.

한편 정의에 따른 출현율의 차이는 유용한 정보가 될 수도 있는데 〈표 1-15〉에 보이듯이 법적, 임상적, 교육적 정의에 근거한 출현율을 각각 적부성, 진단, 선별 단계

〈표 1-15〉 정의에 따른 정서행동장애의 출현율 비교

정의	출현율	활용[4]
법적 정의	0.03%[1]	적부성 단계에서의 출현율로 활용할 수 있음
임상적 정의	7.1%[2]	진단 단계에서의 출현율로 활용할 수 있음
교육적 정의	16.3%[3]	선별 단계에서의 출현율로 활용할 수 있음

[1] 『2024년 교육기본통계』(교육부, 2024b)와 『2024 특수교육통계』(교육부, 2024a)를 근거로 산출되었음.

[2] 전국단위의 표본조사로 실시된「2022년 정신건강실태조사(소아 · 청소년)」의 결과를 근거로 하였음.

[3] 전국단위의 전수조사로 실시된「2012년 학생정서 · 행동특성검사」의 결과를 근거로 하였음.

[4] 평가의 여섯 단계(선별, 진단, 적부성, 프로그램계획 및 배치, 형성평가, 총괄평가)에 대해서는 이 책 제3장 '정서행동장애의 평가'를 참조할 것.

에서의 출현율로 활용할 수 있다. 따라서 법적 정의에 근거한 출현율은 정서행동장애학생과 관련된 정책수립(교원양성이나 교원연수, 재정확보 등)에 유용할 수 있고, 임상적 정의에 근거한 출현율은 학령기 정신건강문제의 파악 및 대처에 유용할 수 있으며, 교육적 정의에 근거한 출현율은 정서행동장애 학생들의 중재뿐만 아니라 정서행동장애 위험학생들의 예방도 강조하는 교육전략수립에 유용할 수 있을 것이다.

〈표 1-16〉 우리나라 정서행동장애학생 성비(2024년)

학교급별	성별	빈도	백분율	성비[1]
유치원	남	3[2]	100.0	–
	여	0	0.0	
초등학교	남	532	84.0	5.3:1
	여	101	16.0	
중학교	남	435	76.3	3.2:1
	여	135	23.7	
고등학교[3]	남	442	76.3	3.2:1
	여	137	23.7	
계	남	1,412	79.1	3.8:1
	여	373	20.9	
	전체	1,785	100.0	–

[1] 『2024 특수교육통계』(교육부, 2024a)를 근거로 산출되었음.

[2] 장애영아 1명 포함됨.

[3] 특수학교와 특수학급의 경우 전공과도 포함됨.

5) 출현율의 성차

정서행동장애의 출현율과 관련하여 오랫동안 일관성 있게 나타나는 결과 중 하나는 정서행동장애의 전체 출현율에 성차(gender difference)가 있으며 남학생의 비율이 여학생의 비율보다 높다는 것이다. 미국의 경우 정서행동장애로 특수교육을 받고 있는 학생 중 3/4 이상(Wagner, Kutash, Duchnowski, Epstein, & Sumi, 2005) 또는 75~85%(Webber & Plotts, 2008)가 남학생인 것으로 보고되고 있으며 우리나라의 경우도 〈표 1-16〉에 보이듯이 약 4:1(3.8:1)의 비율로 남학생이 더 많은 것으로 나타나 있다. 따라서 정서행동장애 출현율의 남:여 성비는 3:1 또는 4:1 정도라고 할 수 있다.

이와 같은 출현율의 성차는 연령과 정서행동장애 유형과 관련이 있다. 먼저 연령과 관련하여, 남성은 생애초기에 발생하는 신경발달적 장애에 특히 취약한 반면 여성은 청소년기에 일반적으로 더 나타나는 정서적 문제와 섭식장애에 더 취약하다

〈표 1-17〉 정서행동장애 유형별 출현율의 성차 비교

구분	DSM-5-TR	출현율 성차
정서적 장애 (내재화장애)	우울장애	남 < 여
	양극성장애	13세 이전의 경우에는 남아의 출현율이 여아의 출현율보다 높지만 성인기에는 성비에 차이가 없는 것으로 추정된다(정유숙, 홍현주, 2012).
	불안장애	남 < 여
	강박장애	아동기에는 남아의 출현율이 여아의 출현율보다 높지만 청소년기가 되면 성비가 같아진다(Flament et al., 1988).
	외상후 스트레스장애	남 < 여
행동적 장애 (외현화장애)	품행장애	남 > 여
	적대적 반항장애	남 > 여
	주의력결핍과잉행동장애	남 > 여
기타 장애	조현병	아동기에는 남아에게 더 많이 발생하지만 청소년기에 접어들면 성비가 비슷해진다(Clemmensen et al., 2012; Wicks-Nelson & Israel, 2009).
	배설장애	남 > 여
	섭식장애	남 < 여

(Rutter, Caspi, & Moffitt, 2003). 따라서 전체 출현율의 성차는 청소년기로 갈수록 줄어들 수 있는데 이는 〈표 1-16〉의 초등학교에서 중·고등학교로의 출현율 성비변화에서도 나타나 있다. 다음으로 정서행동장애 유형과 관련하여, 남학생은 외현화장애(품행장애, ADHD 등)에서 더 높은 비율을 보이고 여학생은 내재화장애(우울장애, 불안장애 등)에서 더 높은 비율을 보이는데(Furlong, Morrison, & Jimerson, 2004) 〈표 1-17〉은 임상적 분류에 의한 정서행동장애 유형별 출현율 성차를 비교하여 제시하고 있다(저자주: 각 유형의 구체적인 출현율에 대해서는 이 책 제3부 '정서행동장애의 유형'을 참조할 것). 그러나 근래 학령기 학생들의 내재화문제와 외현화문제에서 나타나는 출현율 성차가 과거에 비해 줄어들었다는 보고(예: 백승영, 이승희, 2014)도 있다.

7. 정서행동장애의 특성

앞서 정서행동장애의 분류에서 살펴보았듯이 정서행동장애는 다양한 유형을 포함하고 있으므로 정서행동장애 학생들 또한 광범위한 특성을 보이는 다양한 학생으로 구성되어 있다. 그럼에도 불구하고 정서행동장애 학생들에게 나타나는 일반적인 특성을 인지적 특성, 학업적 특성, 언어적 특성, 사회적 특성, 행동적 특성으로 나누어 살펴보면 다음과 같다.

1) 인지적 특성

정서행동장애학생은 지적장애부터 영재에 이르기까지 광범위한 지적 능력을 보이는데(Jensen, 2005), 대부분은 정상범위(normal range)에 속하는 지능을 가지고 있는 것으로 알려져 있다(Kauffman & Landrum, 2009). IQ가 70 미만인 학생의 경우 정서행동문제가 주요 관심사라 하더라도 지적장애로 간주되며 만약 그 학생이 정서행동문제로 인해 지능검사에서 수행을 제대로 하지 못했다고 추정될 때는 지적장애가 아닌 정서행동장애로 판단되기도 한다(Hallahan, Lloyd, Kauffman, Weiss, & Martinez, 2005).

이와 같이 정서행동장애 학생들 대부분이 정상범위에 속하는 지능을 보이지만 대체적으로 일반학생들의 IQ 평균(100)보다는 낮은 지능을 나타내는 것으로 보고되고 있다(Wagner et al., 2005). 즉, 정서행동장애 학생들의 IQ 평균이 정규분포의 정상범위 내에서 약간 낮은 편인 90대 초반(90~95)에 해당될 것이라고 관련연구들이 밝히고 있다(Kauffman & Landrum, 2009). 그러나 실제로 정서행동장애 학생들의 IQ 평균이 일반학생들의 IQ 평균보다 더 낮다고 단정짓기는 어려운데 그 이유는 정서행동장애 학생들의 정서행동문제가 IQ검사에서 제시되는 과제들의 학습 및 수행에 영향을 미칠 가능성이 높기 때문이다(Heward, 2009).

2) 학업적 특성

인지적 특성에서 살펴보았듯이 정서행동장애 학생들의 지능이 일반학생들의 지능에 비해 조금 낮은 경향이 있으므로 정서행동장애 학생들의 학업성취 또한 일반학생들에 비해 다소 떨어질 가능성이 있다. 그러나 이러한 가능성을 고려한다 하더라도 정서행동장애 학생들은 자신의 지적 능력에 비해 낮은 학업성취를 나타낸다(Kauffman & Landrum, 2009). 물론 정서행동장애 학생들 가운데 일부는 자신의 학년수준을 따라갈 수 있고 소수는 학업적으로 매우 우수할 수도 있지만 대부분이 낮은 학업성취를 보인다(Lane, 2004). 이와 같은 정서행동장애 학생들의 학업적 특성을 좀 더 구체적으로 살펴보면 다음과 같다. 첫째, 정서행동장애 학생들은 자신의 학년수준에 못 미치는 학업부진(academic underachievement)을 나타내는데 그 정도는 1년이나 그 이상(Cullinan, 2007; Lane, 2004) 또는 2~3년(Culatta, Tompkins, & Werts, 2003) 등으로 다소 다양하게 보고되고 있다. 둘째, 정서행동장애 학생들의 학업부진은 거의 모든 영역의 과목(예: 읽기, 수학, 쓰기, 과학)에서 나타나는 것으로 보인다(Lane, 2004; Nelson, Benner, Lane, & Smith, 2004). 그러나 정서행동장애 학생들이 특정 영역에서 학업적 어려움을 더 겪는다는 보고도 있는데, 예를 들어 읽기(Anderson, Kutash, & Duchnowski, 2001; Bos, Coleman, & Vaughn, 2002)와 수학(Anderson et al., 2001; Greenbaum et al., 1996)에서 특히 어려움을 보이는 것으로 알려져 있다. 셋째, 정서행동장애 학생들이 보이는 학업부진은 시간이 지나도 개선되지 않는 경향이 있다(Lane, 2004). 즉, 정서행동장애 학생들의 학업부진은 안정적일 뿐 아니라(Mattison, Hooper, & Glassberg, 2002) 학년이 올라감에 따라 더 악화되기도 한다(Greenbaum et al., 1996). 유치원부터 고등학교 3학년까지의 정서행동장애학생 155명을 대상으로 실시한 횡단연구(Nelson, Benner, et al., 2004)에 의하면 아동보다 청소년에게서 학업부진의 출현율이 더 높고 정도 또한 더 심한 것으로 나타났다. 넷째, 정서행동장애 학생들 가운데 일부는 학습장애도 함께 가지고 있는 것으로 알려져 있는데 그 비율은 38~75%(Mattison, 2004; Rock, Fessler, & Church, 1997) 정도로 다소 다양하게 보고되고 있다.

이상과 같은 정서행동장애 학생들의 학업부진과 관련하여 두 가지 유념할 사항이 있는데, 먼저 행동문제(behavior problems)와 낮은 학업성취(low academic achievement)가 상호적 관계(reciprocal relationship)에 있다는 점이다(Landrum, Tankersley, & Kauffman, 2003; Walker et al., 2004). 즉, 행동문제가 낮은 학업성취를 초래하거나 낮은 학업성취로 인해 행동문제가 나타나기도 하므로 대부분의 경우에 행동문제가 학업부진을 초래하는지 또는 그 반대인지는 명확하지 않지만 행동문제와 낮은 학업성취가 상호적 영향을 미치는 것은 분명한 것으로 보인다(Kauffman & Landrum, 2009). 따라서 행동문제는 명백하게 학업성취를 방해하고 낮은 학업성취에서 오는 사회적 결과는 부적절한 행동을 야기할 가능성이 높다고 할 수 있다. 다음으로, 정서행동장애 학생들의 학업성취에 대한 대부분의 연구들이 외현화장애와 학업부진 간의 관계에 초점을 맞추고 있다는 점이다(Lane, 2004). 즉, 정서행동장애 학생들의 학업부진과 관련하여 언급되는 행동문제들이 대부분 교란행동, 반항행동, 공격행동 등 외현화 행동문제에 편중되어 있다. 이는 앞서 살펴보았듯이 정서행동장애의 법적 정의가 내재화장애에 편중되어 있는 것과 대조를 보이고 있을 뿐 아니라 향후 정서행동장애 법적 정의에 외현화장애를 적극적으로 포함시킬 필요성을 시사한다고 하겠다.

3) 언어적 특성

현재까지는 정서행동장애 평가에서 언어적 수행에 대한 척도가 불가결한 구성요소로 간주되지는 않기 때문에 정서행동장애 학생들에게 나타나는 언어문제의 정확한 특성은 알려져 있지 않다(Getty & Summy, 2006). 그러나 정서행동장애 학생들의 50% 이상이 언어장애를 수반하는 것으로 보고되고 있다(American Institute of Research, 2002). 이와 같이 정서행동장애에 언어장애가 수반되는 것은 놀라운 일이 아닌데 왜냐하면 행동은 의사소통의 한 형태이기 때문이다. 예를 들어, 언어를 배우기 전에 유아는 행동(예: 울기, 던지기)으로 자신의 필요와 욕구를 전달하며 선천적으로 듣지 못해 말(speech)이 발달하지 않는 아동은 적절한 의사소통 수단(예: 수화)

을 배울 때까지 종종 부적절한 행동을 사용하여 의사소통을 하기도 한다(Yell et al., 2009).

정서행동장애 학생들의 언어문제는 언어능력의 어떠한 영역에서도 나타날 수 있지만(예: 단어발음, 단어형태, 문법 등) 특히 실용적 언어장애(또는 화용적 언어장애)(pragmatic language disorder: 언어를 실제적이고 사회적으로 사용하는 데 있어서의 어려움)를 보이는 경향이 있다(Kauffman & Landrum, 2009; Landrum et al., 2003). 예를 들어, 공격행동을 하는 학생들이 타인을 화나게 하거나 협박하기 위해 언어를 효과적으로 사용하는 방법은 알고 있을 수 있으나 긍정적이고 건설적인 사회적 목적을 위해 효과적으로 언어를 사용하는 기술은 결핍되어 있을 수 있다(Kauffman & Landrum, 2009). 이와 더불어 수용 및 표현 언어장애(receptive and expressive language disorders)도 정서행동장애 학생들 사이에서 흔히 보이는데(Benner, Nelson, & Epstein, 2002) 이는 학교 환경에서 지시 및 요구에 잘 따르지 못하거나 자신의 감정 및 요구를 적절하게 표현하지 못하는 양상으로 나타난다. 이와 같은 정서행동장애와 언어장애의 공존은 읽기, 쓰기, 수학 문제와도 상관이 있는데(Nelson, Benner, & Rogers-Adkinson, 2003) 이 또한 대부분의 학업이 언어를 기반으로 이루어진다는 점에서 놀라운 일이 아니다. 따라서 앞서 살펴보았듯이 정서행동장애 학생들이 읽기, 쓰기, 수학 등 거의 모든 영역의 과목에서 학업부진을 보이는 것은 당연할 수밖에 없다.

4) 사회적 특성

타인에게 우호적으로 보이게 하고 어려운 대인관계에 효과적으로 대처하게 하는 사회성기술(social skills)은 정서행동장애를 가진 사람들에게 부족한 것으로 알려져 있으며 따라서 정서행동장애학생의 경우 학교생활과 관련된 사회성기술에서 결핍을 보이는 사회적 특성이 있다(Kauffman & Landrum, 2009; Rosenberg et al., 2011; Wagner et al., 2005; Yell et al., 2009). 학교생활과 관련된 사회성기술이란 긍정적인 대인관계를 형성하고 유지하며 또래에게 수용되고 더 광범위한 사회적 환경에서 잘 지내게 해주는 기술들을 말하는데(Walker et al., 2004) 이러한 기술에는 경청하기, 대화하기, 인사하기, 칭찬하기, 타인에게 도움주기, 진행 중인 활동에 참여하기, 사회적으로 수용가능한 방법으로 분노 표현하기, 규칙 따르기, 적절하게 조직화하고 집중하기, 양질의 작업하기 등이 포함된다(Kavale, Mathur, & Mostert, 2004; Walker et al., 2004).

이상과 같이 정서행동장애 학생들에게 결핍될 수 있는 사회성기술들과 관련하여 한 가지 주목할 만한 사항은 이러한 기술들이 의사소통기술과 밀접하게 연관되어 있다는 점이다. 즉, 구어적 또는 비구어적 의사소통 능력이 사회성기술의 중심부에 자리잡고 있다는 것이다(Kauffman & Landrum, 2009). 그러나 앞서 살펴보았듯이 상당한 비율의 정서행동장애 학생들이 언어장애를 수반하고 있으므로 정서행동장애 학생들이 사회성기술에서 결핍을 보이는 것은 당연한 현상일 수 있다.

5) 행동적 특성

정서행동장애 판별의 일차적 준거가 행동문제이므로 행동적 특성은 정서행동장애의 가장 두드러진 특성이다. 이러한 행동문제는 내재화 행동문제와 외현화 행동문제의 두 유형으로 구분할 수 있는데(Heward, 2009; Rosenberg et al., 2011) 〈표 1-18〉은 각 유형에 속하는 예를 제시하고 있다. 〈표 1-18〉에 보이듯이, 내재화 행동문제(internalizing behavior problems)는 내향적이고 내적인 문제들이기 때문에 '과다통제된 행동(overcontrolled behaviors)'으로 불리는 데 반해 외현화 행동문제(externalizing behavior problems)는 외향적이고 대인관계에서 드러나는 문제이므로 '과소통제된 행동(undercontrolled behaviors)'으로 언급된다(Webber & Plotts, 2008). 관련연구에 의하면 비장애집단과 장애집단 모두에서 내재화 행동문제는 여아에게 그리고 외현화 행동문제는 남아에게 더 나타나는 경향이 있으며(Achenbach & Edelbrock, 1981) 내재화 행동문제에 비해 외현화 행동문제의 예후가 더 부정적이다(Nelson, Stage, Duppong-Hurley, Synhorst, & Epstein, 2007; Trembley, 2000; Ysseldyke, Algozzine, & Thurlow, 1992). 그러나 외현화 행동문제가 내재화 행동문제와 함께 나타나기도 하는데(Loeber, Burke, Lahey, Winters, & Zera, 2000) 이러한 경우는 예후가 특히 더 부정적일 수 있다(Sourander et al., 2007).

이상과 같은 정서행동장애 학생들의 행동적 특성과 관련하여 두 가지 유념할 사항이 있는데, 먼저 앞서 살펴본 바와 같이 행동문제는 지능검사에 영향을 미칠 수 있고 낮은 학업성취와 상호적 관계에 있으며 의사소통에 어려움을 야기하여 사회성기술의 결핍을 초래할 수 있으므로 정서행동장애 학생들의 행동적 특성은 다른 특성들(인지적 특성, 학업적 특성, 언어적 특성, 사회적 특성)과 연결되어 함께 나타난다는 점이다. 다음으로, 정서행동장애 학생들이 행동적 특성과 더불어 다른 특성들도 함께 보이기

〈표 1-18〉 내재화 행동문제와 외현화 행동문제의 예

내재화 행동문제	외현화 행동문제
• 수줍음, 위축 • 슬픔, 우울, 성마름 • 공포, 불안 • 열등감 • 남의 시선이나 생각을 지나치게 의식함 • 과도하게 민감함 • 집단에 참여하기를 회피함 • 무감정	• 반항, 불복종 • 재산, 규칙, 다른 아동을 향한 공격성 • 과도한 관심을 요구함 • 욕하기 • 타인에 대한 불신, 비난 • 파괴적임 • 과잉행동 • 성질부리기

자료출처: Webber, J., & Plotts, C. A. (2008). *Emotional and behavioral disorders: Theory and practice* (5th ed.). Boston, MA: Allyn and Bacon. (p. 15)

는 하지만 그 정도와 양상은 개인에 따라 다양하게 나타난다는 점이다. 세 가지 예를 들어 보면 첫 번째, 내재화 행동문제를 보이는 중학교 여학생의 경우 평균(IQ 100)보다 약간 높은 IQ와 학년수준의 학업성취는 보이지만 또래들과 의사소통을 거의 하지 않으며 또래들로부터 무시되거나 고립될 수 있다. 두 번째, 외현화 행동문제를 보이는 초등학교 남학생의 경우 IQ는 평균(IQ 100) 정도이나 학업성취는 학년수준에 다소 못 미치고 지나치게 언쟁을 하며 또래들로부터 거부될 수 있다. 세 번째, 내재화 행동문제와 외현화 행동문제를 모두 보이는 고등학교 남학생의 경우 지능은 평균(IQ 100)보다 약간 낮은 정도지만 학업성취는 학년수준에 훨씬 못 미치고 교사의 지시에 따르지 않거나 교사의 훈계를 무시하며 또래뿐만 아니라 교사와도 원만한 관계를 형성하지 못할 수 있다.

8. 정서행동장애의 차별점

특수교육에서 다루는 장애들을 보면 선천적인(즉, 태어날 때부터 지니고 있는) 경우가 종종 있으며 일생적인(즉, 평생 지속되는) 특성을 보이기도 한다(예: 시각장애, 청각장애, 지적장애, 지체장애, 자폐성장애 등). 하지만 정서행동장애는 이러한 장애들과 비교할 때 두 가지 뚜렷한 차별점이 있다. 첫째, 정서행동장애는 선천적인 경우가 드물다. 즉, 선천적 정서행동장애는 거의 없다는 것이다. 물론 정서행동장애의 위험요인

으로 유전적 영향이 언급되기도 하므로(저자주: 이 책 제2장 '정서행동장애의 원인' 참조할 것) 정서행동장애의 위험요인을 가지고 태어날 수는 있지만 정서행동장애를 지니고 태어나는 경우는 거의 없다. 예를 들어, 유전적 영향이 큰 것으로 알려진 주의력결핍과잉행동장애도 선천적인 사례는 찾아보기 힘들다. 이는 정서행동장애가 다른 장애에 비해 예방 가능성이 높다는 것을 의미한다. 둘째, 정서행동장애는 평생 지속되지 않을 수도 있다. 즉, 정서행동장애로 판별되어 특수교육을 받는 학생들의 경우 경과에 따라 일반교육으로 복귀할 수도 있다는 것이다. 물론 다시 특수교육대상자로 판별될 수도 있지만 이 경우에도 일반교육으로 복귀할 기회는 열려 있다. 이는 정서행동장애가 다른 장애에 비해 치료(또는 회복) 가능성이 높다는 것을 의미한다.

이와 같이 정서행동장애는 다른 장애들에 비해 예방 가능성과 치료(또는 회복) 가능성이 높다는 뚜렷한 차별점이 있다. 이처럼 정서행동장애가 예방 가능성과 치료(또는 회복) 가능성이 높다고 했을 때, 전자의 경우는 정서행동문제를 조기발견(early detection)하여 정서행동장애로 진행되는 것을 예방(prevention)할 수 있다는 것이고 후자의 경우는 정서행동장애를 조기판별(early identification)하여 조기중재(early intervention)를 통해 정서행동장애의 치료(또는 회복)를 기대할 수 있다는 것이다. 여기서 한 가지 주목할 점은 조기발견하여 예방하는 것이 조기판별을 통한 조기중재보다 더 효과적이고 바람직하다는 것이다(Sousa, 2007). 따라서 정서행동문제의 조기발견과 예방이 중요하다고 할 수 있는데 이는 이 책에서 다루는 두 가지 내용과 특히 관련되어 있다. 먼저, 앞서 이 장 4절 '정서행동장애의 정의'에 제시되었듯이 이 책에서는 정서행동장애의 정의를 교육적 정의, 임상적 정의, 법적 정의로 나누어 설명하고 있는데 교육적 정의와 임상적 정의는 정서행동문제의 조기발견과 예방에 도움이 되는 개념이라고 할 수 있다. 다음으로, 이 책에서는 의뢰전 중재 모델(prereferral intervention model)로 학교차원의 긍정적 행동지원(SW-PBS), 중재에 대한 반응(RTI), 다층지원체계(MTSS)를 다루고 있는데 이러한 의뢰전 중재 모델은 예방모델이라고 할 수 있으며 특히 MTSS는 정서행동장애의 예방뿐만 아니라 치료(또는 회복)와도 관련된 모델이라고 할 수 있다. 이러한 SW-PBS, RTI, MTSS에 대해서는 제2부 '정서행동장애의 중재'를 참고하기 바란다.

제2장 Introduction to Emotional and Behavioral Disorders

정서행동장애의 원인

정서행동장애 분야에서 주요 관심사 중 하나는 정서행동장애의 원인을 확인하고 이해하는 것이다. 왜냐하면 어떤 장애의 원인에 대한 정보는 그 장애의 중재나 예방 프로그램을 계획하고 실행하는 데 유용하기 때문이다. 물론 장애의 원인을 완벽하게 알지 못한다 해도 중재와 예방을 할 수 있지만, 원인을 더 잘 이해하면 할수록 그러한 노력은 더욱 효율적이 될 것이다.

현재까지 정서행동장애의 직접적 원인으로 밝혀진 특정 요인은 없으나 정서행동장애와 동시에 나타나는 것처럼 보이는 다양한 위험요인(risk factors)이 제시되고 있다. 그러나 많은 아동이 다수의 위험요인에 노출되었음에도 불구하고 정서행동장애를 보이지 않는데 이러한 아동들에게는 위험요인들을 상쇄해 주는 보호요인(protective factors)이 있는 것으로 간주된다. 따라서 정서행동장애의 원인을 이해하기 위해서는 위험요인뿐만 아니라 보호요인에 대한 이해도 필요할 것으로 보이므로 다음에서는 정서행동장애의 위험요인과 보호요인을 각각 살펴보기로 한다.

1. 위험요인

위험요인(risk factors)이란 한 아동이 나중에 정서행동장애를 보일 가능성을 증가시

〈표 2-1〉 위험요인 분류의 예

문헌	위험요인의 분류
Cullinan(2007)	1. 생물학적 요인 1) 유전 2) 신체적 환경 2. 심리사회적 요인(심리적 요인, 사회적 요인, 문화적 요인) 1) 가족 2) 또래 3) 학교 4) 지역사회 5) 대중매체 6) 스트레스
Kauffman & Landrum(2009)	1. 생물학적 요인 1) 유전 2) 뇌손상 또는 뇌기능장애 3) 영양결핍, 알레르기, 및 기타 건강관련 쟁점 4) 기질 2. 가족요인 1) 가족의 구조 2) 가족의 상호작용 3. 학교요인 1) 아동의 개별성에 대한 비민감성 2) 학생에 대한 부적절한 기대 3) 비일관적 행동관리 4) 비기능적이고 부적합한 기술의 교수 5) 중요한 기술의 비효과적 교수 6) 강화의 부정적 유관성 7) 학교품행에 대한 바람직하지 않은 모델 4. 문화적 요인 1) 대중매체 2) 또래 3) 이웃과 도시화 4) 인종 5) 사회계급과 빈곤
Pennington(2002)	1. 유전적 요인 2. 환경적 요인 1) 생물학적 요인 2) 심리사회적 요인

〈표 2-1〉 계속됨

문헌	위험요인의 분류
Yell et al.(2009)	1. 내적 요인 1) 생리적 요인 2) 심리적 요인 2. 외적 요인 1) 가족 2) 학교 3) 지역사회 4) 또래
Zionts et al.(2002)	1. 생물학적 요인 1) 신체적 요인 2) 의학적 요인 3) 유전적 요인 2. 환경적 요인 1) 가족 2) 학교 3) 지역사회

키는 변인이라고 할 수 있는데(Cullinan, 2007), "심리적 손상에 선행하고 그 가능성을 증가시키는 변인"(Wicks-Nelson & Israel, 2009, p. 27) 또는 "특정 결과와 경험적으로 관련되어 있는 상태나 상황"(Nelson, Leone, & Rutherford, 2004, p. 283)으로 정의되기도 한다. 앞서 언급한 바와 같이 정서행동장애의 다양한 위험요인이 제시되고 있는데 이러한 위험요인을 분류하는 방법이 〈표 2-1〉에 보이듯이 문헌에 따라 다소 차이가 있다.

〈표 2-1〉에 나타난 몇 가지 주목할 만한 점을 살펴보면 첫째, 다섯 문헌 중 한 문헌(Kauffman & Landrum, 2009)을 제외한 나머지 문헌들이 위험요인을 크게 두 가지 범주로 분류하고 있다. Kauffman과 Landrum(2009)은 위험요인을 4개의 범주(생물학적 요인, 가족요인, 학교요인, 문화적 요인)로 분류하고 있으나 3개의 범주(가족요인, 학교요인, 문화적 요인)가 위험요인을 크게 두 가지 범주로 분류하는 다른 문헌에서 심리사회적 요인(Cullinan, 2007), 환경적 요인(Pennington, 2002; Zionts et al., 2002), 또는 외적 요인(Yell et al., 2009)으로 묶여 있다. 따라서 정서행동장애의 위험요인은 일반적으로 크게 두 가지 범주로 분류된다고 볼 수 있다. 둘째, 위험요인을 크게 두 가지 범

주로 분류하는 문헌들 간에도 범주의 유형에 차이가 있다. 즉, Cullinan(2007)은 생물학적 요인과 심리사회적 요인으로, Pennington(2002)은 유전적 요인과 환경적 요인으로, Yell 등(2009)은 내적 요인과 외적 요인으로, Zionts 등(2002)은 생물학적 요인과 환경적 요인으로 분류하고 있다. 또한 이러한 두 가지 범주의 유형에 따라 내용에도 다소 차이가 있는데, 예를 들어 심리적 요인의 경우 Cullinan(2007)의 분류에서는 후자(심리사회적 요인)로 분류되지만 Yell 등(2009)의 분류에서는 전자(내적 요인)로 분류된다. 셋째, Cullinan(2007)에 의하면 '심리사회적(psychosocial)'이라는 용어가 '심리적(psychological)', '사회적(social)', '문화적(cultural)'의 세 가지 용어를 모두 포함하는 포괄적인 의미로 사용된다. 이와 같은 사용은 다른 관련문헌(예: Kearney, 2006; Wicks-Nelson & Israel, 2009)에서도 흔히 볼 수 있다. 넷째, '환경적 요인(environmental factors)'이라는 용어는 생물학적 요인과 심리사회적 요인을 포함하는 광의의 의미로 사용되거나(Pennington, 2002) 심리사회적 요인에 국한되는 협의의 의미로 사용되고 있다(Zionts et al., 2002). 그러나 Cullinan(2007)도 생물학적 요인에 유전과 신체적 환경을 포함시켰듯이 환경을 심리사회적 환경에 국한시키기보다는 생물학적 환경과 심리사회적 환경을 포함하는 포괄적 개념으로 이해하는 것이 더 적절할 것으로 보인다.

이상과 같은 점들을 고려하여 이 책에서는 정서행동장애의 위험요인을 〈표 2-2〉와 같이 분류하기로 하는데, 이러한 위험요인들을 구체적으로 살펴보기에 앞서 정서행동장애의 위험요인과 관련하여 몇 가지 유념할 사항을 제시하고자 한다. 첫째, 한 가지 위험요인이 정서행동장애를 유발하는 경우는 거의 없다(Kauffman & Landrum, 2009). 둘째, 노출되는 위험요인의 수가 많을수록 정서행동장애를 경험할 가능성이 더 높아진다(Friedman & Chase-Lansdale, 2002; Hawkins et al., 2000; Yell et al., 2009). 셋째, 정서행동장애의 필요조건 또는 충분조건이 되는 위험요인은 거의 없는데(Cullinan, 2007), "필요조건(necessary condition)이란 특정 현상이 발생하기 위해 반드시 있어야 하는 조건이고 충분조건(sufficient condition)이란 특정 현상을 항상 유발하는 조건"(Achenbach, 1982, p. 103)을 말한다. 즉, 정서행동장애가 발생하기 위해 반드시 있어야 하거나 그 자체만으로 정서행동장애가 발생하게 만들 수 있는 위험요인은 거의 없다는 것이다. 넷째, 어떤 위험요인은 다양한 유형의 정서행동장애를 예측하는 반면 어떤 위험요인은 특정 유형의 정서행동장애를 특히 예측하는 것으로 보인다(Cullinan, 2007). 다섯째, 어떤 위험요인은 특정 연령과 성별에 더 영향을 미친다(Unruh & Bullis, 2005). 여섯째, 생물학적 위험요인과 심리사회적 위험요인은 분

〈표 2-2〉 정서행동장애의 위험요인

<table>
<tr><th colspan="2">구분</th><th>영역</th><th>위험요인의 예</th></tr>
<tr><td colspan="2" rowspan="3">생물학적 위험요인</td><td>유전</td><td>• 유전적 영향</td></tr>
<tr><td>신체적 환경</td><td>• 뇌장애</td></tr>
<tr><td>기질</td><td>• 까다로운 기질</td></tr>
<tr><td rowspan="8">심리사회적 위험요인</td><td rowspan="3">심리적 위험요인</td><td>자아</td><td>• 낮은 자아존중감</td></tr>
<tr><td>학습</td><td>• 부적절한 행동의 학습</td></tr>
<tr><td>인지</td><td>• 인지적 왜곡
• 인지적 결함</td></tr>
<tr><td rowspan="5">사회적 위험요인</td><td>가족</td><td>• 부적절한 양육방식
• 부부갈등
• 부모의 정신병리
• 아동학대
• 빈곤</td></tr>
<tr><td>또래</td><td>• 긍정적 또래관계의 부재
• 바람직하지 않은 또래사회화</td></tr>
<tr><td>학교</td><td>• 학생-교사 간 갈등관계
• 부적절한 행동관리</td></tr>
<tr><td>지역사회</td><td>• 사회적으로 불리한 지역사회</td></tr>
<tr><td>대중매체</td><td>• 대중매체의 부정적 영향</td></tr>
</table>

리되어 작용하기보다는 서로 상호작용하고 서로를 변화시키기도 한다(Crain, 2005; Cullinan, 2007; Moffitt, Caspi, & Rutter, 2005; Nevid, Rathus, & Greene, 2006; Yell et al., 2009). 예를 들어, 학습(learning)은 일반적으로 심리적 과정으로 간주되지만 뇌의 생물학적 변화를 초래할 수도 있다(DeCicco-Bloom & Sondell, 2005).

1) 생물학적 위험요인

정서행동장애의 생물학적 위험요인(biological risk factors)을 〈표 2-2〉에 제시한 바와 같이 3개 영역(유전, 신체적 환경, 기질)으로 나누어 살펴보면 다음과 같다.

(1) 유전

아동은 부모로부터 신체적 특성을 물려받을 뿐 아니라 특정 행동특성을 보일 소인(predisposition)도 물려받는데 이는 유전적 영향(hereditary influence)이 정서행동장애의 위험요인이 될 수 있음을 의미한다. 유전(heredity)이 행동상의 개인차에 미치는

[보충설명 2-1] 유전관련 연구방법

• 가족연구

가족연구(family genetic study)는 지표사례(index case: 특정 특성을 보이는 사람)와 동일하거나 유사한 특성을 나타내는 가족구성원들의 가능성을 평가한다. 즉, 유전적 관련성의 정도에 따른 가계 내 문제들의 집합화 또는 군집화를 평가한다. 평균적인 유전적 관련성은 1친등 친족(부모, 자녀, 형제자매)의 경우 50%, 2친등 친족(조부모, 손주, 조카, 이복형제, 삼촌)의 경우 25%, 3친등 친족(증조부모, 증손주, 사촌)의 경우 12.5%다. 만일 유전적 영향이 있다면, 지표사례와 유전적으로 더 유사한 가족구성원이 동일하거나 관련된 문제를 나타낼 가능성이 더 클 것이다.

• 쌍생아연구

쌍생아연구(twin study)는 일란성 쌍생아(identical twin)의 유사성(일치도)을 이란성 쌍생아(fraternal twin)의 유사성과 비교한다. 일란성 쌍생아는 동일한 유전자를 가지고 있으나 이란성 쌍생아는 다른 두 형제자매처럼 평균적으로 50% 정도만 유전적으로 유사하다. 이란성 쌍생아 2명보다 일란성 쌍생아 2명이 같은 장애를 보이는 비율이 더 높으면 유전적 영향이 있는 것으로 본다.

• 입양연구

입양연구(adoption study)는 입양아와 비입양아 그리고 그 가족들을 연구하여 유전과 환경의 상대적 기여도를 평가한다. 한 가지 방법은 특정 장애를 보이는 입양아를 찾은 후 그 아동의 혈연가족구성원과 입양가족구성원에서 같은 장애가 나타나는 비율을 비교하는 것이다. 혈연가족에서의 비율이 더 높다면 이는 유전적 영향의 증거가 된다. 또 다른 방법은 특정 장애를 보이는 친부모를 찾은 후 어릴 때 친족관계가 없는 다른 가정에 입양된 자녀가 같은 장애를 보이는 비율을 조사하는 것이다. 이 비율은 다양한 집단(예: 친부모가 양육한 형제자매)의 비율과 대조해 볼 수 있다.

자료출처: Wicks-Nelson, R., & Israel, A. C. (2009). *Abnormal child and adolescent psychology* (7th ed.). Upper Saddle River, NJ: Pearson Education, Inc. (p. 56)

영향에 관한 연구를 행동유전학(behavior genetics)이라고 하는데 행동유전학에서는 유전이 행동특성에 영향을 미치는 정도를 알아보고, 관련된 유전자를 발견하며, 유전자와 행동특성 간의 경로를 이해하고자 한다(Plomin & Crabbe, 2000). 이러한 행동유전학에 의하면 유전자는 바람직하거나 바람직하지 않은 모든 유형의 행동발달에 큰 영향을 미치는 것으로 보인다. 그러나 행동특성은 유전자만으로 만들어지는 것이 아니라는 사실을 기억할 필요가 있는데(Kauffman & Landrum, 2009) 그 이유는 앞서 밝혔듯이 한 가지 위험요인이 정서행동장애를 유발하는 경우는 거의 없을 뿐 아니라 생물학적 위험요인과 심리사회적 위험요인이 상호작용하면서 서로를 변화시키기도 하며 또한 보호요인이 유전에 의한 행동적 소인을 수정하는 역할도 할 수 있기 때문이다.

유전의 영향을 살펴보는 연구는 크게 직접연구와 간접연구의 두 가지 범주로 나눌 수 있다(Cullinan, 2007). 직접연구(direct research)는 정서행동장애와 같은 특정 인간특성에 개개의 유전자가 미치는 영향을 관찰하는 것이고, 간접연구(indirect research)는 특정 인간특성에 유전이 미치는 영향의 정도를 추정하기 위하여 선정된 집단을 조사하는 것인데 [보충설명 2-1]에는 간접연구에서 주로 사용되는 세 가지 연구방법이 소개되어 있다.

(2) 신체적 환경

뇌는 대부분의 행동을 통제하기 때문에 뇌장애가 있을 경우 정서행동발달에 악영향을 미칠 수 있다. 뇌장애(brain disorder)에는 뇌손상(brain damage)이나 뇌기능장애(brain dysfunction)가 포함되는데, 뇌손상이란 뇌의 구조적 비정상성(예: 뇌 특정 부분의 기형이나 결함)을 말하고 뇌기능장애란 뇌의 기능적 비정상성(예: 뇌 신경전달물질의 불균형)을 말한다(Cullinan, 2007; Kauffman & Landrum, 2009). 이러한 뇌장애는 출산 전(prenatal), 출산 전후(perinatal), 또는 출산 후(postnatal)의 다양한 신체적 환경(physical environment)에 의해 출현한다. 예를 들어, 출산 전에는 산모의 영양결핍, 산모의 질병(예: 홍역, 임질), 산모의 약물사용(예: 알코올, 담배, 코카인, 헤로인 등의 사용), 방사선이나 환경오염물질(예: 납, 수은) 등으로, 출산 전후에는 산모에게 주어진 과도한 약물, 비정상적인 분만, 산소결핍 등으로, 출산 후에는 영양결핍(예: 단백질, 비타민, 미네랄 등의 부족), 사고, 독극물중독(예: 납중독) 등으로 인해 뇌장애가 일어날 수 있다(Cullinan, 2007; Kauffman & Landrum, 2009; Wicks-Nelson & Israel, 2009). 그러나 앞서 살펴본 유전적 영향과 마찬가지로 뇌장애가 정서행동장애에 미치는 영향에 다른 위험요인이나 보호요인이 큰 차이를 만들 수 있다는 점을 기억하는 것이 중요하다.

(3) 기질

기질(temperament)이란 생후 초기 또는 매우 이른 유아기부터 명백히 나타나는 생물학적 기반의 행동성향이나 행동양식이라고 할 수 있다(Rothbart & Bates, 1998). 유아기 기질에 대한 초기 연구 가운데 하나는 Chess와 Thomas(1977)의 연구인데 이들은 부모와의 심층면접을 토대로 〈표 2-3〉에 제시된 바와 같은 활동성 수준(activity level), 규칙성(regularity), 초기 반응(initial reaction), 적응성(adaptability), 반응 강도(intensity of reaction), 기분(mood), 주의 산만(distractibility), 인내와 주의 지속시간(persistence and attention span), 민감성(sensitivity)의 아홉 가지 기질 차원을 제안하였다.

이러한 아홉 가지 기질 차원에 기반하여 Chess와 Thomas는 유아들을 순한(easy), 느린(slow-to-warm-up), 까다로운(difficult)의 세 가지 유형으로 구분하였는데, 유아의 약 40%는 순한 유아, 약 15%는 느린 유아, 약 10%는 까다로운 유아로 구분되었다(나머지 약 35%는 어느 유형에도 포함되지 않았음). 첫째, 순한 유아는 전반적으로 긍정적인 기분을 보이고 생물학적 기능(수면, 섭식 등)이 규칙적이며 새로운 자극이나 상황에 쉽게 적응한다. 둘째, 느린 유아는 낮은 활동수준을 보이고 다소 부정적인데 새로운 자극이나 상황에 대해서는 느리지만 결국에는 적응한다. 셋째, 까다로운 유아는 부정적인 기분을 자주 보이고 생물학적 기능(수면, 섭식 등)이 불규칙적이며 새로운 자극에 대해 격렬한 반응을 보이고 새로운 상황에 잘 적응하지 못한다. 이 세 가지 유형 가운데 까다로운 유아는 정서행동장애를 보일 가능성이 있는 것으로 알려져 있다(Kauffman & Landrum, 2009). 그러나 기질은 다른 심리사회적 요인과 상호작용함으로써 변화될 수 있는 생물학에 기초한 생후 초기 행동양식이며 아동의 경험과 양육환경에 의해 더 좋게 또는 더 나쁘게 변할 수 있다(Keogh, 2003). 즉, 어떤 기질적 유형의 유아라도 부모나 다른 성인들의 양육방식에 따라 정서행동장애를 보일 수도 있다는 것이다(Thomas, Chess, & Birch, 1968).

이와 같은 Chess와 Thomas(1977)의 연구는 기질의 차원을 분류한 최초의 연구인데 반해 상당수의 유아가 세 가지 유형(순한, 느린, 까다로운) 중 어느 유형에도 포함되지 않았고, 대부분 부모의 보고를 토대로 기질을 측정하였으며, 아홉 가지 차원이 중복된다는 비판을 받았다. 따라서 후속 연구자들은 기질의 차원을 재정립하려는 노력을 기울였으며 그 결과 유아기 기질의 차원에 대한 다양한 분류법이 제안되었는

〈표 2-3〉 유아기 기질의 차원

Chess & Thomas (1977)	Buss & Plomin (1984)	Rothbart (2004, 2007)
• 활동성 수준 유아의 신체적 에너지 수준을 말한다. 즉, 유아가 계속 움직이는지, 적극적인 놀이활동을 얼마나 좋아하는지 등의 여부를 뜻한다. • 규칙성 식사와 수면 등의 생물학적인 기능의 예측 가능성 수준을 말한다. 규칙성은 리듬성(rhythmicity)이라고도 한다. • 초기 반응 유아가 새로운 사람이나 환경에 긍정적으로 또는 부정적으로 반응하는 경향을 말한다. 초기 반응은 접근 또는 철회(approach or withdrawal)라고도 한다. • 적응성 초기 반응과는 달리, 새로운 사람이나 환경에 적응하는 데 걸리는 시간을 말한다. • 반응 강도 긍정적이거나 부정적인 반응의 에너지 수준을 말한다. 즉, 유아가 상황에 강하게 반응하는가 아니면 차분하고 조용하게 반응하는가 등을 뜻한다. • 기분 즐겁거나 즐겁지 않은 태도를 지니는 일반적인 경향을 말한다. • 주의 산만 주위에서 일어나는 일들에 정신을 빼앗기는 경향을 말한다. • 인내와 주의 지속시간 특정 활동이나 놀이를 끝까지 하려는 경향을 말한다. 즉, 유아가 주어진 활동을 오래 할 수 있는가 아니면 쉽게 흥미를 잃는가 등을 뜻한다. • 민감성 환경의 변화에 방해받는 수준을 말한다. 즉, 유아가 소음, 불빛 등의 외적 자극에 신경을 쓰는가 아니면 무시하는 것 같은가 등을 뜻한다. 민감성은 반응의 역치(threshold of responsiveness)라고도 한다.	• 활동성 수준 유아가 지닌 에너지나 행동의 전체적 산출량을 말한다. 이 차원은 개념상 서로 다르지만 높은 상관을 보이는 두 가지 측면, 즉 강도를 뜻하는 활력(vigor)과 빠르기를 뜻하는 템포(tempo)를 포함한다. 활동성 수준이 높은 유아는 높은 강도의 행동과 속도가 빠른 활동을 좋아한다. • 정서성 당혹스러운 상황에서 생리적으로 쉽고 강하게 각성되는 경향성을 말한다. • 사회성 혼자 있는 것보다 다른 사람과 함께 있는 것을 더 선호하는 경향성을 말한다. 즉, 사회성은 타인의 관심을 끌고 싶고, 활동을 공유하고 싶고, 사회적 상호작용의 일부인 반응과 자극을 받고 싶어하는 욕구라고 할 수 있다.	• 정열성/외향성 긍정적 기대, 충동성, 활동성 수준, 자극추구 등을 포함한다. 즉, 이 차원은 유아가 일반적으로 행복하고, 활동적이고, 말하는 것과 자극추구를 즐기는 경향을 말한다. 이 차원에서 점수가 높은 유아들은 미소와 웃음이 많이 관찰된다. • 부정적 정동 공포, 좌절감, 슬픔, 불편함, 분노 등을 포함한다. 이 차원은 아동이 수줍어하고 쉽게 차분해지지 않는 정도를 말한다. • 의식적 통제 주의 집중, 억제적 통제, 지각적 민감성, 쾌락의 낮은 역치 등을 포함한다. 이 차원은 유아가 주의를 집중할 수 있고 쉽게 산만해지지 않으며, 우세하지 않은 반응을 실행하기 위해 우세한 반응을 억제하고, 계획을 하는 정도를 말한다.

데, 대부분 아홉 가지보다 더 적은 개수의 차원을 제시하였다. 예를 들어, 〈표 2-3〉에 보이듯이 Buss와 Plomin(1984)은 유아의 기질을 활동성 수준(activity level), 정서성(emotionality), 사회성(sociability)의 세 가지 차원으로 분류하였고 Rothbart(2004, 2007)는 정열성/외향성(surgency/extraversion), 부정적 정동(negative affect), 의식적 통제(effortful control)의 세 가지 차원으로 분류하였다.

또한 후속 연구자들 중 일부는 기질의 차원보다는 특정 기질적 차이에 초점을 맞추기도 한다. 예를 들어, Kagan은 친숙하지 않은 사람이나 상황에 대해 위축되는 경향성인 행동억제(behavioral inhibition)에 관심을 두고 있다. Kagan과 Snidman(1999)에 따르면 2세에 행동억제의 기질을 보인 유아들 중 60%가 13세에 사회적 불안 증세를 보였다. Burgess, Marshall, Rubin과 Fox(2003)는 24개월 유아들을 행동억제 수준에 따라 세 집단으로 나눈 후 추적한 결과 24개월에 중간 또는 높은 수준의 행동억제를 보인 유아는 낮은 수준의 행동억제를 보인 유아보다 4세에 더 낮은 활동성 수준(activity level)을 나타냈다고 보고하였다.

이와 같은 유아기의 행동억제와 유사한 개념으로 행동억제체계라는 용어가 있는데 이 용어는 행동활성체계라는 용어와 함께 사용된다. 행동억제체계(behavioral inhibition system: BIS)와 행동활성체계(behavioral activation system: BAS)는 Gray(1987)의 뇌체계 이론(theory of brain systems)에서 제안되었는데, 행동활성체계는 행동접근체계(behavioral approach system: BAS)라고도 한다[저자주: Gray(1987)는 행동접근체계라는 용어를 사용하였으나 관련문헌에서는 행동활성체계라는 용어가 일반적으로 사용되는 경향이 있음]. 행동억제체계(BIS)는 혐오적 결과를 피할 수 있도록 행동을 멈추게 하는 체계고 이에 비해 행동활성체계(BAS)는 추구하는 유인물을 향해 다가가는 행동을 일으키는 체계다. 우리 뇌에는 이 두 가지 뇌체계가 존재하며, 이 체계들의 민감성 차이는 개인의 기질이나 성격뿐만 아니라 정신병리 취약성과도 밀접하게 관련된다(Davidson, 2000). 예를 들어, 높은 BIS 민감성은 불안장애의 발달에 기여할 수 있는 반면에(Quay, 1993) 낮은 BIS 민감성은 주의력결핍과잉행동장애의 발달에 기여하고(Quay, 1988), 높은 BAS 민감성은 품행장애의 발달에 기여하는 반면에(Quay, 1993) 낮은 BAS 민감성은 우울장애의 소인이나 기질적 바탕이 될 수 있다(Davidson, 1998). 한 가지 주목할 점은 이 두 체계가 서로 독립적이며 동시에 활성화되지 않기 때문에 사람들이 두 체계 모두에서 서로 다를 수 있다는 것이다(Gray, 1987). 즉, 높고 낮은 BIS 민감성과 BAS 민감성의 모든 조합이 가능하다고 할 수 있다.

2) 심리사회적 위험요인

정서행동장애의 심리사회적 위험요인(psychosocial risk factors)을 〈표 2-2〉에 제시한 바와 같이 8개 영역(자아, 학습, 인지, 가족, 또래, 학교, 지역사회, 대중매체)으로 나누어 살펴보면 다음과 같다.

(1) 자아

심리사회적 발달 이론(psychosocial development theory)으로 잘 알려진 Erikson에 따르면 자아(ego)는 주위 사람들 및 환경과의 다양한 상호작용을 통해 발달단계의 다양한 위기를 극복하면서 적극적으로 발달을 주도한다[저자주: 'ego(자아)'와 관련된 단어로 'self(자아, 자기)'가 있는데, self는 주로 접두사로 사용되어 'self-' 형식의 복합어를 형성하는 반면 ego는 접두사로 사용되지 않으며 이 외에도 두 단어(ego, self) 간에 분야에 따른 또는 학자에 따른 차이점이 있을 수 있으므로 이에 대해서는 관련문헌을 참고하기 바람]. Erikson이 제시한 8단계의 심리사회적 발달단계 중 특히 네 번째 단계(6~12세: 근면성 대 열등감)와 다섯 번째 단계(13~19세: 정체감 대 역할 혼미)는 각각 아동기와 청소년기에 해당하는데, 해당 단계에서 위기를 잘 극복하면 각각 근면성을 발달시키고 정체감을 형성하게 된다[저자주: Erickson의 심리사회적 발달단계에 대해서는 제4장 1절 '단일모델'의 '2) 정신분석적 모델' 참조할 것]. 근면성을 성공적으로 발달시키면 아동은 자신이 유능하다고 느끼면서 자아존중감(self-esteem)을 가지게 되고 이는 다음 단계에서 정체감을 성공적으로 형성하는 데 영향을 미치게 된다. 정체감(identity)은 자아정체감(self-identity)이라고도 하는데(저자주: Erikson은 'a sense of identity' 또는 'ego identity'로 표현한 바 있음) 자신의 성격과 능력, 가치관, 인간관, 세계관, 미래관 등에 대해 확고한 이해를 갖게 되는 개인적인 심리상태를 말한다.

Coie 등(1993)에 의하면 낮은 자아존중감(low self-esteem)도 정서행동장애의 위험요인으로 간주된다. 자아존중감(self-esteem)이란 자신에 대한 전반적 평가를 의미하며 자아가치(self-worth)라고 하기도 한다(Santrock, 2010). 높은 자아존중감을 가진 아동은 자신이 가치 있는 사람이라고 생각하므로 자신에 대해 안정감과 자신감을 보이지만 낮은 자아존중감을 가진 아동은 열등감, 좌절감, 무력감 등을 보일 수 있다(정옥분, 2007).

(2) 학습

강화를 통한 부적절한 행동의 학습(learning of inappropriate behaviors)이 정서행동장애의 위험요인이 될 수도 있다. 강화(reinforcement)란 어떤 행동 뒤에 미래의 행동 발생 가능성을 증가시키는 결과가 뒤따르게 함으로써 그 행동의 빈도나 강도를 증가시키는 것인데, 바람직한 행동에 대한 감소된 강화와 바람직하지 않은 행동에 대한 증가된 강화를 통한 학습으로부터 부적절한 행동이 야기될 수 있다(Kearney, 2006).

(3) 인지

인지적 왜곡이나 인지적 결함으로 인해 정서행동장애가 나타날 수도 있는데, Kendall(2006)에 의하면 인지적 왜곡(cognitive distortion)이란 정확하지 않은 역기능적 사고과정을 의미하고 인지적 결함(cognitive deficiency)은 생각의 부재를 의미한다. 우울한 아동이 다른 사람들은 자신을 또래보다 능력이 부족하다고 생각하지 않는데도 불구하고 자신을 그렇게 보는 것은 인지적 왜곡의 예라고 할 수 있으며 충동적인 아동이 사전에 생각을 하지 않거나 계획적이지 못한 것은 인지적 결함의 예라고 할 수 있다.

(4) 가족

아동이 문제행동을 하면 부모가 양육을 잘못했다거나 가족에게 문제가 있기 때문이라고 보는 것이 일반적인 경향이다. 그러나 이러한 경향을 경계할 필요가 있는데 그 이유는 가족관련 위험요인도 다른 위험요인들과 마찬가지로 매우 복잡할 뿐 아니라 다른 위험요인들의 영향을 받기 때문이다(Pinker, 2002; Plomin, 1995). 그럼에도 불구하고 아동의 발달에 있어서 가족의 중요성을 고려하여 정서행동장애 출현의 위험요인으로 간주되고 있는 가족특성들 가운데 부적절한 양육방식, 부부갈등, 부모의 정신병리, 아동학대, 빈곤을 살펴보면 다음과 같다.

첫째, 부적절한 양육방식(inappropriate parenting style)은 아동의 정서행동발달에 부정적인 영향을 미치는 것으로 알려져 있다(Cullinan, 2007; Kauffman & Landrum, 2009; Wicks-Nelson & Israel, 2009). 부모의 양육방식은 [그림 2-1]과 같이 통제(control)와 수용(acceptance)이라는 2개의 차원에 따라 네 가지 유형(권위적, 권위주의적, 관대한/허용적, 무관심한)으로 분류되기도 하는데 이 네 가지 유형 중 권위적 양육방식을 제외한 나머지 세 가지 양육방식은 아동의 정서행동발달에 부정적인 영향

[그림 2-1] 양육방식의 유형

수용 \ 통제	고	저
고	**권위적** • 기준을 설정하고 집행함 • 자녀의 요구를 고려함 • 독립성과 개성을 격려함	**관대한/허용적** • 성숙한 행동을 거의 요구하지 않음 • 자녀 스스로 자신을 조절하도록 함 • 자녀의 충동을 인내함
저	**권위주의적** • 규칙을 엄격하게 세우고 도전하지 못하게 함 • 매우 심한 벌을 사용함	**무관심한** • 관여하지 않음 • 자녀에게 거의 시간을 할애하지 않으며 관심이나 정서적 관여도 보이지 않음

자료출처: Wicks-Nelson, R., & Israel, A. C. (2009). *Abnormal child and adolescent psychology* (7th ed.). Upper Saddle River, NJ: Pearson Education, Inc. (p. 53)

을 미치는 부적절한 양육방식이라고 할 수 있다(Wicks-Nelson & Israel, 2009). 권위적(authoritative) 양육방식을 가진 부모는 자녀를 통제하며, 규칙을 세우고 자녀가 그 규칙에 따를 것을 기대하며, 자녀의 행동에 대해 일관된 결과를 제시함과 동시에 따뜻하고, 수용적이며, 자녀의 요구를 배려하는데 이들의 자녀는 독립적이고, 사회적으로 책임감이 있으며, 친사회적이고, 자신감이 있다. 반대로 권위주의적(authoritarian), 관대한/허용적(indulgent/permissive), 그리고 무관심한(neglectful) 양육방식을 가진 부모의 자녀는 위축, 불안, 의존성, 낮은 자아존중감, 무책임, 공격성, 반사회적 행동, 학교문제 등을 보일 수 있다(Steinberg, Lamborn, Darling, Mounts, & Dornbusch, 1994; Wood, McLeod, Sigman, Hwang, & Chu, 2003).

둘째, 부부갈등(marital conflict), 특히 폭력(violence)이 동반된 부부갈등은 아동의 정서행동장애 출현에 있어서 이혼이나 별거보다 더 강력한 위험요인이 될 수 있다(Kelly, 2000; Osofsky, 2003; Pelcovitz, Kaplan, DeRosa, Mandel, & Salzinger, 2000; Peris & Emery, 2004; Wolfe, Crooks, Lee, McIntyre-Smith, & Jaffe, 2003; Zimet & Jacob, 2001). 물론 부부의 이혼과 별거는 많은 경우에 심한 갈등을 특징으로 한다. 따라서 부부갈등과 증가되는 자녀의 정서행동장애 위험 간의 관계는 부모의 이혼과 아동의 정서행동장애 간의 관련성을 상당히 설명할 수 있다(Cullinan, 2007).

셋째, 부모의 정신병리(parental psychopathology)에 의해서도 아동의 정서행동장애 위험이 증가하는 것으로 알려져 있다. 사실 가정이나 지역사회에서 기분장애, 공격성, 물질남용, 범죄성 위반 등을 보이는 부모가 자녀의 정서행동장애에 영향을 줄 가능성이 있다고 상상하기는 어렵지 않다(Cullinan, 2007). 예를 들어, 우울장애를 가진 부모는 위축되어 있으며, 활기가 없고, 어떤 활동도 즐기지 않으며, 사회적 상호작용도 회피하고, 공공연히 자신의 절망감을 표출할 수 있으며 이러한 특성은 육아에도 부정적인 영향을 주어 자녀의 정서행동장애 위험을 증가시킬 수 있다(Flick, 2011; Lovejoy, Graczyk, O'Hare, & Neuman, 2000). Hammen과 Rudolph(2003)에 따르면 우울한 부모를 둔 아동들의 경우 우울장애나 다른 정서행동장애를 보일 위험이 높다.

넷째, 아동학대(child maltreatment)는 적절한 양육의 극단적인 실패로 볼 수 있는데 이와 같은 실패는 아동의 발달과정에 부정적인 영향을 미치고 다양한 문제의 위험을 증가시키게 된다(Wicks-Nelson & Israel, 2009). 아동학대에는 신체적 학대(physical abuse), 성적 학대(sexual abuse), 방임(neglect), 정서적 학대(emotional abuse)의 네 가

〈표 2-4〉 학대의 유형과 정의

유형	정의
신체적 학대	아동의 사망을 포함한 신체적 해를 가져오거나 가져올 가능성이 있는 양육자의 행위를 말한다. 예로는 차기, 물기, 흔들기, 찌르기, 때리기 등이 있다. 아동의 엉덩이를 손바닥으로 때리는 것은 일반적으로 훈육행위로 간주되지만 아동의 신체에 멍이 들거나 상처가 생긴다면 학대로 분류될 수 있다.
성적 학대	가해자의 성적 만족을 위해 아동이 이용되는 행위로서 삽입, 성적 접촉을 동반한 희롱, 또는 다른 형태의 성적 행위가 포함된다. 또한 여기에는 성적 착취와 아동을 대상으로 한 포르노 영화나 사진 촬영과 같은 행위도 포함된다.
방임	건강관리를 거부하거나 지연하기, 음식 · 의복 · 주거지 · 애정 · 관심과 같은 기본적 요구를 제공하지 못하기, 부적절한 감독, 또는 유기와 같은 부모나 양육자의 행위를 말한다. 이는 신체적 방임과 정서적 방임 모두에 해당된다.
정서적 학대	아동을 거부하고 고립시키며 위협하고 무시하며 또는 부도덕한 목적으로 이용하는 행위를 말한다. 예로는 감금, 언어적 학대, 수면이나 음식 또는 주거지 허락하지 않기, 아동을 가정폭력에 노출시키기, 아동이 물질남용이나 범죄행위에 가담하도록 내버려두기, 심리적 보살핌을 제공하기 않기, 아동에게 해 또는 잠재적 해를 가져오는 무관심 등이 있다. 이러한 학대는 지속적이고 반복적이어야 한다.

자료출처: English, D. J. (1998). The extent and consequences of child maltreatment. *The Future of Children, 8*(1), 39-53.

지 유형이 있으며 〈표 2-4〉는 이 네 가지 학대유형의 정의를 제시하고 있다. 이러한 학대를 경험한 아동은 흔히 만성적인 정서적 각성, 슬픔, 분노와 같은 문제를 겪게 되며(Cullinan, 2007) 장기적으로는 또래에게 공격성을 보이거나 또래를 회피하는 특징을 보이는 열악한 사회적 관계를 나타내는 경향이 있다(Bernet, 2005; Wolfe, 1999).

다섯째, 빈곤(poverty) 또한 아동에게 정서행동장애를 일으키는 위험요인으로 간주되고 있다(Wicks-Nelson & Israel, 2009; Yell et al., 2009). 물론 단순히 가난하다는 이유만으로 아동들이 정서행동문제를 나타내는 것은 아니지만 극심한 빈곤은 불충분한 음식 및 의복, 부적절한 주거, 혼잡스러운 생활환경, 부족한 책이나 장난감 등을 통해 아동의 삶의 질에 부정적인 영향을 미치고 결과적으로 아동의 정서행동문제 위험을 높이게 된다(Evans, 2004; Kauffman & Landrum, 2009).

(5) 또래

아동은 유아기부터 또래와 관계를 맺기 시작하며 이러한 또래관계(peer relationships)의 영향은 발달이 진행됨에 따라 증가하는 경향을 보인다(Wicks-Nelson & Israel, 2009). 만족스럽지 못한 또래관계는 일반적으로 부정적인 인지적, 정서적, 행동적 기능과 연계되는데(King, 2002; Rubin, Burgess, Kennedy, & Stewart, 2003) Kauffman과 Landrum(2009)에 의하면 또래집단(peer group)이 정서행동장애의 발생에 기여할 수 있는 방식에는 두 가지(긍정적 또래관계의 부재, 바람직하지 않은 또래사회화)가 있다. 이 두 가지 방식을 또래와 관련된 정서행동장애의 위험요인으로 간주하고 각각 살펴보면 다음과 같다.

먼저, 긍정적 또래관계의 부재(absence of positive peer relationships)는 또래집단에서 사회적 거부(social rejection)나 사회적 무시(social neglect)[또는 사회적 고립(social isolation)]로 나타난다. 이와 같은 관계문제를 가진 많은 아동은 나중에 학업실패나 학교중퇴를 경험하게 되며 궁극적으로는 성인기에 다양한 부적응문제를 보이기도 한다(Bierman, 2005; McFadyen-Ketchun & Dodge, 1998; Rubin et al., 2003).

다음으로, 바람직하지 않은 또래사회화(undesirable peer socialization)는 일탈된 또래집단과 어울리면서 나타날 수 있다. 이러한 집단에 속한 친구들과의 우정은 부적응문제를 초래할 수도 있는데 그 이유는 어떤 일탈집단의 경우 학교결석, 물질남용, 이른 성행위, 불법행위 등과 같은 반사회적 행동이나 비행을 조장하기 때문이다(Cullinan, 2007).

(6) 학교

학교는 아동들이 가정 외에 시간을 가장 많이 보내는 곳이며 대부분의 정서행동장애가 아동이 입학한 후에야 판별된다. 따라서 학교에 정서행동장애의 발생과 관련된 위험요인들이 있을 수 있는데, 이러한 위험요인들 가운데 학생-교사 간 갈등관계와 부적절한 행동관리에 대해 살펴보면 다음과 같다.

먼저, 일반적으로 친밀한 학생-교사 관계는 아동이 나타내는 긍정적인 결과와 관련되는 반면 학생-교사 간 갈등관계(conflicted student-teacher relationship)는 학교에 대한 부적절한 태도, 학급이탈, 낮은 학업수행과 관련된다(Birch & Ladd, 1998). 성인기에 있는 많은 사람이 가장 좋았던 교사와 가장 싫었던 교사를 기억하는데 이는 학생-교사 관계가 발달과정에서 중요한 역할을 한다는 것을 시사한다.

다음으로, 부적절한 행동관리(inappropriate management of behavior)가 학생들의 정서행동문제를 촉진할 수도 있다(Heward, 2009; Kauffman & Landrum, 2009). 예를 들어, 교사의 행동관리에 일관성이 없어서 바람직하지 않은 행동에 대해 어떤 때는 벌칙을 주고 어떤 때는 벌칙을 주지 않았다면 학생들은 행동의 결과에 대한 예측이 불가능하여 그 행동을 계속하게 될 것이다. 또한 교사가 강화의 함정에 빠져 바람직한 행동에는 강화를 사용하지 않고 바람직하지 않은 행동에 강화를 사용한다면 학생들의 바람직하지 않은 행동은 증가하게 된다.

(7) 지역사회

지역사회(community)라는 말에는 거주자들의 사회적 계급과 신체적 환경의 질뿐 아니라 사용가능한 심리적 지원체계도 포함되는데(Kauffman & Landrum, 2009) 이러한 측면들이 열악한 지역사회를 사회적으로 불리한 지역사회(socially disadvantaged community)라고 할 수 있다. 즉, 사회적으로 불리한 지역사회에서는 가난, 폭력, 범죄 비율이 높을 뿐 아니라 적절한 정신건강서비스와 상담을 받기 어려울 수 있다. 이러한 생활조건은 적응행동의 긍정적인 본보기를 적게 제공하고 두려움, 스트레스, 무력감, 소외감 등을 유발할 수 있는데(Cullinan, 2007; McLoyd, 1998) 정서행동장애를 가진 아동의 대다수가 이러한 사회적으로 불리한 지역사회에 거주하는 경향이 있다(Cullinan, 2007; Rosenberg et al., 2011).

(8) 대중매체

대중매체(mass media)란 인쇄물, 라디오, 텔레비전, 영화, 인터넷을 통한 전자정보 등을 말하는데(Kauffman & Landrum, 2009) 이러한 대중매체의 부정적 영향(negative effects of mass media)으로 인해 아동과 청소년들의 정서행동장애가 나타날 수 있다는 우려가 높아지고 있다(Cullinan, 2007; Rosenberg et al., 2011). 예를 들어, 아동들은 주당 평균 15~20시간 텔레비전을 시청하고 그들 가운데 약 1/4은 적어도 주당 35시간 텔레비전을 시청하는 것으로 알려져 있는데(National Center for Education Statistics, 2004) 이러한 장시간의 텔레비전 시청과 시청한 내용의 질은 아동들의 정서적 · 사회적 어려움과 관련되어 있다(Rosenberg et al., 2011). 만약 어떤 텔레비전 프로그램이 폭력행동을 많이 포함하고 있다면 아동들에게 두려움과 걱정을 유발하거나 공격적인 행동을 증가시킬 수 있다.

2. 보호요인

앞서 언급한 바와 같이 어떤 아동들은 다수의 위험요인에 노출되었음에도 불구하고 정서행동장애를 보이지 않는데 이러한 특성을 탄력성(또는 적응유연성, 회복력)이라고 한다. 즉, 탄력성(resilience)이란 부정적인 상황에도 불구하고 역경 또는 위험요인들을 극복하고 적응적으로 기능하는 능력을 말한다(Wicks-Nelson & Israel, 2009). 이러한 탄력성은 위험요인의 영향을 상쇄하는 보호요인의 영향을 통해 발달되는데(Nelson, Leone, et al., 2004) 보호요인(protective factors)은 한 아동이 나중에 정서행동장애를 보일 가능성을 감소시키는 변인이라고 할 수 있다(Cullinan, 2007). 이러한 맥락에서 최근에는 정서행동장애의 중재 또는 예방과 관련된 프로그램이 위험요인, 특히 변화가능한 것으로 보이는 위험요인들은 줄이고 탄력성을 향상시키는 보호요인들은 강화하는 데 초점을 맞추고 있다(Beardslee, Versage, Van de Velde, Swatling, & Hoke, 2002; Cullinan, 2007; Olsson, Bond, Burns, Vella-Brodrick, & Sawyer, 2003; Place, Reynolds, Cousins, & O'Neill, 2002).

일반적으로 보호요인은 〈표 2-5〉에 제시된 바와 같이 세 가지 범주(개인, 가족, 가족 외부)로 나눌 수 있는데(Mash & Wolfe, 1999; Wicks-Nelson & Israel, 2009) 이러한 정서행동장애의 보호요인과 관련하여 두 가지 유념할 사항이 있다. 첫째, 아동들에게 세 가지 범주가 모두 필요한 것은 아니다(Werner & Smith, 1992). 예를 들어, 어떤 아동들에게는 조부모나 교사와 같은 지지적 성인이 있다는 것만으로도 발달의 과정과 방향이 효과적으로 변할 수 있는 데 비해 다른 아동들에게는 보다 나은 학습환경이나 지역사회의 안전성과 같은 추가적인 또는 상이한 보호요인이 필요할 수도 있다(Mash & Wolfe, 1999). 둘째, 어떤 보호요인이 위험에 처한 아동을 보호할 수 있는지의 여부

〈표 2-5〉 정서행동장애의 보호요인

범주	보호요인의 예
개인	• 높은 지능(high IQ) (Flick, 2011; Mash & Wolfe, 1999; Wicks-Nelson & Israel, 2009) • 순한 기질(easy temperament) (Keogh, 2003; Mash & Wolfe, 1999) • 자아효능감(self-efficacy) (Mash & Wolfe, 1999) • 높은 자아존중감(high self-esteem) (Mash & Wolfe, 1999) • 사교적 성향(sociable disposition) (Mash & Wolfe, 1999; Wicks-Nelson & Israel, 2009)
가족	• 권위적 양육(authoritative parenting) (Mash & Wolfe, 1999; Wicks-Nelson & Israel, 2009) • 부모의 따뜻함(parental warmth) (Mash & Wolfe, 1999; Wicks-Nelson & Israel, 2009) • 지지적 확대가족구성원(supportive extended family members) (Mash & Wolfe, 1999; Wicks-Nelson & Israel, 2009) • 경제적 혜택(economic advantage) (Mash & Wolfe, 1999; Wicks-Nelson & Israel, 2009)
가족 외부	• 또래와의 유대관계(bond to peers) (Wicks-Nelson & Israel, 2009) • 친밀한 학생-교사 관계(close student-teacher relationship) (Wicks-Nelson & Israel, 2009) • 효율적인 학교(effective schools) (Mash & Wolfe, 1999; Wicks-Nelson & Israel, 2009) • 친사회적 단체와의 연계(connections to prosocial organizations) (Mash & Wolfe, 1999; Nelson, Leone, et al., 2004; Wicks-Nelson & Israel, 2009)

는 상황에 따라 다를 수 있다(Zimmerman & Arunkumar, 1994). 즉, 탄력성이 어떤 상황(예: 부부갈등)에서는 나타나지만 다른 상황(예: 또래거부)에서는 나타나지 않을 수도 있다.

또한 〈표 2-5〉에 제시된 보호요인들을 살펴보면 두 가지 주목할 만한 점이 있다. 첫째, 어떤 보호요인들은 앞서 살펴본 위험요인의 반대라는 것이다. 예를 들어, 순한 기질과 까다로운 기질, 높은 자아존중감과 낮은 자아존중감, 권위적 양육과 부적절한 양육(권위주의적, 관대한/허용적, 무관심한 양육), 부모의 따뜻함과 아동학대, 경제적 혜택과 빈곤, 또래와의 유대관계와 긍정적 또래관계의 부재, 친밀한 학생-교사 관계와 학생-교사 간 갈등관계, 효율적인 학교와 부적절한 행동관리는 각각 서로 반대인 보호요인과 위험요인이라고 할 수 있다. 둘째, 보호요인 대부분이 심리사회적(psychosocial) 보호요인이라는 것이다. 그러나 생물학적(biological) 보호요인도 있을 수 있으므로 이에 대한 연구가 필요할 것으로 보인다. 예를 들어, 양호한 건강(good health)과 같은 신체적 요인이나 스트레스를 받은 후 긍정적인 상태로 복귀하는 데 개입하는 것으로 보이는 특정 뇌영역과 스트레스호르몬과 같은 신경생물학적(neurobiological) 요인도 보호요인으로 작용할 가능성이 있다(Curtis & Cicchetti, 2003; Nelson, Leone, et al., 2004). 만약 생물학적 보호요인들이 다수 밝혀진다면 앞서 위험요인을 생물학적 위험요인과 심리사회적 위험요인으로 분류하였듯이 보호요인도 생물학적 보호요인과 심리사회적 보호요인으로 분류할 수 있을 것이다.

제3장 Introduction to Emotional and Behavioral Disorders

정서행동장애의 평가

평가(evaluation)란 수집된 자료에 근거하여 가치판단을 통해 교육적 의사결정을 내리는 과정을 말하며 이러한 교육적 의사결정에 필요한 자료를 수집하는 과정을 사정(assessment)이라고 한다(이승희, 2024b). 〈표 3-1〉과 [그림 3-1]에 제시된 바와 같이 특수교육에 있어서 평가는 여섯 단계(선별, 진단, 적부성, 프로그램계획 및 배치, 형성평가, 총괄평가)의 연속적이고 점진적인 과정을 통해 이루어지며 각 단계마다 특정 유형의 의사결정이 요구되는데(이승희, 2024b), 다음에서는 정서행동장애를 중심으로 이 여섯 단계에 대해 살펴보기로 한다. [그림 3-1]에 보이듯이 정서행동장애의 경우

〈표 3-1〉 특수교육평가의 단계와 의사결정의 유형

평가의 단계	의사결정
선별	아동을 심층평가에 의뢰할 것인가를 결정.
진단	아동이 장애를 가지고 있는가, 그렇다면 장애의 원인은 무엇인가를 결정.
적부성	아동이 특수교육대상자로 적격한가를 결정.
프로그램계획 및 배치	아동에게 어떤 교육 및 관련서비스를 어디에서 제공할 것인가를 결정.
형성평가	아동이 적절한 진전을 보이는가를 결정.
총괄평가	아동이 예상된 진전을 보였는가를 결정.

자료출처: 이승희(2024b). 특수교육평가(제4판). 서울: 학지사. (p. 42)

[그림 3-1] 특수교육평가의 과정

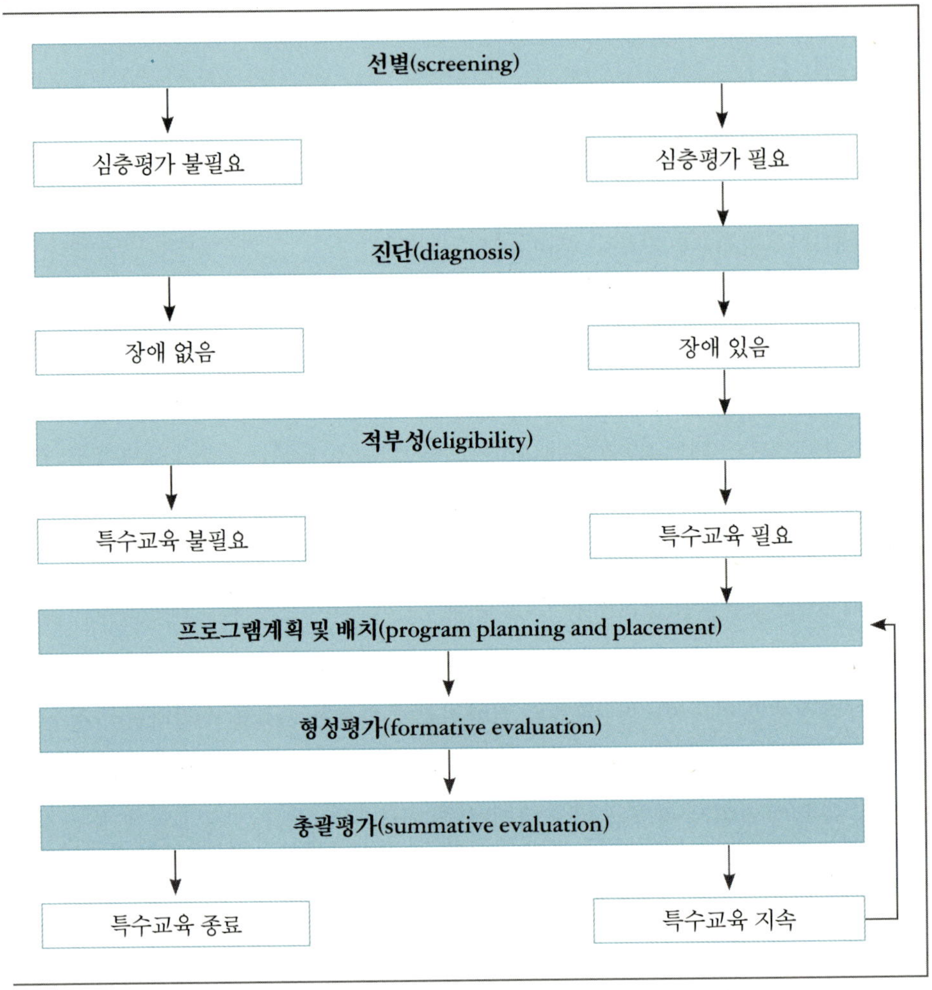

경과에 따라 특수교육이 종료될 수도 있다. 이는 앞서 제1장 8절 '정서행동장애의 차별점'에서 언급한 바와 같이 정서행동장애는 다른 장애들에 비해 치료(또는 회복) 가능성이 높아서 정서행동장애로 판별되어 특수교육을 받는 학생들의 경우 경과에 따라 일반교육으로 복귀할 수도 있기 때문이다.

1. 선별

선별에는 사례-특정적 선별과 보편적 선별의 두 가지 유형이 있을 수 있다. 사례-

특정적 선별(case-specific screening)이 어떤 문제(예: 행동문제, 학업문제)와 관련하여 특정 사례의 한 아동을 대상으로 실시되는 경우라면, 보편적 선별(universal screening)은 어떤 사항(예: 행동, 학업)과 관련하여 특정 범주의 모든 아동(예: 특정 연령의 모든 아동)을 대상으로 실시하는 경우다. 다음에서 살펴볼 선별은 전자인 사례-특정적 선별에 해당되는데 후자인 보편적 선별에 대해서는 [보충설명 3-1]을 참고하기 바란다.

선별(screening)이란 심층평가가 필요한 아동을 식별해 내는 과정으로서(이승희, 2024b) 아동을 효율적이고 경제적으로 평가하여 심층평가에 의뢰할 것인가를 결정하게 된다(Cohen & Spenciner, 2007). 따라서 선별에 의뢰된 아동은 심층평가에 의뢰되거나 의뢰되지 않을 수 있고 또한 특수교육이 필요하거나 필요하지 않을 수 있으므로 선별을 실시했을 때 [그림 3-2]와 같은 네 가지 결과(A~D)를 예상할 수 있는데, A와 D의 경우는 선별에서 정확한 판단이 내려진 경우고 B(위양)와 C(위음)는 부정확한 판

[보충설명 3-1] 보편적 선별

선별은 사례-특정적 선별과 보편적 선별로 구분할 수 있다. 사례-특정적 선별(case-specific screening)이란 어떤 문제(예: 행동문제, 학업문제)와 관련하여 특정 사례의 한 아동을 대상으로 실시되는 것이며 해당 아동을 심층평가(즉, 진단)에 의뢰할 것인가를 결정한다. 이에 비해 보편적 선별(universal screening)이란 어떤 사항(예: 행동, 학업)과 관련하여 특정 범주의 모든 아동(예: 특정 연령의 모든 아동)을 대상으로 실시되는 것이며 문제가 발생하거나 악화되기 전에 도움이 필요한 아동들을 선제적으로 조기에 찾아낸다.

이처럼 보편적 선별은 문제의 발생이나 악화를 예방하는 데 초점을 두고 있다. 따라서 예방이 강조되는 학교차원의 긍정적 행동지원(schoolwide positive behavior support: SW-PBS), 중재에 대한 반응(response to intervention: RTI), 다층지원체계(multi-tiered system of supports: MTSS)와 같은 다층지원모델(multi-tiered support model)에서 실시되기도 한다(저자주: SW-PBS, RTI, MTSS에 대해서는 이 책 제2부 '정서행동장애의 중재'를 참조할 것).

이와 같은 보편적 선별에서는 선별도구를 사용하거나 선별모델을 사용할 수 있다. 정서행동문제와 관련된 보편적 선별에서 사용할 수 있는 선별도구의 예로는 우리나라 국립특수교육원(2009a)이 개발한 「특수교육대상아동 선별검사」에 포함된 '2009 KISE 정서·행동장애 선별검사'가 있고 선별모델의 예로는 「행동장애의 체계적 선별(Systematic Screening for Behavior Disorders: SSBD)」이 있다. '2009 KISE 정서·행동장애 선별검사'는 국립특수교육

[보충설명 3-1] 계속됨

원이 2011년에 실시한 특수교육실태조사에서 사용되기도 하였는데 이 선별도구에 대해서는 이 장 1절 '선별'의 '2) 사정도구'를 참고하기 바란다. 이에 비해 SSBD는 국내 관련문헌에서는 소개되고 있으나 아직 국내에서 공식적으로 사용된 경우는 없는데 이 선별모델을 간단히 살펴보면 다음과 같다.

SSBD는 정서행동장애아동을 선별하기 위해 1990년 Walker와 Severson이 개발한 다관문 선별모델(multiple-gating screening model)로서 아래 그림(※ SSBD의 다관문절차)에 보이듯이 다관문절차(multiple gating procedures)에 따라 세 단계로 진행된다. 먼저 1단계(Stage 1)에서는 각 학급의 담임교사가 학급의 모든 학생 중 내재화행동과 외현화행동 2개 차원 각각에서 가장 심하게 보이는 3명을 선정한다. 이때 교사는 내재화행동과 외현화행동에 대한 안내문을 받는다. 1단계에서 선정된 아동들은 1관문(Gate 1)을 통과하게 된다. 다음으로 2단계(Stage 2)에서는 담임교사가 1관문을 통과한 아동들을 대상으로 위기사건지수(Critical Events Index: CEI)와 통합빈도지수(Combined Frequency Index: CFI)를 작성한다. CEI는 자주 일어나지는 않지만 매우 심각한 행동들로 구성된 33문항의 검목표로서 교사는 해당 행동이 지난 6개월 이내에 발생한 적이 있는지의 여부를 표시한다. CFI는 12개의 적응행동과 11개의 부적응행동이 얼마나 자주 발생하는지를 5점 척도로 평정하게 되어 있다. CEI와 CFI를 실시하여 얻은 점수는 SSBD 지침서에 제시된 표를 참조하여 표준점수와 백분위점수로 변환되고, CEI와 CFI 중 하나 이상에서 지침서에 제시된 분할점수를 초과한 아동은 2관문(Gate 2)을 통과하여 3단계로 넘어간다. 마지막으로 3단계(Stage 3)에서는 훈련된 관찰자가 각 아동을 대상으로 교실에서의 수업참여행동과 운동장(쉬는 시간)에서의 사회적 행동을 직접 관찰한다. 관찰은 교실과 운동장에서 각 2회씩 실시되고 매 관찰시간은 15분이다. 관찰을 실시한 결과 성별 및 연령별 규범준거(normative criteria)를 초과한 아동은 교실에서 관련중재를 받거나 심층평가(즉, 진단)로 의뢰된다. 여기에서 두 가지 주목할 점이 있다. 첫째, 교실에서 관련중재를 받은 아동이 심층평가로 의뢰될 수도 있다는 것이다. 따라서 이때 교실에서 제공되는 관련중재는 심층평가로 의뢰하기 전에 제공되는 중재를 의미하는 '의뢰전 중재(prereferral intervention)'라고 할 수 있다. 이와 같은 의뢰전 중재는 '의뢰전 중재 모델(prereferral intervention model)'과는 구분되는데, 앞서 다층지원모델로 언급된 SW-PBS, RTI, MTSS가 의뢰전 중재 모델로 소개되기도 한다(저자주: 의뢰전 중재 모델로서의 SW-PBS, RTI, MTSS에 대해서는 제8장 1절 '의뢰전 중재' 참조할 것). 둘째, 심층평가(즉, 진단)로 의뢰된 아동이 평가결과에 따라 장애진단을 받기보다는 교실에서 관련중재를 우선적으로 받게 될 수도 있다는 것이다.

[보충설명 3-1] 계속됨

※ SSBD의 다관문절차

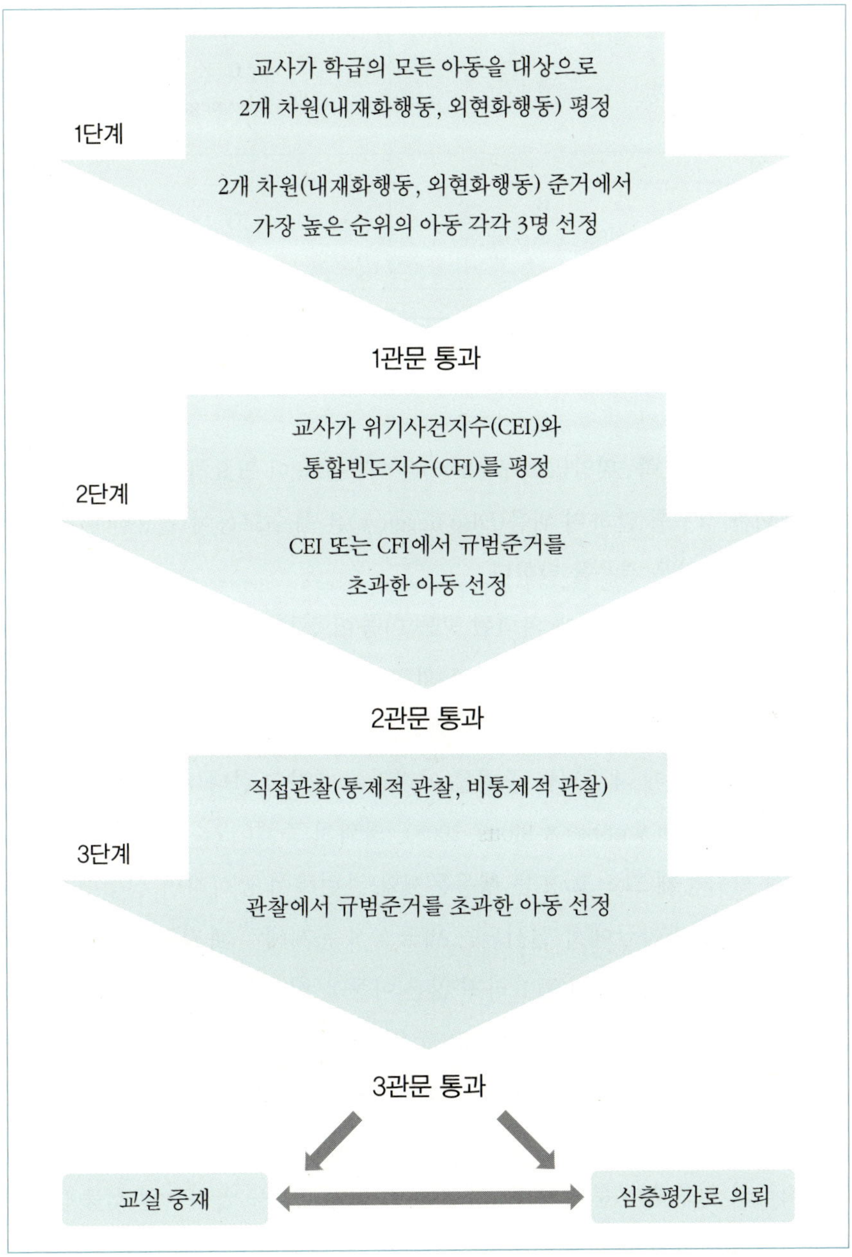

자료출처: Severson, H. H., Walker, H. M., Hope-Doolittle, J., Kratochwill, T. R., & Gresham, F. M. (2007). Proactive, early screening to detect behaviorally at-risk students: Issues, approaches, emerging innovations, and professional practices. *Journal of School Psychology, 45*(2), 193-223. (p. 209)

[그림 3-2] 선별의 네 가지 가능한 결과

특수교육 필요 여부 \ 심층평가 의뢰 여부	의뢰됨	의뢰되지 않음
필요	A	C (위음: false negative)
불필요	B (위양: false positive)	D

자료출처: 이승희(2024b). **특수교육평가**(제4판). 서울: 학지사. (p. 44)

단이 내려진 경우다. 즉, 위양(false positive)은 특수교육이 필요하지 않은 아동을 심층평가에 의뢰한 경우를 말하며 위음(false negative)은 특수교육이 필요한 아동을 심층평가에 의뢰하지 않은 경우를 말한다.

그러나 심층평가(즉, 진단)에 의뢰된 모든 아동이 선별을 거치는 것은 아니며 부모나 교사의 요청에 의해 심층평가로 바로 의뢰될 수도 있다. 즉, 선별에 의해 또는 부모나 교사의 요청에 의해 심층평가로 의뢰되는데 이와 같이 아동을 심층평가로 의뢰하기 전에 그 아동에게 제공되는 중재를 의뢰전 중재라고 한다(Kauffman & Landrum, 2009; Shepherd, 2010; Webber & Plotts, 2008). 의뢰전 중재(prereferral intervention)란 일반적으로 학습문제 그리고/또는 행동문제와 관련하여 공식적인 심층평가에 의뢰하기 전에 주로 일반학급에서 실시되는 비공식적 문제해결 과정으로서(McCarney & Wunderlich, 2006) 특수교육이 필요하지 않은 아동을 심층평가에 의뢰하는 위양(false positive)을 줄이는 데 목적이 있다(Kauffman & Landrum, 2009; Webber & Plotts, 2008). 이와 같은 의뢰전 중재는 우리나라의 「장애인 등에 대한 특수교육법」이나 미국의 「장애인교육법(IDEA 2004)」에 의해 심층평가의 선행조건으로 요구되는 절차는 아니다. 그러나 미국의 경우 대부분의 주(州)에서는 교사가 아동을 공식적인 심층평가에 의뢰하기 전에 적절한 중재를 실시하고 그 효과를 문서화하도록 요구하고 있다(Salvia & Ysseldyke, 2007). 일부 문헌들(Kauffman & Landrum, 2009; Shepherd, 2010; Webber & Plotts, 2008)은 의뢰전 중재 모델(prereferral intervention model)로 학교차원의 긍정적 행동지원(SW-PBS)이나 중재에 대한 반응(RTI)을 소개하기도 하는데 근래 주목받고 있는 다층지원체계(MTSS)도 의뢰전 중재 모델로 간주될 가능성이 있다. 이러한 SW-PBS, RTI, MTSS에 대해서는 이 책 제2부 '정서행동장애의 중재'에서 살펴보기로 하고 다음에서는 선별 단계에서 사용되는 사정방법과 사정도구를 각각 살펴보고자 한다.

1) 사정방법

선별에서는 사정방법(예: 검사, 관찰, 면접 등) 가운데 주로 검사에 의존하는데 특히 규준참조검사가 일반적으로 실시된다(저자주: 규준참조검사에 대해서는 다음 단계인 '진단'을 참조할 것). Meisels와 Wasik(1990)에 의하면 선별도구는 간단 · 저렴하고, 규준참조검사며, 표준화되었고, 객관적으로 채점되며, 신뢰롭고 타당해야 한다.

2) 사정도구

아동을 효율적이고 경제적으로 평가하기 위한 선별에서 사용되는 사정도구는 제한된 수의 문항으로 아동의 수행이나 행동을 사정하도록 고안된다. 우리나라와 미국의 경우 정서행동장애의 법적 정의(저자주: 정서행동장애의 법적 정의에 대해서는 제1장 4절 '정서행동장애의 정의'를 참조할 것)를 근거로 선별도구가 개발되어 있다. 이 외에 선별도구로 활용가능한 사정도구도 있으므로 다음에서는 법적 정의에 근거한 선별도구와 기타 선별도구를 살펴보기로 한다.

(1) 특수교육대상아동 선별검사

「특수교육대상아동 선별검사」(국립특수교육원, 2009a)는 유치원부터 고등학교 3학년까지의 아동 및 청소년들을 대상으로 해당 아동이나 청소년과 최소한 3개월 이상 생활한 사람이 평정하도록 개발된 선별도구다. 이 선별검사에서 정서 · 행동장애를 위한 선별검사는 유아용과 초 · 중 · 고등학생용 두 가지로 나뉘어 있는데 이 두 가지의 차이점은 진단검사 필요 여부를 판정할 때 유아용과는 달리 초 · 중 · 고등학교용은 학업성취수준을 고려한다는 것이다. [그림 3-3]에 초 · 중 · 고등학교용 정서 · 행동장애 선별검사(이하 '2009 KISE 정서 · 행동장애 선별검사')가 제시되어 있는데 이 선별검사는 〈표 3-2〉에 나타난 바와 같이 우리나라 「장애인 등에 대한 특수교육법」의 정서 · 행동장애 정의를 근거로 개발되었다. [그림 3-3]에 보이듯이 '2009 KISE 정서 · 행동장

[그림 3-3] 2009 KISE 정서 · 행동장애 선별검사

▶ 정서 · 행동장애를 지닌 특수교육대상자는 다음과 같은 행동을 나타낼 수 있습니다. 문항별로 아동이 해당되는 항목에 ✔표를 해 주시기 바랍니다.

<table>
<tr><th colspan="2" rowspan="2">영역</th><th rowspan="2">검사문항</th><th colspan="3">평정</th><th rowspan="2">총점</th></tr>
<tr><th>자주 나타남</th><th>가끔 나타남</th><th>나타나지 않음</th></tr>
<tr><td rowspan="4">I</td><td rowspan="4">대인관계 형성</td><td>① 혼자 있거나 혼자서 논다.</td><td>2</td><td>1</td><td>0</td><td rowspan="4"></td></tr>
<tr><td>② 또래와 상호작용을 적절하게 유지하지 못한다.</td><td>2</td><td>1</td><td>0</td></tr>
<tr><td>③ 또래 또는 교사와 이야기하는 것을 회피한다.</td><td>2</td><td>1</td><td>0</td></tr>
<tr><td>④ 단체 활동에 참가하는 것을 회피한다.</td><td>2</td><td>1</td><td>0</td></tr>
<tr><td rowspan="4">II</td><td rowspan="4">부적절한 행동이나 감정</td><td>① 부주의로 인해 학업 및 놀이 활동에 실수를 저지른다.</td><td>2</td><td>1</td><td>0</td><td rowspan="4"></td></tr>
<tr><td>② 수업시간에 손발을 가만히 두지 못하거나 의자에 앉아서도 몸을 움직거린다.</td><td>2</td><td>1</td><td>0</td></tr>
<tr><td>③ 유치원 규칙을 위반하는 행동을 한다.</td><td>2</td><td>1</td><td>0</td></tr>
<tr><td>④ 사람 및 동물에게 공격행동을 한다.</td><td>2</td><td>1</td><td>0</td></tr>
<tr><td rowspan="4">III</td><td rowspan="4">불행감이나 우울감</td><td>① 슬프거나 공허한 표정 등의 우울한 기분을 보인다.</td><td>2</td><td>1</td><td>0</td><td rowspan="4"></td></tr>
<tr><td>② 일상 활동에 대한 흥미나 즐거움을 느끼지 못한다.</td><td>2</td><td>1</td><td>0</td></tr>
<tr><td>③ 집중력이 떨어지거나 결정내리기를 어려워한다.</td><td>2</td><td>1</td><td>0</td></tr>
<tr><td>④ 자존감이 낮거나 지나친 죄책감을 보인다.</td><td>2</td><td>1</td><td>0</td></tr>
<tr><td rowspan="4">IV</td><td rowspan="4">신체적인 통증이나 공포</td><td>① 새로운 환경이나 낯선 사람과 있을 때 무서워한다.</td><td>2</td><td>1</td><td>0</td><td rowspan="4"></td></tr>
<tr><td>② 특정 동물, 사물, 장소 등을 지나치게 무서워한다.</td><td>2</td><td>1</td><td>0</td></tr>
<tr><td>③ 친구들 앞에서 발표하는 것을 불안해하거나 고통스러워한다.</td><td>2</td><td>1</td><td>0</td></tr>
<tr><td>④ 특별한 질병이 없는데도 신체적 고통을 호소한다.</td><td>2</td><td>1</td><td>0</td></tr>
</table>

<table>
<tr><td>V</td><td>학업성취 수준</td><td>※ 학생의 학급에서의 학업성취 수준</td><td>상</td><td>중</td><td>하</td></tr>
</table>

진단검사 필요 아동 : 다음 ①, ②의 두 조건을 모두 만족하는 경우
① I, II, III, IV의 각 영역 중 하나에서 4점 이상
② V 학업성취 수준이 하인 아동

- 반드시 각 영역별로 4점 이상을 받고, 학업성취수준이 하로 나타난 아동이라야 진단검사 필요 아동이며, I~IV 영역의 합이 4점이더라도 학생의 학업성취수준이 상 또는 중인 아동은 제외함
- 예 1: I영역이 2점, II영역이 1점, III영역이 0점, IV영역이 1점으로서 총점이 4점인 경우는 진단검사 필요 아동이 아님
- 예 2: I영역의 총점이 4점이고, 학업성취수준이 상으로 나타난 아동

자료출처: 이승희, 백승영(2012). 2009 KISE 정서 · 행동장애 선별검사의 양호도 및 개선방안. 정서 · 행동장애연구, 28(4), 1-28. (p. 27)

〈표 3-2〉 정서행동장애의 법적 정의 항목과 선별도구 영역

우리나라			미국		
「장애인 등에 대한 특수교육법」의 정의 항목	「2009 KISE 정서·행동장애 선별검사」의 정서행동문제 영역		「장애인교육법(IDEA 2004)」의 정의 항목	「한국판 정서행동문제 검사-2판(K-SAED-2)」의 정서행동문제 영역	
가. 지적·감각적·건강상의 이유로 설명할 수 없는 학습상의 어려움을 지닌 사람	–		(A) 지적, 감각적, 건강상의 요인으로 설명할 수 없는 학습상의 무능력	I	학습에 대한 어려움
나. 또래나 교사와의 대인관계에 어려움이 있어 학습에 어려움을 겪는 사람	I	대인관계 형성	(B) 또래 및 교사와 만족할 만한 대인관계를 형성하거나 유지하지 못함	II	대인관계 문제
다. 일반적인 상황에서 부적절한 행동이나 감정을 나타내어 학습에 어려움이 있는 사람	II	부적절한 행동이나 감정	(C) 정상적인 상황에서 나타나는 부적절한 형태의 행동이나 감정	III	부적절한 행동
라. 전반적인 불행감이나 우울증을 나타내어 학습에 어려움이 있는 사람	III	불행감이나 우울감	(D) 일반적이고 전반적인 불행감이나 우울감	IV	불행감이나 우울
마. 학교나 개인 문제에 관련된 신체적인 통증이나 공포를 나타내어 학습에 어려움이 있는 사람	IV	신체적인 통증이나 공포	(E) 개인적 또는 학교문제와 관련하여 신체적 증상이나 두려움을 보이는 경향	V	신체적 증상이나 공포

※ 「K-SAED-2」의 경우 「장애인교육법(IDEA 2004)」 정의의 5개 항목(A~E)을 모두 반영하여 정서행동문제 영역을 5개(I~V)로 구성하고 있는 데 비해 「2009 KISE 정서·행동장애 선별검사」는 「장애인 등에 대한 특수교육법」 정의의 5개 항목(가~마) 중 '가'를 제외한 나머지 4개 항목을 반영하여 영역을 4개(I~IV)로 구성하고 있다.

애 선별검사'에서는 4개의 정서·행동문제 영역(I~IV) 가운데 하나 이상의 영역에서 4점 이상을 받고 학업성취수준(V)이 '하'로 나타나면 진단검사가 필요한 것으로 판정된다[저자주: 우리나라 국립특수교육원의 영문명인 KISE(Korea Institute for Special Education)는 2016년 1월 1일부터 NISE(National Institute of Special Education)로 변경되었음].

「특수교육대상아동 선별검사」(국립특수교육원, 2009a)는 2011년도에 실시된 특수교육실태조사(국립특수교육원, 2011)에서 사용되기도 하였는데, 이 실태조사에서 '2009 KISE 정서 · 행동장애 선별검사'에 의한 출현율이 매우 낮게 나타났다. 이러한 낮은 출현율은 '2009 KISE 정서 · 행동장애 선별검사'가 진단검사를 필요로 하는 학생을 적절히 선별해 내지 못하고 있을 가능성을 시사하는 것일 수도 있으므로 이승희와 백승영(2012)은 '2009 KISE 정서 · 행동장애 선별검사'의 양호도에 대한 연구를 실시하였다. 이 연구에서 다소 낮은 타당도와 신뢰도가 보고되었으며 타당도와 신뢰도 개선방안 및 기타 개선방안도 제시되었는데, 특히 기타 개선방안의 하나로 「특수교육대상아동 선별검사」를 현재의 표준화된 준거참조검사(standardized criterion-referenced test)에서 규준참조검사(norm-referenced test)로 재표준화하고 성별과 학교급별에 따른 집단별(예: 남자초등, 여자초등, 남자중등, 여자중등) 규준을 제공할 것을 제안하였다. 이는 다음에서 살펴볼 선별도구들(「한국판 정서행동문제 검사-2판」, 「한국판 아동 · 청소년 행동평가척도」, 「한국판 정서-행동 평가시스템(3판)」)이 모두 규준참조검사라는 점을 감안할 때 의미 있는 제안이라고 할 수 있는데 그 이유는 앞서 언급한 바와 같이 선별도구는 간단 · 저렴하고, 규준참조검사며, 표준화되었고, 객관적으로 채점되며, 신뢰롭고 타당해야 하기 때문이다(Meisels & Wasik, 1990).

(2) 한국판 정서행동문제 검사-2판

「한국판 정서행동문제 검사-2판(Korea-Scales for Assessing Emotional Disturbance-Second Edition: K-SAED-2)」은 진미영과 박지연(2017)이 미국의 「Scales for Assessing Emotional Disturbance-Second Edition(SAED-2)」(Epstein & Cullinan, 2010)을 한국의 아동과 청소년들을 대상으로 표준화한 것이다. K-SAED-2를 목적 및 대상, 구성, 실시, 결과로 나누어 간단히 소개하면 다음과 같다.

- 목적 및 대상: K-SAED-2는 6세부터 18세까지의 아동 및 청소년들을 대상으로 하며 정서행동문제로 인해 특수교육서비스에 의뢰되는 학생을 객관적으로 선별하고 진단하기 위한 검사다.
- 구성: K-SAED-2는 평정척도, 발달과 교육에 관한 면담기록지, 직접관찰기록지의 세 가지 요소로 나누어져 있다. 평정척도는 표준화된 규준참조검사고, 발달과 교육에 관한 면담기록지와 직접관찰기록지는 보충도구다. 이 요소들은 사

용자의 목적에 따라 단독으로 사용될 수 있고, 2개 또는 3개의 다양한 조합으로도 사용될 수 있다. 이 세 가지 요소 가운데 평정척도는 5개 하위척도(학습에 대한 어려움, 대인관계 문제, 부적절한 행동, 불행감이나 우울, 신체적 증상이나 공포)로 구성되어 있으며 각 하위척도별로 10개, 5개, 5개, 10개, 7개 문항이 포함되어 있다. 또한 교육적 수행에 미치는 불리한 영향에 대한 3개 문항이 포함되어 있다. 이와 같은 K-SAED-2 평정척도의 구성내용을 요약하여 제시하면 〈표 3-3〉과 같다.

- 실시: K-SAED-2 평정척도는 보통 학생의 교사가 평정하지만 학생의 행동에 대해 잘 알고 있는 학교의 다른 성인이 될 수도 있다. 학교 환경에서 학생이 어떻게 기능하는지에 대하여 잘 알고 있는 사람이 평정자가 되어야 한다. 평정자는 각 문항을 읽고 학생의 현재 및 지난 2개월 동안의 상태에 대해 4점 척도("전혀 그렇지 않음" 0, "약간 그러함" 1, "상당히 그러함" 2, "매우 심각함" 3)로 응답하도록 되어 있다.
- 결과: K-SAED-2는 평정척도의 5개 하위척도별로 백분위점수와 척도점수(평균이 10이고 표준편차가 3인 표준점수)를 제공한다. K-SAED-2 평정척도의 척도점수는 〈표 3-3〉에 제시된 바와 같이 문제없음(정서행동장애가 아님), 준임상군(정서행동장애의 가능성이 있음), 또는 임상군(정서행동장애의 가능성이 높음)으로 해석된다. 이처럼 K-SAED-2는 2개의 분할점수(14점, 17점)에 따라 준임상군(14점~16점)과 임상군(17 이상)을 구분하고 있는데, 전자는 선별준거로 후자는 진단준거로 사용할 수 있으므로 SAED는 선별 단계뿐만 아니라 진단 단계나 적부성 단

〈표 3-3〉 K-SAED-2 평정척도의 구성내용

평정척도			문항수	결과(척도점수) 해석		
				문제없음	준임상군	임상군
하위척도	I	학습에 대한 어려움	10	13 이하	14~16	17 이상
	II	대인관계 문제	5			
	III	부적절한 행동	5			
	IV	불행감이나 우울	10			
	V	신체적 증상이나 공포	7			
교육적 수행에 미치는 불리한 영향			3	–		

계에서도 사용가능한 도구라고 할 수 있다. 또한 K-SAED-2 평정척도에서는 5개 하위척도 척도점수의 합으로 산출되는 백분위점수와 정서행동문제지수(평균 100, 표준편차 15)도 제공한다. 정서행동문제지수는 정서행동장애를 판별하는 목적으로 사용하는 것이 아니라 학생이 가진 정서행동문제의 전반적인 정도를 측정하기 위한 것이다.

(3) 한국판 아동 · 청소년 행동평가척도

「한국판 아동 · 청소년 행동평가척도」(오경자, 김영아, 2011)는 학령기 아동 및 청소년을 대상으로 행동문제를 평가하도록 개발된 규준참조검사로서 부모용(K-CBCL), 교사용(K-TRF), 자기보고용(K-YSR)이 포함되어 있다. K-CBCL, K-TRF, K-YSR은 모두 표준점수인 *T*점수(*T*-score: *M*=50, *SD*=10)를 사용하여 준임상범위와 임상범위를 제시하고 있는데, 전자는 선별준거로 후자는 진단준거로 사용할 수 있으므로 선별 단계뿐만 아니라 진단 단계나 적부성 단계에서도 사용가능한 도구라고 할 수 있다. 이 도구에 대해서는 다음 단계인 '진단'에서 구체적으로 살펴볼 것이다.

(4) 한국판 정서-행동 평가시스템(3판)

「한국판 정서-행동 평가시스템(3판)」(안명희, 2024)은 유아, 아동, 청소년, 및 대학생을 위한 다면적 심리검사로서 교사보고형(Teacher Rating Scale: TRS), 부모보고형(Parent Rating Scale: PRS), 자기보고형(Self-Report of Personality: SRP)으로 나누어져 있고 각 유형은 연령대에 따른 3개 검사로 구성되어 있어서 총 9개 검사를 포함하고 있다. 9개의 각 검사는 문제행동과 관련된 종합척도와 소척도에서 *T*점수를 사용하여 준임상범위와 임상범위를 제시하고 있는데, 전자는 선별준거로 후자는 진단준거로 사용할 수 있으므로 선별 단계뿐만 아니라 진단 단계나 적부성 단계에서도 사용가능한 도구라고 할 수 있다. 이 도구에 대해서는 다음 단계인 '진단'에서 구체적으로 살펴볼 것이다.

2. 진단

진단(diagnosis)이란 어떤 상태의 특성과 원인을 파악하는 과정으로서(이승희, 2024b) 아동이 장애를 가지고 있는가, 만약 그렇다면 그 장애의 원인은 무엇인가를 결정하게 된다(Benner, 2003; Wolery, Strain, & Bailey, 1992). 즉, 진단에서는 특정 장애의 유무와 그 장애의 원인에 대한 의사결정이 필요하다. 특정 장애의 유무에 대한 의사결정은 앞서 제1장 5절 '정서행동장애의 분류'에서 살펴본 정서행동장애의 임상적 분류(정신의학적 분류, 범주적 분류)나 교육적 분류(경험적 분류, 차원적 분류)에 따라 한 가지 또는 그 이상의 범주나 차원에 아동이 해당되는지 판단하는 것을 말한다(저자 주: 일반적으로 정서행동장애의 진단을 위해서는 임상적 분류체계인 DSM에 주로 의존하는 경향이 있음). 그리고 원인에 대한 의사결정은 앞서 제2장 '정서행동장애의 원인'에서 살펴본 다양한 위험요인(생물학적 위험요인, 심리사회적 위험요인)을 근거로 아동이 보이는 장애가 어떤 위험요인과 관련되어 있는지 판단하는 것을 말한다.

이와 같은 의사결정을 위해 진단 단계에서는 다양한 사정방법과 사정도구를 통해 정서행동장애의 특성(인지적, 학업적, 언어적, 사회적, 행동적 특성) 및 정서행동장애의 위험요인(생물학적, 심리사회적 위험요인)과 관련된 다양한 측면에 대한 포괄적 사정(comprehensive assessment)이 실시되어야 한다(Shepherd, 2010; Webber & Plotts, 2008; Wicks-Nelson & Israel, 2009). 왜냐하면 이러한 사정을 통해 수집된 자료는 진단뿐만 아니라 적부성 결정이나 중재 계획에도 필요한 정보를 제공할 수 있어야 하기 때문이다. 그러나 〈표 3-4〉에 보이듯이 우리나라의 경우 「장애인 등에 대한 특수교육법 시행규칙」에 정서행동장애를 위한 진단평가 영역으로 적응행동, 성격, 행동발달, 학습준비도가 제시되어 있어 다소 편협한 것으로 보인다. 한편 미국의 경우 「장애인교육법(IDEA 2004)」에 의해 다양한 사정도구와 전략을 사용하도록 요구되고 있는데 구체적인 내용은 주(州)에 따라 다소 차이가 있다(Webber & Plotts, 2008). 따라서 다음에서는 관련문헌을 참고하여 진단 단계의 포괄적 사정에서 일반적으로 권장되거나 실시되는 사정방법과 사정영역별 사정도구를 각각 살펴보기로 한다.

〈표 3-4〉「장애인 등에 대한 특수교육법 시행규칙」 별표

<table>
<tr><th colspan="3">특수교육대상자 선별검사 및 진단 · 평가 영역(제2조 제1항 관련)</th></tr>
<tr><th colspan="2">구분</th><th>영역</th></tr>
<tr><td colspan="2">장애 조기 발견을 위한 선별검사</td><td>1. 사회성숙도검사
2. 적응행동검사
3. 영유아발달검사</td></tr>
<tr><td rowspan="6">진단 · 평가 영역</td><td>시각장애
청각장애
지체장애</td><td>1. 기초학습기능검사
2. 시력검사
3. 시기능검사 및 촉기능검사(시각장애의 경우에 한함)
4. 청력검사(청각장애의 경우에 한함)</td></tr>
<tr><td>지적장애</td><td>1. 지능검사
2. 사회성숙도검사
3. 적응행동검사
4. 기초학습검사
5. 운동능력검사</td></tr>
<tr><td>정서 · 행동장애
자폐성장애</td><td>1. 적응행동검사
2. 성격진단검사
3. 행동발달평가
4. 학습준비도검사</td></tr>
<tr><td>의사소통장애</td><td>1. 구문검사
2. 음운검사
3. 언어발달검사</td></tr>
<tr><td>학습장애</td><td>1. 지능검사
2. 기초학습기능검사
3. 학습준비도검사
4. 시지각발달검사
5. 지각운동발달검사
6. 시각운동통합발달검사</td></tr>
</table>

비고: 특수교육대상자 선정을 위한 장애유형별 진단 · 평가 시 장애인증명서 · 장애인수첩 또는 진단서 등을 참고 자료로 활용할 수 있다.

1) 사정방법

사정방법(assessment method)이란 평가에 필요한 자료를 수집하기 위하여 사용되는 전략 또는 기법이라고 할 수 있다(Joint Committee of Standards for Educational

Evaluation, 2003). 앞서 살펴본 선별 단계에서는 사정방법이 주로 검사에 국한되는 데 비해 진단 단계에서는 포괄적 사정을 위해 다음과 같이 검사뿐만 아니라 관찰이나 면접 등의 다양한 사정방법이 사용된다.

〈표 3-5〉 검사의 유형과 유형 간 차이점

유형		유형 간 차이점
규준참조검사	그 검사를 받은 또래 아동들의 점수의 분포인 규준에 아동의 점수를 비교함으로써 또래집단 내 아동의 상대적 위치에 대한 정보를 제공하는 검사	• 피검자의 수행을 비교하는 대상 규준참조검사는 피검자의 수행을 그 검사를 받은 또래 아동들의 수행인 규준에 비교하고 준거참조검사는 사전에 설정된 숙달수준인 준거에 비교한다. • 제공하는 정보 규준참조검사는 또래집단 내 아동의 상대적 위치에 대한 정보를 제공하는 데 비해 준거참조검사는 다른 아동들의 수행과는 상관없이 특정 지식이나 기술에 있어서의 아동의 수준에 대한 정보를 제공한다. • 이용도 제공하는 정보가 다르기 때문에 규준참조검사는 일반적으로 선별, 진단, 적부성 그리고 배치와 관련된 의사결정에 유용한 데 비해 준거참조검사는 프로그램계획, 형성평가, 총괄평가에서 더 유익하게 사용될 수 있다. • 내용범위 규준참조검사는 일반적으로 광범위한 영역을 다루며 각 영역당 소수의 문항을 포함하는 데 비해 준거참조검사는 보통 좁은 영역을 다루면서 각 영역당 더 많은 수의 문항을 포함한다. • 문항의 난이도 규준참조검사에서는 매우 쉬운 문항부터 매우 어려운 문항까지 다양하게 제작하여 쉬운 문항부터 난이도순으로 배열하는 데 비해 준거참조검사에서는 문항 간 난이도가 거의 동등하다. 왜냐하면 규준참조검사는 또래집단 내 아동의 상대적 위치에 의해 아동을 변별하는 데 관심이 있으므로 피검자의 점수차가 극대화되도록 제작되지만 준거참조검사는 그 또래의 아동들에게 필요한 지식이나 기술을 피검자가 얼마나 습득하고 있는가에 관심이 있으므로 피검자의 점수차를 기대하지 않기 때문이다.
준거참조검사	사전에 설정된 숙달수준인 준거에 아동의 점수를 비교함으로써 특정 지식이나 기술에 있어서의 아동의 수준에 대한 정보를 제공하는검사	

(1) 검사

검사(test)란 점수 또는 다른 형태의 수량적 자료를 산출하기 위하여 사전에 결정된 반응유형을 요구하는 일련의 질문 또는 과제라고 할 수 있다(Salvia & Ysseldyke, 2007; Venn, 2004). 검사의 대표적인 유형으로 규준참조검사와 준거참조검사가 있는데, 규준참조검사(norm-referenced test)는 그 검사를 받은 또래 아동들의 점수의 분포인 규준(norm)에 아동의 점수를 비교함으로써 또래집단 내 아동의 상대적 위치에 대한 정보를 제공하는 검사며 준거참조검사(criterion-referenced test)는 사전에 설정된 숙달 수준인 준거(criterion)에 아동의 점수를 비교함으로써 특정 지식이나 기술에 있어서의 아동의 수준에 대한 정보를 제공하는 검사다(이승희, 2024b). 이와 같은 규준참조검사와 준거참조검사는 특수교육평가에서 가장 큰 비중을 차지하는 사정방법이라고 할 수 있는데 이승희(2024b)는 이 두 검사 간의 차이점을 〈표 3-5〉와 같이 다섯 가지 측면(피검자의 수행을 비교하는 대상, 제공하는 정보, 이용도, 내용범위, 문항의 난이도)으로 나누어 설명하였다.

(2) 관찰

관찰(observation)이란 일반적으로 일상적인 상황에서 자연스럽게 나타나는 아동

〈표 3-6〉 관찰의 유형

분류	유형	내용
관찰도구의 표준화 여부에 따른 분류	공식적 관찰	표준화된 관찰도구를 사용하는 관찰.
	비공식적 관찰	관찰자제작 관찰도구를 사용하는 관찰.
관찰절차의 구조화 여부에 따른 분류	구조적 관찰	관찰내용과 관찰도구가 사전에 결정되어 있는 관찰.
	비구조적 관찰	관찰내용과 관찰도구가 사전에 결정되어 있지 않은 관찰.
관찰실시의 직접성 여부에 따른 분류	직접적 관찰	관찰자가 중간의 매개물(예: 행동의 동영상) 없이 관찰대상의 행동을 직접 관찰하는 것.
	간접적 관찰	관찰자가 매개물(예: 행동의 동영상)을 통해 관찰대상의 행동을 관찰하는 것.
관찰자료의 형태에 따른 분류	양적 관찰	관찰을 통해서 수집된 원자료 그리고/또는 요약된 자료가 양적 자료인 관찰.
	질적 관찰	관찰을 통해서 수집된 원자료 그리고/또는 요약된 자료가 질적 자료인 관찰.

의 행동을 기술 또는 기록함으로써 특정 현상에 대한 객관적인 자료를 수집하는 방법이라고 할 수 있다(이승희, 2024b). 관찰의 유형은 문헌에 따라 다소 다양하게 분류되고 있는데 〈표 3-6〉과 같이 관찰도구의 표준화 여부, 관찰절차의 구조화 여부, 관

〈표 3-7〉 관찰의 기록방법

종류	유형	내용
서술기록	일화기록	특정한 시간이나 장소의 제한 없이 관찰자가 기록할 만한 가치가 있다고 느꼈던 어떤 짧은 내용의 사건, 즉 일화(逸話)에 대해 간략하게 서술하는 기록.
	표본기록	일정한 시간 또는 미리 정해진 활동이 끝날 때까지 사건이 발생한 순서대로 상세하게 이야기식으로 서술하는 기록(진행기록이라고도 함).
	ABC기록	관심을 두는 행동(예: 공격적 행동, 친사회적 행동)이 잘 발생할 만한 상황에서 일정한 시간 동안 관찰하면서 해당 행동이 발생할 때마다 그 행동(B: behavior)을 중심으로 행동이 발생하기 직전의 사건인 선행사건(A: antecedent)과 행동이 발생한 직후의 사건인 후속사건(C: consequence)을 시간의 흐름에 따라 사실적으로 서술하는 기록.
간격기록	전체간격기록	전체관찰시간을 일정한 간격으로 나눈 후 행동이 간격의 처음부터 끝까지 나타났을 때 해당 간격에 행동이 발생했다고 기록하는 것.
	부분간격기록	전체관찰시간을 일정한 간격으로 나눈 후 행동이 간격의 어느 한 순간에 한 번이라도 나타났을 때 해당 간격에 행동이 발생했다고 기록하는 것.
	순간간격기록	전체관찰시간을 일정한 간격으로 나눈 후 행동이 각 간격의 한 순간(예: 마지막 순간)에 나타났을 때 해당 간격에 행동이 발생했다고 기록하는 것.
사건기록	빈도기록	관찰기간 동안 행동이 발생한 횟수를 기록하는 것.
	강도기록	관찰기간 동안 행동이 발생할 때마다 행동의 강도를 기록하는 것.
	지속시간기록	관찰기간 동안 행동이 발생할 때마다 행동의 지속시간을 기록하는 것.
	지연시간기록	관찰기간 동안 행동이 발생할 때마다 행동의 지연시간을 기록하는 것.
산물기록	학업산물기록	학업적 행동을 관찰행동으로 하는 산물기록.
	비학업산물기록	비학업적 행동을 관찰행동으로 하는 산물기록.
평정기록	범주기록	연속적으로 기술된 몇 개의 질적 차이가 있는 범주 중 관찰행동을 가장 잘 나타내는 범주를 선택하여 기록하는 것.
	척도기록	행동의 정도를 몇 개의 숫자로 표시해 놓은 척도, 즉 숫자척도에 관찰행동을 가장 잘 나타내는 숫자를 선택하여 기록하는 것.
	검목표기록	일련의 행동이나 특성들의 목록, 즉 검목표(checklist)에 해당 행동이나 특성의 유무를 기록하는 것.

찰실시의 직접성 여부, 관찰자료의 형태를 근거로 분류하기도 한다(이승희, 2024b). 또한 관찰의 기록방법도 문헌에 따라 다소 다르게 분류되는데 이승희(2024b)는 〈표 3-7〉에 제시된 바와 같이 관찰의 기록방법을 서술기록, 간격기록, 사건기록, 산물기록, 평정기록의 다섯 가지 종류로 나누고 각 종류를 다시 몇 개의 유형으로 분류하여 설명하였다. 서술기록(narrative recording)이란 특정 사건이나 행동의 전모를 이야기하듯 있는 그대로 사실적으로 묘사하는 방법이고, 간격기록(interval recording)이란 관찰행동을 관찰기간 동안 일정한 간격으로 여러 회에 걸쳐 관찰하여 그 행동의 발생 여부를 기록하는 방법(시간표집 또는 시간기반기록이라고도 함)이며, 사건기록(event recording)이란 관찰기간 동안 지속적으로 관찰하여 관찰행동이 발생할 때마다 그 행동의 어떤 차원을 기록하는 방법(사건표집 또는 사건기반기록이라고도 함)이고, 산물기록(product recording)이란 행동이 낳은 산물(産物)의 개수(number)를 세어 행동발생의 추정치를 기록하는 방법이며, 평정기록(rating recording)이란 관찰행동을 관찰한 후 사전에 준비된 평정수단(범주, 척도, 또는 검목표)을 사용하여 행동의 양상, 정도, 또는 유무를 판단해 기록하는 방법이다. 관찰의 유형과 기록방법에 대한 구체적인 내용은 관련문헌(예: 이승희, 2021b, 2024b)을 참고하기 바란다.

(3) 면접

면접(interview)이란 면접자(interviewer)와 피면접자(interviewee) 간의 면대면 대화를 통해 일련의 질문에 대한 반응을 기록함으로써 자료를 수집하는 방법이라고 할 수 있다(Pierangelo & Giuliani, 2006). 면접의 유형은 문헌에 따라 다소 다르게 분류되기도 하는데 〈표 3-8〉에 제시된 바와 같이 면접도구의 표준화 여부, 면접진행의 구조화정도, 피면접자를 근거로 분류하기도 한다(이승희, 2024b). 면접의 각 유형에 대한 구체적인 내용은 관련문헌(예: 이승희, 2024b)을 참고하기 바란다.

(4) 투사법

투사법(projective technique)은 방어기제의 하나인 투사(projection)에서 파생된 기법으로서(Wicks-Nelson & Israel, 2009) 모호한 자극(예: 잉크반점, 상황/사람들 그림, 미완성 문장)을 제시하고 그에 대한 아동의 반응을 내적 느낌과 갈등의 투사로 해석하는 절차를 말한다(Webber & Plotts, 2008). 즉, 투사법은 모호한 자극에 대한 아동의 반응에는 자아가 수용할 수 없기 때문에 직접적으로 표현할 수 없는 무의식적 생

〈표 3-8〉 면접의 유형

분류	유형	내용
면접도구의 표준화 여부에 따른 분류	공식적 면접	표준화된 면접도구를 사용하는 면접.
	비공식적 면접	면접자제작 면접도구를 사용하는 면접.
면접진행의 구조화정도에 따른 분류	구조화면접	미리 준비된 질문목록 순서에 따라 정확하게 질문해 나가는 것.
	반구조화면접	미리 준비된 질문목록을 사용하되 응답내용에 따라 필요한 추가질문을 하거나 질문순서를 바꾸기도 하면서 질문해 나가는 것.
	비구조화면접	특정한 지침 없이 면접자가 많은 재량을 가지고 융통성 있게 질문해 나가는 것.
피면접자에 따른 분류	아동면접	아동과 관련하여 아동 자신을 대상으로 실시하는 면접.
	부모면접	아동과 관련하여 부모를 대상으로 실시하는 면접.
	교사면접	아동과 관련하여 교사를 대상으로 실시하는 면접.

각이나 감정이 반영되어 있다고 가정하는데(Wicks-Nelson & Israel, 2009) 반드시 임상심리가와 같은 훈련된 전문가에 의해 실시되어야 한다(Webber & Plotts, 2008). 투사법의 예로는 「Rorschach 잉크반점검사(Rorschach Inkblot Test)」(Rorschach, 1921), 「주제통각검사(Thematic Apperception Test: TAT)」(Murray, 1943), 「아동용 통각검사(Children's Apperception Test: CAT)」(Bellak & Bellak, 1949), 「Roberts 아동용 통각검사(Roberts Apperception Test for Children: RATC)」(McArthur & Roberts, 1982), 「인물화 기법(Human Figure Drawing technique)」(Koppitz, 1984), 「집-나무-사람 기법(House-Tree-Person technique)」(Buck, 1992), 「동적가족화 기법(Kinetic Family Drawing technique)」(Burns & Kaufman, 1987), 「문장완성법(sentence completion technique)」 등이 있는데 이 가운데 교육현장에서 거의 사용되지 않는 「Rorschach 잉크반점검사」를 제외한 나머지 예들을 제시되는 자극의 유형(주제, 그림, 문장)에 따라 분류해 보면 〈표 3-9〉와 같다. 이와 같은 투사법은 한때 아동의 심리평가에서 가장 보편적으로 사용되었으나 타당도 및 신뢰도 측면에 대한 계속된 논란 때문에 오늘날에는 덜 사용되는 경향이 있다(Anastasi & Urbina, 1997). 따라서 McConaughy와 Ritter(2002)는 투사법을 정서행동장애 판별을 위한 일차적 또는 유일한 자료원으로는 사용하지 말 것을 권장하고 있으며

〈표 3-9〉 투사법의 유형

유형	예	내용
주제	• 주제통각검사(TAT) (Murray, 1943) • 아동용 통각검사(CAT) (Bellak & Bellak, 1949) • Roberts 아동용 통각검사(RATC) (McArthur & Roberts, 1982)	모호한 인물 또는 상황에 대한 일련의 사진이나 그림을 제시한 뒤 각 사진이나 그림에 대한 이야기를 만들어 말하도록 한다. TAT는 성인들이 등장하는 사진을 사용하는 기법으로서 청소년과 성인에게 실시되도록 개발되었고, CAT는 동물들이 구성원으로 등장하는 그림을 사용하여 3~10세 아동들을 대상으로 실시되도록 개발되었으며, RATC는 대인관계와 가족 장면이 묘사된 그림을 사용하여 6~18세 아동 및 청소년들을 대상으로 실시하도록 개발되었다.
그림	• 인물화 기법 (Koppitz, 1984) • 집-나무-사람 기법 (Buck, 1992) • 동적가족화 기법 (Burns & Kaufman, 1987)	먼저 그림을 그리게 한 후 그 그림에 대해 질문을 한다. 인물화 기법은 한 사람을 그리게 한 뒤 그 사람과 반대 성을 가진 사람을 그리게 하고, 집-나무-사람 기법은 집과 나무, 사람을 그리게 하며, 동적가족화 기법은 자신을 포함하여 가족의 모든 구성원이 무엇인가를 하고 있는 그림을 그리도록 한다.
문장	• 문장완성법	미완성 문장들(예: '나는 ________ 때 가장 행복하다.')을 제시한 후 이 문장들을 완성하도록 한다. 문장완성법은 단어연상기법(word association technique: WAT)의 확장형이라고 할 수 있는데, 많은 관련전문가는 상업적으로 출판된 문장완성도구를 사용하기보다는 비공식적으로 자신이 개발하여 사용하는 경향이 있다.

Cullinan(2007)은 투사법을 하나의 사정방법으로 보기보다는 구조화정도가 낮은 면접에서 사용되는 임상도구로 간주하기도 한다.

2) 사정영역 및 사정도구

앞서 언급된 바와 같이 정서행동장애의 진단 단계에서는 다양한 측면에 대한 포괄적 사정이 필요한데, 이러한 측면에 포함되어야 할 것으로 권장되는 영역들(의학적 상태, 발달력, 성격, 행동적 특성, 사회성기술, 지적 기능, 학업적 기능)과 각 영역에 대한 사정도구들을 살펴보면 다음과 같다.

(1) 의학적 상태

정서행동발달에 악영향을 미칠 수 있는 의학적 상태(medical conditions), 특히 뇌장애(뇌손상이나 뇌기능장애)의 가능성에 대해 세심한 주의를 기울일 필요가 있다 (Cullinan, 2007; Eisler, 2002; Lewis & King, 2002; Schroeder & Gordon, 2002). 뇌장애

〈표 3-10〉 뇌의 구조와 기능에 대한 신경학적 사정

구분	기법	내용
신경생리학적 기법	뇌파도 (electroencephalograph: EEG)	두피에 붙인 전극을 통하여 그 부위의 대뇌피질의 신경세포에서 나오는 전기적 활동을 직접적으로 측정하는 기법(김재원, 최지욱, 2012)
	사건관련 전위 (event-related potential: ERP)	일정한 감각자극(시각, 청각, 신체감각 등)에 대한 특정한 뇌파 반응을 컴퓨터로 평균화하여 표시하는 기법(김재원, 최지욱, 2012)
뇌영상 기법	자기공명영상 (magnetic resonance imaging: MRI)	강력한 자기장하에서 수소핵의 자기공명 현상을 이용하여 실제 뇌의 해부학적 모습에 가까운 뇌영상을 얻는 기법(김재원, 최지욱, 2012)
	기능적 자기공명영상 (functional MRI: fMRI)	감각, 동작, 혹은 인지수행 등에 의한 신경세포 활성화에 따른 국소 대사 및 혈역학적 변화를 뇌 자기공명영상 상의 신호 강도 차이로 변환시켜 영상화하는 기법(김재원, 최지욱, 2012)
	전산화 단층촬영 (computerized tomography: CT)	서로 대칭적으로 위치한 X-ray 관구와 검출기가 횡단 또는 회전운동을 하면서 수많은 방향에서 투과된 X-ray 양을 측정한 뒤 컴퓨터로 재구성하여 단면 영상을 생성하는 기법(김재원, 최지욱, 2012)
	양전자방출 단층촬영 (positron emission tomography: PET)	소량의 방사능 물질을 인체에 주입한 후 한 쌍의 광자(photons)가 방출하는 2개의 감마선을 180도 방향에서 동시에 탐지한 뒤 컴퓨터로 재구성하여 영상화하는 기법(김재원, 최지욱, 2012)

의 가능성이 의심될 경우 뇌의 구조와 기능을 직접적으로 평가하는 신경학적 사정(neurological assessment)이 〈표 3-10〉에 제시되어 있는 다양한 기법을 통해 실시되기도 한다(김재원, 최지욱, 2012; Wicks-Nelson & Israel, 2009).

(2) 발달력

발달력(developmental history)에 대한 정보는 보통 부모나 다른 양육자와의 면접을 통해 얻는다. 발달력에는 일반적으로 의학, 발달, 학교, 가족, 사회성 등의 영역이 포함되는데 각 영역별로 다음과 같은 요소에 있어서의 내력 또는 현황에 대한 정보가 수집된다(Webber & Plotts, 2008).

- 의학: 출산내력, 임신합병증, 질병, 뇌손상, 입원
- 발달: 운동 및 언어발달, 정서적 애착, 섭식 및 수면 습관, 배변훈련
- 학교: 출석, 성적, 전학
- 가족: 확대가족을 포함한 가족구성원의 정신의학적 또는 유전적 장애, 별거 · 이혼 · 사망 · 기타 적응에 영향을 미치는 가족 스트레스원(family stressors), 행동관리전략
- 사회성: 또래관계, 가족관계, 교사 및 다른 성인들과의 상호작용

(3) 성격

성격(personality)이란 매우 다양한 상황에 걸쳐 일관적인 방식으로 행동하고 느끼며 생각하는 개인의 지속적인 성향을 말한다. 성격에 대한 사정은 일반적으로 앞서 〈표 3-9〉에 제시된 바와 같은 투사법 또는 검사를 통해 실시되는데(Cullinan, 2007) 이러한 검사에서 사용되는 사정도구들을 살펴보면 다음과 같다.

① 청소년 성격평가질문지(증보판)

「청소년 성격평가질문지(증보판)(Personality Assessment Inventory for Adolescent: PAI-A)(증보판)」는 황순택 등(2019)이 미국의 Personality Assessment Inventory-Adolescent(PAI-A)(Morey, 2007)를 한국의 청소년들을 대상으로 표준화한 것이다. 앞서 김영환 등(2006)이 성인용으로 개발된 미국의 Personality Assessment Inventory(PAI)(Morey, 1991)를 근거로 청소년 성격평가 질문지(Adolescent Personality

〈표 3-11〉 PAI-A(증보판)의 구성내용(일반형)

척도			하위척도	문항수		총 문항수
타당성 척도	1	비일관성(ICN)	–	–	10[1]	264
	2	저빈도(INF)	–	–	8	
	3	부정적 인상(NIM)	–	–	8	
	4	긍정적 인상(PIM)	–	–	8	
임상 척도	5	신체적 호소(SOM)	전환(SOM-C)	6	18	
			신체화(SOM-S)	6		
			건강염려(SOM-H)	6		
	6	불안(ANX)	인지적(ANX-C)	6	18	
			정서적(ANX-A)	6		
			신체생리적(ANX-P)	6		
	7	불안관련 장애(ARD)	강박장애(ARD-O)	6	18	
			공포증(ARD-P)	6		
			외상적 스트레스(ARD-T)	6		
	8	우울(DEP)	인지적(DEP-C)	6	18	
			정서적(DEP-A)	6		
			신체생리적(DEP-P)	6		
	9	조증(MAN)	활동수준(MAN-A)	6	18	
			과대성(MAN-G)	6		
			초조성(MAN-I)	6		
	10	망상(PAR)	과경계(PAR-H)	6	18	
			피해망상(PAR-P)	6		
			원한(PAR-R)	6		
	11	조현병(SCZ)	정신병적 경험(SCZ-P)	6	18	
			사회적 위축(SCZ-S)	6		
			사고장애(SCZ-T)	6		
	12	경계선적 특징(BOR)	정서적 불안정성(BOR-A)	5	20	
			정체감문제(BOR-I)	5		
			부정적 관계(BOR-N)	5		
			자기손상(BOR-S)	5		

〈표 3-11〉 계속됨

척도			하위척도	문항수		총 문항수
	13	반사회적 특징(ANT)	반사회적 행동(ANT-A)	6	18	
			자기중심성(ANT-E)	6		
			자극추구(ANT-S)	6		
	14	알코올문제(ALC)	–	–	8	
	15	약물문제(DRG)	–	–	8	
치료고려 척도	16	공격성(AGG)	공격적 태도(AGG-A)	6	18	
			언어적 공격(AGG-V)	6		
			신체적 공격(AGG-P)	6		
	17	자살관념(SUI)	–	–	8	
	18	스트레스(STR)	–	–	6	
	19	비지지(NON)	–	–	6	
	20	치료거부(RXR)	–	–	6	
대인관계 척도	21	지배성(DOM)	–	–	8	
	22	온정성(WRM)	–	–	8	

[1] 비일관성(ICN)은 별도의 문항들이 있는 것이 아니라 정적 또는 부적 상관이 높은 10개의 문항쌍으로부터 점수를 산출하므로 총 문항수에는 포함되지 않음.

Assessment Inventory: PAI–A)를 제작한 바 있는데, PAI–A(증보판)은 그 후속이라고 할 수 있다. PAI–A(증보판)를 목적 및 대상, 구성, 실시, 결과로 나누어 간단히 소개하면 다음과 같다.

- 목적 및 대상: PAI–A(증보판)는 12~18세 청소년들을 대상으로 다양한 정신병리를 측정하기 위한 검사다. 즉, 일반 성격 영역에 대한 광범위한 평가를 위한 검사는 아니며 임상적 진단이나 정신병리의 선별과 관련 있는 정보를 제공하도록 설계되었다.
- 구성: PAI–A(증보판)는 〈표 3–11〉에 보이듯이 264개 문항으로 이루어져 있고 22개 척도(타당성척도 4개, 임상척도 11개, 치료고려척도 5개, 대인관계척도 2개)로 구성되어 있다. 22개 척도 중 10개 척도는 복잡한 임상적 구성개념을 보다 전반적이고 심도 있게 평가하기 위해 개념적으로 도출한 3~4개의 하위척도를 포함하

고 있다. 〈표 3-11〉에 제시된 일반형과 더불어 136개 문항으로 이루어진 단축형도 개발되어 있다. 단, 단축형은 일반형에 비해 신뢰도가 낮고 측정의 표준오차가 커지기 때문에 정확한 해석에 어려움이 있으므로 불가피한 경우(예: 피검자가 비협조적일 경우)를 제외하고는 사용하지 않는 것이 바람직하다.

- 실시: PAI-A(증보판)는 자기보고형 질문지로서 청소년 자신이 평정하도록 되어 있다. 따라서 실시하기 전에 피검자가 검사의 지시와 문항을 제대로 이해할 수 있는지를 확인하는 것이 중요하다. 대부분의 청소년이 264개 문항으로 구성된 일반형을 완성하는 데 소요되는 시간은 약 40~50분 정도다.
- 결과: PAI-A(증보판)의 일반형에서는 22개 척도 및 하위척도별로 *T*점수와 백분위점수를 제공하고 단축형에서는 22개 척도별로 *T*점수를 제공한다.

② 한국 아동 · 청소년 인성평정척도-교사평정용

「한국 아동 · 청소년 인성평정척도-교사평정용(Korean Personality Rating for Children and Adolescents-Teacher Report: KPRC-T)」은 홍상황, 김지혜, 등(2009)이 부모평정용으로 개발된 한국아동인성평정척도(Korean Personality Rating Scale for Children: KPRC)(김지혜, 조선미, 홍창희, 황순택, 2005)를 교사들이 평정할 수 있도록 수정하여 개발한 도구다. KPRC-T를 목적 및 대상, 구성, 실시, 결과로 나누어 간단히 소개하면 다음과 같다.

- 목적 및 대상: KPRC-T는 초등학교 1~6학년 학생들을 대상으로 성격과 적응력을 평가하기 위한 도구다[저자주: 대상의 연령을 고려할 때 본 검사도구의 명칭은 '한국 아동 인성평정척도-교사평정용(Korean Personality Rating for Children-Teacher Report: KPRC-T)'이 더 적절할 것으로 보임].
- 구성: KPRC-T는 13개 척도(타당도척도 2개, 자아탄력성척도 1개, 임상척도 10개)로 구성되어 있다. 또한 표준형과 더불어 단축형도 개발되어 있다. 〈표 3-12〉는 KPRC-T의 구성내용을 요약하여 제시하고 있다.
- 실시: KPRC-T는 교사평정용 도구로서 초등학생을 대상으로 30일 이상 담임을 맡은 교사가 평정하도록 되어 있다.
- 결과: KPRC-T는 표준형과 단축형 모두에서 13개 척도별로 *T*점수와 백분위점수를 제공한다. 1개의 자아탄력성척도에서는 *T*점수 30 이하인 경우 자아탄력성

〈표 3-12〉 KPRC-T의 구성내용

척도			측정영역	문항수[1]	
				표준형	단축형
타당도척도	1	ICN척도	검사-재검사 신뢰도	20	10
	2	F척도	증상의 과장이나 무선반응	15	8
자아탄력성척도	3	ERS척도	자아탄력성	19	7
임상척도	4	VDL척도	언어발달	10	5
	5	PDL척도	운동발달	11	5
	6	ANX척도	불안, 긴장, 걱정	15	7
	7	DEP척도	우울, 자신감결여	14	7
	8	SOM척도	신체화 경향성	15	8
	9	DLQ척도	비행, 품행장애	13	6
	10	HPR척도	주의력결핍, 과잉행동	19	9
	11	FAM척도	가정불화, 부모-자녀관계	18	10
	12	SOC척도	사회적	13	6
	13	PSY척도	현실접촉의 어려움, 정신증 증상	18	9

[1] 척도 간 문항중복이 있으며 실제 총 문항수는 표준형의 경우 152문항, 단축형은 81문항임.

이 낮은 것으로 해석되고, 10개의 임상척도에서는 *T*점수 65 이상인 경우 임상적으로 주목할 필요가 있는 것으로 해석된다. 참고로 인싸이트(www.inpsyt.co.kr)에서 제공하는 결과지에 따르면 *T*점수 30 이하는 '낮음', 31에서 69까지는 '중간', 70 이상은 '높음'으로 수준을 분류하고 있다. 이처럼 임상척도에서는 현재 심리적으로 문제가 되는 주요영역을 알아보고, 자아탄력성척도에서는 심리적 문제에 대처할 수 있는 적응잠재력을 평가한다.

③ 한국 아동 · 청소년 인성평정척도-자기보고용

「한국 아동 · 청소년 인성평정척도-자기보고용(Korean Personality Rating for Children and Adolescents-Self Report: KPRC-S)」은 황순택 등(2020)이 부모평정용으로 개발된 한국아동인성평정척도(Korean Personality Rating Scale for Children: KPRC)(김지혜 외, 2005)를 아동 · 청소년 자신들이 평정할 수 있도록 수정하여 개발한 도구다. KPRC-S를 목적 및 대상, 구성, 실시, 결과로 나누어 간단히 소개하면 다음과 같다.

- 목적 및 대상: KPRC-S는 초등학교 고학년(4~6학년) 학생과 중 · 고등학교 학생을 대상으로 성격과 적응력을 평가하기 위한 도구다.
- 구성: KPRC-S는 '초등 고학년용'과 '청소년용'으로 나누어져 있는데, 둘 다 14개 척도(타당도척도 3개, 자아탄력성척도 1개, 임상척도 10개)로 구성되어 있다. 또한 초등 고학년용과 청소년용 모두 표준형과 더불어 단축형이 개발되어 있다. 〈표 3-13〉은 KPRC-S의 구성내용을 요약하여 제시하고 있다.
- 실시: KPRC-S는 자기보고용 도구로서 아동이나 청소년이 각 문항을 읽고 그 문항이 자신에게 해당되는 정도에 따라 '전혀 아니다'(0), '약간 그렇다'(1), '대체로 그렇다'(2), '매우 그렇다'(3) 중 하나에 답하도록 되어 있다.
- 결과: KPRC-S는 표준형과 단축형 모두에서 14개 척도별로 *T*점수와 백분위점수를 제공한다. 1개의 자아탄력성척도에서는 *T*점수 30 이하인 경우 자아탄력성이 낮은 것으로 해석되고, 10개의 임상척도에서는 *T*점수 65 이상인 경우 임상적

〈표 3-13〉 KPRC-S의 구성내용

척도			측정영역	문항수	
				표준형	단축형
타당도 척도	1	비일관성척도(ICN)	검사-재검사 신뢰도	20	10
	2	허위척도(L)	긍정왜곡	15	6
	3	저빈도척도(F)	증상의 과장이나 무선반응	15	6
자아탄력성 척도	4	자아탄력성척도(ERS)	자아탄력성	19	9
임상 척도	5	언어발달지연척도(VDL)	언어발달지연	10	6
	6	운동발달지연척도(PDL)	운동발달지연	11	5
	7	불안척도(ANX)	불안, 긴장, 걱정	15	7
	8	우울척도(DEP)	우울, 자신감결여	14	7
	9	신체화문제척도(SOM)	신체화 경향성	15	7
	10	비행척도(DLQ)	비행, 품행장애	13	8
	11	과잉행동척도(HPR)	주의력결핍, 과잉행동	19	9
	12	가족관계문제척도(FAM)	가정불화, 부모-자녀관계	18	8
	13	사회관계문제척도(SOC)	사회적 관계의 어려움	13	7
	14	정신증척도(PSY)	현실접촉의 어려움, 정신증 증상	18	9

으로 주목할 필요가 있는 것으로 해석된다. 참고로 인싸이트(www.inpsyt.co.kr)에서 제공하는 결과지에 따르면 *T*점수 30 이하는 '낮음', 31에서 69까지는 '중간', 70 이상은 '높음'으로 수준을 분류하고 있다. 이처럼 임상척도에서는 현재 심리적으로 문제가 되는 주요영역을 알아보고, 자아탄력성척도에서는 심리적 문제에 대처할 수 있는 적응잠재력을 평가한다.

(4) 행동적 특성

진단에 의뢰된 근본적 이유가 정서행동문제이므로 행동적 특성(behavioral characteristics)에 대한 사정은 특히 철저하게 실시되어야 한다. 행동적 특성에 대한 사정은 관찰과 면접뿐만 아니라 검사 등 다양한 사정방법을 통해 실시되는데, 이러한 검사에는 앞서 제1장 5절 '정서행동장애의 분류'에서 살펴본 다양한 정서행동장애 유형을 전반적으로 평정하는 검사(예: 「한국판 아동 · 청소년 행동평가척도」, 「한국판 유아행동평가척도」, 「한국판 정서-행동 평가시스템(3판)」)와 특정 유형의 정서행동장애를 평정하는 검사(예: 「한국어판 아동우울척도-2판」, 「한국어판 아동불안척도-2판」, 「한국판 ADHD 평가척도」)가 있다. 일반적으로 전자를 실시한 후 상세한 사정이 필요한 특정 유형(들)에 대해 추가적으로 후자를 실시한다. 다음에서는 전자에 해당하는 사정도구들을 살펴보고자 하는데 후자에 해당하는 사정도구들은 이 책 제3부 '정서행동장애의 유형'에서 살펴볼 것이다.

① 한국판 아동 · 청소년 행동평가척도

「한국판 아동 · 청소년 행동평가척도(Korean ASEBA School-Age Forms: K-ASEBA)」는 오경자와 김영아(2011)가 미국의 ASEBA 학령기용(Achenbach & Rescorla, 2001)을 한국의 아동과 청소년을 대상으로 표준화한 것이다. K-ASEBA에는 부모용인 K-CBCL(Korean Child Behavior Checklist), 교사용인 K-TRF(Korean Teacher's Report Form), 자기보고용인 K-YSR(Korean Youth Self-Report)이 포함되어 있는데 K-CBCL, K-TRF, K-YSR은 앞서 제1장 5절 '정서행동장애의 분류'에서 언급되었던 정서행동장애의 교육적 분류(경험적 분류, 차원적 분류)에 따라 정서행동문제의 차원을 사정하도록 고안되어 있다. K-ASEBA를 목적 및 대상, 구성, 실시, 결과로 나누어 간단히 소개하면 다음과 같다.

- 목적 및 대상: K-ASEBA는 아동과 청소년들을 대상으로 정서행동문제를 평가하기 위한 도구다. 부모용인 K-CBCL은 6~18세(초 · 중 · 고등학생) 아동이나 청소년의 문제행동을 부모가 평정하는 것이고, 교사용인 K-TRF는 6~18세(초 · 중 · 고등학생) 아동이나 청소년의 문제행동을 교사가 평정하는 것이며, 자기보고용인 K-YSR은 11~18세(중 · 고등학생) 청소년이 자신의 문제행동을 스스로 평정하는 것이다.
- 구성: K-CBCL, K-TRF, K-YSR 모두 적응척도와 문제행동척도의 2개 척도로 나누어져 있고 이 중 문제행동척도는 증후군척도, DSM진단척도, 문제행동특수척도의 3개 척도로 구성되어 있는데, 증후군척도는 K-CBCL, K-TRF, K-YSR 모두에서 12개 하위척도로 동일하게 구성되어 있다. 〈표 3-14〉는 K-ASEBA 증후군척도의 구성내용을 요약하여 제시하고 있다.
- 실시: K-CBCL과 K-YSR은 지난 6개월 내에 그리고 K-TRF는 지난 2개월 내에 아동과 청소년이 각 문항에 서술된 행동을 보였는지 판단하여 부모, 자기 자신,

〈표 3-14〉 K-ASEBA 증후군척도의 구성내용

척도	하위척도		문항수			결과(*T*점수) 해석		
			K-CBCL	K-TRF	K-YSR	정상범위	준임상범위	임상범위
증후군척도	①	불안/우울	13	16	13			
	②	위축/우울	8	8	8			
	③	신체증상	11	9	10			
	④	사회적 미성숙	11	11	11			
	⑤	사고문제	15	10	12	64*T* 이하	65*T*~69*T*	70*T* 이상
	⑥	주의집중문제	10	26	9			
	⑦	규칙위반	17	12	15			
	⑧	공격행동	18	20	17			
	⑨	기타문제	17	8	10			
	⑩	내재화[1]	32	33	31			
	⑪	외현화[2]	35	32	32	59*T* 이하	60*T*~63*T*	64*T* 이상
	⑫	총문제행동[3]	120	120	105			

1) ⑩: ①불안/우울+②위축/우울+③신체증상.

2) ⑪: ⑦규칙위반+⑧공격행동.

3) ⑫: ⑩내재화+⑪외현화+④사회적 미성숙+⑤사고문제+⑥주의집중문제+⑨기타문제.

교사가 각각 평정하도록 되어 있다.

- 결과: K–CBCL, K–TRF, K–YSR 모두 12개 증후군척도별로 백분위점수와 *T*점수를 제공한다. 12개 증후군척도의 *T*점수는 〈표 3–14〉에 제시된 바와 같이 정상범위, 준임상범위, 또는 임상범위로 해석된다.

② 한국판 유아행동평가척도

앞서 살펴본 K–CBCL이 학령기용이라면 「한국판 유아행동평가척도(K–CBCL 1.5-5)」는 유아용인데 오경자와 김영아(2009)가 미국의 「Child Behavior Checklist for ages 1.5-5(CBCL 1.5-5)」(Achenbach & Rescorla, 2000)를 한국의 유아들을 대상으로 표준화한 것이다. K–CBCL 1.5-5를 목적 및 대상, 구성, 실시, 결과로 나누어 간단히 소개하면 다음과 같다.

- 목적 및 대상: K–CBCL 1.5-5는 유아들을 대상으로 문제행동을 평가하기 위한 도구다. 미국의 CBCL 1.5-5는 18개월부터 5세까지의 유아를 대상으로 하지만

〈표 3–15〉 K–CBCL 1.5–5 문제행동증후군척도의 구성내용

<table>
<tr><th rowspan="2">척도</th><th rowspan="2" colspan="2">하위척도</th><th rowspan="2">문항수</th><th colspan="3">결과(T점수) 해석</th></tr>
<tr><th>정상범위</th><th>준임상범위</th><th>임상범위</th></tr>
<tr><td rowspan="11">문제행동증후군척도</td><td>①</td><td>정서적 반응성</td><td>9</td><td rowspan="8">64T 이하</td><td rowspan="8">65T~69T</td><td rowspan="8">70T 이상</td></tr>
<tr><td>②</td><td>불안/우울</td><td>8</td></tr>
<tr><td>③</td><td>신체증상</td><td>11</td></tr>
<tr><td>④</td><td>위축</td><td>8</td></tr>
<tr><td>⑤</td><td>주의집중문제</td><td>5</td></tr>
<tr><td>⑥</td><td>공격행동</td><td>19</td></tr>
<tr><td>⑦</td><td>수면문제</td><td>7</td></tr>
<tr><td>⑧</td><td>기타문제</td><td>33</td></tr>
<tr><td>⑨</td><td>내재화[1]</td><td>36</td><td rowspan="3">59T 이하</td><td rowspan="3">60T~63T</td><td rowspan="3">64T 이상</td></tr>
<tr><td>⑩</td><td>외현화[2]</td><td>24</td></tr>
<tr><td>⑪</td><td>총문제행동[3]</td><td>100</td></tr>
</table>

1) ⑨: ①정서적 반응성+②불안/우울+③신체증상+④위축.

2) ⑩: ⑤주의집중문제+⑥공격행동.

3) ⑪: ⑨내재화+⑩외현화+⑦수면문제+⑧기타문제.

우리나라의 경우 초등학교 취학연령이 다소 늦으므로 K-CBCL 1.5-5는 6세 미취학 아동에게도 적용할 수 있도록 조정되었다.

- 구성: K-CBCL 1.5-5는 행동평가척도와 언어발달척도의 2개 척도로 나누어져 있는데, 행동평가척도는 문제행동증후군척도와 DSM방식척도로 구성되어 있고 언어발달척도는 어휘력척도와 문장길이척도로 구성되어 있다. 이 가운데 문제행동증후군척도는 11개 하위척도로 구성되어 있으며 〈표 3-15〉는 그 구성내용을 요약하여 제시하고 있다.
- 실시: K-CBCL 1.5-5는 지난 2개월 내에 유아가 각 문항에 서술된 행동을 보였는지 판단하여 부모가 평정하도록 되어 있다.
- 결과: K-CBCL 1.5-5는 11개 문제행동증후군척도별로 백분위점수와 *T*점수를 제공한다. 11개 문제행동증후군척도의 *T*점수는 〈표 3-15〉에 제시된 바와 같이 정상범위, 준임상범위, 또는 임상범위로 해석된다.

③ 한국판 정서-행동 평가시스템(3판)

「한국판 정서-행동 평가시스템(3판)(Korean Behavior Assessment System for Children-Third Edition: K · BASC-3)」은 안명희(2024)가 미국의 「Behavior Assessment System for Children-Third Edition(BASC-3)」(Reynolds & Kamphaus, 2015)을 한국에서 표준화한 것이다. K · BASC-3는 교사보고형(Teacher Rating Scale: TRS), 부모보고형(Parent Rating Scale: PRS), 자기보고형(Self-Report of Personality: SRP)으로 나누어져 있고 각 유형은 연령대에 따른 3개 검사로 구성되어 있어서 총 9개 검사를 포함하고 있다. 이 9개 검사는 보고자 유형과 연령대에 따른 차이는 다소 있으나 문제행동 및 적응적 행동과 관련된 종합척도(종합척도는 주요 소척도로 구성됨), 내용 소척도, 타당도 지표, 주요 문항, DSM-5 진단적 고려사항 등의 척도 및 지표로 구성되어 있다. 또한 9개 검사별로 일반인(교사, 부모, 학생 등)을 위한 '일반 결과보고서'와 전문가를 위한 '전문가용 상세보고서'를 제공하는데, 일반 결과보고서가 문제행동 및 적응적 행동과 관련된 종합척도와 소척도에 대한 점수와 해석을 제공하는 데 비해 전문가용 상세보고서는 문제행동 및 적응적 행동과 관련된 종합척도와 소척도에 대한 점수와 해석 외에 내용 소척도, 타당도 지표, 주요 문항, DSM-5 진단적 고려사항 등에 대한 결과도 제공한다. 다음에서는 일반 결과보고서에 제시되는 문제행동과 관련된 종합척도와 소척도를 중심으로 K · BASC-3의 목적 및 대상, 구성, 실시, 결과에 대해 간단

〈표 3-16〉 K · BASC-3의 9개 검사별 문제행동 종합척도와 소척도

구분		문항수	종합척도					
			외현화 문제 행동	내면화 문제 행동	주의력 결핍/ 과잉행동	학교문제	행동증상 지표	정서증상 지표
교사보고형	유아용 (2~5세)	105	-과잉행동 -공격성	-불안 -우울 -신체화	-	-	-과잉행동 -공격성 -우울 -비정형성 -사회적 철회 -주의집중문제	-
	아동용 (6~11세)	156	-과잉행동 -공격성 -품행문제	-불안 -우울 -신체화	-	-주의집중 문제 -학습문제	-과잉행동 -공격성 -우울 -비정형성 -사회적 철회 -주의집중문제	-
	청소년용 (12~21세)	165	-과잉행동 -공격성 -품행문제	-불안 -우울 -신체화	-	-주의집중 문제 -학습문제	-과잉행동 -공격성 -우울 -비정형성 -사회적 철회 -주의집중문제	-
부모보고형	유아용 (2~5세)	139	-과잉행동 -공격성	-불안 -우울 -신체화	-	-	-과잉행동 -공격성 -우울 -비정형성 -사회적 철회 -주의집중문제	-
	아동용 (6~11세)	175	-과잉행동 -공격성 -품행문제	-불안 -우울 -신체화	-	-	-과잉행동 -공격성 -우울 -비정형성 -사회적 철회 -주의집중문제	-
	청소년용 (12~21세)	173	-과잉행동 -공격성 -품행문제	-불안 -우울 -신체화	-	-	-과잉행동 -공격성 -우울 -비정형성 -사회적 철회 -주의집중문제	-

〈표 3-16〉 **계속됨**

구분		문항수	종합척도					
			외현화 문제 행동	내면화 문제 행동	주의력 결핍/ 과잉행동	학교문제	행동증상 지표	정서증상 지표
자기보고형	초등용 (8~11세)	137	–	–비정형성 –통제소재 –사회적 스트레스 –불안 –우울 –부적절감	–주의집중 문제 –과잉행동	–학교에 대한 태도 –교사에 대한 태도	–	–사회적 스트레스 –불안 –우울 –부적절감 –자긍심 –자아신뢰감
	청소년용 (12~21세)	189	–	–비정형성 –통제소재 –사회적 스트레스 –불안 –우울 –부적절감 –신체화	–주의집중 문제 –과잉행동	–학교에 대한 태도 –교사에 대한 태도 –감각추구	–	–사회적 스트레스 –불안 –우울 –부적절감 –자긍심 –자아신뢰감
	대학생용[1] (18~25세)	192	–	–비정형성 –통제소재 –사회적 스트레스 –불안 –우울 –부적절감 –신체화	–주의집중 문제 –과잉행동	–	–	–사회적 스트레스 –불안 –우울 –부적절감 –자긍심 –자아신뢰감

척도	결과(*T*점수) 해석		
	허용수준	준임상수준	임상수준
종합척도 소척도	59*T* 이하	60*T*~69*T*	70*T* 이상

[1] 자기보고형–대학생용에는 종합척도에 '기타'가 추가되어 4개의 종합척도(내면화 문제행동, 주의력결핍/과잉행동, 정서증상지표, 기타)로 구성되어 있다. '기타'에는 3개의 소척도(감각추구, 알코올 남용, 학교 부적응)가 포함되어 있다.

히 소개하기로 한다.

- 목적 및 대상: K · BASC–3는 2세에서 25세 사이의 유아, 아동, 청소년, 및 대학생을 위한 다면적 심리검사로서 문제행동을 평가할 수 있는 도구다.
- 구성: K · BASC–3는 보고자 유형에 따라 교사보고형, 부모보고형, 자기보고형

의 세 가지 검사로 나누어져 있고 각 유형은 연령대에 따른 3개 검사로 구성되어 있다. 즉, 교사보고형과 부모보고형은 각각 유아용, 아동용, 청소년용으로 구성되어 있고 자기보고형은 초등용, 청소년용, 대학생용으로 구성되어 총 9개 검사가 포함되어 있다. 9개 각 검사는 문제행동과 관련하여 2~7개의 소척도가 포함된 3~4개의 종합척도로 구성되어 있다. 9개 검사별로 문제행동과 관련된 종합척도 및 소척도를 요약하여 제시하면 〈표 3-16〉과 같다.

- 실시: 교사보고형과 부모보고형은 각 문항에 대해 4점 척도("전혀 그렇지 않다" 1, "가끔 그렇다" 2, "자주 그렇다" 3, "거의 그렇다" 4)로 응답하게 되어 있으며 소요시간은 20~30분 정도다. 자기보고형은 각 문항에 대해 이분형("예" 1, "아니요" 2) 또는 4점 척도("전혀 그렇지 않다" 1, "가끔 그렇다" 2, "자주 그렇다" 3, "거의 그렇다" 4)로 응답하게 되어 있는데 소요시간은 20~30분 정도다.
- 결과: K · BASC-3는 일반 결과보고서에 문제행동과 관련하여 종합척도와 소척도에 대한 *T*점수를 제공하는데 *T*점수는 〈표 3-16〉에 제시된 바와 같이 허용수준, 준임상수준, 또는 임상수준로 해석된다.

(5) 사회성기술

앞서 제1장 7절의 '4) 사회적 특성'에서 언급되었듯이, 정서행동장애학생의 경우 학교생활과 관련된 사회성기술(social skills), 즉 긍정적인 대인관계를 형성하고 유지하며 또래에게 수용되고 더 광범위한 사회적 환경에서 잘 지내게 해 주는 기술에서 결핍을 보이는 경향이 있다. 즉, 정서행동장애 학생들은 또래집단에서 개인 간에 맺는 관계를 의미하는 교우관계에서 어려움을 보일 수 있다. 이러한 교우관계에 대한 사정은 관찰을 통해 실시될 수 있을 뿐 아니라 검사를 통해 실시되거나 소시오메트리(sociometry)(저자주: 라틴어에서 유래된 용어로 사회성 또는 또래관계의 측정을 의미함)에 근거한 교우관계측정을 통해 실시되기도 한다. 다음에서는 교우관계에 대한 검사에서 사용될 수 있는 사정도구인 「아동 · 청소년 교우관계검사」를 살펴보고 교우관계측정에 대해서도 좀 더 구체적으로 살펴보기로 한다.

① 아동 · 청소년 교우관계검사

「아동 · 청소년 교우관계검사(Korean Inventory of Peer Relationships: KIPR)」는 홍상황, 김종미, 등(2009)이 「한국형 대인관계검사(Korean Inventory of Interpersonal

Problems: K-IIP)」(김영환 외, 2002)의 척도구성과 문항을 근거로 아동과 청소년이 일상생활에서 경험하는 여러 가지 교우관계문제를 종합적으로 평가하기 위하여 개발한 검사다. KIPR을 목적 및 대상, 구성, 실시, 결과로 나누어 간단히 소개하면 다음과 같다.

- 목적 및 대상: KIPR은 초등학교 고학년(4~6학년) 학생과 중·고등학교 학생을 대상으로 교우관계문제를 종합적으로 평가하기 위한 도구다.
- 구성: KIPR은 8개 척도로 구성되어 있으며 각 척도별로 8개 문항이 포함되어 있다. 〈표 3-17〉은 KIPR의 구성내용을 요약하여 제시하고 있다.
- 실시: KIPR은 자기보고형 도구로서 아동이나 청소년이 각 문항을 읽고 '전혀 그렇지 않다'(0), '약간 그렇다'(1), '대체로 그렇다'(2), '매우 그렇다'(3) 중 하나에 답하도록 되어 있는데 소요시간은 30분 정도다.
- 결과: KIPR은 전체 및 8개 척도별로 *T*점수를 제공하며 8개 척도별로 백분위점수와 편차*T*점수(8개 각 척도별 *T*점수에서 전체 *T*점수를 뺀 값을 *T*점수로 환산한 값)도 제공한다. 인싸이트(www.inpsyt.co.kr)에서 제공하는 결과지에 따르면, KIPR에서 *T*점수는 〈표 3-18〉에 제시된 바와 같이 해석된다.

〈표 3-17〉 KIPR의 구성내용

척도		문항수	총 문항수
1	지배통제	8	64
2	자기중심성	8	
3	냉담	8	
4	사회적 억제	8	
5	비주장성	8	
6	과순응성	8	
7	자기희생	8	
8	과관여	8	

〈표 3-18〉 KIPR의 결과(T점수) 해석

T점수	수준	해석
65 이상	매우 높음	교우관계에서 또래들에 비해 매우 큰 불편감을 경험하는 수준
55~64	높음	교우관계에서 또래들에 비해 다소 불편감을 경험하는 수준
45~54	보통	교우관계에서 불편을 경험하고 또 인지하지만 생활에 영향을 미치지 않는 보통의 수준
35~44	낮음	적절한 교우관계를 통해 불편감을 또래들에 비해 적게 느끼는 수준
34 이하	매우 낮음	교우관계에서 또래들이 일반적으로 경험하고 있는 불편감을 거의 느끼지 않고 있는 수준

② 교우관계측정

교우관계측정(sociometric measures)이란 아동의 또래집단에게 질문하여 그 아동의 사회성기술을 평가하는 방법으로서(Cillessen & Bukowski, 2000) 일반적으로 또래지명(peer nomination)과 또래평정(peer rating)의 두 가지 방법이 사용되며 그 결과는 또래집단에 의한 수용 정도인 또래지위(peer status)를 나타낸다(Santrock, 2010; Shepherd, 2010). 다음에서는 또래지명과 또래평정에 대해 살펴보기로 하는데 또래지위에 대한 구체적인 내용은 [보충설명 3-2]에 제시되어 있다.

[보충설명 3-2] 또래지위의 유형

또래집단에 의한 수용 정도인 또래지위(peer status)는 일반적으로 다음과 같이 다섯 가지 유형으로 분류된다(Wentzel & Asher, 1995).

- 인기아(popular children)

인기아의 경우 그 아동을 좋아하는 또래들은 많지만 싫어하는 또래들은 거의 없다.

- 평범아(average children)

평범아의 경우 그 아동을 좋아하는 또래와 싫어하는 또래의 수가 평균 수준이다.

[보충설명 3-2] 계속됨

• 무시아(neglected children)

무시아의 경우 그 아동을 좋아하는 또래들은 별로 없지만 싫어하는 또래들도 별로 없다.

• 거부아(rejected children)

거부아의 경우 그 아동을 좋아하는 또래들은 별로 없지만 싫어하는 또래들은 많다.

• 양면아(controversial children)

양면아의 경우 그 아동을 좋아하는 또래들은 많지만 싫어하는 또래들도 많다.

이상의 다섯 가지 또래지위 유형 가운데 관련문헌에서 다른 유형의 비교집단으로 사용될 뿐 독립적으로는 설명되지 않는 평범아를 제외한 나머지 네 가지 유형에 대해 좀 더 구체적으로 살펴보면 다음과 같다.

• **인기아**: 인기아의 경우 학교생활과 관련된 많은 사회성기술(예: 경청하기, 대화하기, 인사하기, 칭찬하기, 타인에게 도움주기, 규칙 따르기 등)을 보인다(Rubin, Bukowski, & Laursen, 2009). 이와 같은 인기아는 평범아에 비해 좀 더 높은 수준의 사교성과 우정관계를 나타낼 뿐 아니라 평범아에 비해 더 낮은 수준의 공격성과 위축을 나타낸다(안이환, 2007).

• **무시아**: 무시아의 경우 또래들과의 상호작용이 많지 않고 종종 또래들로부터 수줍어한다고 묘사된다(Santrock, 2010). 이와 같은 무시아는 평범아에 비해 덜 사교적이며 더 낮은 수준의 공격성을 보이지만 평범아에 비해 위축 수준은 좀 더 높은 경향이 있다(안이환, 2007).

• **거부아**: 거부아의 경우 또래들과 긍정적인 관계를 맺는 사회성기술이 부족하고 (Miller-Johnson, Coie, Maumary-Gremaud, & Bierman, 2002) 종종 무시아보다 더 심각한 적응문제를 보일 뿐 아니라 무시아보다 시간이 지나도 또래지위가 더 잘 변하지 않는다(서경희 외, 2003). 이와 같은 거부아는 평범아에 비해 더 높은 수준의 공격성과 위축을 나타내는 경향이 있다(안이환, 2007).

• **양면아**: 양면아의 경우 인기아와 거부아의 특성을 동시에 나타낸다. 이와 같은 양면아는 평범아에 비해 좀 더 높은 사교성과 공격성을 보이지만 사교성의 수준이 인기아의 수준은 아니며 공격성의 수준도 거부아의 수준에는 미치지 않는다(안이환, 2007).

ⓐ 또래지명

또래지명(peer nomination)은 아동들에게 가장 많이 좋아하는 또래와 가장 적게 좋아하는 또래를 정해진 수(일반적으로 3명)만큼 지명하도록 하는 방법으로서 각 아동의 점수는 또래들로부터 지명을 받은 수다. 이와 같이 또래지명에서는 긍정지명(positive nomination: 가장 많이 좋아하는 또래)과 부정지명(negative nomination: 가장 적게 좋아하는 또래)으로 이루어지는 양자문항을 사용하는데 이를 이차원적 접근이라고 한다. 이에 비해 일차원적 접근은 긍정지명만 사용하는 것으로서 부정지명이 비교육적이라는 윤리적 문제 때문에 1980년대 이전에 많이 사용되었다. 그러나 1980년대 이후에는 [보충설명 3-2]에 제시된 다섯 가지 유형의 또래지위를 파악할 수 있는 이차원적 접근이 주로 사용되고 있는데 그 이유는 부정지명이 이루어지더라도 또래지위를 정확하게 파악하는 것이 오히려 아동들을 더 잘 도와주는 방안이 될 수 있으므로 부정지명이 비교육적인 것만은 아니라는 주장이 설득력을 얻었기 때문이다(안이환, 2007).

ⓑ 또래평정

또래평정(peer rating)은 모든 아동의 이름과 함께 제시된 평정척도(일반적으로 5점 척도)에 따라 아동들이 자신을 제외한 각 또래에 대해 자신이 좋아하는 정도를 평정하도록 하는 방법으로서 각 아동의 점수는 또래 전체로부터 받은 평정점수의 평균이다. 이와 같이 또래평정에서는 각 아동이 모든 또래를 평정해야 하기 때문에 또래지명보다 시간이 더 많이 소요되며 응답의 자발성이 결여될 가능성이 높다(안이환, 2007). 그러나 또래평정은 또래지명에서의 부정지명과 관련된 윤리적 문제를 최소화할 수 있으며 또래들의 이름이 모두 나와 있기 때문에 또래지명에서처럼 이름을 잊어버렸거나 쓸 수가 없어서 지명하지 못할 염려가 없다(서경희 외, 2003). 이러한 장단점을 고려하여 현재 또래지명과 또래평정을 함께 사용하기도 한다(서경희 외, 2003; 안이환, 2007). 즉, 긍정지명은 또래지명을 사용하고 부정지명은 5점 척도(예: 1, 전혀 함께 놀고 싶지 않다; 2, 함께 놀고 싶지 않다; 3, 잘 모르겠다; 4, 함께 놀고 싶다; 5, 매우 함께 놀고 싶다)의 또래평정을 사용하는데 이때 1점에 평정된 것을 부정지명으로 간주한다.

(6) 지적 기능

지적 기능(intellectual functioning)은 여러 가지 행동문제에 기여할 수 있고 또한 행동문제에 의해 영향을 받을 수도 있을 뿐 아니라 학업성취와도 관련이 있기 때문에 정서행동장애의 진단 단계에서 사정이 필요한 영역 중 하나다(Shepherd, 2010; Webber & Plotts, 2008; Wicks-Nelson & Israel, 2009). 지적 기능에 대한 사정은 일반적으로 검사를 통해 실시되는데 이러한 검사에서 가장 일반적으로 사용되는 사정도구들을 살펴보면 다음과 같다.

① 한국 웩슬러 아동지능검사-5판

「한국 웩슬러 아동지능검사-5판(Korean Wechsler Intelligence Scale for Children-Fifth Edition: K-WISC-V)」은 곽금주와 장승민(2019)이 미국의 「Wechsler Intelligence Scale for Children-Fifth Edition(WISC-V)」(Wechsler, 2015)을 한국의 아동들을 대상으로 표준화한 것이다. K-WISC-V를 목적 및 대상, 구성, 실시, 결과로 나누어 간단히 소개하면 다음과 같다.

- 목적 및 대상: K-WISC-V는 6세 0개월부터 16세 11개월까지의 아동을 대상으로 지능을 평가하기 위한 종합적인 임상도구다.
- 구성: K-WISC-V는 16개의 소검사(토막짜기, 공통성, 행렬추리, 숫자, 기호쓰기, 어휘, 무게비교, 퍼즐, 그림기억, 동형찾기, 상식, 공통그림찾기, 순차연결, 선택, 이해, 산수)로 구성되어 있다. 이 16개 소검사는 〈표 3-19〉에 보이듯이 기본소검사와 추가소검사의 두 가지 범주로 나뉘어 있다. 또한 〈표 3-19〉에 보이듯이, K-WISC-V에서는 전체 IQ와 더불어 5개 기본지표점수와 5개 추가지표점수를 산출하게 되어 있다.
- 실시: K-WISC-V의 검사설명서와 기록용지에 제시된 순서대로(① 토막짜기, ② 공통성, ③ 행렬추리, ④ 숫자, ⑤ 기호쓰기, ⑥ 어휘, ⑦ 무게비교, ⑧ 퍼즐, ⑨ 그림기억, ⑩ 동형찾기, ⑪ 상식, ⑫ 공통그림찾기, ⑬ 순차연결, ⑭ 선택, ⑮ 이해, ⑯ 산수) 소검사를 실시한다. 만약 아동이 특정 소검사의 수행을 거부한다면 해당 소검사를 일시적으로 보류하고 다음 소검사를 실시할 수도 있다.
- 결과: K-WISC-V는 16개 소검사별 환산점수와 전체 IQ 및 10개 지표(5개 기본지표, 5개 추가지표)에 대한 합산점수를 제공한다. 소검사별 환산점수는 평균이 10이고 표준편차가 3인 표준점수며, 전체 IQ 및 10개 지표에 대한 합산점수는 평균이 100이고 표준편차가 15인 표준점수다. 전체 IQ 및 10개 지표에 대해서는 백분위점수도 제공한다.

〈표 3-19〉 K-WISC-V의 구성내용

소검사		지표점수	
기본소검사	추가소검사	기본지표	추가지표
• 토막짜기 • 공통성 • 행렬추리 • 숫자 • 기호쓰기 • 어휘 • 무게비교 • 퍼즐 • 그림기억 • 동형찾기	• 상식 • 공통그림찾기 • 순차연결 • 선택 • 이해 • 산수	• 언어이해지표 • 시공간지표 • 유동추론지표 • 작업기억지표 • 처리속도지표	• 양적추론지표 • 청각작업기억지표 • 비언어지표 • 일반능력지표 • 인지효율지표

② 한국 웩슬러 유아지능검사-4판

「한국 웩슬러 유아지능검사-4판(Korean Wechsler Preschool and Primary Scale of Intelligence-Fourth Edition: K-WPPSI-IV)」은 박혜원, 이경옥, 그리고 안동현(2016)이 미국의 「Wechsler Preschool and Primary Scale of Intelligence-Fourth Edition(WPPSI-IV)」(Wechsler, 2012)을 한국의 아동들을 대상으로 표준화한 것이다. K-WPPSI-IV를 목적 및 대상, 구성, 실시, 결과로 나누어 간단히 소개하면 다음과 같다.

- 목적 및 대상: K-WPPSI-IV는 2세 6개월부터 7세 7개월까지의 유아를 대상으로 인지능력을 평가하기 위한 지능검사다.
- 구성: K-WPPSI-IV는 15개의 소검사(① 토막짜기, ② 상식, ③ 행렬추리, ④ 동형찾기, ⑤ 그림기억, ⑥ 공통성, ⑦ 공통그림찾기, ⑧ 선택하기, ⑨ 위치찾기, ⑩ 모양맞추기, ⑪ 어휘, ⑫ 동물짝짓기, ⑬ 이해, ⑭ 수용어휘, ⑮ 그림명명)로 구성되어 있으며 이 15개 소검사는 핵심소검사, 보충소검사, 선택소검사의 세 가지 범주로 나뉜다. K-WPPSI-IV에서는 검사를 2세 6개월부터 3세 11개월까지의 유아를 위한 2:6-3:11세용과 4세 0개월부터 7세 7개월까지의 유아를 위한 4:0-7:7세용의 두 가지 유형으로 구분한다. 이 두 연령군에 따른 검사는 구성에서 차이가 있는데, 4:0-7:7세용에서는 15개 소검사가 모두 사용되는 반면 2:6-3:11세용에서는 7개

의 소검사(① 수용어휘, ② 토막짜기, ③ 그림기억, ④ 상식, ⑤ 모양맞추기, ⑥ 위치찾기, ⑦ 그림명명)가 사용된다. 〈표 3-20〉은 두 연령군의 구성을 비교하여 제시하고 있다.

- 실시: K-WPPSI-IV의 검사설명서와 기록용지에 제시된 순서대로 소검사를 실시한다. 모든 소검사를 실시하지 않을 경우에는 생략할 소검사는 건너뛰고 표준 순서에 따라 실시하면 된다. 만약 유아가 특정 소검사의 수행을 거부하면 해당 소검사를 일시적으로 보류하고 다음 소검사를 먼저 실시할 수도 있다. 유아가 검사에 좀 더 집중하게 되면 보류했던 소검사로 되돌아간다.
- 결과: K-WPPSI-IV는 4:0-7:7세용의 경우 15개 소검사별 환산점수와 전체 IQ 및 9개 지표(5개 기본지표, 4개 추가지표)에 대한 합산점수를 제공하고, 2:6-3:11세용의 경우 7개 소검사별 환산점수와 전체 IQ 및 6개 지표(3개 기본지표, 3개 추가지

〈표 3-20〉 K-WPPSI-IV의 구성내용

4:0-7:7세용			2:6-3:11세용		
소검사 범주	소검사		소검사 범주	소검사	
핵심소검사	①	토막짜기	핵심소검사	①	수용어휘[1]
	②	상식		②	토막짜기
	③	행렬추리		③	그림기억
	④	동형찾기		④	상식
	⑤	그림기억		⑤	모양맞추기
	⑥	공통성		⑥	위치찾기
	⑦	공통그림찾기	–		
	⑧	선택하기			
	⑨	위치찾기			
	⑩	모양맞추기			
보충소검사	⑪	어휘	보충소검사	⑦	그림명명
	⑫	동물짝짓기	–		
	⑬	이해			
선택소검사	⑭	수용어휘[1]	–		
	⑮	그림명명			

[1] 소검사 범주는 연령군에 따라 달라질 수 있는데, 예를 들어 수용어휘는 4:0-7:7세용에서는 선택소검사이지만 2:6-3:11세용에서는 핵심소검사다.

표)에 대한 합산점수를 제공한다. 소검사별 환산점수는 평균이 10이고 표준편차가 3인 표준점수며, 전체 IQ 및 지표에 대한 합산점수는 평균이 100이고 표준편차가 15인 표준점수다. 전체 IQ 및 지표에 대해서는 백분위점수도 제공한다.

(7) 학업적 기능

앞서 제1장 7절의 '2) 학업적 특성'에서 언급되었듯이, 정서행동장애 학생들의 경우 일부는 자신의 학년수준을 따라갈 수 있고 소수는 학업적으로 매우 우수할 수도 있지만 대부분이 자신의 지적 능력에 비해 낮은 학업성취를 보인다(Kauffman & Landrum, 2009; Lane, 2004). 따라서 정서행동장애를 가진 것으로 추정되는 학생들의 진단 단계에서는 잠재적 학업성취능력이라고 할 수 있는 지적 기능과 더불어 현재의 학업적 기능(academic functioning)에 대한 사정이 반드시 필요하다(Cullinan, 2007; Shepherd, 2010; Webber & Plotts, 2008; Wicks-Nelson & Israel, 2009). 학업적 기능에 대한 사정은 면접, 특히 교사면접을 통해 실시될 수 있으며 또한 학업기술(academic skills)이나 학업성취(academic achievement)를 측정하는 검사를 통해서도 실시되는데 이러한 검사에서 사용되는 사정도구들을 살펴보면 다음과 같다.

① 기초학습능력종합검사

「기초학습능력종합검사(Basic Academic Skills Assessment-Comprehensive Test: BASA-CT)」는 학습자들의 읽기, 수학, 쓰기 기초학습기능 수행과 발달 수준을 종합적으로 평가하기 위하여 김동일(2021)이 개발한 검사다. BASA-CT를 목적 및 대상, 구성, 실시, 결과로 나누어 간단히 소개하면 다음과 같다.

- 목적 및 대상: BASA-CT는 기초학습기능(읽기, 쓰기, 수학)의 수행과 발달 수준을 종합적으로 평가함으로써 기초학습 문제를 진단하기 위한 검사다. 초등학교 1학년부터 사용할 수 있으며, 학습지연을 보이는 중·고등학생, 발달장애 성인에게도 실시할 수 있다(저자주: 검사설명서에 검사개발과정이 제시되지 않아 규준집단에 대한 정보가 제한되어 있지만 검사의 구성을 고려할 때 본 검사는 초등학교 학생을 대상으로 실시하는 것이 바람직할 것으로 보임).
- 구성: BASA-CT는 4개 검사(읽기검사, 수학검사, 쓰기검사, 읽기유창성검사)로 구성되어 있는데 읽기유창성검사는 보충검사다. 〈표 3-21〉에는 각 검사에 대한 설

〈표 3-21〉 BASA-CT의 구성내용

구분	내용
읽기검사[1]	읽기 기본능력 및 이해력을 측정하기 위한 검사로 23문항이 포함되어 있다. 피검자는 본문을 마음속으로 읽다가 문장 가운데 삽입된 괄호 속 단어 3개 중 적절한 단어 하나를 선택한다. 3분 내에 확실하지 않더라도 옳다고 생각되는 단어를 빠짐없이 선택해야 한다. 읽기검사자료는 '배우며 생각하며'(한국교육개발원, 1998)[3]에서 발췌한 내용이다.
수학검사	초등학교 1, 2, 3학년의 교과서와 수학익힘책의 연산문제를 분석한 것으로 해당 교육과정을 반영한 문제들이다. 피검자는 검사지를 1차부터 3차까지 세 차례 번호 순서대로 풀어나간다. 1차시당 2분의 시간이 주어진다.
쓰기검사	이야기 서두제시검사의 형태로 실시하며 피검자가 주어진 시간 내에 얼마나 많은 글자를 정확하게 쓰는지를 측정한다. 이야기 서두는 "나는 오늘 아침에 일찍 일어났습니다."이다. 피검자는 1분 동안 무슨 이야기를 쓸지 생각하고 3분 동안 글을 쓴다.
읽기유창성검사[2]	피검자가 주어진 시간 내에 얼마나 많은 글자를 정확하게 읽는지를 측정한다. 검사자는 피검자에게 검사자료를 제시하고, 지시에 따라 1분 동안 되도록 또박또박 읽도록 한다. 읽기유창성검사는 총 3회 실시되는데, 1회는 읽기유창성검사 자료 1(토끼야 토끼야), 2회는 읽기유창성검사 자료 2(분명히 내 동생인데), 3회는 다시 읽기유창성검사 자료 1(토끼야 토끼야)을 실시한다. 읽기유창성검사 자료는 '토끼야, 토끼야'(김학선, 1991),[4] '분명히 내 동생인데'(한국교육개발원, 1991)[5]에서 발췌한 내용이다.

[1] 초등학교 1학년 1학기 학생에게 다소 적합하지 않은 수준의 이해력 검사일 수 있으며, 선다형 문항의 추측 요인으로 인하여 현재 수행수준이 과대추정될 수 있음.

[2] 보충소검사

[3] 한국교육개발원(1998). 배우며 생각하며 2학년. 충북 진천: 저자.

[4] 김학선(1991). 일학년이 읽는 동화. 서울: 아동문예.

[5] 한국교육개발원(1991). 배우며 생각하며, 1–2학년, 3–4학년(한국교육개발원 연구보고). 충북 진천: 저자.

명이 제시되어 있다.

- 실시: BASA–CT의 순서는 읽기검사, 수학검사, 쓰기검사, 읽기유창성검사(보충검사)로 진행된다. 검사에 소요되는 시간은 안내 시간을 포함하여 약 25분이다.
- 결과: BASA–CT는 검사(읽기검사, 수학검사, 쓰기검사, 읽기유창성검사)별로 *T*점수(평균 50, 표준편차 10인 표준점수)와 백분위점수를 제공한다.

② KISE 기초학력검사

「KISE 기초학력검사(Korean Institute for Special Education-Basic Academic Achievement Test: KISE-BAAT)」는 박경숙, 김계옥, 송영준, 정동영, 그리고 정인숙(2005)이 기초학력을 측정하기 위하여 개발한 검사다[저자주: 우리나라 국립특수교육원의 영문명인 KISE(Korea Institute for Special Education)는 2016년 1월 1일부터 NISE(National Institute of Special Education)로 변경되었음]. KISE-BAAT를 목적 및 대상, 구성, 실시, 결과로 나누어 간단히 소개하면 다음과 같다.

- 목적 및 대상: KISE-BAAT는 5세 0개월 0일부터 14세 11개월 30일까지(유치원~중

〈표 3-22〉 KISE-BAAT(읽기)의 구성내용

<table>
<tr><th colspan="2">영역</th><th>내용</th><th>문항수</th><th>총 문항수</th></tr>
<tr><td colspan="2" rowspan="3">선수 기능</td><td>도형 변별: 같은 도형 찾기</td><td rowspan="3">45</td><td rowspan="20">360</td></tr>
<tr><td>낱자 변별: 같은 낱자 찾기</td></tr>
<tr><td>낱말 변별: 같은 낱말 찾기</td></tr>
<tr><td colspan="2" rowspan="3">음독 능력</td><td>낱자 읽기: 낱자 읽기</td><td rowspan="3">75</td></tr>
<tr><td>낱말 읽기: 낱말 읽기(2~3음절)</td></tr>
<tr><td>문장 읽기</td></tr>
<tr><td rowspan="14">독해 능력</td><td rowspan="2">낱말 이해</td><td>반대말, 비슷한 말, 유추, 존대어</td><td rowspan="2">60</td></tr>
<tr><td>낱말의 상하관계 유추, 수량단위, 존대어</td></tr>
<tr><td rowspan="2">문장 완성</td><td>그림 보고 문장 완성하기</td><td rowspan="2">30</td></tr>
<tr><td>문장 완성하기</td></tr>
<tr><td rowspan="2">어휘 선택</td><td>시제일치, 호응관계</td><td rowspan="2">30</td></tr>
<tr><td>접속사, 의미를 파악하고 적절한 어휘 선택하기</td></tr>
<tr><td>어휘 배열</td><td>문장을 구성하여 배열하기</td><td>30</td></tr>
<tr><td rowspan="7">짧은 글 이해</td><td>문장 읽고 주요 사실에 답하기</td><td rowspan="7">90</td></tr>
<tr><td>문장 읽고 사실과 느낌, 의견 구분하기</td></tr>
<tr><td>문장 읽고 비유나 상징적 표현 이해하기</td></tr>
<tr><td>글의 주제 찾기</td></tr>
<tr><td>속담 이해하기</td></tr>
<tr><td>글 읽고 결과 유추하기</td></tr>
<tr><td>글 읽고 비판하기</td></tr>
</table>

학교 3학년)의 아동들을 대상으로 읽기, 쓰기, 수학 기초학력을 측정하는 검사다.

- 구성: KISE-BAAT는 KISE-BAAT(읽기), KISE-BAAT(쓰기), KISE-BAAT(수학)의 3개 소검사로 이루어져 있는데 〈표 3-22〉, 〈표 3-23〉, 그리고 〈표 3-24〉는 소검사별로 구성내용을 요약하여 제시하고 있다. 이러한 소검사들은 또한 가형과 나형 2종의 동형검사로 구성되어 있다.
- 실시: KISE-BAAT의 소검사들은 모두 구성영역순으로 실시하도록 되어 있다. 그러나 피검자가 어떤 특정 영역을 기피하거나 지루하게 느껴 순서대로 실시하

〈표 3-23〉 KISE-BAAT(쓰기)의 구성내용

영역	내용	문항수	총 문항수
선수 기능	사물, 숫자, 기호, 문자 변별하기	60	300
	줄긋기, 도형그리기		
	글자 보고 쓰기		
	자신의 이름 쓰기		
표기 능력	낱자 쓰기	60	
	낱말 쓰기		
	맞춤법에 맞추어 쓰기		
	받아쓰기		
	띄어쓰기		
	문장부호 사용하기		
어휘 구사력	주어진 낱말을 사용하여 짧은 글짓기	60	
	주어진 두 낱말의 뜻을 구분하여 짧은 글짓기		
	주어진 낱말을 보고 연상되는 낱말 쓰기		
	주어진 문장 속에 알맞은 낱말 쓰기		
문장 구사력	주어진 낱말들을 순서대로 배열하기	60	
	그림을 보고 다른 형태의 문장들을 만들기		
	문장구성이 잘못된 것을 고치기		
	의문문, 청유문, 명령문, 감탄문 쓰기		
글 구성력	그림을 순서대로 나열하여 이야기 만들기	60	
	들려주는 글의 내용을 한 문장으로 요약하여 쓰기		
	그림을 보거나 들려주는 글을 듣고 인과관계, 닮은 점, 추론한 것 등을 쓰기		

〈표 3-24〉 KISE-BAAT(수학)의 구성내용

영역		내용	문항수	총 문항수
수	범 자연수	10 이하, 100 이하, 1000 이하, 1000 이상	72	780
	분수와 소수	분수, 소수	36	
	비와 백분율	비와 백분율	21	
도형	도형	공간감각, 평면도형, 입체도형	72	
연산	덧셈	개념/구체물 활용, 자연수 덧셈, 분수와 소수 덧셈	54	
	뺄셈	개념/구체물 활용, 자연수 뺄셈, 분수와 소수 뺄셈	54	
	곱셈	개념/구체물 활용, 자연수 곱셈, 분수와 소수 곱셈	60	
	나눗셈	개념/구체물 활용, 자연수 나눗셈, 분수와 소수 나눗셈	60	
	암산	듣고 암산하기, 자연수, 분수와 소수	54	
측정	측정	길이와 각도, 넓이, 무게, 부피와 들이	72	
	시간과 화폐	기초개념, 시각과 달력, 금액 · 물건값	54	
	어림	수, 측정, 계산(화폐 포함)	54	
확률과 통계	확률과 통계	표와 차트, 그래프, 경우의 수 · 확률	54	
문제해결	문제해결	간단한 문제해결, 문제의 이해 및 전략, 복잡한 문제해결	63	

는 것이 어려운 경우에는 다른 영역을 모두 실시한 다음 빠진 영역을 실시할 수 있다. 또한 피검자의 부적절한 동기나 피로의 누적 등으로 인해 한 번의 회기 내에 검사 전체를 실시하기 어려운 경우 검사자는 영역별로 분리해서 실시할 수도 있는데, 이와 같은 경우에는 첫 번째 회기와 두 번째 회기의 간격이 일주일 이상이어서는 안 된다.

- 결과: KISE-BAAT는 소검사별로 백분위점수, 학력지수(평균 100, 표준편차 15인 표준점수), 그리고 학년점수(즉, 학년등가점수)를 제공한다.

3. 적부성

적부성(eligibility)이란 특수교육대상자로서의 적격성을 말하는데 이 단계에서는 아동이 특수교육대상자로 적격한가를 결정하게 된다. 이는 진단 단계에서 아동이 장애를 가진 것으로 판명되었다 하더라도 특수교육대상자로 반드시 선정되는 것이 아님을 뜻한다. 즉, 장애를 가졌어도 특수교육대상자로 선정되지 않을 수도 있다는 것을 의미한다. 미국에서는 연방법인 「장애인교육법(IDEA 2004)」과 주(州) 관련법에 제시된 선정기준에 의거하여 그리고 우리나라에서는 「장애인 등에 대한 특수교육법」에 제시된 선정기준에 의거하여 특수교육대상자를 선정하게 된다(이승희, 2024b).

미국의 경우, 특정 장애를 가지고 있으나 「장애인교육법(IDEA 2004)」의 선정기준을 충족시키지 못해 특수교육대상자로 선정되지 못한 아동들이 필요한 교육적 서비스를 받을 수도 있는 법적 근거가 마련되어 있다. 즉, 「장애인교육법(IDEA 2004)」에 의해 특수교육대상자로 선정되지 못했더라도 「재활법」 제504조(Section 504 of the Rehabilitation Act)에 의해 서비스대상자로 선정되면 일반학급에서 필요한 조정이나 서비스를 받을 수 있게 된다(Shepherd, 2010). 이러한 아동들을 위해서는 '504 계획(504 Plan)'이 작성되는데 이는 「장애인교육법(IDEA 2004)」에 의해 특수교육대상자로 선정된 아동들을 위해서 작성되는 '개별화교육프로그램(individualized education program: IEP)'에 상응하는 것으로 볼 수 있다(Davis et al., 2011; Rosenberg et al., 2011). 「재활법」은 장애에 대한 명확한 정의를 제시하고 있지는 않지만 신체적 또는 정신적 장애를 가진 사람들이 연방정부의 지원을 받는 프로그램(예: 공교육)에 참여하기 위해 필요한 조정이나 서비스를 받을 수 있어야 한다고 밝히고 있으므로 특정 정신장애를 가진 것으로 진단된 아동은 '504 계획'의 대상자가 될 수도 있다(Davis et al., 2011). Zirkel(2009)에 의하면 미국 학령기 인구의 약 1% 정도가 '504 계획'을 가지고 있다.

4. 프로그램계획 및 배치

아동이 특수교육대상자로 선정이 되고 나면 아동에게 제공될 교육이나 관련서비스에 대한 프로그램계획(program planning) 단계로 옮겨 가게 된다. 프로그램계획 단계에서는 아동에게 어떤 교육 및 관련서비스를 제공할 것인가를 결정하게 되는데, 이와 같은 결정을 구체적으로 문서화한 것이 개별화교육프로그램(individualized education program: IEP)이다. 즉, 개별화교육프로그램(IEP)이란 아동의 적절한 교육을 위하여 작성된 문서라고 할 수 있다(이승희, 2024b).

미국에서 개별화교육프로그램(IEP)은 진단 및 적부성 단계에서 관여했던 전문가들, 부모, 그리고 필요한 경우 아동이 참여한 가운데 작성되며 아동의 인적사항, 아동의 현행수준, 연간목표, 사정방법, 교육 및 관련서비스, 교육적 배치(정규교육 참여정도), 공식적 학업성취도평가 참여방식, 관련전문가 및 부모의 동의 등의 요소로 구성된다. 이와 같이 배치기관(일반학급, 학습도움실, 시간제 특수학급, 전일제 특수학급, 통학제 특수학교, 기숙제 특수학교, 기숙제 시설, 병원 또는 가정 등)이 포함된 개별화교육프로그램(IEP)이 개발되어 아동이 해당 교육기관에 배치(placement)되고 나면 학교중심팀(school-based team)이 구성되어 학교수준의 개별화교육프로그램(IEP)이 작성된다. Venn(2004)은 이 두 가지 유형의 개별화교육프로그램(IEP)을 각각 선행 개별화교육프로그램(initial IEP)과 후속 개별화교육프로그램(subsequent IEP)으로 구별하고 있다.

이와 같은 미국의 개별화교육프로그램(IEP) 개발과 비교해 볼 때 우리나라의 경우 몇 가지 차이점이 있다. 첫째, 우리나라의 경우 법적으로 '개별화교육프로그램'이 아닌 '개별화교육계획'이라는 용어를 사용하고 있다. 둘째, 우리나라의 경우 시 · 도 또는 시 · 군 · 구 특수교육운영위원회의 심사를 거쳐 배치결정을 내리게 되며, 아동이 해당 교육기관에 배치되고 난 후 당해 학교의 개별화교육지원팀에서 개별화교육계획을 작성한다. 셋째, 우리나라의 경우 개별화교육계획에 특수교육대상자의 인적사항과 특별한 교육지원이 필요한 영역의 현재 학습수행수준, 교육목표, 교육내용, 교육방법, 평가계획, 및 제공할 특수교육 관련서비스의 내용과 방법 등을 포함하도록 되어 있다.

5. 형성평가

IEP 작성과 배치가 이루어진 다음 교수 · 학습이 시작되고 나면, 아동의 진전에 대한 지속적인 평가, 즉 형성평가를 통해 아동이 적절한 진전을 보이고 있는가에 대한 결정을 해야 한다. 만약 아동이 적절한 진전을 보이지 않을 경우에는 교수 · 학습방법을 수정할 것인가에 대한 결정도 내려야 한다. 따라서 형성평가(formative evaluation)란 교수 · 학습이 진행되는 과정에서 아동의 진전을 점검하고 필요한 경우 교과과정이나 수업방법을 개선시키기 위해 실시하는 평가라고 할 수 있다(한국교육평가학회, 2004). 이와 같은 형성평가는 일반적으로 아동의 교육에 직접 관여하는 교사들에 의해 실시되는데, 이때 교사들은 다양한 사정방법을 통해 자료를 수집하게 된다(이승희, 2024b).

6. 총괄평가

IEP에 제시된 기간 동안 지속적인 형성평가와 함께 교수 · 학습이 이루어지고 나면, 이에 대한 종합적인 평가, 즉 총괄평가를 통해 아동이 제시된 기간 동안 IEP에 명시되어 있는 예상된 진전을 보였는지에 대한 결정을 하게 된다. 이와 같이 총괄평가(summative evaluation)는 일정 단위의 교육프로그램이 실시된 후에 애초에 설정된 프로그램의 성공기준에 비추어 프로그램이 산출한 가치를 판단하기 위해 실시하는 평가를 말한다(한국교육평가학회, 2004). [그림 3-1]에 보이듯이, 총괄평가의 결과에 근거해 특수교육을 지속할 것인지 또는 종료할 것인지에 대한 결정도 하게 된다. 만약 특수교육이 지속되어야 한다는 결론이 나오면 '프로그램계획 및 배치' 단계로 돌아가서 아동의 사정자료를 바탕으로 IEP가 수정 · 보완되고 그 아동을 적절한 교육환경에 배치하게 된다. 정서행동장애의 경우 특수교육이 종료될 수도 있는데 그 이유는 정서행동장애가 다른 장애들에 비해 치료(또는 회복) 가능성이 높기 때문이다.

제4장 Introduction to Emotional and Behavioral Disorders

정서행동장애의 개념적 모델

20세기가 끝날 무렵까지 정서행동장애에 대한 다양한 개념적 모델(conceptual models)이 등장하였으며(Yell et al., 2009) 이 가운데 생물학적 모델, 정신분석적 모델, 행동적 모델, 인지적 모델, 생태학적 모델 등은 지금도 특수교육 분야에서 활용되고 있다. 앞서 제1장의 [보충설명 1-1]에서도 언급되었듯이 이러한 단일모델들은 정서행동장애의 원인뿐만 아니라 중재에 대한 정보도 제공하고 있으나 이 모델들의 존재는 정서행동장애의 원인을 이해하려는 노력과 특히 밀접하게 관련되어 있다(Yell et al., 2009). 한편 21세기에 들어오면서 정서행동장애에 대한 개념적 모델과 관련하여 단일모델보다는 통합모델에 대한 관심이 높아지고 있는데 대표적인 통합모델로는 취약성-스트레스 모델과 생물심리사회적 모델이 있다(권석만, 2023b; 전용호, 2008). 통합모델은 정서행동장애를 유발하는 다양한 원인적 요인을 통합적으로 설명하고자 한다. 따라서 정서행동장애의 개념적 모델은 앞서 제2장 '정서행동장애의 원인'에서 살펴본 정서행동장애의 위험요인과 관계가 있다고 할 수 있는데 이러한 관계를 정리해 보면 〈표 4-1〉과 같다. 다음에서는 정서행동장애의 개념적 모델을 단일모델과 통합모델로 나누어 살펴보기로 한다. 뒤이어 이 장의 마지막에서는 통합모델과는 달리 학문적 경계를 지양하고자 하는 학제간 모델을 추가하여 살펴보고자 한다. 참고로 [그림 4-1]에는 정서행동장애의 개념적 모델과 관련된 학자들의 인물사진이 제시되어 있다.

〈표 4-1〉 정서행동장애의 위험요인과 개념적 모델의 관계

위험요인		개념적 모델	
		단일모델	통합모델
생물학적 위험요인		• 생물학적 모델	• 취약성-스트레스 모델 • 생물심리사회적 모델
심리사회적 위험요인	심리적 위험요인	• 정신분석적 모델	
		• 행동적 모델	
		• 인지적 모델	
	사회적 위험요인	• 생태학적 모델	

[그림 4-1] 정서행동장애의 개념적 모델과 관련된 학자들

S. Freud
(1856~1939)

E. Erikson
(1902~1994)

I. Pavlov
(1849~1936)

B. F. Skinner
(1904~1990)

A. Ellis
(1913~2007)

A. Beck
(1921~2021)

U. Bronfenbrenner
(1917~2005)

A. R. Damasio
(1944~)

1. 단일모델

생물학적 모델, 정신분석적 모델, 행동적 모델, 인지적 모델, 생태학적 모델 같은 단일모델(single model)은 서로 다른 이론적 배경에 근거하고 있기 때문에 정서행동장애의 원인과 중재에 대한 견해에 차이가 있을 뿐 아니라 교사들에게 유용한 정도에 있어서도 차이가 있다. 이와 같은 차이는 〈표 4-2〉에 요약하여 제시하였으며 다음

〈표 4-2〉 단일모델들의 요약

<table>
<tr><th>모델</th><th colspan="2">원인</th><th colspan="2">중재</th><th>교사를 위한 유용성</th></tr>
<tr><td>생물학적 모델</td><td>생물학적 결함</td><td>• 유전적 영향
• 뇌장애
• 까다로운 기질</td><td colspan="2">• 약물치료
• 영양치료
• 뉴로피드백치료
• 감각통합치료</td><td>교사가 문제행동을 더 잘 이해할 수 있도록 도움을 주지만 교사들에게 직접적이고 실제적인 시사점은 거의 제공하지 못함</td></tr>
<tr><td>정신분석적 모델</td><td colspan="2">• 발달단계(심리성적 발달단계 또는 심리사회적 발달단계)에서 해결되지 못한 갈등
• 무의식 수준의 갈등
• 방어기제의 무분별한 사용</td><td colspan="2">• 정신분석적 심리치료
• 정신분석적 놀이치료
• 정신분석적 미술치료</td><td>훈련된 전문가에 의해 실시되며 시간이 집중되는 정신분석적 중재는 교사들에게 그다지 유용하지 않음</td></tr>
<tr><td>행동적 모델</td><td colspan="2">부적절한 학습</td><td colspan="2">• 전통적 행동중재
• 긍정적 행동지원(PBS)
• 학교차원의 긍정적 행동지원(SW-PBS)</td><td>다른 모델과 비교해 볼 때 가장 과학적인 증거에 기반하고 있을 뿐 아니라 교사들에게도 가장 유용함</td></tr>
<tr><td rowspan="3">인지적 모델</td><td rowspan="2">부적응적인 인지적 과정</td><td>인지적 왜곡</td><td>인지적 재구조화</td><td>• Ellis의 합리적-정서행동치료
• Beck의 인지적 치료</td><td rowspan="3">인지적 중재는 교사들에게 유용하지만, 주로 임상전문가에 의해 실시되는 인지적 재구조화보다는 학교나 교육기관에서 사용되는 인지적 대처기술 훈련이나 학교중심의 중재기법인 자기관리 훈련이 특히 교사에게 유용함</td></tr>
<tr><td>인지적 결함</td><td>인지적 대처기술 훈련</td><td>• D'Zurilla와 Goldfried의 문제해결 훈련
• Meichenbaum과 Goodman의 자기교수 훈련</td></tr>
<tr><td colspan="2">자기통제의 결여</td><td>자기관리 훈련</td><td>• 자기점검
• 자기평가
• 자기강화</td></tr>
<tr><td>생태학적 모델</td><td colspan="2">개인과 환경의 부조화</td><td colspan="2">• Re-ED
• 랩어라운드</td><td>다양한 분야의 협력과 작업을 전제로 하는 생태학적 중재는 교사가 관여할 수 있는 범위를 벗어나고 있으나, 교사 자신이 아동과의 관계나 아동에게 미치는 영향을 더 잘 이해할 수 있도록 함</td></tr>
</table>

에서는 단일모델별로 각 모델이 제안하는 정서행동장애의 원인 및 중재와 각 모델이 시사하는 교사를 위한 유용성을 구체적으로 살펴보고자 한다.

1) 생물학적 모델

(1) 원인

생물학적 모델(biological model)은 인간행동이 신경생리학적 기제(neurophysiological mechanism)와 관련이 있으며 따라서 정서행동장애가 생물학적 결함에 의해 초래된다고 본다(Kauffman & Landrum, 2009). 이러한 생물학적 결함으로는 유전적 영향, 뇌장애(뇌손상이나 뇌기능장애), 까다로운 기질 등이 있는데 이에 대해서는 제2장 1절의 '1) 생물학적 위험요인'을 참고하기 바란다.

(2) 중재

정서행동장애가 생물학적 결함에 의해 초래된다고 보는 생물학적 모델에서는 약물치료(drug therapy), 영양치료(nutrition therapy), 뉴로피드백치료(neurofeedback therapy), 감각통합치료(sensory integration therapy: SIT) 등과 같은 다양한 생물학적 중재가 사용된다. 그러나 생물학적 중재 가운데 약물치료는 많은 논쟁에도 불구하고 가장 널리 수용되고 있는 데 비해 영양치료, 뉴로피드백치료, 감각통합치료 등은 아직 과학적 증거가 다소 부족한 편이다. 이와 같은 다양한 생물학적 중재는 이 책 제6장 '생물학적 중재'에서 구체적으로 다루기로 한다.

생물학적 중재와 관련하여 한 가지 유념할 점은 생물학적 중재가 생물학적 결함의 해결을 목표로 하지 않을 수 있다는 것이다(Kauffman & Landrum, 2009). 왜냐하면 정서행동장애를 유발하는 유전적 영향, 뇌장애, 까다로운 기질 등은 그 치료가 현실적으로 제한적일 수 있기 때문이다. 그러나 정서행동장애의 생물학적 원인에 대한 이해가 정서행동장애의 중재와 예방에서 중요한 정보가 될 수 있다는 것 또한 간과해서는 안 될 점이다.

(3) 교사를 위한 유용성

생물학적 모델은 교사들에게 직접적이고 실제적인 시사점은 거의 제공하지 못한다(Kauffman & Landrum, 2009; Scheuermann & Hall, 2012). 왜냐하면 생물학적 모델이 제시하는 원인(유전적 영향, 뇌장애, 까다로운 기질 등)이나 중재(약물치료, 영양치료, 뉴로피드백치료, 감각통합치료 등)를 살펴볼 때 교사가 그러한 원인을 밝히거나 중재를 실시하는 것은 가능하지 않기 때문이다. 그러나 생물학적 모델은 교사가 문제행동을 더 잘 이해할 수 있도록 한다는 유익한 측면도 있다. 문제행동과 관련된 생물학적 결함들을 더 잘 이해하면 할수록 교사들은 이러한 생물학적 결함들이 학생들에게 미치는 영향을 최소화할 수 있는 환경을 제공하고자 좀 더 노력할 것이다.

2) 정신분석적 모델

(1) 원인

정신분석적 모델(psychoanalytic model)은 정신이 모든 인간행동의 기초가 된다고 가정하며(정옥분, 2007) 따라서 정서행동장애가 내적인 심리적 사건에 의해 발생한다고 설명한다(Scheuermann & Hall, 2012). 이와 관련하여 잘 알려진 두 가지 이론은 Sigmund Freud(1856~1939)의 심리성적 이론(psychosexual theory)과 Eric Erikson(1902~1994)의 심리사회적 이론(psychosocial theory)이다. 이 두 이론에 의하면 인간은 일련의 단계를 통하여 발달하며 각 발달단계에서는 그에 따른 심리적 갈등이 발생하는데 정서행동장애는 이러한 갈등이 해결되지 않았을 때 나타난다. 이 두 가지 이론에 대해 좀 더 구체적으로 살펴보면 다음과 같다.

① Freud의 심리성적 이론

Freud는 삶의 본능적 욕구 가운데 가장 본질적인 것을 성욕으로 보고 이러한 삶의 에너지, 즉 성적 에너지를 리비도(libido)라고 명명하였다. 그리고 리비도의 충족을 가져오는 신체부위가 어디인가에 따라 발달단계를 구강기(oral stage), 항문기(anal stage), 남근기(phallic stage), 잠복기(latency state), 생식기(genital stage)의 5단계로 분류하였다. 따라서 Freud의 이론은 심리성적 이론(psychosexual theory)이라고 부르고 그가 제시한 발달단계는 심리성적 발달단계(psychosexual developmental stages)라고 한다(정옥분, 2007). Freud에 의하면 각 단계마다 리비도가 과잉과 결핍 간의 균형을 이루면서 적절히 충족되어야 심리적으로 잘 적응된 사람으로 성장할 수 있는데, 만약 이러한 균형이 유지되지 않거나 그에 따른 갈등이 적절하게 해결되지 못하면 심리적인 어려움이나 이상행동이 나타나게 된다. 이와 같은 Freud의 심리성적 발달단계를

〈표 4-3〉 Freud의 심리성적 발달단계

단계	연령대	내용
구강기	출생 후 첫 1년	이 단계에서는 입과 구강부위가 쾌락의 주된 원천이므로 입에 닿는 물질은 무엇이든지 빠는 것과 같은 구강활동을 통해 쾌락을 추구한다. 이 시기에 이러한 쾌락에 대한 만족이 과다하거나 결핍되면 적응상의 문제를 가져올 수 있는데 만족이 과다한 경우 과음이나 과식 등이 나타나고 만족이 결핍된 경우는 신랄한 비판, 빈정거림 등이 나타난다.
항문기	1~2세	이 단계에서는 쾌락의 주된 원천이 항문 주위이므로 항문적 활동을 통해 쾌락을 얻는다. 즉, 배설을 미루는 억제나 배설을 하는 방출을 통해 만족을 얻는다. 이 시기에 배변훈련이 시작되는데 배설을 참아서 근육수축 쾌감에 고착하게 되면 결벽성이나 인색한 수전노 성향을 보이고 반면에 배설을 해서 근육이완 쾌감에 고착하게 되면 지저분하고 심한 낭비벽이 나타난다.
남근기	3~5세	이 단계에서는 쾌락의 주된 원천이 항문으로부터 성기로 옮겨가는데 이 시기의 아동은 남녀의 신체차이나 부모의 성역할 등에 대해 상당한 관심을 갖게 된다. 이 시기에 남아들은 어머니에게 성적인 욕망을 갖는 오이디푸스 콤플렉스(Oedipus complex)를 느끼고 또한 아버지가 자신의 성기를 없앨까 봐 염려하는 거세불안(castration anxiety)을 지니게 된다. 한편 여아들은 자신에게 남근이 없음을 알게 되면서 이를 부러워하는 남근선망(penis envy)을 갖게 되고 이 책임을 어머니에게 돌림으로써 어머니보다 아버지를 더 좋아하기 시작하는 엘렉트라 콤플렉스(Electra complex)를 느끼게 된다. 이러한 콤플렉스를 극복하는 과정에서 동일시(identification)가 나타나는데, 남아의 경우 어머니에 대한 성적 애정을 포기하고 아버지와 같은 남성다움을 갖기 위해 노력하며 여아의 경우에는 남근이 없다는 사실을 인정하고 어머니처럼 여성스럽게 되고자 노력한다. 만약 이 시기에 이러한 콤플렉스를 잘 극복하지 못하면 성불감증이나 동성애 등이 유발된다.
잠복기	6~12세	이 단계에서는 성적 본능, 공격적 행동 등이 잠복상태에 있게 되어 비교적 평온한 시기다. 이전 세 단계에서 투입되던 성적 에너지(즉, 리비도)는 이제 부모에 대한 애정을 발달시키고 동성 친구와의 강한 사회적 유대를 확립하는 데 집중된다. 이 시기에는 부모와의 동일시가 강력해지고 그로 인해 초자아가 더 발달된다. 정신분석가들에 의하면 아동이 자신을 부모와 동일시하는 잠복기에 중요한 사회적 · 도덕적 가치를 습득하게 된다.
생식기	13세 이후	이 단계에서는 성적 욕망이 다시 나타나는데 이전 단계에서와 같은 단순한 쾌감이 아니라 진정한 사랑의 대상을 찾아 만족을 얻고자 한다. 이 시기에는 잠복기에 확립되었던 원초아, 자아, 초자아 간의 균형을 잃으면서 갈등과 혼란을 겪기도 하는데 이때 자아는 방어기제를 사용하여 이러한 갈등에 대처한다. 만약 이전 네 단계를 성공적으로 완수하였다면 심리적으로 잘 적응하고 균형을 잘 이룰 수 있게 된다.

요약하여 제시하면 〈표 4-3〉과 같다.

또한 Freud는 원초아, 자아, 초자아라는 세 가지 정신구조를 제시하였다. 원초아(id)는 출생 시부터 존재하는 것으로 생물학적인 본능으로 구성되어 있으며 쾌락원리(pleasure principle)에 의해 지배된다. 자아(ego)는 출생 후 1년경에 원초아의 일부로부터 발달하여 개인으로 하여금 현실에 적응하도록 하는 기능을 하는데 현실을 고려하므로 현실원리(reality principle)를 따른다. 초자아(superego)는 출생 후 3년경에 자아로부터 발달하는데 현실보다 이상을 지향하고 쾌락보다는 완벽을 추구한다. 이와 같이 원초아는 출생 시부터 존재하고 자아와 초자아는 출생 후 형성되는데 이를 앞서 살펴본 5단계 심리성적 발달단계와 함께 도식으로 제시해 보면 [그림 4-2]와 같다. 일반적으로 원초아와 초자아는 서로 상반된 목적을 추구하기 때문에 본능적인 원초아와 이를 억제하려는 초자아 간에 긴장이 발생하고 이때 자아의 중재역할이 제대로 이루어지지 못하면 갈등을 느끼게 되는데 이것이 바로 불안이다(정옥분, 2007). 그리

[그림 4-2] 심리성적 발달단계와 정신구조들의 형성

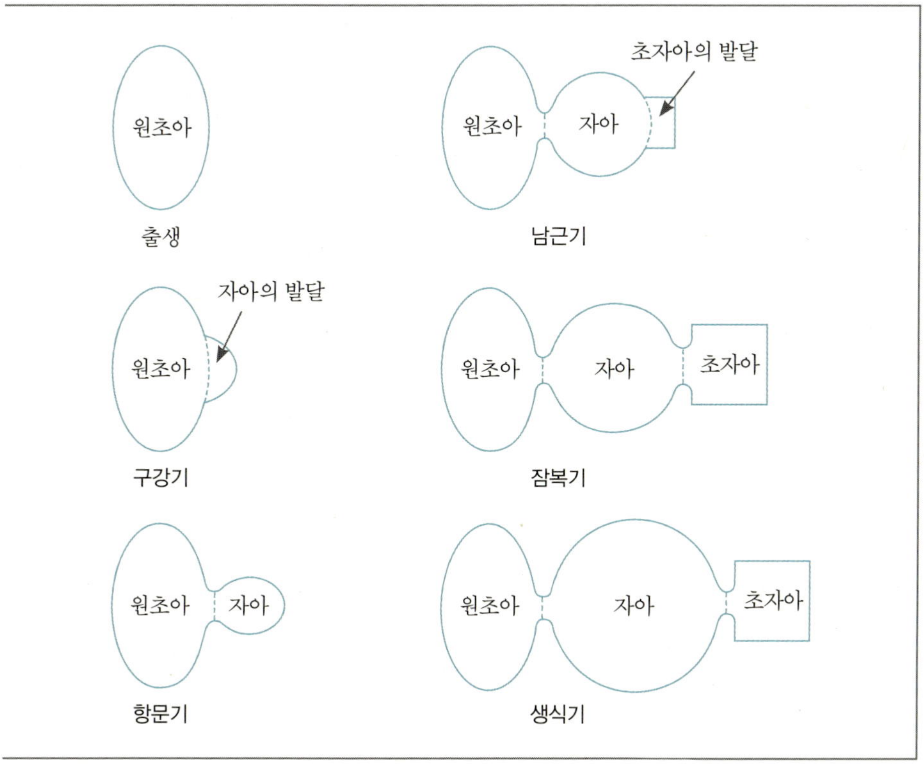

자료출처: Green, M., & Piel, J. A. (2002). *Theories of human development: A comparative approach*. Boston, MA: Allyn and Bacon. (p. 48 & p. 50)

고 자아는 이러한 불안으로부터 자신을 보호하기 위해 무의식적으로 방어기제를 사용한다. 즉, 방어기제(defense mechanism)란 정신구조들(원초아, 자아, 초자아) 간의 통합의 결여로 나타난 불안을 해소하기 위해 자아가 무의식 수준에서 사용하는 심리적 전략이라고 할 수 있다. [보충설명 4-1]에 제시되어 있듯이 방어기제는 여러 가지 유형으로 나타나지만 두 가지 공통된 특성을 가지고 있는데, 첫째는 현실을 부인하거나 왜곡한다는 점이고 둘째는 무의식적으로 작용한다는 점이다. 따라서 방어기제는 불안에서 자신을 보호하여 적응에 도움을 주는 긍정적인 역할을 할 수도 있지만 갈등 자체를 변화시키는 것이 아니라 관점만을 바꾸는 것이므로 무분별하게 사용되면 오히려 심리적인 부적응을 초래하는 부정적인 역할을 하기도 한다.

이와 같이 방어기제는 자아가 무의식 수준에서 사용하는 심리적 전략인데 Freud

[보충설명 4-1] 방어기제

방어기제(defense mechanism)란 정신분석이론의 용어로서 불안을 통제하기 위한 목적으로 현실을 부인하거나 왜곡하는 심리적 과정을 말한다(Wicks-Nelson & Israel, 2009). 즉, 방어기제는 자아가 수용할 수 없는 충동을 직시하기보다는 자아를 보호 또는 방어하기 위하여 사용하는 무의식적인 심리적 전략으로서 일종의 자기기만이다(박창호 외, 1998). 방어기제로는 다음과 같은 유형들이 있다.

- 부정(denial: 부인)

고통을 주는 사실이나 경험을 있는 그대로 인정하지 않고 부정하는 것

- 억압(repression)

위협적인 충동이나 생각을 의식으로부터 차단하려는 것

- 퇴행(regression)

비교적 단순한 초기의 발달단계로 후퇴하는 것

- 반동형성(reaction formation)

수용할 수 없는 생각, 욕구, 충동 등을 정반대의 것으로 표현하는 것

- 투사(projection)

수용할 수 없는 감정이나 동기를 다른 사람의 특성으로 돌려 버리는 것

[보충설명 4-1] 계속됨

• 내사(introjection: 투입, 함입)

외부의 대상을 자기 내면의 자아체계로 받아들이는 것(투사와는 정반대의 개념)

• 합리화(rationalization)

용납하기 힘든 태도, 생각, 행동에 대해 사회적으로 그럴듯한 설명이나 이유를 대는 것

• 이지화(intellectualization: 지성화, 지식화)

어떤 문제로부터 위협을 받고 있을 때 그러한 문제들을 분석하고 지성적으로 다루는 척하면서 그 문제에서 벗어나려는 것

• 전위(displacement: 전치, 치환)

갈등을 풀기 위해 한 대상에서 다른 대상으로 이동하는 것(즉, 자신의 무의식적 욕구를 덜 위협적인 대상에게 표출하는 것)

• 승화(sublimation)

사회적으로 수용될 수 없는 욕구나 충동을 사회적으로 용납될 수 있는 형태로 나타내는 것

에 의하면 정신은 의식, 전의식, 무의식의 세 가지 층으로 이루어져 있다. 의식(consciousness)은 자신이 주의를 기울이는 순간에 곧 알아차릴 수 있는 정신작용 부분이고, 전의식(preconsciousness)은 주의를 집중하고 노력하면 의식이 될 수 있는 부분이며, 무의식(unconsciousness)은 자신이 전혀 의식하지 못하는 정신작용의 부분이다(정옥분, 2007). Freud는 정신을 빙산에 비유하여 물 위에 떠 있는 작은 부분이 의식, 파도에 의해 물표면 위로 나타나기도 하고 아래로 잠기기도 하는 부분이 전의식, 물속에 잠겨 있는 부분이 무의식이라고 보았으며 빙산의 대부분이 물속에 잠겨 있듯이 정신의 대부분은 의식 수준의 아래에 존재한다고 하였다. 따라서 Freud는 무의식 수준의 갈등과 위기가 문제행동을 이해하는 열쇠라고 믿었다(Wicks-Nelson & Israel, 2009). [그림 4-3]은 정신작용의 세 가지 수준을 앞서 살펴본 세 가지 정신구조와 함께 제시하고 있다.

[그림 4-3] Freud의 정신구조들과 정신작용 수준

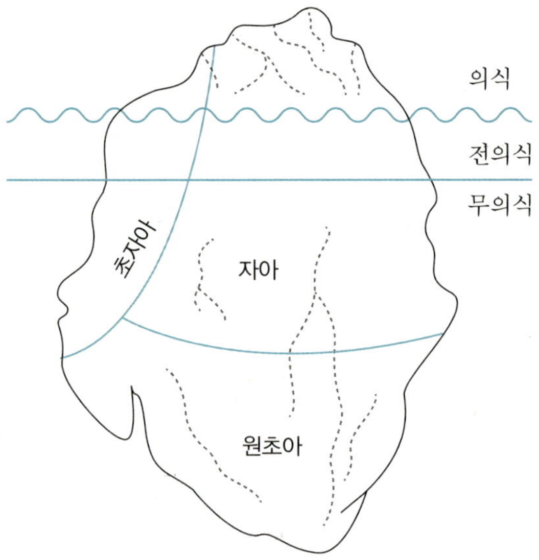

수정발췌: 정옥분(2007). 전생애 인간발달의 이론(개정판). 서울: 학지사. (p. 55)

② Erikson의 심리사회적 이론

Freud의 추종자였던 Erikson은 심리적 발달에 본능뿐만 아니라 사회와 문화의 영향을 포함시킴으로써 정신분석 이론을 확장시켰다(Shepherd, 2010). 즉, Erikson은 내적인 본능적 욕구와 외적인 사회적·문화적 요구 간의 상호작용으로 인해 심리사회적 발달이 전생애를 통해 계속된다고 하였다(정옥분, 2007). 따라서 Erikson의 이론은 심리사회적 이론(psychosocial theory)이라 부르고 그가 제시한 발달단계는 심리사회적 발달단계(psychosocial developmental stages)라고 한다. 5단계로 구성된 Freud의 심리성적 발달단계와는 달리 Erikson의 심리사회적 발달단계는 8단계로 구성되어 있는데 매 단계마다 성취해야 할 발달과업과 극복해야 할 위기(또는 갈등)가 있다. 만약 특정 단계에서 발달과업과 갈등이 성공적으로 해결되지 못하더라도 일정한 연령에 도달하면 생물학적 성숙이나 사회적 압력에 의해 다음 단계로 진행되지만 해결되지 못한 발달과업과 갈등은 그대로 남아 있게 될 뿐 아니라 새 단계에서의 발달과업과 갈등의 성공적인 해결에도 어려움을 주게 된다. 이와 같은 Erikson의 심리사회적 발달단계를 요약하여 제시하면 〈표 4-4〉와 같다.

〈표 4-4〉 Erikson의 심리사회적 발달단계

단계	연령대	발달과업과 위기	내용
영아기	출생 후 첫 1년	신뢰감 대 불신감	유아는 양육자와 신뢰관계를 형성해야 한다. 그렇지 않으면 불신감이 형성된다.
유아기	1~2세	자율성 대 수치감과 회의감	걷기, 잡기, 괄약근 통제를 포함하는 신체적 기술을 발달시키는 데 에너지가 집중된다. 통제를 제대로 못하게 되면 수치감과 회의감이 나타난다.
아동기 초기	3~5세	주도성 대 죄책감	좀 더 단호해지려 노력하고 주도권을 잡으려고 애쓴다. 이 과정에서 다른 사람에게 상처를 주게 되면 죄책감을 느끼게 된다.
아동기 후기	6~12세	근면성 대 열등감	새롭고 복잡한 기술을 습득해야 한다. 그렇지 않으면 열등감을 느끼게 된다.
청년기	13~19세	정체감 대 역할 혼미	자신이 누구인가에 대한 정체감을 확립해야 한다. 그렇지 않으면 역할 혼미를 겪게 된다.
성년기	20~30대	친밀감 대 고립감	다른 사람들과 친밀한 관계를 형성해야 한다. 그렇지 않으면 고립감을 경험하게 된다.
장년기	40~50대	생산성 대 침체감	다음 세대를 위해 일하거나 그들에게 보다 더 나은 세상을 만들어 주는 데 기여해야 한다. 그렇지 않으면 침체감을 느끼게 된다
노년기	60대 이후	자아통합감 대 절망감	이전 일곱 단계의 발달과업과 위기를 성공적으로 해결하였다면 자신의 삶에서 무언가를 성취했다고 느끼고 있는 그대로의 자신을 받아들이는 자아통합감을 갖게 된다. 그렇지 않으면 자신의 삶을 소비했다고 느끼고 절망감을 갖게 된다.

수정발췌: 정옥분(2007). 전생애 인간발달의 이론(개정판). 서울: 학지사. (p. 68)

(2) 중재

정서행동장애가 발달단계(심리성적 발달단계나 심리사회적 발달단계)에서 해결되지 못한 갈등, 무의식 수준의 갈등, 또는 방어기제의 무분별한 사용 등에 의해 초래된다고 보는 정신분석적 모델에서는 정신분석적 심리치료(psychoanalytic psychotherapy), 정신분석적 놀이치료(psychoanalytic play therapy), 정신분석적 미술치료(psychoanalytic art therapy) 등 다양한 정신분석적 중재가 사용된다. 이와 같은 다양한 정신분석적 중재는 이 책의 제7장 1절 '정신분석적 중재'에서 구체적으로 다루기로 한다.

정서행동장애에 대한 정신분석적 중재는 비교적 잘 훈련된 전문가(예: 심리치료사, 놀이치료사, 미술치료사)에 의해 실시되지만 그 효과를 검증하는 연구들이 주로 사례연구라는 점에서 한계가 있다. 비록 일부 연구자들은 현재의 실험연구 방법으로는 인간의 미묘하고 복잡한 심리현상을 다룰 수 없기 때문에 사례연구를 통해 접근할 수밖에 없다고 주장하기도 하지만(권석만, 2023b), 현재로서는 정서행동장애에 대한 정신분석적 중재가 널리 수용되고 있는 편은 아니다(Kauffman & Landrum, 2009; Shepherd, 2010).

(3) 교사를 위한 유용성

정신분석적 모델은 학급에서 사용될 수 있는 가능성 측면에서 본다면 교사들에게 그다지 유용해 보이지는 않는다. 왜냐하면 앞서 언급되었듯이 정신분석적 중재는 훈련된 전문가에 의해 실시되는데 대부분의 교사들은 정신분석적 중재에 대한 훈련을 받지 않았을 뿐 아니라 학생들의 학업지도 및 다른 책무로 인해 시간이 집중되는 정신분석적 중재를 사용하는 데 한계가 있기 때문이다(Scheuermann & Hall, 2012).

3) 행동적 모델

(1) 원인

행동적 모델(behavioral model)은 개인의 학습경험이 인간행동의 근원이 된다고 가정하며 따라서 정서행동장애가 잘못된 학습 혹은 부적절한 학습에 의해 나타난다고 본다. 이와 관련하여 잘 알려진 두 가지 학습이론은 Ivan Pavlov(1849~1936)의 반응적 조건형성 이론과 Burrhus Frederic Skinner(1904~1990)의 조작적 조건형성 이론이다. 이 두 이론에 의하면 환경을 재구성함으로써 새로운 학습경험을 하게 되면 행동에 변화를 가져올 수 있으며 행동을 이해하기 위해서는 직접 관찰하고 측정할 수 있는 행동을 연구하는 것이 중요하다. 이 두 가지 이론에 대해 좀 더 구체적으로 살펴보면 다음과 같다.

① Pavlov의 반응적 조건형성 이론

반응적 조건형성 이론(respondent conditioning theory)은 Pavlov에 의해 발전된 이론이다. 반응적 조건형성(respondent conditioning)은 고전적 조건형성(classical

〈표 4-5〉 반응적 조건형성을 구성하는 자극과 반응

구분	자극 또는 반응	내용
자극	중립자극(NS)	반응을 유도하지 못하는 자극
	무조건자극(UCS)	이전 학습이나 조건형성 없이 반응을 유도하는 자극
	조건자극(CS)	반응을 유도하는 다른 자극과 짝지어짐으로써 반응을 유도하게 되는 자극
반응	무조건반응(UCR)	무조건자극에 의해 유도되는 반응
	조건반응(CR)	조건자극에 의해 유도되는 반응

conditioning)이라고도 하는데 그 이유는 반응적 조건형성이 처음으로 확인된 조건형성 유형이기 때문이다(Martin & Pear, 2011). 반응적 조건형성을 이해하기 위해서는 우선 반응적 조건형성을 구성하는 자극과 반응의 종류를 이해할 필요가 있는데 이는 〈표 4-5〉에 제시되어 있다. Pavlov는 실험을 통해 개가 침을 흘리는 여러 가지 상황을 관찰하였는데 우선 개에게 음식을 주기 전에 종을 울렸다. 이때 개가 침을 흘리는 반응을 보이지 않았으므로 종소리는 반응을 유도하지 못하는 자극인 중립자극(neutral stimulus: NS)이다. 그다음 Pavlov가 개에게 음식을 주자 개가 침을 흘렸는데 이때 음식은 이전 학습이나 조건형성 없이 반응을 유도하는 자극인 무조건자극(unconditioned stimulus: UCS)이고 개가 침을 흘린 것은 무조건자극에 의해 유도되는 무조건반응(unconditioned response: UCR)이다. 다음으로 Pavlov는 개에게 무조건자극인 음식물을 주면서 중립자극인 종소리도 같이 들려주는 것을 반복하였다. 그다음에 Pavlov가 개에게 종소리만 들려주자 개가 침을 흘렸다. 이때 종소리는 더 이상 중립자극이 아니라 반응을 유도하는 다른 자극과 짝지어짐으로써 반응을 유도하게 되는 자극인 조건자극(conditioned stimulus: CS)이며 이 종소리에 의해 개가 침을 흘린 것은 조건자극에 의해 유도되는 반응인 조건반응(conditioned response: CR)이다. 즉, 반응적 조건형성이 이루어진 것이다. 요약하면, 반응적 조건형성이란 반응을 유도하는 어떤 자극과 새로운 자극을 짝지어서 새로운 자극에 반응이 나타나도록 하는 과정을 말하며 반응적 행동(respondent behavior)이란 앞선 자극에 의해 부득이하게 유도되며(elicited) 결과에 영향을 받지 않는 행동을 말한다(Martin & Pear, 2011).

② Skinner의 조작적 조건형성 이론

조작적 조건형성 이론(operant conditioning theory)은 Skinner에 의해 제안된 이론이다. Skinner는 지렛대를 누르면 먹이접시에 먹이가 떨어지도록 고안된 'Skinner 상자'에 쥐를 넣어두고 관찰하는 실험을 하였다. 처음에 쥐는 왼쪽으로 돌았다가 오른쪽으로 돌기도 하고 벽에 부딪히기도 하면서 이리저리 돌아다니다가 우연히 지렛대를 누르게 되고 먹이접시에 먹이가 떨어지는 것을 보게 된다. 쥐는 지렛대를 누르는 것과 먹이가 떨어지는 것 사이의 연관성을 학습하게 되고 반복적으로 지렛대를 누르게 된다. 즉, 조작적 조건형성이 이루어진 것이다. 요약하면, 조작적 조건형성(operant conditioning)이란 강화를 통해 어떤 행동이 증가하도록 하거나 벌을 통해 어떤 행동이 감소하도록 하는 과정을 말하며 조작적 행동(operant behavior)이란 결과를 만들어 내기 위해 환경에 조작을 가하고 역으로 그 결과에 의해 영향을 받는 행동을 말한다(Martin & Pear, 2011).

이와 같은 Skinner의 조작적 조건형성과 Pavlov의 반응적 조건형성의 가장 큰 차이점은 반응적 조건형성이 행동에 선행하는 자극에 관심을 두는 반면 조작적 조건형성은 행동에 뒤따르는 결과에 관심을 둔다는 것이다(임규혁, 임웅, 2007). 따라서 반응적 행동은 반응을 유도하는 자극에 의해 전적으로 통제되는 데 비해 조작적 행동은 그 행동이 야기하는 결과에 의해 통제된다(정옥분, 2007).

(2) 중재

정서행동장애가 잘못된 학습 혹은 부적절한 학습에 의해 초래된다고 보는 행동적 모델에서는 강화(reinforcement), 토큰경제(token economy), 차별강화(differential reinforcement), 소거(extinction), 벌(punishment) 등의 다양한 행동수정 기법을 사용하는 전통적 행동중재가 일반적으로 사용된다. 이와 같은 다양한 행동수정 기법은 이 책의 제7장 2절 '행동적 중재'에서 구체적으로 다루기로 한다.

전통적 행동중재와 더불어 긍정적 행동지원(positive behavior support: PBS)도 정서행동장애의 행동적 중재 접근으로 널리 소개되고 있다. 긍정적 행동지원(PBS)은 중도장애인들이 보이는 심각한 문제행동을 중단시키기 위해 사용되어 온 매우 처벌적이고 제약적인 중재에 대한 논쟁이 1980년대 중반에 야기되고(Donnellan, LaVigna, Zambito, & Thvedt, 1985; Evans & Meyer, 1985; LaVigna & Donnellan, 1986) 이어 중도장애인들의 문제행동을 비혐오적인 방법으로 중재해야 한다는 주장이 제기되자 1990년

Horner 등이 이러한 접근을 "긍정적 행동지원(positive behavioral support)"(p. 126)이라는 새로운 용어로 명명하면서 등장하였다. 즉, 앞서 언급된 전통적 행동중재는 심각한 문제행동을 중재하기 위해 필요한 경우 다소 혐오적인 방법을 사용할 수 있다는 입장이고 긍정적 행동지원은 어떠한 경우에도 혐오적인 방법을 사용해서는 안 된다는 입장이다. 이 두 가지 입장에 대한 구체적인 내용은 이 책의 제7장 2절 '행동적 중재'에서 다루기로 한다.

또한 앞서 제1장 4절 '정서행동장애의 정의'에서 교육적 정의와 관련하여 언급하였듯이 근래 학생들의 정서행동문제가 심각해지면서 교육현장에서 예방에 초점을 둔 학교차원의 긍정적 행동지원(schoolwide positive behavior support: SW-PBS)에 대한 관심이 높아지고 있다. 학교차원의 긍정적 행동지원(SW-PBS)은 장애 유무와 상관없이 모든 학생의 행동을 다루기 위해 앞에서 언급된 긍정적 행동지원(PBS)을 학교 전체에 체계적으로 적용하는 접근이라고 할 수 있다. 이에 대한 구체적인 내용도 이 책의 제7장 2절 '행동적 중재'에서 다루기로 한다.

(3) 교사를 위한 유용성

행동적 모델은 다른 모델과 비교해 볼 때 가장 과학적인 증거에 기반하고 있을 뿐 아니라 교사들에게도 가장 유용한 모델이라고 할 수 있다(Cullinan, Epstein, & Lloyd, 1991; Scheuermann & Hall, 2012). 그 이유는 행동적 중재에서 사용되는 행동수정 기법들은 교사들에게 잘 알려져 있기 때문인데, 예를 들어 대부분의 교사는 강화나 차별강화를 어떻게 사용하는지에 대한 개념을 가지고 있다(Scheuermann & Hall, 2012). 그러나 한 가지 유념할 사항은 교사들이 행동수정 이론을 충분히 이해하여 행동수정 기법들을 정확하게 적용할 수 있어야 한다는 것이다.

4) 인지적 모델

(1) 원인

인지적 모델(cognitive model)은 인간의 행동은 환경사건 자체에 대한 반응이 아니라 그 사건이 의미하는 바에 대한 반응이라고 가정하며(김은혜, 2005; 연규월, 2012) 따라서 정서행동장애가 환경사건에 기인하기보다는 환경사건에 대한 부적응적인 인지적 과정(maladaptive cognitive process)에 기인한다고 본다(Kazdin, 2001). 인지적 과정(cognitive process)이란 사고(thought), 인식(perception), 기대(expectation), 믿음(belief), 귀인(attribution) 등의 일련의 정신적 사건을 말하는데(Kazdin, 2001) 부적응적인 인지적 과정으로는 인지적 왜곡과 인지적 결함이 있다. 인지적 왜곡(cognitive distortion)은 정확하지 않은 역기능적 사고과정을 의미하며(Kendall, 2006) 그 예로는 우울한 아동이 다른 사람들은 자신을 또래보다 능력이 부족하다고 생각하지 않는데도 불구하고 자신을 그렇게 보는 것이다. 인지적 왜곡의 유형은 학자에 따라 다양하게 제시되고 있으나 흔히 나타나는 인지적 왜곡을 제시해 보면 〈표 4-6〉과 같다. 인지적 결함(cognitive deficiency)은 생각의 부재를 의미하는데(Kendall, 2006) 충동적인 아동이 사전에 생각을 하지 않거나 계획적이지 못한 것이 그 예라고 할 수 있다. 즉,

〈표 4-6〉 인지적 왜곡의 유형

인지적 왜곡	내용
이분법적 사고 (all-or-nothing thinking)	• 어떤 일을 극단의 두 범주로만 나누어 평가하는 것 • 양극화된 사고(polarized thinking)라고도 함
속단하기 (jumping to conclusions)	• 아무런 근거가 없는데도 어떤 일을 부정적으로 간주하는 것
정신적 여과 (mental filter)	• 어떤 상황에서 부정적인 특정 사항 하나를 선택해 그것만 강조하여 전체 상황을 부정적으로 지각하는 것
과잉일반화 (overgeneralization)	• 아주 적은 예를 근거로 일반적인 결론을 내리는 것
개인화 (personalization)	• 자신과 무관하게 발생한 부정적 사건에 대해 자신이 원인이라고 생각하거나 타인의 행동에 대해 자신을 두고 하는 것이라고 생각하는 것
과장하기 또는 축소하기 (magnification or minimization)	• 자신의 불완전성을 확대하거나 장점을 축소하는 것 • 과장하기의 하위유형으로 파국화(catastrophization)가 있는데 이는 모든 일에서 최악의 결과를 상상하는 것임
정서적 추론 (emotional reasoning)	• 객관적 사실보다는 자신이 느끼는 바를 근거로 판단하는 것
당위적 진술하기 (making should statements)	• 동기부여를 직면한 실제 상황보다는 '해야만 한다'나 '해서는 안 된다' 등의 당위적 사고에 기대는 것
낙인찍기 (labeling)	• 특정 행동을 기술하기보다는 절대적이고 변경할 수 없는 용어로 자신이나 타인을 명명하는 것 • 과잉일반화의 극단적인 형태이기도 함

인지적 모델에서는 인지적 결함을 문제해결의 무능력(inability to problem solve)으로 본다(Webber & Plotts, 2008).

또한 인지적 모델은 인지적 과정이 개인의 통제하에 있다고 가정하며 따라서 정서행동장애가 자기통제의 결여(lack of self-control)에 기인한다고 본다(Webber & Plotts, 2008). 많은 정서행동장애학생은 자신의 삶을 본인이 거의 통제하지 못한다고 믿는다(Heward, 2009).

(2) 중재

인지적 모델에서는 정서행동장애가 부적응적인 인지적 과정(인지적 왜곡, 인지적 결함) 또는 자기통제의 결여에 기인한다고 본다. 따라서 행동을 변화시키기 위해서는 인지적 왜곡, 인지적 결함, 또는 자기통제의 결여에 변화가 필요한데, 이는 인지적 왜곡은 인지적으로 재구성될 필요가 있다는 것을 암시하고 인지적 결함은 새로운 인지적 전략이나 기술을 배워야 한다는 것을 암시하며 자기통제의 결여는 자신의 활동을 통제하는 전략을 배울 필요가 있다는 것을 암시한다(Webber & Plotts, 2008). 따라서 인지적 중재는 인지적 왜곡에 대한 중재인 인지적 재구조화(cognitive restructuring), 인지적 결함에 대한 중재인 인지적 대처기술 훈련(cognitive coping skills training), 그리고 자기통제의 결여에 대한 중재인 자기관리 훈련(self-management training)의 세 가지 유형으로 구분된다(이승희, 2013).

첫 번째 유형인 인지적 재구조화는 비합리적이거나 역기능적인 사고를 합리적 사고로 대치하는 데 초점을 맞추며 학교에서도 사용될 수 있지만 주로 임상장면에서 관련 전문가에 의해 실시되는데, 이 유형에 속하는 방법으로 Ellis의 합리적-정서행동치료(rational-emotive behavior therapy: REBT)와 Beck의 인지적 치료(cognitive therapy)가 있다. 두 번째 유형인 인지적 대처기술 훈련은 문제를 해결하는 기술이나 자신의 행동을 조절하는 기술을 가르치는 데 초점을 두며 주로 학교나 교육기관에서 사용되는데, 이 유형에 속하는 방법으로는 D'Zurilla와 Goldfried의 문제해결 훈련(problem-solving training)과 Meichenbaum과 Goodman의 자기교수 훈련(self-instruction training)이 있다. 세 번째 유형인 자기관리 훈련은 자신의 활동을 효과적으로 통제하는 기법이나 전략을 가르치는 데 초점을 두는 학교중심의 중재방법으로서 자기점검(self-monitoring), 자기평가(self-evaluation), 자기강화(self-reinforcement) 등이 이 유형에 포함된다. 이러한 방법들에 대한 구체적인 내용은 이 책의 제7장 3절

'인지적 중재'에서 다루기로 한다.

(3) 교사를 위한 유용성

앞서 살펴본 행동적 모델이 1950년대와 1960년대에 출현한 데 비해(Martin & Pear, 2011) 인지적 모델은 1960년대와 1970년대에 등장하기 시작하여(Martin & Pear, 2011; Webber & Plotts, 2008) 아직 행동적 모델만큼 과학적 기반을 갖추지는 못하였지만 많은 과학적 증거를 축적해 가고 있을 뿐 아니라 임상전문가 및 교육전문가들의 많은 관심을 받고 있다. 인지적 중재 또한 교사들에게 유용한 것으로 보이는데, 주로 임상전문가에 의해 실시되는 인지적 재구조화보다는 학교나 교육기관에서 사용되는 인지적 대처기술 훈련이나 학교중심의 중재기법인 자기관리 훈련이 교사에게 특히 더 유용하다고 하겠다.

5) 생태학적 모델

(1) 원인

생태학적 모델(ecological model)은 인간발달이 개인과 환경의 상호작용을 통해 이루어진다고 가정하며 따라서 정서행동장애가 개인과 환경의 부조화로 인해 나타난다고 본다. 즉, 생태학적 모델에서는 아동의 환경(가족, 또래, 학교, 지역사회, 대중매체 등)을 정서행동장애의 원인으로 간주하는데, 아동의 행동과 환경적 요구가 조화를 이루지 않으면 아동은 어떤 유형의 정서행동장애를 갖게 된다(Shepherd, 2010). 이와 관련하여 잘 알려진 이론은 Urie Bronfenbrenner(1917~2005)가 생태학을 인간발달에 적용한 생태학적 체계 이론(ecological systems theory)이다. 따라서 이 이론을 이해하기 위해서는 생태학의 개념에 대한 이해가 필요하므로 다음에서는 먼저 생태학에 대해 간단히 살펴본 후 Bronfenbrenner의 생태학적 체계 이론에 대해 좀 더 구체적으로 살펴보기로 한다.

① 생태학

생태학(生態學, ecology)이라는 용어는 1869년 독일의 생물학자인 Ernst Heinrich Haeckel(1834~1919)이 '생물과 환경 및 함께 생활하는 생물과의 관계를 논하는 과학'으로 정의하면서 만들었는데, 그가 사용한 독일어 ökologie라는 단어는 그리스어

oikos(사는 곳)와 logos(학문)의 합성어다. 따라서 생태학이란 사는 곳에 대한 학문, 즉 생물 상호 간의 관계 및 환경과의 관계를 연구하여 밝혀내려는 학문이라고 할 수 있다.

1920년대에 접어들면서 생태학을 인간사회로 확대하려는 시도가 나타났고, 1960년대 중반 이후에는 환경오염과 관련하여 생태학이라는 용어가 널리 사용되었으며(정옥분, 2007), 1970년대에는 생태학이 인간발달에도 적용되기 시작하였다. 따라서 현재 생태학이란 생물학적 유기체와 그 유기체가 속한 사회적 · 물리적 환경 간에 존재하는 복잡하면서도 짜임새 있는 상호의존적인 체계에 관해 연구하는 학문분야로 이해되고 있다(정옥분, 2007).

② Bronfenbrenner의 생태학적 체계 이론

Bronfenbrenner는 생태학을 인간발달에 적용하여 1979년에『인간발달생태학(The Ecology of Human Development)』이라는 저서를 발간하였는데, 그에 의하면 인간발달

[그림 4-4] Bronfenbrenner의 생태학적 체계

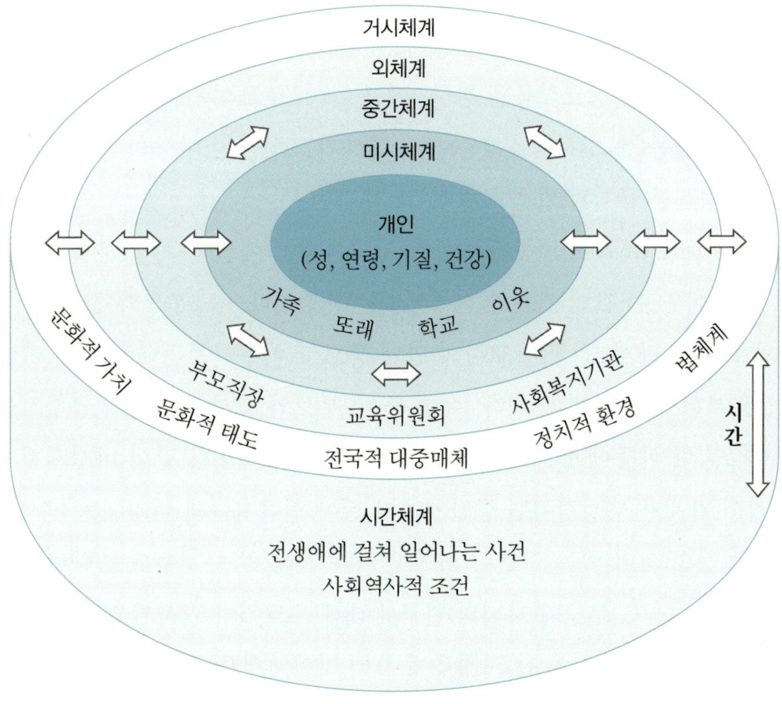

수정발췌: Santrock, J. W. (2010). *A topical approach to life-span development* (5th ed.). New York, NY: McGraw-Hill. (p. 27)

생태학은 능동적으로 성장해 가고 있는 인간 유기체와 그가 살고 있는 변화하는 속성을 지닌 인접 환경 간에 전생애에 걸쳐 일어나는 점진적인 상호조절 과정을 과학적으로 연구하는 학문으로 정의된다. 또한 Bronfenbrenner(1989, 1995)는 아동발달과 관련하여 생태학적 체계 이론(ecological systems theory)을 발달시켰는데, 이 이론은 다섯 가지 환경체계(미시체계, 중간체계, 외체계, 거시체계, 시간체계)에 초점을 둔 환경체계 이론(environmental systems theory)이다(Santrock, 2010). Bronfenbrenner는 아동의 발달을 보다 정확히 이해하고 그들에게 도움을 주기 위해서는 아동에게 영향을 주는 환경의 개념이 보다 확장되어야 한다고 주장한다. 또한 그는 확장된 환경과 아동의 상호작용을 중시하면서 아동은 단순히 환경으로부터 영향을 받는 존재가 아니라 환경에 영향을 주기도 하는 능동적인 존재임을 강조한다(임규혁, 임웅, 2007). [그림 4-4]는 Bronfenbrenner의 생태학적 체계 이론에 제시된 다섯 가지 환경체계를 제시하고 있는데 체계별로 그 내용을 살펴보면 다음과 같다.

- 미시체계(microsystem): 미시체계란 아동이 살고 있는 환경, 즉 아동에게 가장 인접해 있는 환경이다. [그림 4-4]에 보이듯이 미시체계에는 가족, 또래, 학교, 이웃 등의 구성물(structure)이 포함된다. 아동은 부모, 친구, 교사들과 대부분 직접적이고 능동적인 상호작용을 한다. 예를 들어, 부모의 부적절한 양육방식이 아동의 문제행동(예: 반사회적 행동)을 초래하기도 하지만 아동의 문제행동이 부모에게서 엄격한 규칙과 벌을 유발시킬 수도 있다.
- 중간체계(mesosystem): 중간체계란 미시체계 내에 있는 구성물들(예: 가족, 또래, 학교, 이웃 등) 간의 관계로 이루어지는 환경이다. 즉, 부모와 친구의 관계, 부모와 교사의 관계, 친구와 교사의 관계 등으로 이루어지는데 아동은 이러한 관계들로부터 영향을 받게 된다. 예를 들어, 부모와 교사의 관계가 긍정적일 때와 부정적일 때 아동에게 미치는 영향은 다를 것이다. 이와 같이 미시체계 구성물들 간의 관계가 부정적이면 중간체계의 질이 떨어지는데 여기에는 미시체계 구성물들 간의 의미 있는 연결이 거의 없거나 전혀 없는 경우도 포함된다(정옥분, 2007). 예를 들어, 부모가 자녀의 친구에 대해 모르거나 교사가 아동의 친구에 대해 모르는 경우다. 이와 같은 경우에 특히 미시체계 구성물들이 제각기 다른 가치관을 표방하게 되면 잠재적인 위험도 따른다. 예를 들면, 친구들은 음주, 흡연 등을 부추기고 강화하는 반면 부모나 교사는 이러한 행동들을 금지하고 벌하는

경우다.

- 외체계(exosystem): 외체계란 아동이 직접 참여하지는 않지만 아동에게 영향을 미치는 사회적 환경이다. [그림 4-4]에 보이듯이 외체계에는 부모직장, 교육위원회, 사회복지기관 등의 구성물이 포함된다. 아동은 이런 구성물들과 직접적인 상호작용을 하지 않지만 이런 구성물로부터 간접적으로 영향을 받게 된다. 예를 들어, 부모의 직장환경이 불만족스럽고 억압적이면 부모와 자녀의 상호작용 방식에 영향을 줄 수 있으며 육아휴직의 가능 여부도 아동의 발달에 영향을 미칠 것이다. 또한 아동은 교육위원회에 참여하지는 않지만 교육위원회의 결정(예: 도서관 폐관, 음악이나 미술과 같은 특정 과목에 대한 예산 감축, 방과후 활동 폐지 등)에 의해 영향을 받는다.
- 거시체계(macrosystem): 거시체계란 아동이 살고 있는 문화적 환경이다. 문화란 한 세대에서 다음 세대로 전수되는 행동유형, 신념, 관습 등을 일컫는다(정옥분, 2007). [그림 4-4]에 보이듯이 거시체계에는 문화적 가치, 문화적 태도, 전국적 대중매체, 정치적 환경, 법체계 등의 구성물이 포함되어 있는데 이들은 하위체계(미시체계, 중간체계, 외체계)에서도 일관되게 나타난다. 따라서 거시체계는 아동의 삶에 직접적으로 개입하지는 않으나 아동의 발달에 지속적이고 강력한 영향을 미친다고 할 수 있다. 예를 들어, 미국에서 성장하는 다문화가정 자녀와 우리나라에서 성장하는 다문화가정 자녀가 받는 거시체계의 영향은 다를 수 있으며, 아동학대에 대한 엄중한 법체계를 갖춘 나라와 그렇지 못한 나라에 사는 아동들의 삶도 차이가 있을 것이다.
- 시간체계(chronosystem): 시간체계는 Bronfenbrenner가 생태학적 체계로 처음에는 네 가지 체계(미시체계, 중간체계, 외체계, 거시체계)만 소개하였다가 시간이 흐르면서 발생하는 특정 사건들과 문화의 변화와 같은 시간적 영향을 설명하기 위하여 나중에 추가한 체계다(Berger, 2011)(저자주: 시간체계는 전이체계 또는 연대체계로 번역되기도 함). 시간체계란 개인의 환경에서 발생하는 사건들의 양식과 생애에 있어 전환점이 되는 중요한 역사적 · 사회적 사건들로 이루어지는 환경적 조건이다(한국교육심리학회, 2000). [그림 4-4]에 보이듯이 시간체계에는 전생애에 걸쳐 일어나는 사건과 사회역사적 조건이 포함된다. 전생애에 걸쳐 일어나는 사건이란 아동이 성장함에 따라 겪게 되는 사건을 말하는데, 이러한 사건들은 외적인 사건(예: 동생의 출생)이거나 내적인 사건(예: 첫 월경)일 수 있고 통상적

인 사건(예: 입학, 사춘기, 취업, 결혼, 은퇴)이거나 비통상적인 사건(예: 가족구성원의 죽음, 이혼, 이사, 복권당첨)일 수도 있다(Bronfenbrenner, 2005). 그리고 사회역사적 조건이란 사회역사적으로 발생하는 상황을 말하는데 이러한 상황의 예로는 전쟁 또는 경제적 공황 등이 있다. 이와 같이 일생을 통해 일어나는 사건이나 사회역사적으로 발생하는 상황들은 아동발달에 영향을 주고 그러한 영향은 시간의 경과에 따라 변하게 된다. 예를 들어, 부모의 이혼이 아동에게 미치는 부정적 영향은 아동의 성별에 따라 차이가 있을 뿐 아니라 시간의 경과에 따라 변하기도 한다. 관련연구(Hetherington, 1989; Hetherington, Cox, & Cox, 1982)에 따르면, 이혼의 부정적 영향(정서적 불안이나 혼란)은 이혼한 첫해에 최고조에 달하며 여아보다 남아에게 더 크게 작용한다. 이런 부정적 영향은 2년이 지나서야 서서히 감소하며 가족관계 역시 이때부터 점차 안정적이 된다.

이상에서 살펴본 바와 같이, 환경은 하나의 고정된 방식으로 아동에게 영향을 주는 정적인 것이 아니라 역동적이고 항상 변화하는 것이다. 그리고 아동은 인생의 각기 다른 시점에서 생태적 체계와 상호작용할 때 지난 경험을 바탕으로 자신들의 환경을 창조하고 수정해 나간다. 따라서 아동은 환경의 산물이자 생산자라고 할 수 있다(Berk, 1999). 이처럼 생태학적 체계 이론은 발달과정에서 아동을 능동적인 존재로 보고 있으나 생물학적 영향력을 간과하고 있다는 비판을 받고 있다. 이에 Bronfenbrenner(1995, 2001)는 생물학적인 영향을 첨가하여 생태학적 체계 이론(ecological systems theory)을 생물생태학적 이론(bioecological theory)으로 명칭을 바꾸었다. 하지만 인간발달에 대한 생물학적 기여에 대해서는 거의 언급하지 않아 그의 이론에서는 여전히 생태학적 · 환경적 영향이 우세하다고 할 수 있다(정옥분, 2007; Ceci, 2006).

(2) 중재

정서행동장애가 아동만의 문제가 아니라 아동이 속한 환경(가족, 또래, 학교, 지역사회, 대중매체 등)에도 문제가 있다고 가정하는 생태학적 모델에서는 아동의 변화뿐 아니라 가정, 학교, 지역사회 등의 변화를 추구하는 중재가 요구된다. 그러나 생태학적 모델에 대한 주요 비판 중 하나는 관련전략을 적용하기가 어렵다는 것이다(Webber & Plotts, 2008). 따라서 생태학적 중재는 실시에 제한이 있을 뿐 아니라 문헌에 나타난 생태학적 중재에 대한 정보도 논리성이나 일관성이 다소 결여되어 있다. 그럼에도 불구하고 아동이 생활하는 다양한 환경에서 포괄적으로 중재를 제공한다는 점에서 생태학적 중재라고 간주될 수 있는 두 가지 접근으로 Re-ED(Re-EDucation of Emotionally Disturbed Children)와 랩어라운드(wraparound)가 있다.

먼저 Re-ED는 아동뿐 아니라 일상의 모든 환경(가족, 학교, 지역사회 등)에 대해 중재를 제공하여 아동이 생활하는 모든 환경에서의 일관성을 추구하는 접근이고, 다음으로 랩어라운드는 아동의 심각한 정서행동문제를 가족, 학교, 지역사회 전문가의 공동협력으로 해결해 나가는 접근이라고 할 수 있다. 이와 같은 생태학적 중재는 이 책의 제7장 4절 '생태학적 중재'에서 구체적으로 다루기로 한다.

(3) 교사를 위한 유용성

앞서 살펴본 행동적 모델과 인지적 모델이 각각 1950~1960년대와 1960~1970년대에 출현하였다면(Martin & Pear, 2011; Webber & Plotts, 2008), 생태학적 모델은 인간발달의 연구에서 인간을 환경과 다양한 형태로 상호작용하는 존재로 인식하기 시작한 1970년부터 등장하기 시작하였다(Steuer, 1994). 이와 같은 생태학적 모델의 관점은 설득력이 있으며 생태학적 모델이 제시하는 체계변화를 통한 중재도 바람직한 접근으로 보인다. 그러나 이러한 중재의 효과적인 실시는 여러 관련기관의 협력을 전제로 할 뿐 아니라 관련기관들의 협력 또한 철학, 법률, 재정, 정책 등 다양한 분야에서의 작업을 필요로 하는데 이는 교사가 관여할 수 있는 범위를 벗어나는 것이다(Scheuermann & Hall, 2008). 그럼에도 불구하고 생태학적 모델은 교사로 하여금 자신이 아동과의 관계(미시체계) 및 아동의 부모나 친구와의 관계(중간체계) 등을 통해 아동에게 영향을 미치는 존재며 따라서 변화가 요구되는 중재의 대상이 될 수도 있다는 것을 이해할 수 있게 하는 유익한 측면도 있다.

2. 통합모델

21세기에 들어오면서 정서행동장애를 유발하는 다양한 원인적 요인을 통합적으로 설명하려는 통합모델(integrated model)이 주목을 받고 있다. 다음에서는 대표적 통합모델인 취약성-스트레스 모델과 생물심리사회적 모델에 대해 간단히 살펴보기로 한다.

1) 취약성-스트레스 모델

취약성-스트레스 모델(vulnerability-stress model)은 특정한 장애에 걸리기 쉬운 개인적 특성인 취약성과 생활사건(life event)으로 야기되는 스트레스가 상호작용하여 정서행동장애가 유발된다는 입장이다(권석만, 2023b; 전용호, 2008). 즉, 정서행동장애는 취약성 요인과 스트레스 요인이 함께 작용하여 나타나는데 이러한 요인들은 생물학적(biological)일 수도 있고 심리적(psychological)일 수도 있으며 혹은 사회적(social)일 수도 있다(Wicks-Nelson & Israel, 2009). 스트레스 요인은 스트레스원(stressor)이라고도 하는데, 과학적 영역에서 가장 먼저 스트레스 개념을 제시한 Hans Selye(1907~1982)는 스트레스를 일으키는 요인 또는 자극을 스트레스원(stressor)이라고 하고 스트레스원에 의한 유기체의 비특이적 반응을 스트레스(stress)로 명명하여 구분하였다(한국교육심리학회, 2000).

2) 생물심리사회적 모델

생물심리사회적 모델(biopsychosocial model)은 정서행동장애를 이해하기 위해서는 생물학적(biological), 심리적(psychological), 사회적(social) 요인을 종합적으로 고려해야 한다는 입장이다(권석만, 2023b; 전용호, 2008). 즉, 정서행동장애가 생물학적 요인(생리적 요인, 유전 등), 심리적 요인(성격, 학습, 인지 등), 사회적 요인(사회적 환경, 역사, 문화 등)이 함께 작용하여 나타나며(Whitbourne & Whitbourne, 2011) 요인들 간의 상대적 중요성은 연령 및 발달단계뿐만 아니라 개인에 따라 달라질 수 있다는 것이다(Flick, 2011). 이러한 견해는 질병의 생물심리사회적 모델(biopsychosocial model)을 제안한 George L. Engel(1977, 1980)에 의해 비롯되었는데, 건강은 생물학적 요인만으로 설명되기보다는 생물학적, 심리적, 사회적 요인들의 조합에 의해 가장 잘 이해될 수 있다고 본다(Santrock, 2002). 현재 이 모델은 의학, 간호학, 심리학, 사회학 등의 분야에서 널리 사용되고 있으며 특히 정신건강의학, 건강심리학, 임상심리학 등의 특수 분야에서 많이 적용되고 있다.

3. 학제간 모델

21세기에 들어오면서 통합모델에 이어 학문적 경계를 지양하는 움직임도 나타나고 있는데 이 책에서는 이를 학제간 모델(interdisciplinary model)로 명명하고자 한다. 앞서 살펴본 통합모델이 서로 다른 이론적 배경에 근거하고 있는 단일모델들을 통합하였다면, 학제간 모델은 여러 학문분야가 관련된 모델로서 통합모델과 관련된 과거의 기여를 흡수하되 관련 학문들 간의 엄격한 경계를 허물고 간학제적으로 정서행동장애의 원인을 설명하고자 하는 접근이다. 이와 같은 학제간 모델은 21세기에 들어오면서 활발해진 뇌기반 연구(brain-based research)에 근거를 두고 있다고 할 수 있는데, 뇌기반 연구에서 학제간 모델과 관련하여 '내수용감각'과 '신체표지가설'의 두 가지 주제가 많은 주목을 받고 있다. 특히 이 두 가지 주제는 뇌기반 연구의 주축이라고 할 수 있는 신경과학 분야에서 큰 관심을 얻고 있는 것으로 보인다. 이 책의 제1장 1절 '정서행동장애의 관련개념'에서 언급하였듯이, 신경과학(neuroscience)은 특히 뇌에 중점을 두고 신경계(뇌, 척수, 말초신경계)의 기능 및 장애에 대해 과학적으로 연구하는 학문으로서 생물학, 심리학, 의학, 철학 등의 다양한 분야를 통합하는 학제간 과학으로 알려져 있다(저자주: 신경과학에 대한 좀 더 구체적인 내용은 [보충설명 4-2]를 참조할 것). 다음에서는 정서행동장애의 학제간 모델과 관련된 주제라고 할 수 있는 '내수용감각'과 '신체표지가설'을 살펴보고 이러한 주제들을 근거로 '뇌기반 모델'을 학제간 모델로 발전시켜 나갈 것을 제안하고자 한다.

1) 학제간 모델의 관련주제: 내수용감각과 신체표지가설

앞서 이 장에서 살펴본 다섯 가지 단일모델(생물학적 모델, 정신분석적 모델, 행동적 모델, 인지적 모델, 생태학적 모델)은 어느 정도 출현시기의 순서에 따라 소개되었다고 할 수 있다. 즉, 생물학적 모델은 20세기 이전에 출현하였다고 볼 수 있고 정신분석적 모델은 20세기 초반, 행동적 모델은 20세기 중반, 인지적 모델은 20세기 중후반, 생태학적 모델은 20세기 후반에 출현하였다고 볼 수 있다. 이 장의 초반에 언급하였듯이, 이 모델들은 정서행동장애의 원인을 이해하려는 노력과 밀접하게 관련되어 있는데 이 가운데 정서행동장애의 원인을 마음-신체 문제(mind-body problem) 또는 마음-

[보충설명 4-2] 신경과학(neuroscience)

오늘날 신경과학(neuroscience)은 특히 뇌에 중점을 두고 신경계(뇌, 척수, 말초신경계)의 기능 및 장애에 대해 과학적으로 연구하는 학문으로서 생물학, 심리학, 의학, 철학 등의 다양한 분야를 통합하는 학제간 과학으로 알려져 있다. 이처럼 신경과학이 특히 뇌에 중점을 두고 있어서 'neuroscience'를 '뇌신경과학'으로 번역하기도 한다. 한편 '신경과학'은 '신경학'과는 구분되는데, 신경학(neurology)이란 중추신경계(뇌와 척수)와 말초신경계(신체의 모든 신경)에 발생하는 다양한 질환을 진단하고 치료하는 의학 전문분야라고 할 수 있다. 신경과학에 대해 좀 더 구체적으로 살펴보면 다음과 같다.

20세기 초 뉴런(neuron)이 발견되면서 실증적인 뇌연구가 시작되었고 이어 의료기술과 과학장비의 발달에 힘입어 과학적인 뇌연구가 가속화되었다. 특히 1, 2차 세계대전에서 머리를 다친 군인들을 대상으로 한 연구를 통해 뇌연구는 비약적으로 발전하였다(Ramachandran, 2011). 하지만 20세기 중반까지는 뇌연구가 주로 해부학적 측면에서 이루어졌는데, 1960년대부터 뇌의 기능이 뉴런 간의 40여 가지 신경전달물질을 매개로 하고 있다는 것이 밝혀지면서 뇌의 기능적 측면에 관한 연구가 활발해졌다. 1970년대에 이르러서는 전산화 단층촬영(CT)이, 1980년대에는 자기공명영상(MRI)이 개발되어 환자가 사망하지 않은 상태에서 손상된 뇌부위를 알아낼 수 있게 되면서 신경과학은 획기적인 전기를 맞았다. 이후 1980년대와 1990년대 초에는 양전자방출 단층촬영(PET)과 기능적 자기공명영상(fMRI)이 널리 사용됨에 따라 뇌가 손상된 환자뿐만 아니라 정상인에게까지 영역이 확장됨으로써 신경과학은 비약적인 발전을 이루면서 주목을 받게 되었다.

이처럼 1990년대에 이르러서야 비로소 주목받은 신경과학이 지금은 다른 학문들(예: 생물학, 심리학 등)과 연결되어 많은 과학적 발견을 이루고 있다. 특히 신경과학은 뇌에서 어떤 일이 일어나는가를 관찰하여 인간의 정신작용에 대한 새로운 이해를 가능하게 하고 다양한 정신과정의 흐름 및 관련성을 발견할 수 있다는 장점을 가지고 있어서 마음과 뇌의 관계를 탐구하는 연구가 활발해지는 결과를 가져왔다.

한편 신경과학은 다양한 분야에 적용되면서 일종의 학제간 분야들(interdisciplinary fields)도 출현하였는데 그 예로 신경교육학(neuroeducation), 신경철학(neurophilosophy), 신경건축학(neuroarchitecture) 등이 있다. 특히 신경교육학은 교육신경과학이라고도 하는데, Sousa(2010)에 의하면 교육신경과학(educational neuroscience)은 마음(mind)과 관련된 심리학, 뇌(brain)와 관련된 신경과학, 교육(education)과 관련된 교육학이 통합되는 접점이며 따라서 마음, 뇌, 교육의 상호작용이 중요하다. 우리나라에서는 관련문헌(예: 강현석, 2023; 신재한 외, 2021)을 보면 '신경교육학'보다는 '교육신경과학'이라는 용어가 더 선호되는 경향이 있다.

뇌 문제(mind-brain problem)로 접근하는 모델은 없다(저자주: 문헌에 따라 뇌를 신체의 일부로 보거나 뇌와 신체를 분리하기도 하는데 이에 대해서는 [보충설명 4-3]을 참고하기 바람). 생물학적 모델과 관련된 자연과학은 물질을 연구대상으로 하기 때문에 마음이나 정서 같은 것은 철학이나 심리학에서 다루는 형이상학적 주제이지 자연과학의 연구 주제가 될 수 없다고 생각해 왔다. 또한 정신분석적 모델과 행동적 모델에 각각 연관된 정신분석학(psychoanalysis)과 행동주의(behaviorism)도 내용상 뇌를 언급할 필요가 없었다(Stirling, 2002). 인지적 모델과 관련된 중재에서도 인지적 과정에 초점을 둘 뿐 정서적 과정은 포함시키지 않으며(Damasio, 1994), 생태학적 모델과 관련된 생태학적 체계 이론도 인간의 외적 환경은 체계적으로 분석하였으나 인간의 내적 요소에 대해서는 거의 언급하지 않았다. 그런데 20세기 말인 1990년대에 들어서면서 신경과학의 발전과 함께 마음이 뇌와 어떤 관계를 맺는가에 대한 연구가 활발해졌다. 이러한 연구들은 마음과 뇌의 관계에 기반한 새로운 개념적 모델의 출현 가능성을 기대할 만한 여지를 주고 있는데, 특히 내수용감각(interoception)과 신체표지가설(somatic marker hypothesis)이라는 두 가지 주제에 대한 연구들이 주목할 만하다. 다음에서는 이 두 가지 주제에 대해 각각 간략하게 살펴보기로 한다.

[보충설명 4-3] 마음, 신체, 뇌의 세 가지 용어 간 관계

마음, 신체, 뇌라는 세 가지 용어는 철학, 심리학, 신경과학 등의 다양한 분야에서 널리 사용되고 있는데 그 관계에 대해 간단히 살펴보면 다음과 같다. 참고로 이 용어들의 영어는 각각 mind, body, brain으로서 mind는 정신(精神) 또는 마음으로 번역되고 body는 신체(身體), 육체(肉體), 또는 몸으로 번역되며 brain은 뇌(腦)로 번역되는데 이때 몸과 마음은 순수 우리말로 번역된 경우라고 할 수 있다.

먼저, 마음과 신체라는 용어는 오래전 심신이원론이나 심신일원론 등에서도 사용되었다. 심신이원론(心身二元論, mind-body dualism)은 정신과 신체가 서로 다른 실체로 존재한다는 철학적 개념이며 대표적인 철학자로 데카르트(Descartes)가 있다. 데카르트(1596~1650)에 따르면, 정신과 신체는 각각의 독립된 개체로 보아야 한다. 이에 비해 심신일원론(心身一元論, mind-body monism)은 정신과 신체가 하나의 절대적인 실체의 다양한 측면이라는 철학적 개념이며 대표적인 철학자로 스피노자(Spinoza)가 있다. 스피노자(1632~1677)에 따르면, 정신과 신체는 별개의 존재가 아니라 하나의 절대적인 실체를 서로 다른 관점에서 본 특성으로 보아

[보충설명 4-3] 계속됨

야 한다. 이와 같은 데카르트의 심신이원론과 스피노자의 심신일원론은 심리학이나 신경과학 분야에서 여전히 논쟁의 대상이 되고 있으며 정신과 신체의 상호작용에 관련된 다양한 연구가 진행 중이다. 하지만 연대적 흐름에서 알 수 있듯이 지금은 마음(정신)과 몸(신체)을 분리하는 이원론보다는 어쩌면 21세기 신경과학은 스피노자의 뇌연구로부터 발단이 되었다고 해도 과언이 아닐 만큼 마음(정신)과 몸(신체)을 하나로 보는 일원론이 좀 더 설득력을 얻고 있다고 할 수 있다.

다음으로, '마음-신체(mind-body)' 대신 '마음-뇌(mind-brain)'로 표현하는 문헌들(예: Kalat, 2019)이 있다. 이는 뇌를 신체의 일부로 볼 수 있다(Bennett & Hacker, 2003)는 논리에 따른 것이다. 사실 뇌는 척수와 더불어 중추신경계를 이루는 머리뼈 내부의 기관이라고 할 수 있다.

또한, 근래 '뇌-신체(brain-body)'라는 표현을 사용하는 문헌들(예: Wikipedia, 2024)도 있다. 하지만 이에 대해서는 비판도 나오고 있다(Bennett & Hacker, 2003; Jasanoff, 2018). Bennett와 Hacker(2003)에 따르면, 뇌가 신체의 일부이기 때문에 뇌와 신체는 둘 다 물질적인 것인데 '마음-신체'라는 표현과 비교했을 때 '뇌-신체'라는 표현은 물질적인 뇌로 비물질적인 데카르트적 마음을 대신한 것이다. 즉, 데카르트의 심신이원론을 비슷한 뇌-신체의 이원론으로 대체하고 말았다는 것이다. 이는 데카르트가 마음과 몸을 구분하여 2개의 독립된 실체로 본 것이 이분법의 난제였는데 현대 신경과학들도 그런 데카르트의 오류를 답습하고 있다는 비판이다.

한편 마음, 신체, 뇌라는 세 가지 용어를 동시에 나란히 사용하는 문헌들(예: 문요한, 2019; Aboitiz, 2024; Glannon, 2011)도 찾아볼 수 있다. 문요한(2019)은 마음, 몸, 뇌라는 용어는 인간을 보다 잘 이해하기 위해 구분한 것이지 실제로는 통합적으로 기능하고 있다고 하였다.

(1) 내수용감각

감각을 분류하는 한 가지 방법은 감각을 외수용감각, 고유수용감각, 내수용감각으로 분류하는 것이다. 외수용감각(exteroception)은 바깥세상에 대해 알려 주는 감각이라고 할 수 있으며 오감(시각, 청각, 미각, 후각, 촉각)과 전정감각이 포함된다. 고유수용감각(proprioception)은 각 신체부위의 상대적 위치와 공간상에서의 신체 위치를 파악하게 하는 감각으로서 고유감각이 포함된다. 내수용감각(interoception)은 몸속에서 일어나는 일을 알려 주는 감각이라고 할 수 있으며 내장감각(심혈관계와 소화기관에 존재하는 감각)이 여기에 포함된다고 볼 수 있다(Ward, 2023). 이 가운데 외수용감각과 고유수용감각은 이미 널리 알려진 반면 내수용감각은 근래 많은 주목을 받으면서 관련연구가 활발히 이루어지고 있다.

내수용감각은 앞서 외수용감각과 고유수용감각과 비교하여 '몸속에서 일어나는 일을 알려 주는 감각이라고 할 수 있으며 내장감각이 포함된다.'라고 간단히 기술하였으나 사실 내수용감각이라는 개념은 많은 연구가 진행되면서 좀 더 포괄적으로 형성되고 있다. 즉, 내수용감각은 내장(예: 심장, 폐, 위, 방광 등)과 다른 신체 내부(예: 근육)의 상태에 대한 신호들을 뇌의 특정 영역[예: 섬엽(insular), 전대상피질(anterior cingulate cortex: ACC), 체감각피질(somatosensory cortex)]에 보내 신체 내부의 상태에 대한 정보를 처리하게 하는 감각의 집합체로서 의식적(conscious)일 수도 있고 잠재의식적(subconscious)일 수도 있다는 것이다(Wikipedia, 2024). 따라서 내수용감각은 내장의 상태에 대한 신호를 포함하지만, 더 광범위하게는 신체의 현재 상태에 대한 신호를 중추신경계에 전달하는 모든 생리학적 조직과 관련된다고 볼 수 있다(Cameron, 2001).

이와 같은 내수용감각은 우리의 일상생활 속에서 두 가지 중요한 역할을 하는데, 하나는 신체의 항상성을 유지하는 것이고 다른 하나는 자기자각(self-awareness)이나 정서조절(emotion regulation)에 관여하는 것이다. 먼저, 항상성(恒常性, homeostasis)이란 늘 같은 상태를 유지하는 성질이라고 할 수 있는데, homeostasis는 희랍어 homeo(동일한)와 stasis(그대로 유지하다)의 합성어다. 즉, 항상성이란 살아 있는 유기체가 생존에 필요한 안정적인 상태를 능동적으로 유지하는 과정을 말하며(Klip, 2016), 내수용감각은 이러한 항상성을 유지하는 데 필수적인 역할을 한다. 구체적으로 설명하자면, 유기체가 내수용감각을 통해 갈증 신호를 인식하면 수분을 섭취하여 신체의 체액 균형을 유지하고 배고픔 신호를 인식하면 음식물을 섭취하여 신체의 에너지 균형을 유지하도록 하여 최적의 생리적 균형이 유지되도록 한다. 다음으로, 정서(emotion)는 종종 신체적 변화(예: 심장박동, 근육긴장)로 나타나는데 이러한 신호를 잘 감지하면 자신의 정서를 더 잘 이해하여 정서조절이 용이해질 수 있다. 이러한 내수용감각과 정서조절의 관계는 신경과학의 발달로 뇌활동에 대한 직접적인 관찰이 가능해지면서 최근에 주목을 받고 있다(Critchley & Garfinkel, 2017; Gross, 2015; Zamariola, Frost, Van Oost, Corneille, & Luminet, 2019).

또한 내수용감각과 정서조절의 관계에 깊이 관여하는 섬엽이라는 뇌영역에 대한 관심도 높아져서 신경과학과 심리학 분야에서 많은 연구가 이루어지고 있다. 섬엽(insular, 뇌섬엽)은 뇌의 외측 틈새에 깊숙이 자리를 잡고 있으며 [그림 4-5]에 보이듯이 전두엽, 두정엽, 측두엽에 의해 덮여 있다. 영어 명칭 'insula'는 라틴어에서 비롯된 것으로 '섬(island)'을 의미하지만 실제로는 뇌의 많은 영역과 복잡하게 연결되어 있다. 섬엽은 시상(thalamus)으로부터 오감(시각, 청각, 미각, 후각, 촉각)[저자주: Sousa(2007)에 따르면 후각은 제외됨]과 자율신경계의 감각(심장박동, 호흡빈도, 근육긴장 등)을 받아들이고 편도(amygdala, 편도체)로부터는 정서와 관련된 신호를 받아들이고 다시 내보내기도 한다. 섬엽으로 받아들여진 신호들은 판단이나 결정과 같은 역할을 맡는 대뇌피질(cerebral cortex)로 전달되고 대뇌피질은 전달받은 신호들의 의미를 해석하여 몸이 요구하는 바를 알아차린다. 예를 들어, 심장박동이 빨라졌을 때 이는 상황에 따라 다른 의미를 가질 수 있다. 즉, 그냥 계단을 올라가느라 숨이 차서 빨라졌을 수도 있고, 중요한 발표를 앞두고 빨라졌을 수도 있고, 상대방이 뭔가 위해를 가할 것 같아 빨라졌을 수도 있는 것이다. 이러한 섬엽이 과거에는 단순히 신체적 감각을 지각하는 부차적인 영역으로 생각되었으나 지금은 우리의 몸과 마음을 연결하는 곳으로 알려지고 있다(문요한, 2019).

이와 같이 내수용감각과 정서조절의 관계에 대한 높은 관심은 몸이 정신과정을

[그림 4-5] 섬엽의 위치

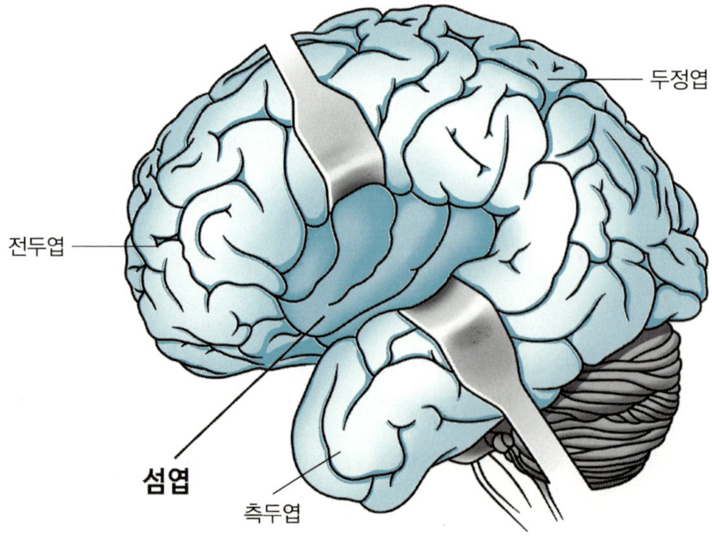

크게 좌우한다는 것을 사람들이 깨닫고 있음을 보여 준다. 사실 내수용감각은 우울장애, 불안장애, 강박장애, 외상후 스트레스장애(PTSD), 주의력결핍과잉행동장애(ADHD), 섭식장애, 자폐스펙트럼장애(ASD) 등의 다양한 정신장애와 관련이 있는 것으로 밝혀지고 있다(Khalsa et al., 2018; Mahler, 2015; Wikipedia, 2024). 이는 신체 내부의 상태에 대한 와전(misrepresentation)이나 신체의 신호와 그 신호에 대한 뇌의 해석 및 예측 간의 단절이 다양한 정신장애의 기저를 이룰 수 있기 때문으로 보인다(Wikipedia, 2024).

이처럼 내수용감각에 대한 관심이 높고 관련연구들이 활발히 이루어지고 있지만 한계 또한 없지 않다. 예를 들어, 내수용감각이 다양한 정신장애와 관련이 있는 것으로 밝혀지고 있으나 관련 중재에 대해서는 아직 별다른 논의가 없으며(Mahler, 2015) 내수용감각을 객관적으로 측정할 수 있는 방법도 미비한 실정이다(Zamariola et al., 2019). 하지만 이러한 한계는 향후 과제라고 할 수 있으며 앞으로 관련연구의 초점이 될 것으로 보인다.

이상에서 살펴본 내수용감각은 다음에서 살펴볼 Antonio Damasio의 '신체표지가설'과도 밀접하게 관련되어 있다. Damasio는 이 분야의 선구자라고 할 수 있으며 의식적 지각이 무의식적인 생리학적 반응에서 어떻게 탄생하는지를 설명하였다(Ward, 2023).

(2) 신체표지가설

신경과학자인 Antonio R. Damasio(1944~)가 공식화한 신체표지가설(somatic marker hypothesis: SMH)은 정서적 과정(emotional process)이 신체표지를 생성함으로써 의식적 또는 무의식적으로 행동, 특히 의사결정(decision-making)에 영향을 준다고 제안하는 이론이다(Bechara & Damasio, 2005; Damasio, 1994). 즉, 개인의 의사결정은 인지적 과정(cognitive process)으로만 이루어지는 것이 아니라 인지적 과정과 정서적 과정 둘 다 사용한다는 것이다. 이처럼 Damasio(1994)는 정서가 의사결정을 안내한다고 가정하면서 정서(emotion)를 '자극에 반응하여 나타나는 신체와 뇌 상태의 변화(changes in both body and brain states in response to stimuli)'라고 정의하고 있다(Wikipedia, 2024). 신체적 변화에는 타인이 감지할 수 있는 것(예: 표정, 자세 등)과 감지할 수 없는 것(예: 심장박동, 근육긴장, 내분비활동 등)이 있는데, 이러한 신체적 반응은 내수용감각(interoception)에 의해 뇌의 특정 영역(즉, 섬엽)으로 전달되며 이런 신호들이 남긴 흔적이 섬엽(insula)에 저장된다. 이러한 흔적은 신체에 관한 것이고 어떤 이미지를 표시하기 때문에 Damasio(1994)는 'somatic'(희랍어로 soma는 '신체'를 의미함)이라는 전문용어와 'marker'라는 말을 사용하여 somatic marker(신체표지)라고 명명하였다. 이 신체표지는 시간이 지남에 따라 특정 자극(또는 특정 상황) 및 과거 결과와 연관이 되고 이후에는 특정 자극(또는 특정 상황)에서 의식적 또는 무의식적으로 과거 결과와 연관되어 다른 행동 대신 어떤 행동을 선호하는 의사결정에 영향을 미치게 된다. 따라서 긍정적인 결과와 연관된 신체표지는 장려신호 역할을 하고 부정적 결과와 연관된 신체표지는 경보신호 역할을 함으로써 더 유리한 선택을 하는 데 영향을 준다(Damasio, 1994). 이러한 신체표지는 뇌 안에서 복내측전전두피질(ventromedial prefrontal cortex: vmPFC)과 편도(amygdala)에서 처리되는 것으로 보인다(Wikipedia, 2024)

이와 같은 신체표지가설(SMH)에서 Damasio(1994)는 정서(emotion)를 자극에 반응하여 나타나는 신체와 뇌 상태의 변화로 정의하면서 신체적인 것으로 보았으며 이러한 정서가 선택의 행선지를 표시함으로써 의사결정을 안내한다고 하였다. 이는 신체적 정서(emotion)가 없으면 정신적 이성(reason)도 없다는 것을 의미하며 신체와 정신을 각각의 독립된 개체로 보는 심신이원론에 반하는 것이다. 앞서 [보충설명 4-3]에서 살펴보았듯이 심신이원론의 대표적인 철학자가 데카르트(Descartes)인데 Damasio(1994)는 그의 저서 『Descartes' error: Emotion, reason, and the human brain』에서 정서(emotion)에서 분리된 이성(reason)을 '데카르트의 오류'라고 명명했다. 즉, 신경과학자인 Damasio는 데카르트의 심신이원론에 대한 오류를 지적했고 그것을 신경과학으로 설명하고자 하였다.

Damasio의 신체표지가설은 일부 비판적 문헌(예: Bennett & Hacker, 2003)이나 더 많은 검증을 요구하는 문헌(예: Dunn, Dalgleish, & Lawrence, 2006)이 있음에도 불구하고 널리 받아들여지고 있으며(Jasanoff, 2018) 신경과학뿐만 아니라 심리학이나 철학 분야에 큰 영향을 미치고 있다. 사실 Damasio는 2020년 현재 University of Southern California에서 신경과학, 심리학, 및 철학 교수로 재직 중이며 그의 첫 저서인 『Descartes' error: Emotion, reason, and the human brain』(Damasio, 1994) 이후 『The feeling of what happens: Body and emotion in the making of consciousness』(Damasio, 1999), 『Looking for Spinoza: Joy, sorrow, and the feeling brain』(Damasio, 2003), 『Self comes to mind: Constructing the conscious brain』(Damasio, 2010),

『Strange order of things: Life, feeling, and the making of the culture』(Damasio, 2018), 『Feeling and knowing: Making minds conscious』(Damasio, 2021)를 집필하여 세계적인 주목을 받고 있다. 우리나라에서도 2025년 현재 『Self comes to mind: Constructing the conscious brain』(Damasio, 2010)을 제외한 나머지 다섯 저서가 모두 국역되어 있는데, 이 정도로 1명의 과학자가 집필한 책이 국역된 경우는 매우 드물며 이는 Damasio의 신체표지가설에 대한 학문적 인정의 한 단면으로 볼 수 있다. 또한 Damasio의 신체표지가설은 교양철학서(예: 山口周, 2018/2019)나 자기계발서(예: Magness, 2022/2024)에서도 비중 있게 다룰 정도로 대중적 호응도 얻고 있다.

또한 신체표지가설은 정신건강과도 관련이 있을 가능성이 있다. 그 이유는 앞서 '1) 내수용감각'에서 언급하였듯이 내수용감각은 다양한 정신장애와 관련이 있는 것으로 밝혀지고 있는데 신체표지가설이 이러한 내수용감각과 밀접하게 관련되어 있기 때문이다. 특히 정서적 과정이 행동, 특히 의사결정에 영향을 준다고 보는 신체표지가설은 행동이나 의사결정의 어려움을 보이는 다양한 정신장애에 주는 함의가 크다고 할 수 있다. Damasio도 2008년 유엔본부에서 개최된 국제뇌교육콘퍼런스(International Brain Education Conference)에서 '신경과학, 교육, 그리고 문화(Neuroscience, Education, and Culture)'라는 주제로 발표하면서 "우리의 뇌를 잘 활용하면 우리의 행동을 바꿀 수 있다."라고 한 바 있다.

이와 같은 신체표지가설은 정서행동장애의 새로운 개념적 모델의 기저가 될 만한 이론으로 기대해 볼 여지가 있다. 다만 개념적 모델이 정서행동장애의 원인을 설명하려는 노력과 특히 관련되어 있다 하더라도 중재에 대한 정보의 제공 또한 필요하다는 점에서 볼 때는 아직 한계가 있다고 하겠다. 따라서 이러한 한계를 극복한다면 행동이나 의사결정에서 정서가 하는 역할을 이해하고 그에 따른 중재를 함으로써 행동과 의사결정기술을 향상시킬 수 있다는 원인/중재의 개념적 틀(conceptual framework)이 형성될 가능성도 없지 않을 것으로 보인다.

2) 학제간 모델로서의 뇌기반 모델

앞서 살펴본 바와 같이, 학제간 과학인 신경과학 분야에서 주목받고 있는 두 가지 주제인 내수용감각과 신체표지가설은 정서행동장애와 관련하여 뇌에 기반한 새로운 개념적 모델을 기대할 만한 여지를 주고 있다. 이 책에서는 뇌활동이 인간행동의 근원이 된다고 가정하고 뇌에 기반한 새로운 개념적 모델을 '뇌기반 모델(brain-based model)'로 명명할 것을 제안한다. 하지만 이 모델의 기저가 될 것으로 기대되는 '내수용감각'과 '신체표지가설'은 근래 큰 관심을 받으면서 세계적으로 많은 연구가 이루어지고 있는 주제들이다. 따라서 향후 이러한 연구들의 성과를 반영하여 '뇌기반 모델'을 발전시켜 나간다면 정서행동장애 분야의 발전에도 의미 있는 기여를 할 것으로 보인다.

한편 '뇌기반 모델'의 발전을 위한 연구에서 반드시 주목해야 할 부분이 있는데 바로 관련 중재다. 앞서 살펴보았듯이 내수용감각은 정서조절과 관련되어 있고 이러한 내수용감각과 정서조절의 관계에는 섬엽이라는 뇌영역이 깊이 관여한다. 또한 내수용감각과 섬엽은 신체적 감각이 정서의 바탕을 이룬다고 보는 신체표지가설과도 밀접하게 관련되어 있다. 따라서 신체 내부감각을 잘 자각하는 내수용감각능력(interoceptive ability)을 향상시키고 몸과 마음을 연결하는 곳으로 알려진 섬엽(insula)을 활성화시키는 훈련의 필요성이 대두되고 있으며 이와 관련하여 '바디풀니스(bodyfulness)'에 대한 문헌(예: 문요한, 2019; Caldwell, 2018/2020)도 나오고 있다(저자주: 'bodyfulness'를 '몸챙김'으로 번역하기도 함). 또한 상담 및 심리치료 분야에서는 아동과 청소년의 '뇌기반 치료(brain-based therapy)'에 대한 문헌(예: Arden & Linford, 2009/2016)이 출간되고 있다. '뇌기반 모델'과 관련된 이와 같은 중재를 이 책에서는 '뇌기반 중재(brain-based intervention)'로 명명할 것을 제안하며 향후 증거기반(evidence-based) 측면에서의 연구 또한 기대한다.

이처럼 이 책에서는 학제간 과학인 신경과학의 발달에 근거하여 '뇌기반 모델'과 '뇌기반 중재'라는 용어를 제안하고자 하는데, 이 두 가지 사항에 대해서는 앞으로 정서행동장애 분야에서 많은 관심과 연구가 필요하다고 하겠다. 이는 21세기에 들어 다양한 분야에서 '뇌기반(brain-based)'이 두드러지게 나타나는 주제 중 하나로 부각되는 경향에도 부합하는 방향이라고 할 수 있다.

제2부 정서행동장애의 중재

제5장 ··· Introduction to Emotional and Behavioral Disorders

증거기반실제

1. 증거기반실제의 의미

21세기에 들어 다양한 분야에서 '뇌기반(brain-based)'과 더불어 두드러지게 나타나는 주제 중 하나가 '증거기반(evidence-based)'인데, 중재(intervention)와 관련하여 '증거기반실제(evidence-based practice: EBP)'라는 용어가 있다. 일반적으로 증거기반실제(evidence-based practice)란 직업과 관련된 실행은 과학적 증거에 근거를 두고 있어야 한다는 발상을 말한다(Wikipedia, 2020). 증거기반실제는 의학 분야에서 'evidence based medicine'이라는 용어로 1990년대에 부각되었으며(Sackett, Rosenberg, Gray, Haynes, & Richardson, 1996), 이후 정신건강이나 교육 등의 다른 분야로 확산되었다. 그러나 분야에 따라 그 의미에서는 다소 차이를 보이고 있는데 예를 들어보면 다음과 같다(이승희, 2024a).

먼저, Sackett 등(1996)은 'evidence based medicine'을 "개별 환자의 치료에 대한 의사결정에서 현존하는 최상의 증거를 성실하고 분명하고 신중하게 사용하는 것"(p. 71)으로 묘사하면서 evidence based medicine의 practice란 개개인의 임상적 전문성을 체계적 연구에 의한 최상의 임상적 증거와 통합하는 것을 의미한다고 하였다. 2001년에 미국의 의학연구원(Institute of Medicine: IoM)[저자주: 지금은 국립의학학술원(National Academy of Medicine: NAM)]은 의학에서의 증거기반실제(evidence-based practice: EBP)를 "최상의 연구근거를 임상적 전문성과 환자의 가치에 통합시키는 것"(p. 147)이라고 제안하였다. 이처럼 의학 분야에서 증거기반실제란 특정 전략이 아니라 하나의 새로운 운동(movement)을 나타내는 개념이며(APA Presidential Task Force on Evidence-Based Practice, 2006; Spring, 2007) 따라서 'evidence-based practice(EBP)'와 같이 단수(singular)로 사용된다. 한편 우리나라 의학계에서는 'evidence-based practice(EBP)'와 'evidence based medicine(EBM)'을 각각 '근거기반진료(또는 근거중심진료)'와 '근거기반의료(또는 근거기반의학, 근거중심의학)'로 번역하기도 한다.

의학 분야에서 촉발된 증거기반실제 운동은 심리학 분야에도 변화를 초래하여 2006년 미국심리학회(American Psychological Association: APA)가 심리학에서의 증거기반실제(evidence-based practice in psychology: EBPP)라는 명칭과 함께 정의도 제시하였다(APA Presidential Task Force on Evidence-Based Practice, 2006). 이 정의에 따르면 EBPP란 가용가능한 최상의 연구근거를 환자의 특성, 문화, 및 선호도 맥락에서 임상적 전문성에 통합시키는 것을 말한다. 즉, 심리학에서의 증거기반실제는 연구를 통해 근거가 확보된 심리치료를 임상적으로 숙련된 치료사가 환자의 특성, 문화, 및 선호도를 고려하여 적용하는 것이라고 할 수 있다. 이 정의는 미국의 의학연구원(IoM)(2001)이 의학에서의 증거기반실제에 대해 제안한 개념(즉, 최상의 연구근거를 임상적 전문성과 환자의 가치에 통합시키는 것)과 유사하지만, 환자의 특성을 보다 폭넓게 고려한다는 차이가 있다(임민경, 이지혜, 이한나, 김태동, 최기홍, 2013). 이처럼 심리학에서의 증거기반실제도 의학에서처럼 특정 전략이 아닌 새로운 운동(movement)을 나타내는 개념이며 따라서 'evidence-based practice in psychology'와 같이 단수(singular)로 사용된다. 참고로 미국심리학회 12분과(American Psychological Association Division 12)인 임상심리학회(Society of Clinical Psychology, 2022)는 증거기반실제에서 활용할 수 있도록 Chambless와 Hollon(1998)의 준거와 Tolin, McKay, Forman, Klonsky, 그리고 Thombs(2015)의 준거를 사용하여 효능(efficacy)을 평가한 심리치료(psychological treatments)의 목록을 제시하고 있는데, 제시된 심리치료별로 평가결과 및 다른 관련정보도 제공하고 있다. 각 심리치료의 효능은 Chambless와 Hollon(1998)의 준거에서는 강(strong), 보통(modest), 또는 논란이 많음(controversial)으로 구분되고 Tolin 등(2015)의 준거에서는 매우 강(very strong), 강(strong), 약(weak), 또는 불충분한 증거(insufficient evidence)로 구분된다. 한편 우리나라 심리학계에서는 'evidence-based practice'를 '근거기반실천'(임민경 외, 2013)으로 번역하고 있다.

의학 분야의 증거기반실제 운동이 교육 분야에서는 법적인 변화로 나타났다(Cook & Odom, 2013). 미국의 경우, 2001년에 연방법인 「아동낙오방지법(No Child Left Behind Act: NCLB)」이 '과학적 기반의 연구(scientifically based research)'를 강조하면서 엄격한 과학적 연구를 통해 효과가 입증된 교육적 전략(practices)과 프로그램(programs)을 사용하도록 요구하였다(Cook, Tankersley, Cook, & Landrum, 2008). 즉, 교육 분야에서 증거기반실제란 과학적 기반의 연구에 의해 학생들의 성과에 의미 있는 효과가 있다고 지지되는 전략이나 프로그램이라고 할 수 있다(Cook & Odom, 2013). 이처럼 교육 분야에서 증거기반실제는 특정 전략이나 프로그램을 나타내는 개념이므로 'evidence-based practices(EBPs)'와 같이 복수(plural)로 사용된다. 여기에서 특정 전략(specific practices)이란 간단한 개별 전략(simple and discrete practices)을 말하고 특정 프로그램(specific programs)이란 광범위한 교육 프로그램(large educational programs)을 말하는데, 전자와 후자를 각각 미시적 증거기반실제(micro EBPs)와 거시적 증거기반실제(macro EBPs)로 부르기도 한다(Cook & Cook, 2013).

이러한 증거기반실제 기조는 2004년에 미국의 특수교육 관련법인 「장애인교육법(IDEA 2004)」에도 반영되어 '과학적 기반의 교수전략(scientifically based instructional practices)'이 강조되었다. 즉, 특수교육 분야에서 증거기반실제란 과학적 기반의 연구에 의해 학생들의 성과에 의미 있는 효과가 있다고 지지되는 교수전략이라고 할 수 있다. 이처럼 특수교육 분야에서 증거기반실제는 특정 전략을 나타내는 개념이므로 'evidence-based practices(EBPs)'와 같이 복수(plural)로 사용된다. 이와 같이 교육 분야와 특수교육 분야에서 증거기반실제는 복수(plural)로 사용된다는 유사점도 있지만 교육 분야에서는 전략과 프로그램을 포함하는 데 비해 특수교육 분야에서는 전략에 국한하는, 즉 미시적 증거기반실제(micro EBPs)에 주로 초점을 맞춘다는 차이가 있다(Cook & Cook, 2013).

2. 정서행동장애의 증거기반실제

앞서 1절 '증거기반실제의 의미'에서 살펴보았듯이, 교육 분야에서 증거기반실제(evidence-based practices: EBPs)란 과학적 기반의 연구에 의해 학생들의 성과에 의미 있는 효과가 있다고 지지되는 특정 전략(specific practices)이나 특정 프로그램(specific programs)이라고 할 수 있는데(Cook & Odom, 2013), 전자를 미시적 증거기반실제(micro EBPs)로 부르고 후자를 거시적 증거기반실제(macro EBPs)로 부르기도 한다(Cook & Cook, 2013). 하지만 특수교육 분야에서의 증거기반실제란 과학적 기반의 연구에 의해 학생들의 성과에 의미 있는 효과가 있다고 지지되는 교수전략이라고 할 수 있으며, 따라서 미시적 증거기반실제로 간주되는 특정 전략(specific practices)에 국한되는 경향이 있다.

그러나 특수교육 분야에서도 자폐성장애(또는 자폐스펙트럼장애) 영역에서는 미시적 증거기반실제(micro EBPs)와 거시적 증거기반실제(macro EBPs)로 각각 간주할 수 있는 '증거기반의 단일중재전략'과 '증거기반의 종합중재모델'의 두 가지 유형으로 구분하기도 하는데(이승희, 2024a) 각 유형별로 증거기반실제에 대한 다소 엄격한 준거가 설정되어 있다. 이에 비해 정서행동장애 영역에서는 증거기반실제의 유형과 구체적인 준거에 대한 합의는 아직 찾아보기 힘들며 따라서 '양호하게 설계된 다수의 연구를 통해 정서행동상의 어려움을 가진 학생들에게 효과적인 것으로 입증된 중재 전략'이라고 표현할 수 있는 일반적인 의미로 이해되고 있다. 여기에서 한 가지 주목할 점이 있는데, '정서행동상의 어려움을 가진 학생들'에 일반학생도 해당되는 경우가 있으므로 정서행동장애 영역에서의 증거기반실제는 대체로 정서행동장애학생뿐만 아니라 일반학생에게도 적용할 수 있다는 것이다. 이는 정서행동장애 영역의 증거기반실제도 교육 분야에서처럼 특정 전략이나 프로그램을 각각 나타내는 미시적 증거기반실제(micro EBPs)와 거시적 증거기반실제(macro EBPs)로 구분될 가능성을 시사한다고 할 수 있다. 따라서 향후 정서행동장애 영역에서 증거기반실제의 유형과 준거에 대한 합의를 도출하는 노력이 필요할 것으로 보인다.

생물학적 중재

1. 약물적 중재

약물적 중재(pharmacological intervention)란 약물을 사용하는 생물학적 중재(biological intervention)라고 할 수 있는데 약물치료가 대표적이다. 약물치료는 주로 양의학(western medicine)과 관련되어 있으나 우리나라의 경우 한의학(Korean medicine)의 한약도 종종 언급되고 있으므로 다음에서는 약물치료와 한약처방으로 나누어 약물적 중재를 살펴보기로 한다.

1) 약물치료

약물치료(drug therapy)는 정신건강의학과의 기본적이고 주된 치료법이다. 정서행동장애와 관련된 정신장애(우울장애, 양극성장애, 불안장애, 품행장애, ADHD 등)로 인해 방문하게 되는 정신건강의학과는 이전에 신경정신과로 지칭되기도 하였다. 이는 뇌신경과 정신장애가 연관되어 있다는 것을 의미한다. 인간의 뇌는 1,000억 개 이상의 신경세포(neuron)로 구성되어 있고 신경세포와 신경세포 사이에 화학물질인 다양한 신경전달물질(neurotransmitter)이 흘러 정보를 교환하는데 정신장애는 이러한 신경전달물질의 불균형 때문에 나타나기도 한다.

신경전달물질(neurotransmitter)이란 신경세포들 사이의 작은 틈인 시냅스(synapse)에서 정보를 한 신경세포에서 다른 신경세포로 전달하는 화학물질이라고 할 수 있다. 지금까지 밝혀진 신경전달물질만 해도 100종류 이상이며 노르에피네프린(norepinephrine)[노르아드레날린(noradrenaline)이라고도 함], 도파민(dopamine), 세로토닌(serotonin) 등이 그 예다. 이러한 신경전달물질의 종류와 양은 우리의 마음상태를 결정하게 되는데 마음의 병, 즉 정신장애는 신경전달물질의 불균형과 관련이 있다. 예를 들어, 노르에피네프린의 경우 부족하면 우울장애나 ADHD가 나타날 수 있고 과다하면 양극성장애나 불안장애가 나타날 수 있다. 도파민의 경우에는 부족하면 ADHD가 나타날 수 있고 과다하면 조현병이 나타날 수 있다. 또한 세로토닌의 경우는 부족하면 우울장애나 강박장애가 나타날 수 있고 과다하면 양극성장애나 불안장애가 나타날 수 있다(生田哲, 2011/2012; Wicks-Nelson & Israel, 2009). 따라서 정신장애와 관련된 약물치료는 뇌 속에서 신경전달물질이 균형을 이루도록 하는 것이며 이를 위해 신경전달물질을 조절하는 향(向)정신성약물을 사용한다. 즉, 향정신성약물(psychotropics, psychotropic drugs)이란 정신(마음)에 영향을 미치는 물질이라고 할 수 있는데 항우울제(antidepressants, antidepressant drugs), 기분안정제(mood stabilizers), 항불안제(anxiolytics, antianxiety drugs), 항경련제(anticonvulsants), 정신자극제(psychostimulants), 항(抗)정신병제(antipsychotics) 등으로 분류된다. 〈표 6-1〉은 정서행동장애와 관련된 정신장애를 중심으로 향정신성약물의 예를 제시하고 있다.

정신장애 약물치료를 이해하는 데 도움이 될 만한 두 가지 점을 살펴보면 다음과 같다. 첫째, 정신장애를 흔히 마음의 병이라고도 하는데 이 마음의 병을 심리적으로 치료하지 않고 약물이라는 화학물질을 사용하여 치료한다는 것이 의문스러울 수 있다. 그러나 마음은 뇌라는 물질의 작용이다. 즉, 뇌를 구성하는 신경세포들이 신경전달물질을 통해 서로 정보를 교환하고 그 결과 마음이 탄생한다. 따라서 신경전달물질이 균형을 잃으면 마음의 병이 나타난다. 그러므로 마음의 병을 치료하기 위해서는 신경전달물질의 균형을 회복해야 하는데 이를 위해 사용되는 물질이 약물이다(生田哲, 2011/2012). 둘째, 흔히 심리적인 스트레스로 인해 마음의 병이 올 수 있다고 하는데 이러한 경우도 약물치료에 대한 의문을 낳을 수 있다. 그러나 심리적 스트레스가 직접적으로 마음의 병을 유발하는 것이 아니라 그 중간에 신경전달물질의 불균형이라는 뇌기능장애가 생기고 그 결과로 마음의 병이 나타나게 되는 것이다. 따라서 심리적 스트레스로 인해 마음의 병이 온 경우 심리적 스트레스에 대한 심리치료와 뇌

〈표 6-1〉 향정신성약물의 예

정신 장애	약물의 유형		약물의 성분명	약물의 상품명	FDA 승인 나이[1]
우울 장애	항우울제	삼환계 항우울제	이미프라민 (imipramine)	토프라닐 (Tofranil)	6세 이상
		선택적 세로토닌 재흡수 억제제	플루옥세틴 (fluoxetine)	프로작 (Prozac)	8세 이상
양극성 장애	기분안정제		리튬 (lithium)	리탄 (Lithane)	12세 이상
불안 장애	항불안제		로라제팜 (lorazepam)	아티반 (Ativan)	–
강박 장애	항우울제(삼환계 항우울제)		아미트립틸린 (amitriptyline)	엘라빌 (Elavil)	10세 이상
	항우울제(선택적 세로토닌 재흡수 억제제)		플루옥세틴 (fluoxetine)	프로작 (Prozac)	8세 이상
			설트랄린 (sertraline)	졸로프트 (Zoloft)	6세 이상
품행 장애	항경련제		카르바마제핀 (carbamazepine)	테그레톨 (Tegretol)	–
ADHD	정신자극제		메틸페니데이트 (methylphenidate)	리탈린 (Ritalin)	6세 이상
			덱스트로암페타민 (dextroamphetamine)	덱시드린 (Dexedrine)	3세 이상
			페몰린 (pemoline)	사이럴트 (Cylert)	6세 이상
조현병	항정신병제		쿼티아핀 (quetiapine)	세로퀼 (Seroquel)	13세 이상
			올란자핀 (olanzapine)	지프렉사 (Zyprexa)	13세 이상
			리스페리돈 (risperidone)	리스페달 (Risperdal)	13세 이상
배설 장애	항우울제(삼환계 항우울제)		이미프라민 (imipramine)	토프라닐 (Tofranil)	6세 이상
섭식 장애	항우울제(선택적 세로토닌 재흡수 억제제)		플루옥세틴 (fluoxetine)	프로작 (Prozac)	8세 이상

[1] 자료출처: 조수철, 김붕년, 양영희(2012). 약물치료. 대한소아청소년정신의학회 편저, **청소년정신의학**(pp. 547-564). 서울: 시그마프레스. (p. 551)

기능장애에 대한 약물치료라는 두 가지 방법이 있을 수 있다. 이때 정신장애가 심각할수록 약물치료가 효율적일 수 있으며 특히 심리적 스트레스를 유발한 스트레스원(stressor)이 쉽게 해결되지 않는 것일 경우에는 더욱 그렇다.

또한 정신장애 약물치료와 관련하여 유의할 만한 세 가지 사항을 제시해 보면 다음과 같다. 첫째, 약물치료는 증상을 억제할 뿐이므로 다른 중재방법과 병행해야 근본적으로 증상을 없앨 수 있다는 것을 기억할 필요가 있다(生田哲, 2011/2012). 둘째, 정신장애가 다양한 요인에 의해 나타나므로 약물치료는 개인마다 효과가 다를 수 있다. 따라서 약물치료의 효과가 미미하다면 유전적 요인이나 심리사회적 요인에 좀 더 주목할 필요가 있다. 셋째, 아동과 청소년을 대상으로 정신장애 약물치료가 현저하게 증가하고 있는 데 비해 그 효과와 안전성에 관한 연구는 아직 미비한 편이다(Wicks-Nelson & Israel, 2009). 따라서 아동과 청소년에게 약물을 사용할 경우 제한적일 수는 있으나 약물의 공식적인 승인 연령을 점검해 보는 것도 필요하다.

2) 한약처방

한약처방은 한의학의 주된 치료법 중 하나라고 할 수 있다. 한의학에서는 인체내부의 장기를 통틀어 오장육부(五臟六腑)라고 하는데 오장은 간장, 심장, 비장, 폐장, 신장을 말하고 육부는 대장, 소장, 쓸개, 위, 삼초(三焦), 방광을 말한다. 한의학의 특징 중 하나는 오장육부와 감정을 연결지어 생각한다는 것이다. 예를 들어, 간장, 심장, 비장, 폐장, 신장의 오장은 각각 분노, 기쁨, 생각, 슬픔, 공포의 감정과 일대일로 짝을 이룬다고 본다. 따라서 각각의 장기에 병이 있으면 짝을 이루는 감정에 영향을 미치고 역으로 각각의 감정은 짝을 이루는 장기에 영향을 미친다. 또한 짝을 이룬 장기와 감정이 서로 영향을 미치는 정도에서만 끝나는 것이 아니라 다른 장기에도 영향을 주어 다른 장기가 함께 병이 들게 되면 또 다른 정신적 변화도 나타난다(하이닥, 2004. 11. 22.). 이처럼 한의학에서는 기본적으로 오장육부에 정신이 깃든다고 보고 오장육부의 균형을 중요하게 생각한다. 즉, 오장육부가 서로 긴밀하게 연결되어 있어 특정 부분에 이상이 생길 경우 다른 부분이 영향을 받게 되어 마음의 균형이 무너진다고 본다. 따라서 한약은 약해진 오장육부의 기능을 개선시키는 영양분을 공급해 주기 위한 처방이다.

정신장애 한약처방과 관련하여 유의할 만한 세 가지 사항을 제시해 보면 다음과 같다. 첫째, 한의학에 의한 치료를 한방치료라고 했을 때 한방치료란 한약처방, 침, 부항요법, 추나요법, 기공요법 등 다양한 방법으로 치료하는 것을 말한다(대한간호학회, 1996). 따라서 정신장애 한방치료에서는 한약처방과 더불어 다른 치료법(예: 침)도 병행하는 경우가 많다. 둘째, 앞서 살펴본 약물치료와 마찬가지로 아동과 청소년을 대상으로 한 정신장애 한약처방의 효과에 관한 연구도 미비한 실정이다. 예를 들어, ADHD 한방치료에 관한 국내 한의학 학술지논문을 분석한 김효선과 이승희(2013)에 따르면 한방치료의 효과를 검증한 논문 대부분이 실험연구가 아닌 사례연구였고 이러한 사례연구에서도 한약처방만을 단독으로 실시하지 않아 치료법들의 상대적인 효과차이 및 상호작용에 대한 정보를 제공하지 못하는 한계점이 있었다. 물론 어떤 치료에 대한 과학적 증거가 없다고 해서 반드시 효과가 없는 것은 아니지만 과학적 증거를 통한 객관적인 평가가 나올 때 그 치료법은 설득력이 있을 수 있으므로 정신장애 한약처방에 대한 통제된 실험연구가 좀 더 요구된다. 셋째, 한의학에 의하면 장기와 감정은 연결되어 있으므로 장기에 이상이 있으면 정신적 변화가 나타난다. 그러나 이때 장기의 병리적 증상도 나타날 수 있으므로 이런 증상이 있을 경우에는 정확한 임상적 진단을 받아야 한다(하이닥, 2004. 11. 22.).

2. 비약물적 중재

비약물적 중재(non-pharmacological intervention)란 약물을 사용하지 않는 생물학적 중재라고 할 수 있는데 영양치료, 뉴로피드백치료, 감각통합치료 등이 있다. 앞서 제4장 1절의 '1) 생물학적 모델'에서 언급하였듯이, 약물적 중재인 약물치료는 많은 논쟁에도 불구하고 널리 수용되고 있는 데 비해 비약물적 중재인 영양치료, 뉴로피드백치료, 감각통합치료는 아직 과학적 증거가 다소 부족한 편이다. 그러나 현재 양의학과 한의학 모두에서 약물적 중재와 더불어 비약물적 중재도 병행하고 있으므로 향후 비약물적 중재의 과학적 증거에 대한 요구와 기대가 높아질 것으로 보인다. 다음에서는 비약물적 중재로 자주 소개되고 있는 영양치료, 뉴로피드백치료, 감각통합치료에 대해 살펴보기로 한다.

1) 영양치료

영양치료(nutrition therapy)란 뇌와 뇌신경의 영양이 균형을 이루도록 영양섭취를 개선하는 것을 말한다. 뇌는 심장, 신장 등의 장기와 마찬가지로 단백질로 이루어져 있으며 신경전달물질 또한 단백질로부터 생성되기 때문에 단백질 부족은 신경전달물질의 불균형을 초래할 수 있다(生田哲, 2011/2012). 또한 비타민이나 미네랄의 부족도 정신장애와 관련이 있는 것으로 알려져 있다. 예를 들어, 비타민 특히 비타민 B1, B2, B6의 결핍은 초조함이나 우울 등과 관련되어 있고(Hart, 2008) 미네랄 특히 아연의 부족은 폭력성과 관련되어 있는 것으로 보고되고 있다(Walsh, Isaacson, Rehman, & Hall, 1997). 이와 같은 단백질, 비타민, 미네랄 등의 부족은 인스턴트식품이나 패스트푸드에서 현저히 나타나므로 이러한 음식을 즐겨 먹는 아동이나 청소년의 경우 영양치료를 통한 식습관 개선이 필요할 수도 있다.

2) 뉴로피드백치료

뉴로피드백치료(neurofeedback therapy)란 뇌파를 조절하는 뉴로피드백을 통해 뇌기능을 개선시키는 것을 말한다. 뉴로피드백(neurofeedback)은 뇌파(electroencephalogram: EEG)를 이용한 바이오피드백(biofeedback)으로서 뇌파 바이오피드백(EEG biofeedback)이라고도 한다. 따라서 뉴로피드백을 이해하기 위해서는 바이오피드백과 뇌파에 대한 이해가 필요하므로 다음에서는 바이오피드백, 뇌파, 뉴로피드백으로 나누어 살펴보기로 한다.

(1) 바이오피드백

살아 있는 인간의 신체에서는 다양한 생리학적 신호가 발생한다. 예를 들어, 우리는 당황스러운 상황에 놓일 때 심장박동이 증가하고 땀이 나며 근육이 긴장하는 것을 느끼는데 이렇게 생리적 신호들은 정신상태의 변화를 빠르고 민감하게 반영한다. 그러나 인간은 이러한 생리적 신호들을 충분히 인식하지 못한다. 즉, 우리는 당황할 때 근육이 긴장된다는 것을 모호하게는 느낄 수 있지만 긴장의 정도를 비교하기는 어려우며 긴장을 완화하고자 하는 자신의 시도가 성공적인지를 알기는 더더욱 어렵다(최승원, 2012).

이러한 인간의 인식능력의 한계를 보조하기 위해 고안된 것이 바이오피드백(biofeedback)이다. Biofeedback이라는 용어에서 'bio'는 처리하는 정보가 생명체의 내부에서 발생하는 신호라는 것을 의미하며 'feedback'은 다시 돌아온다는 것을 의미한다(Thompson & Thompson, 2003). 바이오피드백 기기는 개인이 정상적인 상황에서는 인식하기 어려운 생리학적 신호를 측정하여 컴퓨터가 처리할 수 있는 신호의 형태로 컴퓨터에 입력하며, 컴퓨터는 이를 다시 인간이 이해하기 쉬운 시각적 형태의 정보로 변환하여 컴퓨터 스크린이나 다른 도구들을 통해 보여 준다. 즉, 처음 신체에서 발생한 신호는 심장박동수의 미묘한 변화나 피부의 표면온도 등 인간이 정확하게 파악하기 어려운 신호들이지만 이것이 컴퓨터를 통해 시각적 형태로 바뀌면서 누구나 쉽게 차이를 이해할 수 있는 정보로 변환되는 것이다. 개인은 컴퓨터 스크린을 통해 제시되는 정보를 직접 관찰하면서 자신의 어떤 시도가 신체의 생리학적 신호를 변화시킬 수 있는지를 확인하고 직접 조절하여 최적의 방법을 찾는다(Fuller, 1984).

(2) 뇌파

인간의 뇌는 1,000억 개 이상의 신경세포로 구성되어 있고 각 신경세포 사이에서는 수많은 신경전달물질에 의해 정보가 전달된다. 이러한 뇌의 활동에 관심을 둔 사람이 독일 신경정신의학자인 Hans Berger(1873~1941)인데, 그는 '뇌파'라는 용어를 만들었으며 뇌파가 인간의 정신활동에 대한 중요한 정보를 가지고 있다는 것을 처음 발견하였다(조혜현, 2012; 최승원, 2012). 뇌파(electroencephalogram: EEG)는 뇌의 신경세포에서 발생한 전기적 신호를 기록한 것을 말하며 뇌전도 또는 뇌전위라고 부르기도 한다. Electroencephalogram이라는 용어에서 'electro'는 전기활동(electricity)과 관련이 있고, 'encephalo'는 뇌(encephal-)와 관련이 있으며, 'gram'은 쓰기(-gram)를 의미한다(조혜현, 2012).

뇌파는 정신활동 상태에 따라 크게 델타파(1~4Hz), 세타파(4~8Hz), 알파파(8~13Hz), 베타파(13~30Hz), 감마파(30~120Hz)로 구분한다. 첫째, 델타파는 깊은 수면상태에서 발생하는 뇌파다. 둘째, 세타파는 일반적인 수면상태에서 발생되는 뇌파로서 꿈을 꿀 때의 기본 뇌파다. 셋째, 알파파는 쉬고 있을 때 발생하는 뇌파로서 의식이 깨어 있는 상태에서 눈을 감고 휴식을 취하고 있을 때 강하게 나온다. 넷째, 베타파는 학습처럼 뇌가 어떤 정신적 작업을 하고 있을 때 발생하는 뇌파다. 다섯째, 감마파는 뇌의 여러 부분에 흩어져 있는 정보들이 조합되어 인지작용이 나타났을 때 발생하는 뇌파다(박병운, 2011. 12. 19.). Hertz(Hz)는 주파수의 측정단위로서 1초당 파장의 수를 말하며 독일의 물리학자인 Heinrich Hertz의 이름을 따 만든 용어다(조혜현, 2012). 뇌파는 이렇게 정상적인 정신활동에 따라 그 진동이 빠르거나 느려지는데 만일 그렇지 않으면 뇌기능이 비상적이라는 것을 의미한다. 예를 들면, 주의가 산만한 ADHD아동의 뇌파는 정상아동에 비해 느리게 나타난다(박병운, 2011. 12. 19.).

(3) 뉴로피드백

뉴로피드백(neurofeedback)은 뇌파를 이용하는 바이오피드백(biofeedback)이라고 할 수 있다. Neurofeedback이라는 용어는 뇌의 신경세포와 관련된 뇌파를 이용하기 때문에 신경이란 의미의 'neuro-'를 biofeedback과 결합한 것이다(박병운, 2011. 12. 19.). 뇌파는 인간의 특정한 정신상태를 반영하며 정신상태의 변화는 뇌파의 변화로 관찰된다. 따라서 증가(또는 감소)하고자 하는 정신상태와 관련된 뇌파를 변화시키면 인간의 정신상태(즉, 마음상태)가 변화될 수 있다는 것이 뉴로피드백의 원리다(최승원, 2012). 뉴로피드백과 바이오피드백에서 사용하는 시스템의 원리는 매우 유사한데, 뉴로피드백이 바이오피드백과 가장 크게 다른 점은 기기에 입력되는 신호가 뇌에서 시작된다는 점이다. 뇌에서 발생한 전기적 신호는 뉴로피드백 시스템을 통해 컴퓨터 스크린에 전달된다. 스크린에 전달된 정보는 뇌파 그 자체인 경우도 있지만 개인이 쉽게 이해할 수 있도록 뇌파의 특정 정보만을 선택해 그림이나 애니메이션의 형태로 제공되는 경우가 일반적이다. 임상가는 개인의 뇌파가 정상인과 유사한 방향으로 변화할 수 있도록 목표를 설정하고 개인은 정보를 변화시키기 위해 여러 가지 시도를 하게 된다. 만약 임상가가 사전에 설정한 목표에 부합하는 뇌파가 발생하면 스크린의 정보가 변화하면서 개인에게 자신의 시도가 성공했음을 알려 준다. 즉, 임상가는 정상인의 뇌파를 목표로 설정하므로 개인은 컴퓨터 스크린의 정보를 변화시키는 시도를 통해 자신의 뇌파를 정상인의 패턴으로 변화시키게 되는 것이다(최승원, 2012).

뉴로피드백치료는 양의학과 한의학 모두에서 실시되고 있는데 가장 활발히 이루어지고 있는 영역은 ADHD다. 예를 들어, 양의학의 경우에는 2012년 미국소아과학회(American Academy of Pediatrics: AAP)가 뉴로피드백을 ADHD아동을 위한 선택적 중재방법으로 승인한 바 있다(DeName, 2013). 또한 한의학의 경우, ADHD 한방치료에 관한 국내 한의학 학술지논문을 분석한 연구(김효선, 이승희, 2013)에 따르면 주로 규모가 큰 한방병원에서 뉴로피드백치료가 단독으로 실시되거나 한약/침과 병행하여 실시되는 것으로 나타났다. 이와 같이 뉴로피드백치료는 ADHD와 같은 일부 영역에서는 그 효과를 어느 정도 인정받고 있으나 아직 과학적 증거가 다소 부족한 편이다. 따라서 과학적 방법을 통해 증거를 축적하는 전문가와 연구논문이 증가할 필요가 있다.

3) 감각통합치료

유아는 자신을 둘러싸고 있는 환경의 자극을 여러 감각을 통하여 받아들이고 그 감각정보들을 뇌에서 조직하여 의미를 해석하는 과정을 거치면서 언어, 인지, 정서, 운동 영역의 발달을 이루어 나간다(조은희, 전병진, 2009). 이와 같이 자신의 신체와 환경으로부터 주어지는 감각정보들을 조직화하고 그 환경 속에서 신체를 효과적으로 사용할 수 있도록 하는 신경학적 과정(neurological process)을 감각통합(sensory integration)이라고 한다(Ayres, 1979). 따라서 감각통합 기능에 이상이 있을 경우 학습과 행동에 문제가 나타날 가능성이 있다. 예를 들어, 자폐스펙트럼장애, ADHD, 학습장애 등과 연관되어 나타나는 문제가 이러한 감각통합 기능 이상에 기인한 것으로 보기도 한다(Scheuermann & Hall, 2012).

감각통합치료(sensory integration therapy)란 신경학적 지식을 바탕으로 구성된 활동프로그램을 통해 감각통합 기능을 향상시키는 것을 말한다. 감각통합치료는 미국의 작업치료사인 Anna Jean Ayres(1920~1988)가 고안한 것으로서 여러 감각을 통하여 들어오는 정보를 충분하게 수용하고 처리하지 못하는 문제를 경험하는 아동이 있다는 가정에서 출발한다. 따라서 감각통합치료에서는 감각계가 치료의 대상이 된다. 감각계는 〈표 6-2〉에 제시된 바와 같이 분류되기도 하는데, 감각 중에서 촉각, 전정감각, 고유감각이 감각통합치료의 주요 대상이 되는 영역이다. 감각통합치료에서는 이 세 감각계의 감각처리능력이나 감각통합기능을 향상시키기 위해 고안된 활동들(예: 천으로 싸기, 무게감 있는 조끼 입기, 트램폴린 뛰기, 스케이트보드 타기, 그네 타기 등)을 아동의 필요에 맞추어 양과 질을 조절하여 실시한다.

이와 같이 감각통합치료는 아동의 필요에 따라 개별적으로 활동프로그램이 구성되기 때문에 활동들이 모두 개별 아동의 발달적 요구를 충족시키도록 고안된다는 장점이 있다(Simpson et al., 2005). 그러나 신경학적 과정인 감각통합은 뇌의 특정 부위와 관련되는 것이 아니기 때문에 그 기능을 측정할 수 있는 객관적인 방법이 없다는 단점도 있다. 따라서 감각통합치료의 효과를 과학적으로 입증하는 연구가 부족하다고 보기도 하는데(Polenick & Flora, 2012; Simpson et al., 2005) 근래 자폐스펙트럼장애의 중재에서는 감각통합(sensory integration)이 유효성이 검증된 전략으로 보고된 바가 있다(Steinbrenner et al., 2020).

〈표 6-2〉 감각계와 기능

구분[1]	감각계	기능
외수용감각 (exteroception)	시각(視覺) (visual sense)	사물과 사람에 대한 정보를 제공한다(시공간을 통해 이동할 때 경계를 알도록 도움).
	청각(聽覺) (auditory sense)	환경에서 나는 소리에 대한 정보를 제공한다(큰 소리, 작은 소리, 높은 소리, 낮은 소리, 먼 소리, 가까운 소리 등).
	미각(味覺) (gustatory sense)	다양한 종류의 맛에 대한 정보를 제공한다(단맛, 신맛, 쓴맛, 짠맛, 매운맛 등).
	후각(嗅覺) (olfactory sense)	다양한 종류의 냄새에 대한 정보를 제공한다(곰팡이 냄새, 꽃 냄새, 자극성 냄새 등).
	촉각(觸覺) (tactile sense)	환경 및 사물의 질에 대한 정보를 제공한다(촉감, 질감, 압박감, 온감, 냉감, 통감 등).
	전정감각(前庭感覺) (vestibular sense)	공간에서 신체가 어디에 있는지 또는 자신이나 주변이 이동하고 있는지에 대한 정보를 제공한다. 이동의 속도와 방향에 대한 정보도 제공한다.
고유수용감각 (proprioception)	고유감각(固有感覺) (proprioceptive sense)	특정 신체부위가 어디에 있고 어떻게 움직이고 있는지에 대한 정보를 제공한다.
내수용감각 (interoception)	내장감각(內臟感覺) (visceral sense)	몸속에서 일어나는 일에 대한 정보를 제공한다.

[1] 외수용감각과 고유수용감각은 널리 알려져 있는 반면 내수용감각은 근래 많은 주목을 받고 있는데 이에 대해서는 제4장 3절의 '1) 학제간 모델의 관련주제: 내수용감각과 신체표지가설'을 참조할 것.

제7장 Introduction to Emotional and Behavioral Disorders

심리사회적 중재

1. 정신분석적 중재

앞서 제4장 1절에서 언급되었듯이, 정신분석적 모델에서는 정서행동장애가 발달단계(심리성적 또는 심리사회적 발달단계)에서 해결되지 못한 갈등, 무의식 수준의 갈등, 또는 방어기제의 무분별한 사용 등에 의해 초래된다고 보고 다양한 정신분석적 중재(psychoanalytic intervention)를 실시한다. 다음에서는 정신분석적 중재로 자주 소개되고 있는 정신분석적 심리치료, 정신분석적 놀이치료, 정신분석적 미술치료에 대해 살펴보기로 한다.

1) 정신분석적 심리치료

심리치료(psychotherapy)는 문자 그대로 마음의 치료를 가리키는 용어로서 전문적으로 훈련된 심리치료사가 사용하는 모든 치료방법을 말하는데, 특히 Freud의 정신분석 이론과 기법의 원리에 바탕을 두고 실시되는 심리치료를 정신분석적 심리치료(psychoanalytic psychotherapy)라고 한다(Moore & Fine, 1990/2002).

Freud에 의하면 사고, 느낌, 태도, 행동에서 나타나는 병리적 증상들은 무의식적인 세력들 사이의 투쟁으로 인한 갈등에 의해 나타난다. 따라서 정신분석적 심리치료에서는 갈등과 증상들 간의 심리적 연결을 드러내는 과정을 거친다(Moore & Fine, 1990/2002). 이 과정에서 치료사(즉, 정신분석가)는 내담자로 하여금 자신의 무의식적 갈등과 관련된 정보를 많이 내어놓을 수 있도록 유도하며 자유연상(free association; 내담자가 머릿속에 떠오르는 모든 생각, 감정, 기억을 의식적 통제 없이 있는 그대로 표현하는 것)이나 꿈분석 등의 기법을 이용한다. 이러한 과정을 통해 내담자는 무의식적 갈등을 의식화하고 통찰함으로써 갈등을 해결하게 된다(임규혁, 임웅, 2007). 이와 같이 정신분석적 심리치료는 증상의 제거에 초점을 맞추기보다는 증상을 유발한 무의식적 갈등의 해결을 목표로 한다. 즉, 내담자가 병리적 증상으로 나타나는 무의식적 갈등을 인식하고 능동적으로 조절하도록 하는 것이다.

정신분석적 심리치료는 모든 심리치료의 모태라고 할 수 있는데, 그 이유는 현재 존재하는 수많은 다양한 심리치료가 정신분석적 심리치료로부터 파생되었거나 그에 대한 반작용으로 출현했기 때문이다(McWilliams, 2004). 그러나 그 효과를 검증하는 연구들이 주로 사례연구로 이루어져 있어 현재로서는 정서행동장애에 대한 정신분석적 심리치료가 널리 수용되고 있는 편은 아니다(Kauffman & Landrum, 2009; Shepherd, 2010). 물론 이에 대한 반론도 없지 않다. 즉, 경험적으로 검증된 치료(empirically supported treatment)를 강조하는 요즘의 경향이 체험적 치료나 정신분석적 심리치료를 실증적 근거 없이 평가절하하고 있다는 입장도 있다. 이 입장에 따르면 경험적으로 검증된 치료의 대다수는 '내담자가 협조적이어야 하고 치료목표가 되는 증상과 공존하는 다른 문제들을 가지고 있지 않아야 한다.' 등의 내담자 선정기준을 사용하여 검증되어 왔는데, 이러한 기준들은 일반적인 치료사들이 적용할 수 없는 기준들이며 특히 내담자가 매우 치료하기 어렵고 다양한 증상을 지닌 경우에는 더욱 그렇다. 따라서 이러한 입장에서는 과학이 통제된 연구를 통해 얻은 지식과 더불어 임상적 경험을 통해 얻은 지식을 모두 포용해야 한다고 주장하기도 한다(McWilliams, 2004).

2) 정신분석적 놀이치료

놀이란 시공간의 제약 없이 스스로의 동기에 의해 아동들이 하는 활동이다. 이러한 놀이의 개념을 심리치료와 접목한 것이 놀이치료인데, 이 용어는 놀이 자체가 마음의 상처를 치유하는 기능을 가지고 있을 뿐 아니라 아동의 발달적 특성을 고려할 때 성인에서처럼 언어적인 개입만으로는 치료가 어려우므로 놀이가 중요한 역할을 한다는 의미를 내포하고 있다(정선주, 곽영숙, 2014). 즉, 놀이치료(play therapy)란 놀이를 통해 이루어지는 심리치료라고 할 수 있으며 보통 2~12세 아동을 대상으로 한다(김혜림, 2014).

놀이치료는 1909년 Freud가 한스라는 5세 소년의 치료과정에서 아동의 마음속에 쌓인 갈등이나 좌절을 심리치료로 해결할 수 있다는 가능성을 보여 준 후 발달되기 시작하였다. 그 후 심리학이 발달하면서 그 사조에 따라 정신분석적 놀이치료, 비지시적 놀이치료, 행동주의적 놀이치료, 인지행동적 놀이치료, 생태학적 놀이치료 등 다양한 형태의 놀이치료가 출현하였는데(강위영, 송영혜, 변찬석, 1992; 김혜림, 2014; 이숙, 최정미, 김수미, 2002), 현재까지 소아정신건강의학과에서 가장 일반적으로 시행되고 있는 것은 정신분석적 놀이치료다(정선주, 곽영숙, 2014).

정신분석적 놀이치료(psychoanalytic play therapy)는 Freud의 정신분석이론에 기초한 놀이치료라고 할 수 있는데, 정신분석적 놀이치료의 개척자들 중 한 사람인 Melanie Klein은 아동의 놀이를 성인의 자유연상과 동일한 것으로 보았다(강위영 외, 1992; 장미경 외, 2012). 즉, 정신분석적 놀이치료에서는 아동이 놀이를 통해 자신의 내적인 삶을 투사함과 동시에 자신이 현재 처해 있는 실제상황을 노출한다고 가정한다(정선주, 곽영숙, 2014). 따라서 정신분석적 놀이치료는 아동의 무의식적 갈등을 놀이를 통해 표현하게 만들고 이에 대한 치료사(정신분석가)의 해석을 통해 아동이 자신에 대한 통찰을 얻고 갈등을 해결해 나가도록 돕는다. 이때 치료사는 내담자의 어린 나이를 고려하여 해석을 전달하는 시점과 방식을 신중하게 결정해야 한다(김혜림, 2014).

3) 정신분석적 미술치료

미술치료의 영어는 art therapy인데, art therapy는 예술치료로 번역되기도 한다. 즉, art therapy(아트테라피)는 예술치료와 미술치료의 두 가지 영역으로 대별할 수 있다. 전자는 넓은 의미의 아트테라피로서 음악, 미술, 무용, 연극 등이 포함되며 후자는 좁은 의미의 아트테라피로서 회화(그림), 조소, 공예 등 미술의 전 분야가 포함된다(박현일, 조홍중, 2009). 미술치료라는 용어는 1961년에 최초의 미술치료 학술지인 『Bulletin of Art Therapy』의 창간호에서 편집자인 Elinor Ulman이 사용하였다. 그는 적절한 표현이 없어서 미술치료라는 용어를 사용했다고 술회하면서, 미술치료는 시각예술이라는 수단을 이용하여 성격의 통합 혹은 재통합을 돕기 위한 시도라고 하였다(장미경 외, 2012). 따라서 미술치료(art therapy)란 미술활동을 통해 이루어지는 심리치료라고 할 수 있다.

미술치료라는 개념은 20세기 중반부터 정신장애가 있는 환자들을 치료하는 치료사들이 사용하기 시작하였는데 그 당시 공식적인 미술치료 훈련과정이 없었기 때문에 정신과의사나 정신분석가의 지도를 받기도 하였다. 이 시기에 미술치료의 발달에 기여한 대표적인 학자로 Margaret Naumburg, Elinor Ulman 등이 있는데, 이들은 Freud의 정신분석이론을 토대로 미술치료에 대한 정신분석적 접근의 초석을 마련하였다(Malchiodi, 2002/2005). 현재 미술치료는 Freud의 정신분석적 미술치료, Jung학파의 분석적 미술치료, 인본주의 미술치료 등 다양한 유형으로 분류되고 있으나(장미경 외, 2012), 일반적으로 정신건강의학과에서 주류를 형성하고 있는 것은 정신분석적 미술치료다.

정신분석적 미술치료(psychoanalytic art therapy)는 Freud의 정신분석이론에 기초한 미술치료라고 할 수 있는데, 정신분석가들은 미술을 무의식의 표출수단으로 활용한다. 정신분석적 미술치료의 개척자들 중 한 사람인 Margaret Naumburg는 억압된 것을 이미지를 통해 표출하는 것이 치료적일 뿐만 아니라 정화가 되며 동시에 의사소통의 효과가 있다고 하였다. 즉, 정신분석적 미술치료에서는 미술활동을 자유연상과 동일한 것으로 보며 따라서 자유롭게 그리거나 만든 이후 무의식적 갈등을 탐색하게 된다. 치료사(정신분석가)는 내담자로 하여금 무의식적 갈등이 어떻게 부적응적 양상으로 나타나는지 그 연결을 깨닫도록 해 주고 자신의 갈등을 해결해 나가도록 도와준다(장미경 외, 2012). 앞서 살펴본 정신분석적 심리치료와 정신분석적 놀이치료가 각각 성인과 아동을 일반적인 대상으로 하는 데 비해 정신분석적 미술치료는 아동, 성인, 노인 등 모든 연령층을 대상으로 할 수 있다(Malchiodi, 2002/2005).

2. 행동적 중재

앞서 제4장 1절에서 언급되었듯이, 행동적 모델에서는 정서행동장애가 잘못된 학습 혹은 부적절한 학습에 의해 초래된다고 보고 강화, 토큰경제, 차별강화, 소거, 벌

등의 다양한 행동수정 기법을 사용하는 전통적 행동중재가 일반적으로 사용된다. 또한 근래에는 전통적 행동중재와 더불어 긍정적 행동지원, 학교차원의 긍정적 행동지원도 행동적 중재로 널리 소개되고 있다. 따라서 다음에서는 행동적 중재(behavioral intervention)를 전통적 행동중재, 긍정적 행동지원, 학교차원의 긍정적 행동지원으로 나누어 살펴보기로 한다.

1) 전통적 행동중재

전통적 행동중재에서는 제4장 1절의 '3) 행동적 모델'에서 살펴본 두 가지 학습이론, 즉 Pavlov의 반응적 조건형성 이론과 Skinner의 조작적 조건형성 이론에서 유래된 행동수정 기법들을 이용하여 행동수정을 실시한다. 행동수정(behavior modification)이란 개인이 사회에서 좀 더 충분히 기능할 수 있도록 개인의 내재적·외현적 행동을 평가하고 향상시키는 데 학습원리와 기법을 체계적으로 적용하는 것이라고 할 수 있다(Martin & Pear, 2003). 〈표 7-1〉에는 전통적 행동중재에서 사용되는 행동수정 기법들이 제시되어 있는데, Pavlov의 반응적 조건형성 이론에 근거한 세 가지 기법(체계적 탈감법, 홍수법, 혐오치료) 외에는 대부분 Skinner의 조작적 조건형성 이론에 근거한 기법들이다.

Skinner의 조작적 조건형성 이론은 행동이 강화물이나 벌칙과 같은 후속결과에 의해 통제된다고 보고 후속결과에 의해 통제되는 행동을 조작적 행동(operant behavior)이라고 한다(Miltenberger, 2016). 이처럼 조작적 행동이 후속결과에 의해 통제되지만 이는 조작적 행동이 선행하는 요인과 무관하다는 것을 의미하는 것은 아니다. 왜냐하면 어떤 행동이라도 환경이 없는 상황에서는 발생할 수 없으며 환경은 자극변화를 통해 행동에 영향을 주기 때문이다(Cooper, Heron, & Heward, 2007). 이와 같은 선행요인(Antecedent), 행동(Behavior), 후속결과(Consequence)의 관계를 Skinner(1953)는 3요인 수반성(three-term contingency)이라고 하였는데 이를 모형으로 제시해 보면 [그림 7-1]과 같다. 일반적으로 수반성(contingency)이란 행동의 발생에 대한 후속결과의 종속성(dependency)을 말하며(Cooper et al., 2007), 이는 행동이 발생할 때만 후속결과가 제공되는 관계를 의미한다(Miltenberger, 2016). 3요인 수반성에 따르면, 선행요인(예: 선행자극)이 있을 때 행동이 발생하고 행동에 수반되어 제공되는 후속결과(예: 강화물 또는 벌칙)는 향후 그 선행요인이 해당 행동을 촉발할 가능성을 증가시

〈표 7-1〉 행동수정 기법

<table>
<tr><th>구분</th><th colspan="3">기법</th></tr>
<tr><td rowspan="4">바람직한 행동 증가시키기</td><td rowspan="2">강화</td><td colspan="2">정적강화</td></tr>
<tr><td colspan="2">부적강화</td></tr>
<tr><td colspan="3">도피-회피조건형성</td></tr>
<tr><td colspan="3">토큰경제</td></tr>
<tr><td rowspan="10">바람직하지 않은 행동 감소시키기</td><td rowspan="4">차별강화</td><td colspan="2">상반행동 차별강화</td></tr>
<tr><td colspan="2">대안행동 차별강화</td></tr>
<tr><td colspan="2">타행동 차별강화</td></tr>
<tr><td colspan="2">저비율행동 차별강화</td></tr>
<tr><td colspan="3">비수반강화</td></tr>
<tr><td colspan="3">소거</td></tr>
<tr><td rowspan="4">벌</td><td rowspan="2">부적벌
(박탈성 벌)</td><td>타임아웃</td></tr>
<tr><td>반응대가</td></tr>
<tr><td rowspan="2">정적벌
(수여성 벌)</td><td>과잉교정</td></tr>
<tr><td>혐오자극 제시</td></tr>
<tr><td rowspan="4">바람직한 행동 유지시키기</td><td rowspan="4">간헐강화</td><td colspan="2">고정간격계획</td></tr>
<tr><td colspan="2">변동간격계획</td></tr>
<tr><td colspan="2">고정비율계획</td></tr>
<tr><td colspan="2">변동비율계획</td></tr>
<tr><td rowspan="3">새로운 행동 가르치기</td><td colspan="3">용암법</td></tr>
<tr><td colspan="3">조형법</td></tr>
<tr><td colspan="3">연쇄법</td></tr>
<tr><td rowspan="5">기타 기법</td><td colspan="3">자극식별훈련</td></tr>
<tr><td colspan="3">일반화훈련</td></tr>
<tr><td colspan="3">체계적 탈감법[1]</td></tr>
<tr><td colspan="3">홍수법[1]</td></tr>
<tr><td colspan="3">혐오치료[1]</td></tr>
</table>

[1] Pavlov의 반응적 조건형성 이론에 근거한 기법임.

수정발췌: 이승희(2024a). **자폐스펙트럼장애의 이해**(제3판). 서울: 학지사. (p. 225)

키거나 감소시킨다. 이와 같은 3요인 수반성은 A−B−C 수반성(A−B−C contingency)이라고도 하는데 행동적 중재에서 요구되는 문제행동의 기능평가와 밀접하게 관련되어 있다. [보충설명 7−1]과 [보충설명 7−2]는 각각 A−B−C 수반성의 관련용어와 문제행동의 기능평가에 대해 좀 더 구체적인 내용을 제시하고 있다. 다음에서는 〈표 7−1〉에 제시된 기법들을 관련문헌(이승희, 2024a)의 내용에 근거하여 간략하게 소개하기로 한다.

[그림 7-1] Skinner의 3요인 수반성 모형

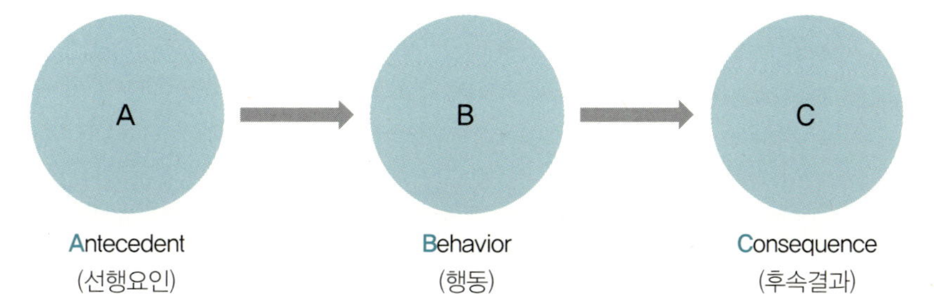

[보충설명 7-1] A-B-C 수반성의 관련용어

Skinner(1953)는 선행요인(Antecedent), 행동(Behavior), 후속결과(Consequence)의 관계를 3요인 수반성(three-term contingency)이라고 하였으며 A−B−C 수반성(A−B−C contingency)이라고도 한다. 이때 사용되는 용어 중 antecedent와 consequence에 대한 번역이 문헌에 따라 다소 다양하게 나타나고 있는데 이와 관련하여 이승희(2020)는 antecedent와 consequence의 개념을 다음과 같이 정리한 바 있다.

먼저, antecedent를 '선행요인'으로 번역할 수 있는데, 선행요인에는 배경사건, 선행사건, 선행자극이 포함된다. 선행요인, 배경사건, 선행사건, 선행자극은 각각 다음과 같이 정의할 수 있다(이승희, 2020).

- 선행요인(antecedent)이란 어떤 행동이 발생하는 맥락, 즉 어떤 행동에 앞서 나타나는 조건(condition)이나 변인(variable), 사건(event), 또는 자극(stimulus)을 말한다.
- 배경사건(setting event)은 선행사건/선행자극보다 앞서 발생하거나 그와 동시에 발생하여 선행사건/선행자극이나 후속결과에 대한 반응에 영향을 미치는 조건이나 변인을 말한다.

[보충설명 7-1] 계속됨

- 선행사건(antecedent event)은 어떤 행동이 발생하기 직전에 일어나 그 행동을 촉발하는 사건을 말하며 어떤 주체에 의한 행위나 상태로 묘사된다. 선행사건 안에는 선행자극이 있을 수 있는데, 예를 들어 학생의 어떤 행동 직전에 교사가 과제를 내 주었다면 '교사가 학생에게 과제를 내 주었다.'는 선행사건이고 '과제'는 선행자극이다.
- 선행자극(antecedent stimulus)은 어떤 행동이 발생하기 직전에 나타나 그 행동을 촉발하는 자극, 즉 유발자극(triggering stimulus)을 말한다.

다음으로, consequence는 '후속결과'로 번역될 수 있는데 후속결과에는 후속사건과 후속자극이 포함된다. 후속결과, 후속사건, 후속자극은 각각 다음과 같이 정의할 수 있다(이승희, 2020).

- 후속결과(consequence)란 어떤 행동에 뒤따라 나타나는 사건 또는 자극을 말한다.
- 후속사건(consequent event)은 어떤 행동이 발생한 직후에 그 행동에 수반하여 일어난 사건을 말하며 어떤 주체에 의한 행위나 상태로 묘사된다. 후속사건 안에는 후속자극이 있을 수 있는데, 예를 들어 학생이 어떤 행동을 한 직후 그 행동에 대해 교사가 칭찬을 했다면 '교사가 학생에게 칭찬을 해 주었다.'는 후속사건이고 '칭찬'은 후속자극이다.
- 후속자극(consequent stimulus)은 어떤 행동이 발생한 직후에 그 행동에 수반하여 나타난 자극을 말한다. 강화물(reinforcer)과 벌칙(punisher)은 후속자극에 해당된다.

자료출처: 이승희(2021b). 장애아동관찰. 서울: 학지사. (p. 108)

(1) 바람직한 행동 증가시키기

〈표 7-1〉에 보이듯이, 바람직한 행동을 증가시키는 기법으로는 강화, 도피-회피 조건형성, 토큰경제가 있다.

① 강화

강화(reinforcement)란 행동 뒤에 그 행동의 발생 가능성을 증가시키는 결과, 즉 강화물(reinforcer)이 뒤따르게 함으로써 행동의 빈도나 강도를 증가시키는 것이다. 강화에는 정적강화와 부적강화의 두 가지 유형이 있다.

정적강화(positive reinforcement)란 어떤 행동 뒤에 유쾌자극(pleasant stimulus)을 제

[보충설명 7-2] 문제행동의 기능평가

문제행동의 기능평가(functional evaluation)는 문제행동의 가능성 있는 기능에 대해 수집된 정보에 근거하여 어떤 결론을 내리는 과정이라고 할 수 있는데, 이때 문제행동의 가능성 있는 기능에 대한 정보를 수집하는 과정을 기능사정이라고 한다. 즉, 기능사정(functional assessment)이란 기능평가를 위해 문제행동과 관련되어 있는 선행요인(antecedent)과 후속결과(consequence)에 대한 정보를 수집하는 과정이라고 할 수 있다. 이와 같은 기능사정의 개념에서 알 수 있듯이, 기능사정은 A–B–C 수반성(A–B–C contingency)이라고도 불리는 3요인 수반성(three-term contingency)을 기반으로 한다.

기능사정에서 수행되는 정보수집방법(information-gathering methods), 즉 기능사정방법(functional assessment methods)에는 간접방법, 직접방법, 실험방법(또는 기능분석)의 세 가지가 있다. 첫째, 간접방법(indirect methods)은 아동을 직접 관찰하여 문제행동에 대한 정보를 수집하는 것이 아니라 아동 자신(단, 일반적으로 유아는 제외)이나 아동을 잘 알고 있는 사람들(예: 부모, 교사 등)을 통해 문제행동에 대한 정보를 수집하는 것이다. 간접방법에서는 주로 면접(interview)이나 검사(test)가 실시된다. 면접에서는 비구조화면접, 반구조화면접, 구조화면접의 세 가지 유형 중 한 가지 이상을 사용할 수 있고, 검사에서는 표준화되거나 표준화되지 않은 척도(scale) 또는 검목표(checklist)를 사용할 수 있다. 둘째, 직접방법(direct methods)은 아동을 일상적 생활장소에서 어떠한 통제도 없이 직접적으로 관찰하여 문제행동에 대한 정보를 수집하는 것이다. 즉, 직접방법에서는 일반적으로 관찰이 실시되는데, 이때 주로 사용되는 기록방법으로 서술기록(예: 일화기록, ABC기록)이 있다. 셋째, 실험방법(experimental methods)은 문제행동의 선행요인 및 후속결과를 조작하고 문제행동에 나타난 변화에 대한 정보를 수집하는 것이다. 실험방법은 기능분석(functional analysis)이라고도 하는데, 관련문헌에서는 기능분석이라는 용어가 일반적으로 사용되는 경향이 있다. 실험방법에서는 선행요인과 후속결과를 조작하면서 문제행동에 대한 통제적 관찰이 실시된다. 이때 주로 사용되는 기록방법으로 간격기록과 사건기록이 있다(이승희, 2021b).

이와 같이 기능사정을 통해 문제행동과 관련되어 있는 선행요인과 후속결과에 대한 정보가 수집되면 이 정보를 근거로 문제행동의 기능, 즉 선행요인 및 후속결과와 문제행동의 관계에 대한 가설을 설정하는 기능평가가 이루어진다. 기능평가에는 두 가지 방식이 있는데, 하나는 간접방법과 직접방법의 두 가지 기능사정방법을 통해 수집된 정보에 근거하여 잠정적 가설(tentative hypothesis)을 설정하는 것이고 다른 하나는 실험방법(기능분석)까지 포함한 세 가지 기능사정방법 모두를 통해 수집한 정보에 근거하여 확고한 가설(firm hypothesis)을 설정하는 것이다.

시(present)하여 그 행동의 빈도나 강도를 증가시키는 것이다. 이때 행동 뒤에 제시되는 유쾌자극을 정적강화물이라고 한다. 즉, 정적강화물(positive reinforcer)이란 행동의 빈도나 강도를 증가시키기 위하여 행동 뒤에 제시되는 유쾌자극이라고 할 수 있는데 보상(reward)이라고도 한다.

부적강화(negative reinforcement)란 어떤 행동 뒤에 불쾌자극(unpleasant stimulus)을 제거(remove)[철회(withdraw) 또는 방지(prevent)]하여 그 행동의 빈도나 강도를 증가시키는 것이다. 이때 행동 뒤에 제거되는 불쾌자극을 부적강화물이라고 한다. 즉, 부적강화물(negative reinforcer)이란 행동의 빈도나 강도를 증가시키기 위하여 행동 뒤에 제거되는 불쾌자극이라고 할 수 있다.

이상과 같이 정적강화에서는 정적강화물이, 부적강화에서는 부적강화물이 사용되는데 강화물이란 행동의 빈도나 강도를 증가시키는 후속자극으로 정의될 수 있다. 강화물은 행동수정 전반에 걸쳐 적용되는 중요한 개념으로서 조건강화물과 무조건강화물의 두 가지 유형이 있다(저자주: 정적강화물과 부적강화물로 구분하지 않을 경우 일반적으로 강화물은 정적강화물을 의미함). 무조건강화물(unconditioned reinforcer)이란 그 자체가 강화력을 지니고 있는 자극으로 학습되지 않은 강화물(unlearned reinforcer) 또는 일차 강화물(primary reinforcer)이라고도 한다. 예를 들어, 아이들에게 사탕이나 과자는 무조건강화물이 되는데 그 이유는 대부분의 아이가 자연적으로 좋아하기 때문에 사전 조건화가 필요 없이 그 자체가 강화력을 지니기 때문이다. 이에 비해 조건강화물(conditioned reinforcer)이란 본래는 강화력이 없었으나 강화력이 있는 자극(즉, 지원강화물)과 짝지어 제시됨으로써 강화력을 가지게 되는 자극으로 학습된 강화물(learned reinforcer) 또는 이차 강화물(secondary reinforcer)이라고도 한다. 예를 들어, 아이들에게 토큰(token)은 조건강화물이 되는데 왜냐하면 토큰은 본래 강화력이 없었으나 토큰을 지원강화물로 바꿀 수 있음으로써 강화력을 가지게 되기 때문이다. 이와 같이 다른 자극이 조건강화물이 되도록 만드는 자극을 지원강화물(보완강화물: backup reinforcer)이라고 한다. 또한 조건강화물에는 단순 조건강화물(simple conditioned reinforcer)과 일반화된 조건강화물(generalized conditioned reinforcer)이 있는데 전자는 하나의 지원강화물과 짝지어진 조건강화물을 말하고 후자는 다양한 종류의 지원강화물과 짝지어진 조건강화물을 말한다(Martin & Pear, 2003).

② 도피-회피조건형성

도피-회피조건형성(escape-avoidance conditioning)이란 어떤 행동 뒤에 혐오자극(aversive stimulus)(저자주: 강한 불쾌자극을 혐오자극이라고 함)을 철회하여 그 행동을 증가시키는 예비단계[즉, 도피조건형성(escape conditioning)]와 그 행동 뒤에 혐오자극을 방지하여 그 행동을 증가시키는 최종단계[즉, 회피조건형성(avoidance conditioning)]의 두 단계를 통해 그 행동의 발생 가능성을 증가시키는 것이다. 이와 같은 도피-회피조건형성은 어떤 행동 뒤에 불쾌자극 또는 혐오자극을 제거하여 그 행동의 발생 가능성을 증가시킨다는 점에서 부적강화와 유사하지만 절차에서 부적강화와 다르다고 할 수 있다(이승희, 2018).

③ 토큰경제

토큰경제(token economy)란 어떤 행동 뒤에 지원강화물로 교환할 수 있는 토큰(token)이 제공됨으로써 그 행동을 증가시키는 것을 말한다. 앞서 언급되었듯이, 토큰은 본래 강화력이 없었으나 지원강화물로 교환할 수 있기 때문에 강화력을 갖는 조건강화물이다.

(2) 바람직하지 않은 행동 감소시키기

〈표 7-1〉에 보이듯이, 바람직하지 않은 행동을 감소시키는 기법으로는 차별강화, 비수반강화, 소거, 벌(부적벌, 정적벌)이 있는데 강화물과 벌칙의 사용 측면에서 좀 더 긍정적인 기법 순으로 제시되어 있다. 즉, 차별강화는 강화물을 제공하고, 비수반강화도 강화물을 제공하지만 의도와는 달리 부적절한 행동을 증가시킬 위험이 있으며, 소거는 강화물을 보류하고, 벌(부적벌, 정적벌)에서는 부적벌칙 또는 정적벌칙이 사용된다. 따라서 바람직하지 않은 행동을 감소시키고자 할 때는 좀 더 긍정적인 기법부터 우선적으로 실시해 볼 필요가 있으며 벌칙을 사용하는 벌(특히 정적벌)은 더 이상 선택가능한 기법이 없을 때만 사용한다.

① 차별강화

차별강화(differential reinforcement)란 바람직한 행동을 강화함으로써 상대적으로 바람직하지 않은 행동을 감소시키는 것이다. 이와 같은 차별강화에는 상반행동 차별강화, 대안행동 차별강화, 타행동 차별강화, 저비율행동 차별강화의 네 가지 유형이 있다.

상반행동 차별강화(differential reinforcement of incompatible behavior: DRI)란 바람직하지 않은 행동과 상반되는 행동, 즉 상반행동을 강화함으로써 바람직하지 않은 행동을 감소시키는 것이다. 상반행동(incompatible behavior)은 동시에 발생할 수 없는 행동을 말하는데, 예를 들어 소리 내어 책을 읽는 행동은 소리 지르는 행동의 상반행동이라고 할 수 있다. 만약 강화될 상반행동이 바람직하지 않은 행동과 동일한 기능을 가지고 있고 동일한 효력의 강화물을 제공받는다면 가장 효과적으로 바람직하지 않은 행동을 감소시킬 수 있다.

대안행동 차별강화(differential reinforcement of alternative behavior: DRA)란 바람직하지 않은 행동과 상반되지는 않지만 적절한 행동인 대안행동을 강화함으로써 바람직하지 않은 행동을 감소시키는 것이다. 즉, 대안행동(alternative behavior)은 적절한 행동이지만 바람직하지 않은 행동과 상반되지는 않는 행동을 말하는데, 예를 들어 이름 쓰는 행동은 소리 지르는 행동의 상반행동은 아니지만 이름 쓰는 행동이 증가하면서 소리 지르는 행동이 감소할 수 있으므로 소리 지르는 행동의 대안행동이라고 할 수 있다. 상반행동 차별강화에서와 마찬가지로, 만약 강화될 대안행동이 바람직하지 않은 행동과 동일한 기능을 가지고 있고 동일한 효력의 강화물을 제공받는다면 가장 효과적으로 바람직하지 않은 행동을 감소시킬 수 있다.

타행동 차별강화(differential reinforcement of other behavior: DRO)란 바람직하지 않은 행동이 일정 시간 발생하지 않을 때 강화물을 제공함으로써 바람직하지 않은 행동을 완전히 제거하는 것이다. 타행동 차별강화는 용어상 타행동을 강화하는 것으로 오인할 수 있으나 사실은 바람직하지 않은 행동의 부재를 강화한다(Miltenberger, 2001). 비록 바람직하지 않은 행동이 나타나지 않을 때 타행동이 발생할 수 있다 하더라도 바람직하지 않은 행동을 대신해서 강화할 타행동을 찾아내지는 않는다.

저비율행동 차별강화(differential reinforcement of low rate behavior: DRL)란 바람직하지 않은 행동이 낮은 비율로 나타날 때 강화함으로써 바람직하지 않은 행동의 발생비율을 낮추는 것이다. 즉, 저비율행동 차별강화의 목표는 표적행동의 완전한 제거가 아니라 표적행동의 감소다. 따라서 저비율행동 차별강화는 바람직하지 않은 행동의 부재를 강화하는 것이 아니라 저비율을 강화한다. 이와 같은 저비율행동 차별강화(DRL)에는 제한반응 DRL과 간격반응 DRL의 두 종류가 있는데, 제한반응(limited-responding) DRL은 어떤 행동이 참을 만하지만 덜 발생하면 좋은 경우에 사용하고 간격반응(spaced-responding) DRL은 너무 높은 비율로만 발생하지 않는다면 감소시키고자 하는 행동이 실질적으로 바람직한 행동인 경우에 사용한다.

② 비수반강화

비수반강화(noncontingent reinforcement)란 행동과는 무관하게 미리 설정된 시간 간격에 따라 강화물을 제공하여 바람직하지 않은 행동의 발생동기를 사전에 제거함으로써 행동을 감소시키는 것이다. 그러나 비수반강화에서 의도와는 달리 우연적 강화(adventitious reinforcement)로 부적절한 행동이 증가할 수 있는데, 그 이유는 어떤 행동이 실질적으로 강화물을 얻게 한 것이 아니더라도 우연히 강화물이 제공되면 증가될 수 있기 때문이다(Martin & Pear, 2003).

③ 소거

소거(extinction)란 특정 행동을 유지시키는 것으로 보이는 강화물을 제거함으로써 행동을 감소시키는 것이다. 소거와 관련하여 유념해야 할 세 가지 개념으로 소거저항, 소거폭발, 그리고 자발적 회복이 있다(Martin & Pear, 2003). 소거저항(resistance to extinction)은 강화물을 제거한 후에도 그 행동을 계속하려는 경향으로서 이전에 간헐강화를 받은 행동은 연속강화를 받은 행동보다 소거저항이 강하다(저자주: 간헐강화와 연속강화에 대해서는 이 절의 '바람직한 행동 유지시키기' 참조). 소거폭발(extinction burst)은 강화물이 제거되었을 때 행동이 감소되기 전에 행동의 빈도나 강도가 일시적으로 증가하는 현상으로서 소거폭발이 나타났을 경우 소거실행을 중지하면 행동이 더 악화된 것을 강화하는 효과가 생기므로 소거실행을 계속하는 것이 중요하다. 또한 자발적 회복(spontaneous recovery)은 소거된 행동이 일정 시간이 지난 뒤 다시 나타나는 현상으로서 보통 자발적으로 회복된 행동은 이전의 소거실행 동안 발생했던 행동의 양보다는 적으므로 만약 자발적 회복이 나타난다고 하더라도 소거를 다시 실시하면 된다. 바람직하지 않은 행동을 대상으로 소거를 실행할 때는 동일한 기능을 가진 대안행동(alternative behavior)에 대한 정적강화와 함께 이루어질 때 가장 효과적이다(Martin & Pear, 2003). 즉, 바람직하지 않은 행동을 유지시키는 것으로 보이는 강화물은 제거하고(즉, 소거) 동일한 기능을 가진 대안행동에 강화물을 제공함으로써(즉, 정적강화) 바람직하지 않은 행동을 효과적으로(즉, 가능한 한 가장 낮은 수준으로 빠르게) 감소시킨다는 것인데 이는 앞서 살펴본 대안행동 차별강화의 원리와 같다. 따라서 대안행동 차별강화를 바람직한 행동에 대한 강화와 바람직하지 않은 행동에 대한 소거를 결합한 것으로 설명하는 문헌도 있다(예: Miltenberger, 2001). 이처럼 바람직하지 않은 행동에 대한 소거와 동일한 기능을 가진 대안행동에 대한 정적강화를 함께 실시할 경우 앞에서 언급된 소거저항, 소거폭발, 및 자발적 회복의 발생을 줄이는 효과도 기대할 수 있다.

④ 벌

벌(punishment)이란 행동 뒤에 그 행동의 발생 가능성을 감소시키는 결과, 즉 벌칙(punisher)이 뒤따르게 함으로써 행동의 빈도나 강도를 감소시키는 것이다. 벌에는 부적벌(또는 박탈성 벌)과 정적벌(또는 수여성 벌)의 두 가지 유형이 있다.

부적벌(negative punishment)이란 어떤 행동 뒤에 유쾌자극(pleasant stimulus)을 제거(remove)[제지(withhold) 또는 회수(retrieve)]하여 그 행동의 강도나 빈도를 감소시키는 것이다. 이때 행동 뒤에 제거되는 유쾌자극을 부적벌칙이라고 한다. 즉, 부적벌칙(negative punisher)이란 행동의 빈도나 강도를 감소시키기 위하여 행동 뒤에 제거되는 유쾌자극이라고 할 수 있다. 이와 같은 부적벌에는 타임아웃과 반응대가의 두 종류가 있다. 타임아웃(timeout: TO)은 바람직하지 않은 행동이 발생했을 때 강화가 많은 상황(more reinforcing situation)에서 강화가 적은 상황(less reinforcing situation)으로 이동시켜 행동의 발생을 감소시키는 것으로서 이는 강화물을 얻을 수 있는 기회로부터 격리시켜 강화물을 제지한 것이라고 볼 수 있다. 반응대가(response cost)는 바람직하지 않은 행동이 발생했을 때 이미 지니고 있는 강화물을 잃게 함으로써 행동의 발생을 감소시키는 것으로서 이때 잃게 되는 강화물에는 토큰도 포함되는데 이는 강화물을 회수한 것이라고 볼 수 있다.

정적벌(positive punishment)이란 어떤 행동 뒤에 불쾌자극(unpleasant stimulus)을 제시(present)하여 그 행동의 빈도나 강도를 감소시키는 것이다. 이때 행동 뒤에 제시되는 불쾌자극을 정적벌칙이라고 한다. 즉, 정적벌칙(positive punisher)이란 행동의 빈도나 강도를 감소시키기 위하여 행동 뒤에 제시되는 불쾌자극이라고 할 수 있다. 이와 같은 정적벌에는 과잉교정과 혐오자극 제시의 두 종류가 있다. 과잉교정(overcorrection)은 바람직하지 않은 행동이 발생했을 때 그 행동과 직접적으로 관련되거나 논리적으로 관련된 힘든 행동을 하도록 요구하는 것으로서 그 행동으로 발생한 손상을 원상태로 복원하는 것에 더하여 그 행동이 발생하기 이전보다 더 좋은 상태로 복원하도록 하는 복원 과잉교정(restitutional overcorrection)과 그 행동의 양식과 관련된 적절한 행동을 일정 시간 또는 일정 횟수 반복하도록 하는 정적연습 과잉교정(positive-practice overcorrection)을 포함한다(홍준표, 2009). 혐오자극 제시(presentation of aversive stimuli)는 바람직하지 않은 행동이 발생할 때마다 혐오자극을 직접적으로 제시하는 것으로서 혐오자극에는 언어적 혐오자극(verbal aversive stimuli)과 신체적 혐오자극(physical aversive stimuli)이 포함된다.

(3) 바람직한 행동 유지시키기

바람직한 행동이 적절한 수준으로 나타날 때 그 행동을 유지시키는 기법으로 간헐강화(intermittent reinforcement)가 있다.

어떤 행동 뒤에 강화물을 어떻게 제공할 것인가에 대한 규칙을 강화계획(schedule of reinforcement)이라고 하는데, 여기에는 연속강화계획과 간헐강화계획이 있다. 연속강화계획(continuous reinforcement schedule)에서는 행동이 발생할 때마다 강화물을 주는 연속강화(continuous reinforcement)를 하게 되는데, 이와 같은 연속강화는 행동을 증가시키거나 새로운 행동을 가르칠 때 유용하다. 이에 비해 간헐강화계획(intermittent reinforcement schedule)에서는 행동이 발생할 때마다 강화물을 주는 것이 아니라 가끔(즉, 간헐적으로) 강화물을 주는 간헐강화(intermittent reinforcement)를 하게 되는데, 이와 같은 간헐강화는 일단 높은 비율로 확립된 행동을 유지하는 데 효과적이다.

이와 같이 행동을 유지시키는 데 효과적인 간헐강화를 위한 강화계획에는 크게 두 가지가 있다. 첫째는 일정한 시간이 지난 다음에 발생한 행동에만 강화물을 주는 간격계획이고, 둘째는 일정한 수의 행동이 발생한 다음에 한 번씩 강화물을 주는 비율계획이다. 이 둘은 강화물을 받을 수 있는 시점을 예측할 수 있느냐 없느냐, 즉 간격과 비율을 고정하느냐 변동하느냐에 따라 다시 두 가지로 나뉜다. 따라서 간헐강화계획은 고정간격계획, 변동간격계획, 고정비율계획, 변동비율계획의 네 가지 종류로 분류된다(임규혁, 임웅, 2007).

고정간격계획(fixed interval schedule: FI 계획)이란 정해진 일정한 시간의 흐름에 따라 한 번씩 강화물을 주는 것이다. 예를 들어, '5분 고정간격'의 경우 'FI-5분'이라고 표기하며 정확히 5분이 지난 다음 첫 번째 발생한 표적행동에 강화물을 준다.

변동간격계획(variable interval schedule: VI 계획)이란 고정간격계획처럼 동일한 시간간격으로 강화물을 주는 것이 아니라 일정한 평균시간을 두고 시간간격을 변경하여 강화물을 주는 것이다. 예를 들어, '5분 변동간격'의 경우 'VI−5분'이라고 표기하며 3분이 지난 뒤, 8분이 지난 뒤, 6분이 지난 뒤, 1분이 지난 뒤, 7분이 지난 뒤에 한 번씩 표적행동에 강화물을 줌으로써 평균 5분이 지난 다음 한 번씩 강화물을 준다.

고정비율계획(fixed ratio schedule: FR 계획)이란 일정한 수의 행동을 한 다음 한 번씩 강화물을 주는 것이다. 예를 들어, '고정비율 15'의 경우 'FR−15'라고 표기하며 표적행동이 15회 발생할 때마다 한 번씩 강화물을 준다.

변동비율계획(variable ratio schedule: VR 계획)이란 고정비율계획처럼 일정한 수의 행동이 발생한 다음 강화물을 주는 것이 아니라 일정한 평균값을 두고 횟수를 변경하여 강화물을 주는 것이다. 예를 들어, '변동비율 15'의 경우 'VR−15'라고 표기하며 평균 15회를 중심으로 어떤 때는 20번째, 어떤 때는 1번째, 어떤 때는 29번째, 어떤 때는 10번째, 어떤 때는 2번째, 어떤 때는 28번째 표적행동에 강화물을 준다.

(4) 새로운 행동 가르치기

앞서 설명된 강화는 가끔씩이라도 발생하는 행동을 대상으로 한다. 그러나 만일 행동이 전혀 발생하지 않는다면 행동이 발생할 때까지 기다렸다가 강화를 실시하기보다 행동을 가르치는 것이 더 바람직하다. 이와 같이 새로운 행동을 가르치는 기법으로 용암법, 조형법, 연쇄법이 있다. 이 세 가지 기법은 점진적 변화절차(gradual change procedures)라고 불리기도 하는데, 그 이유는 각각의 기법들이 일련의 단계를 거치며 점진적으로 진행되기 때문이다(Martin & Pear, 2003).

① 용암법

용암법(fading)이란 행동을 유발하는 자극을 점진적으로 통제함으로써 목표자극에 의해 표적행동이 유발되도록 하는 것이다. 목표자극은 용암법 절차의 최종단계에서 행동을 유발시키는 자극이라고 할 수 있는데 최종단계 이전에 행동이 일어나도록 돕기 위하여 추가된 선행자극을 촉구(prompt)라고 한다. 따라서 촉구는 궁극적으로 바라는 자극, 즉 목표자극의 일부는 아니며 목표자극에 의해 표적행동이 유발될 때까지 점진적으로 제거된다(Martin & Pear, 2003). 촉구의 유형은 문헌에 따라 다소 차이가 있는데, 이승희(2019)에 따르면 촉구는 반응촉구(또는 자극외 촉구)와 자극촉구(또는 자극내 촉구)의 2개 범주로 분류되며 전자에는 언어적 촉구, 동작적 촉구, 모델링 촉구, 신체적 촉구의 네 가지 유형이 있고 후자에는 시각적 촉구와 공간적 촉구의 두 가지 유형이 있다. 이와 같은 촉구의 범주와 유형을 간략하게 소개하면 다음과 같다.

먼저, 반응촉구(response prompts)란 식별자극이 있을 때 정확한 반응을 일으키기 위해 부가되는 다른 사람의 행동을 의미하며 자극외 촉구(extra-stimulus prompts)라고도 한다. 자극외 촉구는 '식별자극 외의 다른 자극' 또는 '식별자극에 추가되는 다른 자극'이라고 할 수 있다. 다음 네 가지 유형의 촉구는 반응촉구(또는 자극외 촉구)로 분류된다.

- 언어적 촉구(verbal prompt): 언어적 촉구는 언어적 힌트(hints)나 단서(cues)를 말한다(Martin & Pear, 2011). 언어적 촉구에는 구술, 말하기 등의 음성적인 언어적 촉구(vocal verbal prompt)와 문구, 수신호, 그림 등의 비음성적인 언어적 촉구(nonvocal verbal prompt)가 포함된다(Cooper et al., 2007).
- 동작적 촉구(gestural prompt): 동작적 촉구는 신체적으로 접촉하지 않고 정확한 단서를 가리키거나 신호를 주는 움직임(motion)을 말한다(Martin & Pear, 2011).
- 모델링 촉구(modeling prompt): 모델링 촉구는 정확한 반응의 시범(demonstration)을 말한다(Martin & Pear, 2011; Miltenberger, 2016).
- 신체적 촉구(physical prompt): 신체적 촉구는 정확한 반응을 돕는 신체적 접촉(physical touch)을 말한다. 신체적 촉구는 신체적 지도(physical guidance)라고도 하며(Martin & Pear, 2011; Miltenberger, 2016), 완전한 신체적 지도(full physical guidance)와 부분적인 신체적 지도(partial physical guidance)가 있다(Cooper et al., 2007). 말하기와 관련해서는 신체적 촉구를 사용할 수 없는데 그 이유는 어떤 것을 말하게 하는 것은 신체적으로 촉구할 수 없기 때문이다(Miltenberger, 2016).

다음으로, 자극촉구(stimulus prompts)란 정확한 반응의 가능성을 높이기 위해 식별자극에 주어지는 변화를 의미하며 자극내 촉구(within-stimulus prompts)라고도 한다. 자극내 촉구는 '식별자극 내의 변화' 또는 '식별자극에 주어지는 변화'라고 할 수 있다. 다음 두 가지 유형의 촉구는 자극촉구(또는 자극내 촉구)로 분류된다.

- 시각적 촉구(visual prompt): 시각적 촉구는 식별자극의 크기(size), 모양(shape), 색깔(color) 등에 있어서의 변화를 말한다.

- 공간적 촉구(spatial prompt): 공간적 촉구는 식별자극의 위치에 있어서의 변화를 말한다. 공간적 촉구를 위치적 촉구(positional prompt)로 표현하기도 한다(Wilczynski, Rue, Hunter, & Christian, 2012).

② 조형법

조형법(shaping)이란 표적행동에 조금씩 근접된 행동을 할 때마다 강화하여 점진적으로 표적행동에 도달하도록 하는 것이다. 앞에서 설명한 용암법에서는 행동은 동일하게 유지되며 자극에 점진적 변화가 주어지는 데 비해 조형법에서는 자극은 동일하게 유지되며 행동에 점진적 변화가 주어진다. 이와 같은 조형법은 다음과 같은 행동의 네 가지 측면에서 이루어질 수 있다(Martin & Pear, 2003).

- 형태(topography): 행동이 나타나는 공간적 형상이다.
- 양(amount): 행동의 빈도(frequency)나 지속시간(duration)으로서 빈도는 주어진 시간 내에 행동이 발생하는 횟수고 지속시간은 행동이 시작되어 끝날 때까지의 시간이다.
- 지연시간(latency): 자극이 발생하고 행동이 시작될 때까지의 시간이다.
- 강도(intensity): 행동의 힘, 에너지, 발휘력 등의 정도다.

③ 연쇄법

연쇄법(chaining)이란 행동연쇄를 구성하는 각 단계를 점진적으로 배워 모든 연쇄단계로 구성된 표적행동에 도달하도록 하는 것이다. 앞에서 설명한 조형법에서는 표적행동이 최종단계인 데 비해 연쇄법에서는 표적행동이 최종단계를 포함한 모든 연쇄단계로 구성된다. 즉, 조형법에서는 최종단계가 가장 어렵지만 연쇄법에서는 최종단계가 연쇄단계의 마지막 단계일 뿐이지 가장 어려운 단계는 아니다. 따라서 연쇄법은 연쇄의 초기단계에서 시작할 수도 있고 최종단계에서 시작할 수도 있다. 이와 같은 연쇄법에는 다음과 같은 세 가지 유형이 있다(홍준표, 2009; Martin & Pear, 2003)

- 전체과제 제시법(total task presentation): 연쇄의 초기단계부터 최종단계까지 모든 단계를 매번 시도하여 전체 연쇄가 습득될 때까지 모든 단계를 연결시키면서 행동연쇄를 형성한다.

- 순행연쇄법(forward chaining): 연쇄의 초기단계를 처음에 가르치고 그 후 그다음 단계를 가르치며 이러한 순서로 전체 연쇄가 습득될 때까지 모든 단계를 연결시키면서 행동연쇄를 형성한다.
- 역행연쇄법(backward chaining): 연쇄의 최종단계를 처음에 가르치고 그 후 바로 이전의 단계를 가르치며 이러한 순서로 전체 연쇄가 습득될 때까지 모든 단계를 연결시키면서 행동연쇄를 형성한다.

(5) 기타 기법

이상에서 범주별로 살펴본 기법들 외에 행동수정에서 사용되는 기타 기법들을 살펴보면 다음과 같다.

① 자극식별훈련

특정 자극의 발생과 특정 행동의 발생 사이에 강한 상관을 보이는 것을 자극통제(stimulus control)라고 하는데 이러한 자극통제가 나타나도록, 즉 특정 자극이 있을 때 특정 행동을 보이고 다른 자극이 있을 때 그 행동을 보이지 않도록 가르치는 것을 자극식별훈련(자극변별훈련: stimulus discrimination training)이라고 한다. 따라서 자극식별훈련에서는 특정 자극이 있을 때 나타난 특정 행동에 대해서는 강화를 실시하고 다른 자극이 있을 때 나타난 그 행동에 대해서는 소거를 실시한다. 이때 행동이 강화될 때 나타나는 선행자극을 S^D('에스-디'라고 발음함) 혹은 식별자극(discriminative stimulus)이라고 하고 행동이 강화되지 않을 때, 즉 소거될 때 나타나는 선행자극을 S^Δ('에스-델타'라고 발음함)라고 한다. 따라서 S^D는 강화자극(stimulus for reinforcement)으로, S^Δ는 소거자극(stimulus for extinction)으로 불리며 이 두 가지 유형의 자극을 통제자극(controlling stimulus)이라고 한다. 결과적으로 자극식별훈련에서는 통제자극 가운데 S^D가 나타나면 행동을 하고 S^Δ가 나타나면 행동을 하지 않는 것을 배운다(Martin & Pear, 2003).

② 일반화훈련

일반화(generalization)가 나타나도록 가르치는 것을 일반화훈련(generalization training)이라고 하는데, 일반화에는 자극일반화와 반응일반화의 두 가지 유형이 있다(이승희, 2021a, 2022; Martin & Pear, 2011). 자극일반화(stimulus generalization)란 특정 자극(사람, 지시, 자료, 장소/상황)이 있을 때 어떤 반응이 강화를 받았을 경우, 유사하지만 다른 자극들에 의해 그 반응이 촉발될 수 있는 것을 말한다. 이에 비해 반응일반화(response generalization)란 어떤 자극이 있을 때 특정 반응이 강화를 받았을 경우, 그 자극에 의해 유사하지만 다른 반응들이 촉발될 수 있는 것을 말한다(이승희, 2021a).

일부 문헌(예: Miltenberger, 2016)에서는 일반화의 유형에 대한 분류 없이 일반화를 자극일반화로 보기도 한다. 이때 일반화는 식별(discrimination)과 반대되는 개념인데(Martin & Pear, 2003), 만약 어떤 반응이 다른 자극보다 특정 자극에 의해 보다 쉽게 촉발된다면 이 두 자극을 식별한다고 본다.

③ 체계적 탈감법

체계적 탈감법(체계적 둔감법: systematic desensitization)이란 두려움(fear)을 유발하는 자극이나 상황을 최소부터 최대까지 위계적으로 배열해 놓고 이완된 상태로 그 위계에 따라 자극이나 상황을 상상하면서 점차 두려움을 중화시켜 나가는 것으로서 극단적 두려움(extreme fear)이라고 할 수 있는 공포증(phobia)을 극복하는 절차로 알려져 있는데, 남아프리카공화국 심리학자인 Joseph Wolpe(1915~1997)가 Pavlov의 반응적 조건형성 이론에 근거하여 개발한 기법이다(정옥분, 2007). 체계적 탈감법에는 다음과 같은 세 단계가 있는데, 내담자가 위계에 따른 모든 장면을 상상하는 동안 이완상태를 유지할 수 있으면 체계적 탈감법을 종료한다(Miltenberger, 2001).

1 내담자는 이완기술을 학습한다.
2 치료사와 내담자는 두려움을 유발하는 자극이나 상황의 위계를 만든다.
3 내담자는 치료사가 위계에 따라 장면을 묘사하는 동안 이완기술을 실행한다.

이와 같이 체계적 탈감법에서는 내담자로 하여금 각 위계상황을 상상하게 하지만 각 위계상황을 실제로 경험하게 하는 것을 실제상황 탈감법이라고 한다. 즉, 실제상황 탈감법(in vivo desensitization)이란 이완기술을 배운 다음 두려움을 유발하는 자극이나 상황을 최소부터 최대까지 위계적으로 배열해 놓고 위계의 각 단계에서 이완상태로 두려움을 유발하는 실제 자극이나 상황을 접하면서 두려움을 중화시켜 나가는 것으로 각 위계상황에 실제로 노출된다는 점을 제외하고는 체계적 탈감법과 유사하다. 또한 체계적 자기-탈감법(systematic self-desensitization)은 내담자가 다양한 단계를 스스로 진행한다는 것을 제외하면 체계적 탈감법 또는 실제상황 탈감법과 동일한 절차를 밟는다(Martin & Pear, 2003).

④ 홍수법

홍수법(flooding)이란 강한 두려움을 유발하는 자극에 장시간 노출시킴으로써 공포증을 제거하는 것인데, Pavlov의 반응적 조건형성 이론에 근거한 기법이다(정옥분, 2007). 홍수법의 기본 가정은 내담자가 두려움을 유발하는 자극에 노출되어 그것으로부터 도피할 수 없고 동시에 아무런 혐오적 사건이 일어나지 않는다면 그 자극에 대한 공포증이 소거된다는 것이다. 홍수법은 상상 노출이나 실제 노출을 통해 수행되며 또한 점진적인 노출 절차를 따를 수도 있으므로 분명한 이완 절차가 없다는 점을 제외하면 탈감법과 유사하다(Martin & Pear, 2011).

⑤ 혐오치료

혐오치료(aversion therapy)란 어떤 행동을 중단시키기 위해 그 행동을 시도할 때마다 혐오스러운 자극을 주는 것으로서 Pavlov의 반응적 조건형성 이론에 근거한 기법이다. 예를 들어, 알코올 남용을 치료하기 위해 술잔에 썩은 거미를 넣거나 유아의 모유수유를 끊기 위해 어머니의 젖에 쓴맛이 나는 약을 바르는 것이다(정옥분, 2007).

2) 긍정적 행동지원

앞서 살펴본 전통적 행동중재에서는 〈표 7-1〉에도 제시되어 있듯이 바람직하지 않은 행동을 감소시키기 위해 좀 더 긍정적인 기법부터 우선적으로 실시하며(즉, 차별강화 → 비수반강화 → 소거 → 부적벌 → 정적벌), 최종적으로 고려하는 강압적 또는 혐오적 절차는 더 이상 선택가능한 절차가 없을 때 그리고 인권관련 위원회의 허가를 받았을 때만 사용한다. 이에 비해 긍정적 행동지원에서는 바람직하지 않은 행동을 감소시키기 위한 강압적이거나 혐오적인 절차의 사용을 허용하지 않는다. 따라서 긍정적 행동지원은 바람직하지 않은 행동을 감소시키는 기법으로 차별강화를 제일 선호한다고 볼 수 있다. 다음에서는 긍정적 행동지원의 개념 및 발달과정을 이승희(2011)의 연구에 근거하여 간략하게 살펴보기로 한다.

(1) 긍정적 행동지원의 개념

우리나라의 경우 '긍정적 행동지원'이라는 용어가 보편적으로 사용되고 있는 데 비해 미국의 경우는 문헌에 따라 '긍정적 행동지원(positive behavior support 또는 positive behavioral supports: PBS)' 또는 '긍정적 행동중재및지원(positive behavioral interventions and supports: PBIS)'이 사용되고 있거나 한 문헌 내에서 상호교환적으로 사용되기도 한다. 다음 '긍정적 행동지원의 발달과정'에서 살펴보겠지만, PBS는 중도장애인들의 행동중재와 관련하여 문헌에서 사용되기 시작한 용어고 PBIS는 장애학생들의 행동중재와 관련하여 미국의 「장애인교육법(IDEA)」에 명시된 용어지만 현재 PBS와 PBIS는 내용상 별다른 차이가 없는 동의어로 사용되고 있다(이승희, 2011; Scheuermann & Hall, 2012).

긍정적 행동지원(PBS)은 그 정의가 문헌에 따라 다소 다양할 뿐 아니라(Carr & Sidener, 2002; Johnston, Foxx, Jacobson, Green, & Mulick, 2006) 계속 다듬어지고 있는데(Dunlap, Sailor, Horner, & Sugai, 2009), Bambara(2005)에 의하면 "문제행동의 이유를 이해하고 문제행동의 발생에 대한 가설 및 개인 고유의 사회적 · 환경적 · 문화적 배경에 적합한 종합적인 중재를 고안하고자 하는 문제해결 접근"(p. 3)으로 정의된다. 이 정의에 따르면 PBS는 제4장 1절에서 살펴본 생태학적 모델에 근거한 생태학적 중재로 분류될 수도 있으나 PBS에서 사용되는 대부분의 기법(예: 강화, 차별강화, 소거 등)이 행동주의 학습이론에서 유래된 행동수정 기법들이라는 측면에서 이 책처럼 행동적 중재로 분류하는 문헌(Scheuermann & Hall, 2012; Webber & Plotts, 2008)도 있다.

(2) 긍정적 행동지원의 발달과정

긍정적 행동지원의 발달과정을 시대별(1980년대, 1990년대, 2000년대)로 나누어 살펴보면 다음과 같다.

① 1980년대

긍정적 행동지원이라는 용어가 사용되지는 않았지만 그 개념은 중도장애인들이 보이는 심각한 문제행동을 중단시키기 위해 사용되어 온 매우 처벌적이고 제약적인 중재에 대한 논쟁이 제시된 1980년대 중반에 등장하였다(Donnellan et al., 1985; Evans & Meyer, 1985; LaVigna & Donnellan, 1986). 즉, 발달장애를 가진 사람들의 문제행동을 비혐오적인(nonaversive) 방법으로 중재해야 한다는 주장이 제기되었고 1980년대 후반에 많은 연구자(Donnellan, LaVigna, Negri-Shoultz, & Fassbender, 1988; Horner, Dunlap, & Koegel, 1988; McGee, Menolascino, Hobbs, & Menousek, 1987; Meyer & Evans, 1989)의 관심을 받았다.

이와 같은 비혐오적 중재에 대한 관심은 1987년부터 '비혐오적 행동관리를 위한 지역사회참조기술관련 재활연구및훈련센터(Rehabilitation Research and Training Center on Community-Referenced Technologies for Nonaversive Behavior Management)'가 미국교육부의 국립장애및재활연구원(National Institute on Disability and Rehabilitation Research: NIDRR)으로부터 연구비를 보조받으면서 국가적 지지를 받게 되는데, 이 센터는 나중에 '긍정적 행동지원관련 재활연구및훈련센터(Rehabilitation Research and Training Center on Positive Behavior Support: RRTC-PBS)'로 되었다(Johnston et al., 2006). RRTC-PBS는 장애와 문제행동을 가진 사람들을 대상으로 생활방식을 향상시키는 행동지원 결과를 촉진하고 유지하기 위하여 주(州), 지역사회, 가정 수준뿐만 아니라 개인 수준에서 행동지원과정을 확인하고 평가하며 중재를 입증하는 것을 목표로 하고 있다(University of South Florida, 2008).

중도장애인들의 문제행동을 비혐오적 행동관리(nonaversive behavior management)를 통해 중재해야 한다는 주장에 이어 1990년에 Horner와 동료들은 이러한 접근을 "긍정적 행동지원(positive behavioral support)"(p. 126)이라는 새로운 용어로 명명하였다. Horner 등(1990)에 의하면 이러한 긍정적 접근은 심각한 행동을 보이는 중도장애인들도 지역사회의 다른 모든 구성원과 동일한 존중과 존엄을 보장받아야 한다는 사회적 가치를 반영하는 것이었다.

② 1990년대

1997년에 긍정적 행동지원은 미국의 「장애인교육법(IDEA 1997)」을 통하여 처음 공식적으로 언급되었다(Shepherd, 2010; Technical Assistance Center on Positive Behavioral Interventions and Supports, 2010). 즉, 「장애인교육법(IDEA 1997)」에서는 IEP팀으로 하여금 장애학생의 행동이 자신이나 다른 학생들의 학습에 방해가 되는 경우 그 행동을 다루기 위해 긍정적 행동 중재, 전략, 및 지원(positive behavioral interventions, strategies, and supports)을 고려하도록 하였으며[Section 614(d)(3)(B)(i)] 훈육조치를 취하기 전 또는 취한 후 10일 이내에 기능적 행동사정(functional behavioral assessment)

을 실시하고 행동중재계획(behavioral intervention plan)을 작성하도록 하였다[Section 615(k)(1)(B)(i)].

③ 2000년대

2004년에 개정된 미국의「장애인교육법(IDEA 2004)」에서는 긍정적 행동지원을 좀 더 명확한 용어로 명시하였다. 즉,「장애인교육법(IDEA 1997)」에서는 긍정적 행동 중재, 전략, 및 지원(positive behavioral interventions, strategies, and supports)이라고 기술한 데 비해「장애인교육법(IDEA 2004)」에서는 IEP팀으로 하여금 장애학생의 행동이 자신이나 다른 학생들의 학습에 방해가 되는 경우 그 행동을 다루기 위해 긍정적 행동중재 및지원(positive behavioral interventions and supports) 그리고 다른 전략(other strategies)을 고려하도록 함으로써[Section 614(d)(3)(B)] 현재 사용되고 있는 PBIS(positive behavioral interventions and supports)와 정확히 일치하는 용어가 사용되었다.

3) 학교차원의 긍정적 행동지원

(1) 학교자원의 긍정적 행동지원의 개념

앞서 PBS와 PBIS는 현재 내용상 별다른 차이가 없는 동의어로 사용되고 있다고 하였는데, PBS와 관련하여 학교차원의 긍정적 행동지원(schoolwide positive behavior support: SW-PBS) 또는 학교차원의 긍정적 행동중재및지원(schoolwide positive behavioral interventions and supports: SW-PBIS)이라는 용어가 있다. 이미 언급되었듯이 PBS가 지역사회(특히, 특수학교나 시설)에서 심각한 문제행동을 보이는 중도장애인들을 위한 개별화된 행동중재와 관련하여 사용되기 시작한 용어라면, 다음 '학교차원의 긍정적 행동지원의 발달과정'에서 살펴보겠지만 SW-PBS는 학교환경에서 장애의 유무와 상관없이 모든 학생을 위한 행동지도에 PBS를 적용하면서 나타난 용어다. 그리고 SW-PBIS는 SW-PBS와 동의어로 볼 수 있는데 이는 PBIS를 PBS의 동의어로 보는 것과 같은 맥락이다.

학교차원의 긍정적 행동지원(SW-PBS)은 "학교가 모든 학생의 안전하고 효과적인 학습환경이 되는 데 필요한 사회적 문화와 개별화된 행동지원을 확립하는 체계 접근"(Sugai & Horner, 2009, p. 309)으로 정의되기도 한다. 따라서 SW-PBS란 어떤 교육과정, 중재, 또는 프로그램이 아니라 행동/학급관리 및 학교훈육 체계와 관련된 중거기반실제의 채택 및 지속적인 정확한 사용을 향상시키고자 고안된 하나의 접근이라고 할 수 있다(Sugai & Horner, 2009). PBS와 마찬가지로 SW-PBS도 생태학적 모델에 근거한 생태학적 중재로 분류될 가능성이 있으나 행동주의 학습이론에 개념적 기초를 두고 있다는 측면에서 이 책처럼 행동적 중재로 분류하는 문헌(Scheuermann & Hall, 2012; Webber & Plotts, 2008)도 있다.

(2) 학교차원의 긍정적 행동지원의 발달과정

학교차원의 긍정적 행동지원의 발달과정을 1990년대와 2000년대로 나누어 살펴보면 다음과 같다.

① 1990년대

1996년 Walker 등은 학령기 아동 및 청소년들이 보이는 반사회적 행동문제를 예방하는 데 있어서의 학교의 역할을 강조하면서 1, 2, 3차 예방으로 구성되는 공중보건의 예방모델을 사용하여 〈표 7-2〉와 같은 체계를 제안하였다. 공중보건의 예방모델에 의하면 1차 예방(primary intervention)은 질병(또는 장애)이 발병하기 전에 위험요인을 줄이거나 제거함으로써 질병요건의 발생을 방지하는 것이고, 2차 예방(secondary intervention)은 질병요건은 확인되었으나 질병을 유발하기 전에 실시되어 질병의 발병을 줄이는 것이며, 3차 예방(tertiary intervention)은 질병이 발병한 후 실시되는 것으로서 질병에 의해 직·간접적으로 발생할 수 있는 다른 문제를 줄이는 것이다(McLean, 1996). 이러한 공중보건 예방모델은 Simeonsson(1991)이 유아특수교육의 조기중재에 적용하기도 하였는데 Walker 등(1996)이 학생들의 반사회적 행동문제와 관련하여 제안한 〈표 7-2〉의 체계에서는 1차 예방이란 학생들이 위험군이 되지 않도록 하기 위한 학교차원(schoolwide) 또는 보편적(universal) 중재를 의미하고, 2차 예방은 보편적 중재에 반응하지 않는 학생들을 대상으로 실시되는 집중적(intensive) 또는 개별화된(individualized) 중재를 의미하며, 3차 예방은 생에 지속적인 반사회적 행동패턴을 보이는 학생들을 대상으로 실시되는 포괄적(comprehensive) 중재를 의미한다. Walker 등(1996)에 의하면 이 체계에서는 예방(prevention)과 중재(intervention)를 별개의 상호배타적 차원으로 보지 않으며 대신 특정 예방 목적을 성취하기 위하여 상이한 유형의 중재들을 사용한다.

1997년 「장애인교육법(IDEA 1997)」이 학습을 방해하는 문제행동을 보이는 장애학

〈표 7-2〉 반사회적 행동문제 예방을 위한 체계

수준	대상학생	내용
1차 예방 (보편적 중재)	정상 학생	• 학교차원의 훈육 계획 • 갈등해결/분노조절 전략 교수 • 효과적인 수업 및 교육 절차
2차 예방 (개별화된 중재)	위험 학생	• 위험 학생집단 및 가족집단 판별 • 도덕에 대한 논리적 사고 직접교수 • 분노조절과 자기통제 • 가족지원과 부모관리훈련 • 1:1 중재 중심의 상담가
3차 예방 (포괄적 중재)	만성적 학생	• 학생/양육자와 지역사회 서비스기관의 연결 • 개별맞춤의 랩어라운드 중재 • 계획/치료 활동에 있어서의 의미 있는 가족참여 • 서비스기관, 법집행기관, 법원, 교정기관과의 조정 • 약물/알코올 상담 • 대안적 배치(주간치료센터, 특수학교, 거주시설 등)

수정발췌: Walker et al. (1996). Integrated approaches to preventing antisocial behavior patterns among school-age children and youth. *Journal of Emotional and Behavioral Disorders, 4*(4), 194-209. (p. 201)

생을 위해 긍정적 행동지원을 요구하였는데 이는 모든 학생을 위한 행동관리와 훈육에 대한 관점의 변화를 향하여 한 발짝 다가가는 계기가 되었다(Scheuermann & Hall, 2012).

「장애인교육법(IDEA 1997)」이 공포된 이듬해인 1998년에는 미국교육부의 특수교육국(Office of Special Education Programs)이 긍정적 행동중재및지원 센터(Center on Positive Behavioral Interventions and Supports)를 설립하고 연구비를 지원하게 된다(Sullivan, 2009). 이 센터는 학교차원의 훈육실제를 파악하고 지속적으로 적용하기 위한 역량구축 정보와 기술적 보조를 학교에 제공하는 것을 목표로 하는데(Johnston et al., 2006) 현재는 '긍정적 행동중재및지원 기술보조센터(Technical Assistance Center on Positive Behavioral Interventions and Supports: TAC-PBIS)'로 불리고 있다.

한편 학교규칙의 위반, 특히 약물/총기의 사용이나 소지에 대해 일체의 정상참작이 없이 엄격하게 대응하는 무관용정책(zero-tolerance policy)의 실시에도 불구하고 1990년대 후반에 학교에서 일어난 일련의 학생 총기사건으로 인해 미국에서는 학교의 안전, 위험하고 파괴적인 행동을 예방하는 방법, 위험행동을 보일 가능

〈표 7-3〉 폭력예방을 위한 세 가지 수준의 접근

수준	대상학생	내용
학교차원의 토대 확립하기	모든 학생	배려하는 학교분위기, 적절한 행동 및 문제해결 기술 교수, 긍정적 행동지원, 적절한 수업 등을 통해 긍정적인 훈육, 성공적인 학업, 정신적 · 정서적 건강을 지원함
조기에 중재하기	약간의 학생	심각한 학업적 또는 행동적 어려움의 가능성이 있는 학생들의 위험요인을 파악하고 보호요인을 형성하는 서비스와 지원을 제공함
집중적 중재 제공하기	소수의 학생	포괄적이고 집중적이며 지속적이고 문화적으로 적절한 아동-가족 중심적 서비스와 지원을 제공함

수정발췌: Dwyer, K., & Osher, D. (2000). *Safeguarding our children: An action guide*. Washington, DC: U.S. Department of Education. (p. 3)

성이 있는 학생들을 판별하고 지원하는 방법 등에 국가적 관심이 높아지게 되었다 (Scheuermann & Hall, 2012). 이에 따라 미국교육부는 1998년에 『조기 경고, 적시 반응 (Early Warning, Timely Response)』(Dwyer, Osher, & Warger, 1998)을 발간하였는데 이는 위험행동을 보일 가능성이 있는 학생들에 대한 예방과 조기중재를 통해 학교행정가들이 학교안전을 유지하는 데 도움을 주는 최초의 주요 지침서였다. 또한 2000년에는 학교안전을 향상시키기 위한 연구기반의 전략에 관한 보다 포괄적이고 상세한 정보를 제공하기 위해 추가 지침서(Dwyer & Osher, 2000)가 발간되었는데 이 지침서에는 〈표 7-3〉과 같이 폭력예방에 대한 포괄적인 세 가지 수준의 접근을 제시하였다. 즉, 이 지침서는 학교가 모든 학생에게 안전하기 위해서는 이 세 가지 수준을 모두 갖추어야 한다고 보았다.

② 2000년대

앞서 살펴본 1990년대의 일련의 요인들은 긍정적 행동지원을 학교차원으로 확장하는 데 영향을 미쳤다. 따라서 1990년대 말부터 2000년대 초에 걸쳐 학교차원의 긍정적 행동지원의 다층 구조(multitiered framework of schoolwide PBS)가 긍정적 행동지원 접근의 핵심적인 요소가 되는 결과를 가져왔는데(Sugai et al., 2000) 이 구조는 2000년대 전반기부터 출간된 문헌에서 〈표 7-4〉와 같이 1차, 2차, 3차 예방의 3단계 접근으로 소개되었다. 이 접근에서 1차 예방은 학교의 모든 학생을 대상으로 하여 적절한 행동을 가르치고 인식시킴으로써 문제행동 발생을 예방하는 것을 목표로 한다

〈표 7-4〉 예방을 위한 긍정적 행동지원의 3단계 접근

단계	대상학생	내용
1차 예방	모든 학생	모든 학생, 교직원, 상황을 대상으로 하는 학교/학급차원의 체계(모든 상황에 걸쳐 모든 학생 및 교직원을 대상으로 함으로써 문제행동 발생을 예방하는 데 초점을 둠)
2차 예방	위험행동을 보이는 학생	위험행동을 보이는 학생들을 대상으로 하는 전문적인 집단적 체계(문제행동에 대해 효율적이고 신속한 반응을 함으로써 문제행동 수를 감소시키는 데 초점을 둠)
3차 예방	고위험행동을 보이는 학생	고위험행동을 보이는 학생들을 대상으로 하는 전문적인 개별화된 체계(1차 예방 및 2차 예방에 반응하지 않는 문제행동의 강도와 복잡성을 감소시키는 데 초점을 둠)

수정발췌: Center on Positive Behavioral Interventions and Supports. (2004). *School-wide positive behavior support: Implementers' blueprint and self-assessment*. Washington, DC: Office of Special Education Programs, U.S. Department of Education. (pp.16-17)

(Sugai, Sprague, Horner, & Walker, 2001). Sugai와 Horner(2002)에 의하면 약 80~85%의 학생들이 1차 예방에 반응한다. 2차 예방은 문제행동을 나타낼 위험이 있는 소집단 학생들을 대상으로 시행하는 특별 중재로서 행동지원의 강도가 증가하게 되며 현재의 문제행동 유형의 수를 감소시키는 것을 목표로 한다(Sugai et al., 2001). Sugai와 Horner(2002)에 따르면 약 10~15%의 학생들이 2차 단계에서 제공되는 추가적 지원을 필요로 하게 된다. 3차 예방은 가장 개별화된 지원이 필요한 소수의 고위험 학생들을 대상으로 하는 중재로서 행동지원의 강도가 가장 높으며 문제행동의 강도와 복잡성을 감소시키는 것을 목표로 한다(Sugai et al., 2001). Sugai와 Horner(2002)는 단계적인 학교차원의 행동지원이 충실히 실시된다면 약 5%의 소수 학생만이 3차 단계의 중재가 필요하다고 하였다.

(3) PBS와 SW-PBS의 관계

근래 PBS, PBIS, SW-PBS, SW-PBIS를 상호교환적으로 사용하는 문헌(Scheuermann & Hall, 2012; Webber & Plotts, 2008)도 있다. 그러나 앞서 살펴본 바와 같이 PBS는 중도장애인들의 행동중재와 관련하여 문헌에서 사용되기 시작한 용어고 PBIS는 장애학생들의 행동중재와 관련하여 「장애인교육법(IDEA 1997, 2004)」에서 명시된 용어다. 또한 PBS는 지역사회(특히, 특수학교나 시설 등)에서 심각한 문제행동을 보이는 중도장애인

들을 위한 개별화된 행동중재와 관련하여 사용되기 시작한 용어인 데 비해 SW–PBS는 학교환경에서 장애의 유무와 상관없이 모든 학생을 위한 행동지도에 PBS를 적용하면서 나타난 용어라는 차이점이 있다. 따라서 이 책에서는 PBS와 PBIS를 동의어로 보고 SW–PBS와 SW–PBIS를 동의어로 보았다. 이 네 가지 용어 외에도 학급차원의 긍정적 행동지원, 학교차원의 중재 등 다소 혼란을 초래하는 관련용어들이 있는데 〈표 7–5〉는 이러한 용어들을 의미, 대상, 중재수준을 중심으로 비교하여 제시하고 있다.

(4) 의뢰전 중재 모델로서의 SW–PBS

앞서 제3장 '정서행동장애의 평가'에서 언급되었듯이, 일반적으로 학습문제 그리고/또는 행동문제와 관련하여 공식적인 심층평가에 의뢰하기 전에 주로 일반학급에서 실시되는 비공식적 문제해결 과정을 의뢰전 중재(prereferral intervention)라고 하는데 일부 문헌들(Kauffman & Landrum, 2009; Shepherd, 2010; Webber & Plotts, 2008)은 의뢰전 중재 모델(prereferral intervention model)로 학교차원의 긍정적 행동지원(SW–PBS)이나 중재에 대한 반응(RTI)을 소개하기도 한다. 최근에는 SW–PBS와 RTI가 각각 행동과 학업에 적용된다는 측면 외에는 논리적으로 동일한 3단계 예방 접근이고 또한 행동문제와 낮은 학업성취가 상호적 관계에 있다는 점을 근거로 SW–PBS와 RTI를 동시에 적용하는 경향이 있다. SW–PBS와 RTI의 동시 적용에 대해서는 RTI에

〈표 7–5〉 PBS 관련용어들의 비교

용어	의미	대상	중재수준
학교차원의 긍정적 행동지원 (schoolwide PBS: SW–PBS)	긍정적 행동지원이 학교차원에 적용되면서 나타난 개념으로 1, 2, 3차 예방의 3단계로 구성됨.	예방 단계에 따라 대상범위가 다른데, 1차 예방에서는 모든 학생, 2차 예방에서는 위험학생, 3차 예방에서는 고위험학생이 대상임.	예방 단계에 따라 중재수준이 다른데, 1차 예방에서는 보편적 중재 또는 학교/학급차원의 중재, 2차 예방에서는 집단적 중재, 3차 예방에서는 개별화된 중재가 제공됨.
학급차원의 긍정적 행동지원 (classwide PBS: CW–PBS)	실시단위가 학교가 아닌 학급이라는 차이만 있을 뿐 학교차원의 긍정적 행동지원과 의미가 동일함.	실시단위가 학교가 아닌 학급이라는 차이만 있을 뿐 학교차원의 긍정적 행동지원과 대상이 동일함.	실시단위가 학교가 아닌 학급이라는 차이만 있을 뿐 학교차원의 긍정적 행동지원과 중재수준이 동일함.

〈표 7-5〉 계속됨

용어	의미	대상	중재수준
개별화된 긍정적 행동지원[1] (individualized PBS)	학교차원에 적용되기 전 초기 긍정적 행동지원의 개념임.	심각한 문제행동을 보이는 중도장애인(성인 포함)이 대상임.	학교차원의 긍정적 행동지원 3차 예방 단계에서 제공되는 집중적인 개별화된 중재의 수준으로 볼 수 있음.
	IDEA 1997, IDEA 2004에서 언급된 긍정적 행동지원의 개념임.	자신이나 다른 학생들의 학습에 방해가 되는 행동을 보이는 장애학생이 대상임.	필요한 경우 IEP팀이 기능적 행동사정(FBA)을 실시하고 행동중재계획(BIP)을 작성하게 되는데, 중재수준은 학교차원의 긍정적 행동지원 3차 예방 단계에서 제공되는 집중적인 개별화된 중재의 수준으로 볼 수 있음.
학교차원의 중재 (schoolwide intervention)	학교차원의 긍정적 행동지원 1차 예방 단계에서 제공되는 중재임.	학교차원의 긍정적 행동지원 1차 예방 단계의 모든 학생임.	학교차원의 긍정적 행동지원 1차 예방 단계에서 제공되는 중재수준으로서 보편적 중재와 동일하며 학급단위로 실시되는 학급차원의 긍정적 행동지원에서는 학급차원의 중재에 해당됨.
개별화된 중재 (individualized intervention)	학교차원의 긍정적 행동지원 3차 예방 단계 또는 개별화된 긍정적 행동지원에서 제공되는 중재임.	학교차원의 긍정적 행동지원 3차 단계에서는 고위험학생(장애유무와는 상관없음)이 대상이지만 개별화된 긍정적 행동지원에서는 중도장애인(성인 포함)이나 문제행동을 보이는 장애학생이 대상임.	학교차원의 긍정적 행동지원 3차 단계 또는 개별화된 긍정적 행동지원에서 제공되는 집중적인 개별화된 중재에 해당됨.

[1] 공식적인 용어는 아니며 이승희(2011)가 '학교차원의 긍정적 행동지원'과 구분하기 위하여 사용함.

자료출처: 이승희(2011). 응용행동분석, 특수교육, 정서 · 행동장애에 대한 긍정적 행동지원의 관계 고찰. **특수교육학연구, 46**(2), 107-132. (p. 125)

대한 소개와 함께 제8장 1절 '의뢰전 중재'에서 살펴보기로 한다.

3. 인지적 중재

앞서 제4장 1절에서 언급되었듯이, 인지적 모델에서는 정서행동장애가 부적응적인 인지적 과정(인지적 왜곡, 인지적 결함) 또는 자기통제의 결여에 기인한다고 보고 다양한 인지적 중재를 실시한다. 앞서 살펴본 행동적 중재(behavioral intervention)가 행동주의(behaviorism)에 이론적 근거를 두고 있다면 인지적 중재(cognitive intervention)는 인지적 행동주의(cognitive behaviorism)에 주된 기반을 두고 있다(양명희, 2012; 이승동, 정훈영, 2012). 『실험심리학 용어사전』(곽호완, 박창호, 이태연, 김문수, 진영선, 2008)에 의하면 인지적 행동주의란 하나의 이론이 아니라 여러 이론을 총칭하는 용어로서 인지적 변화를 행동 변화로 이끌어 내기 위해 다양한 행동주의 기법을 활용한다. 따라서 인지적 중재를 '인지적 행동중재(cognitive behavioral intervention: CBI)'로 표현하는 문헌(Yell et al., 2009)도 있는데, Yell 등(2009)은 인지적 행동중재(CBI)에서는 행동수정의 원리에 인지적 접근을 곁들여 사용한다고 하였다. 또한 Hart와 Morgan(1993)은 인지적 중재를 '인지-행동적 절차(cognitive-behavioral procedures)'라고 표현하면서 인지-행동적 절차는 사회학습이론(social learning theory)에 기반을 두고 있으며 반응적 조건형성 이론과 조작적 조건형성 이론에 근거한 기법들을 포함한 다양한 기법을 활용한다고 한 바 있다. 즉, 인지적 중재가 인지주의보다는 행동주의에 더 이론적 근거를 두고 있다는 것이다. 이는 행동중재 관련단체의 형성과 발전을 요약하여 제시하고 있는 〈표 7-6〉에도 잘 나타나 있다(이승희, 2013). 〈표 7-6〉에 보이듯이 인지적 중재와 관련된 대표적 학회인 미국의 행동및인지치료학회(Association for Behavioral and Cognitive Therapies: ABCT)는 행동주의자(behaviorists)에 의해 창립되었다[저자주: 〈표 7-6〉의 구체적인 내용은 이승희(2013)의 연구를 참조하기 바람]. 우리나라의 경우에도 2001년에 한국인지행동치료학회(Korean Association of Cognitive Behavioral Therapy: KACBT)가 창립되어 2009년부터 인지행동치료사와 인지행동치료 전문가 자격제도를 시행하고 있다.

정서행동장애가 인지적 왜곡, 인지적 결함, 자기통제의 결여에 의해 초래된다고 보는 것은 행동을 변화시키기 위해 인지적 왜곡과 관련해서는 인지적 재구성이 필요하고, 인지적 결함과 관련해서는 새로운 인지적 전략이나 기술의 습득이 필요하며, 자기통제의 결여와 관련해서는 자신의 활동을 통제하는 전략의 습득이 필요하다는

〈표 7-6〉 행동중재 관련단체의 형성 및 발전

구분	관련단체의 형성 및 발전	치료사	
반응적 조건형성 접근 & 인지적 접근	■ **행동및인지치료학회** (Association for Behavioral and Cognitive Therapies: ABCT) • 1966년 결성 '행동치료발전학회' (Association for Advancement of Behavioral Therapies: AABT) 당시 주로 사용되던 정신분석적 심리치료에 불만을 가진 10명의 행동주의자들(Joseph Wolpe 포함)이 창립 • 1967년 학회명 변경 'Association for Advancement of Behavior Therapy (AABT)' • 1970년 학술지 발행 시작 『Behavior Therapy』 • 1978년 회보(newsletter) 발행 시작 『The Behavior Therapist』 • 2005년 현재의 학회명(ABCT)으로 변경	행동치료사	인지행동치료사
	■ **국립인지행동치료사협회** (National Association of Cognitive-Behavioral Therapists: NACBT) • 1995년 결성 • 자격증 발급 공인인지행동치료사(Certified Cognitive-Behavioral Therapist: CCBT)	공인 인지행동치료사 (CCBT)	
조작적 조건형성 접근	■ **실험행동분석학회** (Society for the Experimental Analysis of Behavior: SEAB) • 1957년 Skinner의 추종자들이 창립 • 1958년 학술지 발행 시작 『Journal of the Experimental Analysis of Behavior』 • 1968년 학술지 발행 시작 『Journal of Applied Behavior Analysis』 따라서 조작적 접근을 흔히 응용행동분석이라고 부르기도 함	행동수정가	행동분석가
	■ **국제행동분석학회** (Association for Behavior Analysis International: ABAI) • 1974년 '중서부 행동분석학회' (Midwestern Association for Behavior Analysis: MABA) 시카고에서 행동분석에 관심 있는 심리학자들이 조직 • 1978년 '행동분석학회' (Association for Behavior Analysis: ABA) MABA의 회원이 증가함에 따라 학회 결성 • 1978년 학술지 발행 시작 『The Behavior Analyst』 • 2007년 현재의 학회명(ABAI)으로 변경	행동분석가	
	■ **행동분석가인증위원회** (Behavior Analyst Certification Board: BACB) • 1998년 행동분석가들이 설립 • 자격증 발급 공인행동분석가(Board Certified Behavior Analyst: BCBA)	공인 행동분석가 (BCBA)	

자료출처: 이승희(2013). 정서행동장애의 인지적 모델에 관한 10문 10답. **정서 · 행동장애연구, 29**(4), 195-226. (p. 209)

〈표 7-7〉 인지적 중재 기법들의 종류와 분류

<table>
<tr><th>문제의 원인</th><th>방법</th><th>기법</th><th colspan="3">구분</th></tr>
<tr><td rowspan="2">인지적 왜곡</td><td rowspan="2">인지적 재구조화</td><td>Ellis의 합리적-정서행동치료</td><td rowspan="2">인지적 치료[1)]</td><td rowspan="4">인지적 행동치료</td><td rowspan="7">인지적 중재</td></tr>
<tr><td>Beck의 인지적 치료[1)]</td></tr>
<tr><td rowspan="2">인지적 결함</td><td rowspan="2">인지적 대처기술 훈련</td><td>D'Zurilla와 Goldfried의 문제해결 훈련</td><td rowspan="2">–</td></tr>
<tr><td>Meichenbaum과 Goodman의 자기교수 훈련</td></tr>
<tr><td rowspan="3">자기통제의 결여</td><td rowspan="3">자기관리 훈련</td><td>자기점검</td><td rowspan="3">–</td><td rowspan="3">–</td></tr>
<tr><td>자기평가</td></tr>
<tr><td>자기강화</td></tr>
</table>

1) 인지적 치료(인지치료: cognitive therapy)는 협의(狹義)의 의미일 때는 Beck의 인지적 치료를 지칭하는 데 비해 광의(廣義)의 의미일 때는 Ellis의 합리적-정서행동치료와 Beck의 인지적 치료를 포괄함.

수정발췌: 이승희(2013). 정서행동장애의 인지적 모델에 관한 10문 10답. **정서 · 행동장애연구**, 29(4), 195-226. (p. 218)

것을 암시한다(Webber & Plotts, 2008). 따라서 인지적 중재(cognitive intervention)는 인지적 왜곡에 대한 중재인 인지적 재구조화, 인지적 결함에 대한 중재인 인지적 대처기술 훈련, 그리고 자기통제의 결여에 대한 중재인 자기관리 훈련의 세 가지 유형으로 구분할 수 있는데(이승희, 2013), 〈표 7-7〉은 인지적 중재 기법들을 요약하여 제시하고 있다. 다음에서는 인지적 재구조화, 인지적 대처기술 훈련, 자기관리 훈련에 대해 각각 살펴보기로 한다.

1) 인지적 재구조화

인지적 재구조화(cognitive restructuring)는 비합리적이거나 역기능적인 사고를 합리적 사고로 대치하는 데 초점을 맞추는 것으로서 Ellis의 합리적-정서행동치료와 Beck의 인지적 치료가 있다. 〈표 7-7〉에 제시되어 있듯이 인지적 치료는 협의(狹義)의 의미일 때는 Beck의 인지적 치료를 지칭하지만 광의(廣義)의 의미일 때는 Ellis의 합리적-정서행동치료와 Beck의 인지적 치료를 포괄한다. 인지적 치료(인지치료: cognitive therapy)는 1960년대와 1970년대에 정신분석적 심리치료에 불만을 가진 Ellis와 Beck에 의하여 임상 실제에서 개발되기 시작하였는데, Ellis와 Beck은 처음에는 정신분석가로 출발하였으나 정신분석적 심리치료의 기간이 길고 개념이 모호하다는 이유로 인지적 치료를 시도하게 되었다(원호택 외, 2000). Ellis의 합리적-정서행동치료와 Beck의 인지적 치료를 각각 살펴보면 다음과 같다.

(1) Ellis의 합리적-정서행동치료

미국의 심리학자인 Albert Ellis(1913~2007)는 대학에서 임상심리학을 전공하고 정신분석가로 환자들을 치료하기 시작하였다. 그러나 과거 무의식의 기억을 깨달은 후에도 여전히 증상이 남아 있는 환자들이 있었고, 비용과 시간의 문제가 현실적인 장벽이 되어 충분한 치료를 받지 못하는 경우도 있다는 것을 발견하였다. 그러던 중 문제는 생각의 방식이며 따라서 현재 한 사람이 갖고 있는 생각의 틀을 바꾸는 것으로 치료가 가능하다는 아이디어를 갖게 되었다(하지현, 2014). 즉, Ellis는 우울증과 같은 정서적인 문제가 비합리적인 사고에 기인한다고 생각하였다. 이에 따라 그는 내담자의 비합리적인 사고를 객관적이고 합리적인 사고로 바꿔 주면서 합리적 신념을 갖도록 하였으며 이런 식의 치료를 1962년에 '합리적-정서치료(rational-emotive therapy: RET)'라는 기법으로 발표하였다. RET는 기본적으로 내담자로 하여금 비합리적인 자기-진술문(irrational self-statements)을 좀 더 긍정적이고 현실적인 진술문으로 대치하도록 가르치는데, 〈표 7-8〉과 같은 주요 단계로 이루어진다. 또한 Ellis는 내담자에게 이러한 단계를 [그림 7-2]와 같은 A-B-C 절차(A-B-C procedure)로 설명하였다(Beck, 1976). [그림 7-2]에서 '**A**'는 활성화자극(**A**ctivating stimulus)이고, '**C**'는 과도하고 부적절한 조건반응(**C**onditioned response)이며, '**B**'는 내담자 마음속에 있는 빈칸(**B**lank)으로서 내담자가 채울 때 '**A**'와 '**B**'를 잇는 가교역할을 하는데 내담자의 신념체계(belief system)로부터 도출되는 이 빈칸을 채우는 것이 곧 치료의 과제가 된다. 그 후 1993년에 Ellis는 합리적-정서치료(rational-emotive therapy: RET)에 행동(behavior)이란 단어를 추가하여 '합리적-정서행동치료(rational-emotive behavior therapy: REBT)'라고 하였는데, 그 이유는 행동적 과제 내주기를 자주 사용하기 때문이었다(Martin & Pear, 2011). 이와 같이 Ellis는 정신분석적 심리치료의 단점을 극복한 인지적 치료를 도입함으로써 정신분석적 심리치료로만 마음(또는 정신)을 치료할 수 있다고 믿었던 서구사회에 새로운 문을 열었다(하지현, 2014).

〈표 7-8〉 Ellis의 합리적-정서치료의 주요 단계

구분	내용
단계 1	RET 치료사는 비합리적인 신념에 기반을 둔 문제가 되는 생각을 내담자가 파악하도록 돕는다.
단계 2	RET 치료사는 문제가 되는 자기-대화라고 생각되는 내담자의 비합리적인 신념에 직면하여 논쟁적인 방식으로 강력하게 도전한다.
단계 3	내담자는 모델링과 과제를 통해 비합리적인 자기-진술문을 합리적인 신념에 기반한 진술문으로 대치하는 것을 배운다.

[그림 7-2] Ellis의 A-B-C 절차 모형

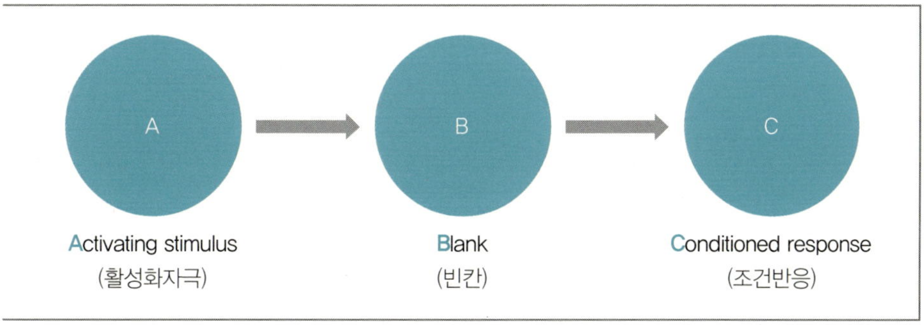

(2) Beck의 인지적 치료

Ellis가 초석을 닦아 놓은 인지적 접근은 Aaron Beck(1921~2021)에 의해 '인지적 치료(cognitive therapy)'로 확립되었다. 그는 의과대학을 졸업한 정신과 의사로 1953년부터 정신분석가로 활동하다가 Ellis의 합리적-정서치료(RET)의 영향을 받아 자신만의 인지적 치료 기법을 개발하기 시작하였다(하지현, 2014). 그에 따르면 정서장애를 가진 사람들은 역기능적인 사고에 과도하게 몰두하고 있으며 이런 사고로 인해 문제가 생기거나 악화된다. 따라서 이러한 역기능적인 사고의 습관을 찾아내어 교정하면 행동이 호전을 보인다고 주장하였다. 즉, Beck은 내담자의 과거 경험이나 무의식적 욕망을 깊이 파고들지 않고 현재 내담자가 자기 자신에 대한 지각을 액면 그대로 받아들이는 것으로 충분하다고 보았는데 이는 정신분석적 접근과 완전히 배치되는 방식이었다. 정신분석적 심리치료는 사과나무에 달린 사과가 썩었을 때 보이지 않는 나무뿌리에 이상이 있다고 보는 상향식(bottom-up) 접근인 반면, 인지적 치료는 사과 자체에 벌레가 생겼거나 줄기가 충분히 햇볕을 못 받았다고 보는 일종의 하향식

〈표 7-9〉 Beck의 인지적 치료의 구성요소

구분	내용
요소 1	불쾌한 정서를 일으킬 수 있는 역기능적인 사고와 부적응적인 가정을 내담자가 확인하도록 한다.
요소 2	이러한 역기능적인 사고나 부적응적인 가정을 확인하고 나면 이것을 상쇄하는 몇 가지 방법(예: 현실점검, 가설검증 등)을 사용한다.
요소 3	다양한 일상적인 활동을 발달시키기 위해 추가적인 과제 내주기를 한다.

(top-down) 접근이었다(하지현, 2014). Beck의 인지적 치료는 〈표 7-9〉와 같은 세 가지 구성요소를 포함한다(Martin & Pear, 2011). Beck은 자신의 인지적 치료에 대한 강한 신념을 갖고 실행에 옮겼을 뿐 아니라 그 성과를 학문적으로 검증받을 수 있는 학술지에 꾸준히 발표함으로써 인지적 치료의 효과를 과학적으로 입증하는 데 공헌을 하였다.

2) 인지적 대처기술 훈련

인지적 대처기술 훈련(cognitive coping skills training)은 문제를 해결하는 기술이나 자신의 행동을 조절하는 기술을 가르치는 데 초점을 두는 것으로서 D'Zurilla와 Goldfried의 문제해결 훈련 그리고 Meichenbaum과 Goodman의 자기교수 훈련이 있다. 〈표 7-7〉에 보이듯이, 인지적 대처기술 훈련은 인지적 재구조화와 함께 인지적 행동치료(인지행동치료: cognitive behavior therapy)로 불린다. D'Zurilla와 Goldfried의 문제해결 훈련 그리고 Meichenbaum과 Goodman의 자기교수 훈련을 각각 살펴보면 다음과 같다.

(1) D'Zurilla와 Goldfried의 문제해결 훈련

1971년 D'Zurilla와 Goldfried는 개인적 문제를 만족스럽게 해결하기 위하여 논리적으로 사고하는 방법을 가르치는 문제해결 훈련(problem-solving training)을 개발하였다(Martin & Pear, 2011, 재인용). 문제해결 훈련은 〈표 7-10〉과 같이 일반적으로 여섯 단계로 설명되는데(Martin & Pear, 2011), 문헌에 따라 마지막 두 단계를 묶어 다섯 단계로 제시하기도 한다(Cullinan, 2007).

〈표 7-10〉 D'Zurilla와 Goldfried의 문제해결 훈련의 일반적 단계

구분		내용
단계 1	일반적 방향제시 (general orientation)	내담자가 문제를 인식하고 충동적으로 행동하기보다는 체계적으로 행동하면서 문제들을 다룰 수 있다는 것을 인식할 수 있도록 도와준다.
단계 2	문제 정의 (problem definition)	문제의 내력과 문제를 통제하는 변인들을 상세하게 기술하면서 문제를 정확하게 정의한다.
단계 3	대안 산출 (generation of alternatives)	문제를 구체적으로 정의한 후 내담자에게 가능한 해결 방안들을 모두 생각해 보도록 한다.
단계 4	의사결정 (decision making)	대안들을 신중하게 검토하면서 명백하게 수용할 수 없는 것은 제거한다. 그다음 나머지 대안들을 수행할 경우에 나타날 수 있는 단기적인 결과와 장기적인 결과에 대해 고려한다. 이러한 고려사항에 근거하여 내담자로 하여금 가장 적합한 해결책으로 보이는 대안을 선택하도록 한다.
단계 5	수행 (implementation)	내담자는 치료사의 도움을 받아 문제에 대한 최선의 해결책을 수행하는 계획을 짠 후 실행한다.
단계 6	검증 (verification)	계획이 효과가 있으면 내담자에게 문제해결을 위해 그 계획을 계속 수행하도록 격려한다. 만약 그 계획이 문제를 해결하는 데 도움이 되지 않는다면 위의 문제해결 과정을 다시 시작하여 다른 해결책을 시도하여야 한다.

(2) Meichenbaum과 Goodman의 자기교수 훈련

1971년 Meichenbaum과 Goodman은 아동들이 충동적 행동을 통제하도록 도와주기 위해 자기교수 훈련(자기지시 훈련, 자기교시 훈련: self-instruction training)을 개발하였다(Martin & Pear, 2011, 재인용). 아동들을 위한 자기교수 훈련은 전형적으로 다섯 단계로 진행되는데, 자기교수 훈련에서 중요하게 언급되는 연구(Meichenbaum, 1977: 이성용, 김진호, 2011, 재인용)에서는 〈표 7-11〉과 같이 제시되었다.

〈표 7-11〉 Meichenbaum과 Goodman의 자기교수 훈련의 단계

구분		내용
단계 1	인지적 모델링 단계	성인 모델이 큰 소리로 말하면서 과제를 수행하고 아동은 관찰한다.
단계 2	외현적 교수 단계	성인 모델이 하는 말을 아동이 큰 소리로 따라 말하면서 과제를 수행한다.
단계 3	외현적 자기교수 단계	아동이 혼자서 큰 소리로 말하면서 과제를 수행한다.
단계 4	외현적(overt) 자기교수 감소 단계	아동이 작은 소리로 혼잣말을 하면서 과제를 수행한다.
단계 5	내재적(covert) 자기교수 단계	아동이 마음속으로 말을 하면서 과제를 수행한다.

3) 자기관리 훈련

자기관리 훈련(self-management training)은 자신의 활동을 효과적으로 통제하는 기법이나 전략을 가르치는 데 초점을 두는 것으로서 자기점검(self-monitoring), 자기평가(self-evaluation), 자기강화(self-reinforcement) 등이 포함된다. 교육학이나 심리학 분야에서 자기관리란 개인이 목표성취를 향하여 자신의 활동을 효과적으로 통제하는 기법이나 전략을 일컫는다(Wikipedia, 2013). 따라서 이러한 기법을 가르치는 자기관리 훈련은 외적 지도를 최소화하면서 개인이 자신의 행동을 효율적으로 조절하도록 훈련하는 것을 말하며 자기조절 훈련(self-regulation training)이라고도 한다(Webber & Plotts, 2008; Yell et al., 2009). 자기관리 훈련에 포함되는 기법은 문헌에 따라 다소 다양한데, Heward(2009)는 가장 널리 사용되는 것으로 자기점검과 자기평가를, Yell 등(2009)은 자기점검, 자기평가, 자기강화를, Webber와 Plotts(2008)는 자기교수 훈련, 자기점검, 자기평가, 인지적 전략 교수를, 양명희(2012)는 목표설정, 자기점검, 자기평가, 자기강화, 자기교수를 소개하고 있다. 그러나 일반적으로 Yell 등(2009)이 제시한 바와 같이 자기점검, 자기평가, 자기강화가 자기관리 훈련에 포함되고 있으므로 다음에서는 자기점검, 자기평가, 자기강화에 대해 각각 살펴보고자 한다. 이 세 가지 기법은 개별적으로 사용되기도 하지만 실제로는 자기관리 훈련을 위한 패키지 형태로 통합하여 사용되는 것이 일반적이다(Yell et al., 2009). 이와 같은 자

기관리 훈련은 지난 20여 년간 학교중심의 중재방법으로서 활발히 사용되고 있을 뿐 아니라 경험적 근거도 축적되어 왔다.

(1) 자기점검

자기점검(self-monitoring)은 자기 행동의 양이나 질을 측정하여 스스로 기록하는 것으로 자기기록(self-recording)이라고도 한다(Cole, 1987: 양명희, 2012, 재인용). 학생에게 자기점검을 가르치기 위해서 교사는 학생이 측정할 특정 행동을 확실히 구분할 수 있도록 행동에 대한 정확한 조작적 정의를 알려 주어야 하고 행동의 발생과 비발생을 기록하는 방법도 가르쳐 주어야 한다(Workman, 1998). 일반적으로 행동을 기록하는 방법으로는 간격기록이나 사건기록이 사용된다(저자주: 간격기록이나 사건기록에 대해서는 제3장의 〈표 3-7〉을 참조할 것). 예를 들어, 간격기록을 이용할 경우에는 미리 준비된 발신음이 들릴 때마다 자신이 주의집중을 하고 있었는지 아닌지를 기록하도록 할 수 있고, 사건기록을 이용하는 경우라면 수업시간에 질문을 하기 위해 손을 드는 행동을 할 때마다 '/'를 기록하도록 할 수 있다(Yell et al., 2009). 〈표 7-12〉는 자기점검을 가르치기 위한 일반적인 절차를 제시하고 있다.

〈표 7-12〉 자기점검의 일반적 교수절차

단계		내용
단계 1	표적행동 선정하기	교사의 수업, 해당학생이나 다른 학생의 학습, 또는 해당학생의 사회적 발달을 방해하는 하나의 행동을 선정한다. 적절한 짝 규칙(fair-pair rule)에 근거하여 부적응적 행동과 함께 적절한 짝 표적행동(fair-pair target behavior)도 선정한다.[1] 표적행동에 대한 기초선 자료를 수집한다.
단계 2	자기점검 교수에 대한 합리적 근거 제공하기	학생에게 자신의 행동을 점검하는 방법을 배우는 것이 왜 중요한지에 대하여 이야기해 준다. 학생은 자신의 행동이 왜 부적응적이고 왜 바뀌어야 하는지에 대하여 반드시 이해해야 한다.
단계 3	표적행동에 대한 조작적 정의 내리기	표적행동의 발생에 대해 학생과 교사 모두 동의하도록 표적행동을 정의한다. 학생은 자신이 점검할 행동이 무엇인지를 정확히 알아야 한다.
단계 4	표적목표 설정하기	학생과 함께 합리적인 표적목표를 설정한다. 학생은 자신의 진전을 기대되는 준거에 대비하여 평가할 수 있어야 한다. 학생이 성공함에 따라 표적목표의 난이도가 높아져야 한다.

〈표 7-12〉 계속됨

단계		내용
단계 5	자기점검 체계를 개발하고 가르치기	자기점검 체계를 개발하고 학생에게 사용법을 가르친다. 학생은 이 과정에 참여해야 한다. 과제를 구성요소로 나눈다(즉, 과제분석). 각 단계를 가르치고 모델링한다. 학생의 자기점검이 정확한지 확인하고 싶다면 대조전략(예: 임의적 학생-교사 대조)을 사용한다.
단계 6	표적행동을 점검하고 학생의 진전을 평가하기	표적행동을 점검한다. 더불어, 교사가 피드백을 제공하고 진전을 점검할 수 있도록 학생과 교사가 평가회의를 자주 실시한다.
단계 7	학생을 강화하기	학생이 표적목표에 성공적으로 도달하면 학생을 강화한다.
단계 8	자기점검 체계를 용암시키기	학생의 행동이 요구되는 수준에 도달하면 자기점검 체계를 점차 줄여 나간다(예: 자기점검 주기 간의 간격 넓히기, 자기점검 사용의 빈도 줄이기).

[1] 적절한 짝 규칙(fair-pair rule)이란 감소시키고자 하는 문제행동을 표적행동으로 선정할 때 증가시키고자 하는 상반행동이나 대안행동을 동반시키는 것을 말한다(White & Haring, 1980).

수정발췌: Yell et al. (2009). *Evidence-based practices for educating students with emotional and behavioral disorders*. Upper Saddle River, NJ: Pearson Education, Inc. (p. 132)

(2) 자기평가

자기평가(self-evaluation)는 자기 행동이 특정 준거에 맞는지를 결정하기 위해서 사전에 설정된 기준과 자신의 행동을 스스로 비교하는 것이다(Cole, 1987: 양명희, 2012, 재인용). 즉, 자기평가에서 학생은 자신의 행동이 특정한 준거를 충족시키는 수행인지의 여부를 결정하기 위해서 미리 설정된 기준에 자신의 행동을 비교하게 된다(Shapiro & Cole, 1994). 학생에게 자기평가를 가르칠 때에는 반드시 자기점검을 가르치는 것부터 시작하여야 하는데 그 이유는 자기점검이 자기평가의 선행조건이기 때문이다. 자기평가에서 일반적으로 사용되는 방법은 자기점검 기록지 하단에 평정척도를 포함시키는 것이다. 〈표 7-13〉에는 자기평가의 일반적인 교수절차가 제시되어 있다.

(3) 자기강화

자기강화(self-reinforcement)는 정해진 목표에 도달했을 때 스스로 선택한 강화물을 자신에게 제공하는 것이다(Wolery, Bailey, & Sugai, 1988: 양명희, 2012, 재인용). 전통적인 행동수정 프로그램에서는 교사가 표적행동을 구체화하고 행동수행에 대하

〈표 7-13〉 자기평가의 일반적 교수절차

단계		내용
단계 1	학생이 자기점검을 할 수 있게 하기	학생이 정확하게 자신의 행동을 점검하도록 가르친다. 이는 학생의 자기평가를 위한 선행조건이다.
단계 2	표적행동 선정하기	교사의 수업, 해당학생이나 다른 학생의 학습, 또는 해당학생의 사회적 발달을 방해하는 하나의 행동을 선정한다. 적절한 짝 규칙(fair-pair rule)에 근거하여 부적응적 행동과 함께 적절한 짝 표적행동(fair-pair target behavior)도 선정한다.[1] 표적행동에 대한 기초선 자료를 수집한다.
단계 3	자기평가 교수에 대한 합리적 근거 제공하기	학생에게 자신의 행동을 점거하고 평가하는 방법을 배우는 것이 왜 중요한지에 대하여 이야기해 준다. 학생은 자신의 행동이 왜 부적응적이고 왜 바뀌어야 하는지에 대하여 반드시 이해해야 한다.
단계 4	표적목표 설정하기	학생과 함께 합리적인 표적목표를 설정한다. 학생은 자신의 진전을 기대되는 준거에 대비하여 평가할 수 있어야 한다. 학생이 성공함에 따라 표적목표의 난이도가 높아져야 한다.
단계 5	자기평가 체계를 개발하고 가르치기	자기평가 체계를 개발하고 학생에게 사용법을 가르친다. 학생은 이 과정에 참여해야 한다. 과제를 구성요소로 나눈다(즉, 과제분석). 각 단계를 가르치고 모델링한다. 학생의 자기평가가 정확한지 확인하고 싶다면 대조전략(예: 임의적 학생-교사 대조)을 사용한다.
단계 6	표적행동을 점검하고 학생의 진전을 평가하기	표적행동을 점검한다. 더불어, 교사가 피드백을 제공하고 진전을 점검할 수 있도록 학생과 교사가 평가회의를 자주 실시한다.
단계 7	학생을 강화하기	학생이 표적목표에 성공적으로 도달하면 학생을 강화한다.
단계 8	자기평가 체계를 용암시키기	학생의 행동이 요구되는 수준에 도달하면 자기평가 체계를 점차 줄여 나간다.

[1] 적절한 짝 규칙(fair-pair rule)이란 감소시키고자 하는 문제행동을 표적행동으로 선정할 때 증가시키고자 하는 상반행동이나 대안행동을 동반시키는 것을 말한다(White & Haring, 1980).

수정발췌: Yell et al. (2009). *Evidence-based practices for educating students with emotional and behavioral disorders*. Upper Saddle River, NJ: Pearson Education, Inc. (p. 134)

여 강화물을 제공하지만 대부분의 자기관리 훈련 패키지에서는 학생이 강화물을 선택하고 적절한 행동에 후속하여 자기 스스로 강화물을 받는다. 학생에게 자기강화를 가르칠 때는 다음 세 가지 요인을 고려해야 한다(Yell et al., 2009). 첫째, 학생이 자신의 행동을 점검하고 평가할 수 있어야 한다. 둘째, 교사와 학생은 강화물이 외적인 것(예: 토큰, 선호하는 활동)인지 또는 내적인 것(예: 자기칭찬)인지를 결정해야 한다.

셋째, 교사와 학생은 학생이 자기강화를 실시하기 전에 준거 수준을 설정해야 한다. 〈표 7-14〉는 자기강화를 가르칠 때 사용할 수 있는 일반적인 교수절차다.

〈표 7-14〉 자기강화의 일반적 교수절차

단계		내용
단계 1	학생이 자기점검과 자기평가를 할 수 있게 하기	학생이 정확하게 자신의 행동을 점검하고 평가하도록 가르친다. 이는 학생의 자기강화를 위한 선행조건이다.
단계 2	표적행동 선정하기	교사의 수업, 해당학생이나 다른 학생의 학습, 또는 해당학생의 사회적 발달을 방해하는 하나의 행동을 선정한다. 적절한 짝 규칙(fair-pair rule)에 근거하여 부적응적 행동과 함께 적절한 짝 표적행동(fair-pair target behavior)도 선정한다.[1] 표적행동에 대한 기초선 자료를 수집한다.
단계 3	강화물 선정하기	사용될 강화물을 선정한다. 교사가 시행하는 강화물을 결정할 때와 동일한 절차에 따른다(예: 선호 목록, 강화물 메뉴). 강화물은 학생을 위해 늘 준비되어 있어야 한다.
단계 4	수반성 결정하기	학생이 자기강화를 실시하기 전에 얼마나 자주 표적행동을 해야 하는지를 결정한다.
단계 5	자기강화 체계를 개발하고 가르치기	자기강화 체계를 개발하고 학생에게 사용법을 가르친다. 학생은 이 과정에 참여해야 한다. 과제를 구성요소로 나눈다(즉, 과제분석). 각 단계를 가르치고 모델링한다. 학생의 자기강화가 정확한지 확인하고 싶다면 대조전략(예: 임의적 학생-교사 대조)을 사용한다.
단계 6	표적행동을 점검하고 학생의 진전을 평가하기	표적행동과 자기강화를 점검한다. 학생은 자신이 표적행동의 목표를 충족시켰을 때에만 자기강화를 해야 한다. 더불어, 교사가 피드백을 제공하고 진전을 점검할 수 있도록 학생과 교사가 평가회의를 자주 실시한다.
단계 7	자기강화 체계를 용암시키기	학생의 행동이 요구되는 수준에 도달하면 자기강화 체계를 점차 줄여나간다.

[1] 적절한 짝 규칙(fair-pair rule)이란 감소시키고자 하는 문제행동을 표적행동으로 선정할 때 증가시키고자 하는 상반행동이나 대안행동을 동반시키는 것을 말한다(White & Haring, 1980).

수정발췌: Yell et al. (2009). *Evidence-based practices for educating students with emotional and behavioral disorders*. Upper Saddle River, NJ: Pearson Education, Inc. (p. 135)

4. 생태학적 중재

앞서 제4장 1절에서 언급되었듯이, 생태학적 모델에서는 정서행동장애가 아동만의 문제가 아니라 아동이 속한 환경(가정, 학교, 지역사회 등)에도 문제가 있다고 가정하고 아동뿐만 아니라 가정, 학교, 지역사회 등의 변화를 추구하는 생태학적 중재(ecological intervention)를 실시한다. 다음에서는 생태학적 중재로 자주 소개되고 있는 두 가지 접근인 Re–ED와 랩어라운드에 대해 살펴보기로 한다.

1) Re-ED

Re–ED(Re-EDucation of Emotionally Disturbed Children)는 1960년대 초반에 심리학과 교수인 Nicholas Hobbs가 개발한 프로그램이다. Hobbs는 1961년에 국립정신건강원(National Institute of Mental Health: NIMH), 테네시주(州), 그리고 북캐롤라이나주(州)의 재정지원을 받아 8년간 프로젝트 Re–ED(Project Re-ED)를 수행하였다. 이 프로젝트의 목적은 심한 정서행동장애를 가진 아동들의 치료를 위한 새로운 패러다임을 개발하는 것이었는데, Hobbs는 테네시주 Nashville과 북캐롤라이나주 Durham에 각각 컴버랜드 하우스(Cumberland House)와 라이트 학교(Wright School)라는 시범기숙제 학교를 세우고 Re–ED로 알려진 프로그램을 운영하였다(Wikipedia, 2015). Hobbs(1982)는 "정서행동장애는 개인적 병리의 증상이 아니라 비기능적 인간생태계의 증상이다."(p. 9)라고 보았다. 따라서 Re–ED는 아동뿐 아니라 일상의 모든 환경(가족, 학교, 지역사회 등)에 대해 중재를 제공하여 아동이 생활하는 모든 환경에서의 일관성을 추구하는 접근이라고 할 수 있는데, 〈표 7–15〉에는 Re–ED의 12개 원리가 제시되어 있다.

8년간의 프로젝트가 종료된 후에도 Re–ED에 대한 두 주(州)의 재정지원은 계속되었으며 그후 Re–ED 프로그램을 실시하는 학교 또는 Re–ED 원리를 적용하는 기관이 전국적으로 출현하였다(Wikipedia, 2015). 또한 Re–ED의 효과를 긍정적으로 보고하는 연구들(예: Fields, Farmer, Apperson, Mustillo, & Simmers, 2006; Hooper, Murphy, Devaney, & Hultman, 2000)도 있어 Re–ED는 일반적으로 정서행동장애를 가진 아동들에게 도움이 되는 중재로 간주되기도 한다. 다음에서는 Re–ED 프로그램을 실시

〈표 7-15〉 12개 Re-ED 원리

1. 삶은 과거에 사는 것이 아니라 지금 사는 것이며 현재의 도전으로서만 미래에 살게 되는 것이다.
2. 아동과 성인 간의 신뢰는 필수적이다. 그 신뢰는 모든 다른 원리의 기반이고, 교수와 학습을 묶는 접착제며, 재교육(re-education)의 시작점이다.
3. 능력이 차이를 만든다. 아동과 청소년들은 무언가를 잘할 수 있도록 도움을 받아야만 하는데 학업이 특히 그렇다.
4. 시간은 삶이 엄청난 추진력을 가지는 발달기에 성장의 측면에서 작동하는 지원자다.
5. 자기통제는 가르칠 수 있고 아동과 청소년은 정신분석적 통찰을 통하지 않고서도 자신의 행동을 관리하도록 도움을 받을 수 있다. 증상은 직접적인 응대로 통제될 수 있고 통제되어야 하며 표출시키는 치료가 반드시 필요한 것은 아니다.
6. 아동과 청소년의 인지능력은 상당히 향상될 수 있다. 그들은 가정, 학교, 지역사회에서 자신에게 부여되는 일련의 복잡한 요구들에 대처하는 전략뿐만 아니라 자신의 삶을 관리하는 일반적 기술을 배울 수 있다. 즉, 지능은 가르칠 수 있다.
7. 감정은 길러져야 하고, 자발적으로 나누어야 하며, 필요할 때는 통제되어야 하고, 너무 오래 억제되었을 때는 표현되어야 하며, 신뢰하는 사람들과 공유되어야 한다.
8. 집단은 청소년들에게 매우 중요하다. 집단은 성장에서 주요한 교수자원이 될 수 있다.
9. 예법과 의식은 종종 상당한 무질서 속에 살고 있는 혼란스러운 아동과 청소년에게 질서, 안정성, 및 확신을 가지게 한다.
10. 신체는 자아의 방호기관이며 그 신체적 자아를 둘러싸고 심리적 자아가 형성된다.
11. 지역사회는 아동과 청소년에게 중요하지만 지역사회의 활용과 편의는 학습될 수 있도록 경험되어야 한다.
12. 아동은 하루하루 어떤 즐거움을 누리고 내일의 즐거운 일을 기대할 수 있어야 한다.

자료출처: Positive Education Program. (2008). Re-ED. Retrieved from http://pepcleve.org/re-ed.aspx

하는 학교와 Re-ED 원리를 적용하고 있는 기관의 예로 각각 '라이트 학교(Wright School)'와 '긍정적 교육 프로그램(Positive Education Program)'을 소개하기로 한다.

(1) 라이트 학교

라이트 학교(Wright School)는 Project Re-ED를 수행하던 Hobbs가 1963년에 북캐롤라이나주 Durham에 세운 기숙제 학교로서 현재는 주(州)정부가 운영하고 있다. 2013년에 개교 50주년을 맞이하기도 한 이 학교는 심각한 정서행동장애를 가진 6~12세 아동들에게 정신건강치료를 제공할 뿐 아니라 가정, 학교, 및 지역사회에서 발생하는 아동들의 특수한 요구들을 충족시킬 수 있는 능력을 갖추도록 아동의 가족 및 지역사회도 지원한다(Wright School, 2014). 따라서 이 프로그램에서는 학교에서 아동의 학업과 적응행동을 지도하는 역할과 가정, 학교, 지역사회를 중재하는 역할이 필요한데, 전자는 교사상담가(teacher-counselor)가 수행하고 후자는 연락 교사상담가(liaison teacher-counselor)가 수행한다(Webber & Plotts, 2008).

(2) 긍정적 교육 프로그램

긍정적 교육 프로그램(Positive Education Program: PEP)은 Re-ED의 원리에 근거하여 오하이오주 Cleveland에서 운영되고 있는 프로그램이다. 이 프로그램은 1975년 주간치료센터(Day Treatment Center)라는 교육기관을 설립하여 정서행동장애를 가진 아동과 청소년들에게 교육과 정신건강치료가 혼합된 중재를 제공하기 시작하였는데 그 후 규모가 확대되어 지금은 7개의 주간치료센터가 운영되고 있다(Positive Education Program, 2008). 이 프로그램에서는 연락요원(liaison staff member)이 중요한 역할을 한다. 이들은 모든 가능한 영역과 환경에서 발생하는 학생의 요구에 필요한 포괄적인 서비스를 제공하고자 하며 따라서 아동의 가족과 지역사회 기관들과도 협력한다(Scheuermann & Hall, 2008).

2) 랩어라운드

랩어라운드(wraparound)는 심각한 정서행동문제를 가진 아동과 청소년들이 그들의 가족, 학교, 지역사회를 떠나지 않고 적절한 중재를 받을 수 있도록 하기 위해 '돌봄체계(system of care)' 원리에 근거하여 1980년대 중반에 처음으로 나타난 접근이다(Wikipedia, 2014). 돌봄체계(system of care: SOC)란 정서행동문제를 가진 아동과 청소년을 중재하는 기존 접근방식의 부적절성을 지적하면서 Jane Knitzer(1982)가 주창한 개념인데, 학생과 가족의 선호도에 맞추어 특유하게 고안된 중재와 함께 자연스러운 환경과 지원 사용을 강조할 뿐 아니라 학생과 가족의 강점 및 문화를 고려한 일련의 치료/지원 선택권을 포함한다. 랩어라운드는 이러한 SOC 원리를 실행하고자 하는 노력의 일환으로 나타났으며(Eber & Keenan, 2004; Eber, Malloy, Rose, & Flamini, 2014; Shepherd, 2010) 〈표 7-16〉에 제시된 바와 같은 10개를 기본요소로 한다(Burns & Goldman, 1999).

랩어라운드(wraparound)는 학생과 그 가족의 주위를 서비스로 둘러싸는(wrapping)

〈표 7-16〉 10개 랩어라운드 기본요소

1. 서비스와 지원은 지역사회중심(community-based)이어야 한다.
2. 서비스와 지원은 개별화되어야 하고 학생의 강점에 맞춰야 한다.
3. 과정은 문화적으로 적절해야 한다.
4. 과정은 모든 단계에서 가족을 적극적인 참여자로 포함시켜야 한다.
5. 과정은 가족, 아동, 자연적 지원, 기관, 지역사회 지원을 포함하는 팀중심(team-based)이어야 한다.
6. 참여하는 기관은 유연성 있는 자금재원이 있어야 한다.
7. 돌봄계획(plan of care)은 지역사회와 가족의 공식적 자원과 비공식적 자원에 균형을 맞춰야 한다.
8. 서비스는 무조건적인 헌신으로 제공되어야 한다.
9. 개별화된 서비스/지원 계획은 이웃, 지역사회, 관계기관, 협력과정을 기반으로 개발되고 실행되어야 한다.
10. 결과는 모든 서비스 단계에서 팀을 통해 결정되고 측정되어야 한다.

것을 의미하며(Stambaugh et al., 2007; Webber & Plotts, 2008), 특정 프로그램이라기보다는 하나의 접근이다(Eber, Nelson, & Miles, 1997). 따라서 랩어라운드는 아동의 심각한 정서행동문제를 가족, 학교, 지역사회 전문가의 공동협력으로 해결해 나가는 접근이라고 할 수 있으며 Bronfenbrenner의 생태학적 체계 이론(ecological systems theory)과 Munger의 환경적 생태학 이론(environmental ecology theory)과 맥을 같이한다(Eber et al., 2014). 이와 같은 랩어라운드는 1980년대 중반에 출현한 이후 미국 전역에서 실행되어 왔으며 많은 문헌이 그 효과를 긍정적으로 보고하고 있다. 또한 최근에는 랩어라운드를 학교차원의 긍정적 행동지원(SW-PBS)과 연계하는 학교중심의 랩어라운드(school-based wraparound)라는 개념도 출현하여 주목을 받고 있는데(Eber, Sugai, Smith, & Scott, 2002), 〈표 7-16〉에 나타나 있듯이 기존의 랩어라운드는 지역사회중심(community-based)이었다. 따라서 다음에서는 랩어라운드를 지역사회중심의 랩어라운드와 학교중심의 랩어라운드로 나누어 살펴보기로 한다.

(1) 지역사회중심의 랩어라운드

앞서 살펴보았듯이, 랩어라운드는 원래 지역사회중심으로 시작하였으므로 다음에서 살펴볼 학교중심의 랩어라운드와 대비하여 지역사회중심의 랩어라운드(community-based wraparound)라고 부를 수도 있다(저자주: 이 책에서는 '랩어라운드'와 '지역사회중심의 랩어라운드'를 상호교환적으로 사용하기로 함). Rosenblatt(1996)에 의하면 랩어라운드는 심각한 정서행동문제를 가진 학생들을 위한 포괄적이고 지역사회에 기반을 둔 돌봄체계다. 그런데 랩어라운드가 1980년대 중반에 출현한 뒤 지난 20여 년 동안 실행되고 있으나 그 절차가 구체화된 것은 불과 몇 년 전이다. 현재 랩어라운드는 참여와 팀준비(engagement and team preparation), 계획개발(plan development), 계획실행(plan implementation), 전이(transition)의 네 단계라는 체계적인 절차를 통해 이루어지고 있는데, 이 절차의 관리는 랩어라운드 촉진자(wraparound facilitator)가 한다(Wikipedia, 2014). 이 네 단계는 〈표 7-16〉에 제시되어 있는 10개 랩어라운드 기본요소를 바탕으로 실행되는데 이를 구체적으로 살펴보면 다음과 같다(Kevin, Quinn, & Lee, 2007; Walker & Schutte, 2004). 첫째, 참여와 팀준비 단계는 약 2~3주에 걸쳐서 이루어진다. 이 단계에서는 랩어라운드 촉진자가 가족을 만나 함께 가족의 강점, 요구, 문화, 랩어라운드를 통해 기대하는 것 등을 이야기한 다음 다른 구성원들을 참여시키고 첫 번째 모임을 준비한다. 둘째, 계획개발 단계는 약 1~2주에 걸쳐서 이루어진다. 팀구성원들은 가족의 강점, 요구, 미래에 대한 비전을 확인한 뒤 어떻게 일하고 어떻게 성취하며 누가 책임을 질 것인지를 결정한다. 셋째, 계획실행 단계는 약 9~18개월에 걸쳐서 이루어진다. 가족과 팀구성원들이 정규적으로 만나 성과물들을 재점검하고 목표 달성도를 점검하고 조정한다. 넷째, 전이 단계에서는 목표에 점차 근접함에 따라 가족을 랩어라운드 밖으로 전이시킬 준비가 이루어진다. 가족과 팀은 필요할 때 가족에게 어떻게 지원할 것인지를 결정하며 필요하다면 랩어라운드를 어떻게 재시작할지를 결정한다.

(2) 학교중심의 랩어라운드

앞서 살펴본 지역사회중심의 랩어라운드(community-based wraparound)는 지역사회 정신건강센터가 주체가 되어 가족 및 여러 전문가가 협력하면서 학생의 심각한 정서행동문제를 해결해 나가는 데 비해, 최근에는 학교가 주체가 되어 랩어라운드를 학교차원의 긍정적 행동지원(SW-PBS)에 연계하는 학교중심의 랩어라운드(school-based wraparound)라는 개념이 출현하여 주목을 받고 있다. 앞서 이 장 2절 '행동적 중재'에서 살펴보았듯이 학교차원의 긍정적 행동지원(SW-PBS)은 1차, 2차, 3차 예방의 3단계 접근을 핵심으로 하고 있으며 세 번째 단계인 3차 예방은 가장 개별화된 지원이 필요한 소수의 고위험 학생들을 대상으로 하는 중재다. 따라서 학교중심의 랩어라운드에서는 랩어라운드가 고위험 학생들을 위한 3차 예방의 한 유형이 될 수 있다(Eber et al., 2002; Epstein et al., 2005; Flick, 2011; Scott & Eber, 2003). 또한 랩어라운드는 〈표 7-5〉에 보이듯이 개별화된 긍정적 행동지원(individualized PBS)과도 연계하여 자신이나 다른 학생들의 학습에 방해가 되는 행동을 보이는 장애학생(정서행동장애 학생 포함)을 위한 중재로도 실시될 수 있다(Eber et al., 2014). 이와 같은 학교중심의 랩어라운드에서는 흔히 학교사회복지사(school social worker) 또는 학교심리사(school psychologist)가 랩어라운드 촉진자의 역할을 한다(Eber et al., 2014).

제8장 Introduction to Emotional and Behavioral Disorders

교육적 중재

1. 의뢰전 중재

앞서 제3장 '정서행동장애의 평가'와 제7장 2절 '행동적 중재'에서 언급되었듯이, 의뢰전 중재(prereferral intervention)란 일반적으로 학습문제 그리고/또는 행동문제와 관련하여 특수교육을 위한 공식적인 심층평가에 의뢰하기 전에 주로 일반학급에서 실시되는 비공식적 문제해결 과정이라고 할 수 있다(McCarney & Wunderlich, 2006). 일부 문헌(Kauffman & Landrum, 2009; Shepherd, 2010; Webber & Plotts, 2008)에서는 의뢰전 중재 모델(prereferral intervention model)로 학교차원의 긍정적 행동지원(SW-PBS)과 중재에 대한 반응(RTI)이 소개되기도 한다. 2000년대 후반부터는 SW-PBS와 RTI를 동시에 적용하는 경향이 있는데, 그 이유는 SW-PBS와 RTI가 각각 행동과 학업에 적용된다는 측면 외에는 논리적으로 동일한 3단계 예방 접근일 뿐 아니라 행동문제와 낮은 학업성취가 상호적 관계에 있기 때문이다. 'SW-PBS'와 '의뢰전 중재 모델로서의 SW-PBS'에 대해서는 앞서 제7장 2절 '행동적 중재'에서 살펴보았으므로 다음에서는 'RTI'와 '의뢰전 중재 모델로서의 RTI'에 대해 살펴본 후 2000년대 후반 이후의 경향인 'SW-PBS와 RTI의 동시 적용'에 대해서도 알아보기로 한다. 한편 2010년대 중반에 SW-PBS와 RTI를 통합한 '다층지원체계[(a) multi-tiered system of supports: MTSS]'가 출현하면서 새로운 의뢰전 중재 모델로 주목받고 있는데 이에 대해서도 간략하게 소개하고자 한다.

1) 중재에 대한 반응(RTI)

중재에 대한 반응(response to intervention 또는 responsiveness to intervention: RTI 또는 RtI)은 2004년에 미국의 「장애인교육법(IDEA 2004)」을 통하여 처음 공식적으로 언급되었다(Bradley, Danielson, & Doolittle, 2007; Kame'enui, 2007). 즉, 「장애인교육법(IDEA 2004)」에서는 학생이 과학적인 연구기반의 중재에 반응하는지를 결정하는 과정(a process that determines if the child responds to scientific, research-based intervention)을 학습장애 판별을 위한 한 가지 방법으로 명시하였는데[Section 614(b)(6)(B)], 이는 과학적 연구기반의 타당한 중재에 또래들보다 반응을 잘하지 못할 경우 학습장애가 있는 것으로 판별할 수 있다는 논리다[저자주: PBIS가 「장애인교육법(IDEA 1997)」에서 처음으로 언급되었으나 현재의 PBIS와 일치하는 용어가 사용되지 않은 것처럼 RTI도 「장애인교육법(IDEA 2004)」에 처음 공식적으로 언급될 때 현재의 RTI와 일치하는 용어로 제시되지는 않았음]. 이처럼 RTI가 처음 공식적으로 소개될 때는 학습장애 판별을 위한 한 가지 방법으로 명시되었으나 현재 이와 관련된 쟁점들이 다수 있는 실정이다. 예를 들어, 어떤 중재를 사용하는 것이 최선인가, RTI가 IQ와 성취의 불일치에 의한 학습장애 판별을 대체할 수 있는가, 특정 장애로서의 학습장애를 낮은 성취라는 일반적인 장애로 변환시키는 것은 아닌가 등에 대해 전문가들이 서로 다른 관점과 태도를 견지하고 있다.

2) 의뢰전 중재 모델로서의 RTI

앞서 언급된 바와 같이 RTI는 「장애인교육법(IDEA 2004)」에서 학습장애 판별을 위한 한 가지 대안으로 명시되었으나 이와 관련된 논쟁이 지속되고 있어 학습장애를 판별하는 방법으로 정착되지는 못하고 있다(Fletcher, Coulter, Reschly, & Vaughn, 2004). 하지만 RTI는 모든 학습자를 위한 새로운 학업적 중재 모델이라고 할 수 있는 3단계 접근의 의뢰전 중재 모델로서 많은 관심을 받아 왔다(Webber & Plotts, 2008). 이와 같은 의뢰전 중재 모델로서의 RTI는 행동이 아닌 학업에 적용된다는 측면 외에는 앞서 제7장 2절 '행동적 중재'에서 살펴본 SW-PBS와 동일한 논리적 접근이다(이승희, 2011). 즉, 모든 학생을 대상으로 과학적 연구기반의 교수적 실제를 시행하고(단계 1), 여기에서 기대한 만큼 반응하지 않는 학생들에게 소집단으로 집중적인 중재를 제공하며(단계 2), 여기에서도 긍정적인 반응을 보이지 않는 학생들에게는 개별적으로 더 집중적인 중재를 제공한다(단계 3). 이와 같은 RTI는 행동문제 못지않게 학업문제를 보이는 정서행동장애 학생들 및 위험학생들에게 효과적인 모델로 알려져 왔다(Fletcher et al., 2004). 따라서 RTI가 정서행동장애 판별을 위해 사용될 수 있다고 보기도 한다(Fairbanks, Sugai, Guardino, & Lathrop, 2007; Gresham, 2005).

3) SW-PBS와 RTI의 동시 적용

SW-PBS와 RTI가 각각 행동과 학업에 적용된다는 측면 외에는 논리적으로 동일한 접근이므로 2000년대 후반에는 SW-PBS와 RTI를 동전의 양면(행동, 학업)으로 보는 관점이 나타나면서(Sailor, Doolittle, Bradley, & Danielson, 2009), 〈표 8-1〉과 같이 SW-PBS와 RTI의 동시 적용 체계가 제안되기도 하였다(Sugai & Horner, 2007). 이와 같이 SW-PBS와 RTI를 동시에 적용하면 정서행동장애 학생들이 일반교육 환경에서 일반학교 교육과정을 성공적이고 일관성 있게 학습할 수 있도록 필요한 지원을 제공할 수 있다(Webber & Plotts, 2008). 또한 SW-PBS가 RTI에 포함되는 것으로 보는 관점도 나타났다(TAC-PBIS, 2010). 이 관점에 의하면 "RTI란 모든 학생, 가족, 교육자에게 효과적이고 효율적이며 적절하고 영속적인 교수/학습 환경을 확립하고 재구상하

〈표 8-1〉 SW-PBS와 RTI의 동시 적용 체계

단계	중재	대상	내용		학생비율[1]
			행동체계	학업체계	
단계 1	보편적 중재	모든 학생	• 예방적/선제적	• 예방적/선제적	80~90%
단계 2	집단적 중재	위험 학생	• 높은 효율성 • 신속한 반응	• 높은 효율성 • 신속한 반응	5~10%
단계 3	개별적 중재	고위험 학생	• 평가-기반의 • 집중적/영속적 절차	• 평가-기반의 • 높은 집중성	1~5%

[1] 해당 단계에서 제공되는 중재에 긍정적으로 반응하는 학생의 비율.

수정발췌: Sugai, G., Horner, R. H. (2007). *SW-PBS & RtI: Lessons being learned*. OSEP Center on PBIS, University of Connecticut & Oregon. (p. 19)

기 위한 접근"(TAC-PBIS, 2010, p. 46)이며 SW-PBS는 RTI 실시의 한 예(example)로 본다. 따라서 SW-PBS가 '행동을 위한 RTI(RTI for behavior)'또는 '행동 RTI(behavior RTI)'로 언급되기도 하였다(Scheuermann & Hall, 2012).

4) SW-PBS와 RTI의 통합: 다층지원체계(MTSS)

한편 2010년대 중반에는 SW-PBS와 RTI를 통합한 포괄적인 모델이라고 할 수 있는 '다층지원체계(a multi-tiered system of supports: MTSS)'라는 새로운 모델이 출현하였다(McIntosh & Goodman, 2016). 이 모델이 출현한 배경에는 미국의 연방법인「아동낙오방지법(No Child Left Behind Act: NCLB)」을 개선하여 2015년에 제정된「모든학생성공법(Every Student Succeeds Act: ESSA)」이 있다.「모든학생성공법」은 서로 다른 지원체계에 대한 명칭으로 다양한 용어(예: SW-PBS, RTI 등)를 사용하는 대신 MTSS(a multi-tiered system of supports: MTSS)라는 하나의 포괄적 용어를 채택하는 공식적인 전환을 추진하고, MTSS란 학생들의 학업적(academic), 행동적(behavioral), 사회정서적(social-emotional) 발달을 위한 통합된 다층체계라고 하였다(Zhang, Martella, Kang, & Yenioglu, 2023). 이처럼 MTSS는 행동적 측면에 초점을 둔 SW-PBS와 학업적 측면에 초점을 둔 RTI라는 기존의 다층체계에 더하여 사회정서적 측면을 추가함으로써 학생들의 다양한 요구를 더 광범위하게 반영하고자 하였다. 또한 MTSS는 일반교육환경에서 장애학생을 포함한 모든 학생을 대상으로 하는 학교차원의 접근이다(U.S. Department of Education Office of Special Education and Rehabilitative Services, 2015).

하지만「모든학생성공법(ESSA)」은「아동낙오방지법(NCLB)」에 비해 연방정부의 과도한 개입보다는 주(州)정부에게 많은 재량을 허용함으로써 주(州)에 따라 MTSS의 실행 여부, 명칭, 실행방식에서 다소 차이가 있다. 먼저 실행 여부를 보면, 2022년 현재 미국의 모든 50개 주(州)에서 일종의 다층지원모델(some form of a multi-tiered support model)(예: SW-PBS, RTI, MTSS 등)을 실시하고 있는데 40개 주에서는 MTSS를 채택하고 있다. 다음으로 명칭을 살펴보면, MTSS를 채택한 주(州) 가운데 Massachusetts(MA)에서는 'multi-tiered system of support'로, Michigan(MI)에서는 'multi-tiered system of supports'로, Texas(TX)에서는 'multi-tiered systems of support'로 주교육청이 표현하고 있다. 이러한 차이는 관련문헌에서도 'a multi-tiered system of support'(Eagle, Dowd-Eagle, Snyder, & Holtzman, 2015), 'a multi-tiered system of supports'(Cook, Lyon, Kubergovic, Wright, & Zhang, 2015), 'multi-tiered systems of support'(Pullen & Kennedy, 2018)로 나타나고 있다. 마지막으로 실행방식에서 나타나는 차이점 중 하나는 MTSS를 채택한 주(州) 가운데 극히 일부 주(예: Texas)만 MTSS에 특수교육이 어떻게 연계되는지를 밝히고 있다는 것이다.

이처럼 미국에서는 2022년 현재 40개 주(州)에서 MTSS를 채택하고 있으며 조만간 나머지 주에서도 채택할 가능성이 높다. 우리나라에서는 SW-PBS와 RTI가 이미 널리 알려져 있으므로 MTSS 또한 조만간 많은 주목을 받을 것으로 보인다. 하지만 앞서 살펴보았듯이 미국에서 MTSS의 세부적인 명칭이나 특수교육 연계 여부 등이 주(州)에 따라 차이를 나타내고 있다. 따라서 이 책에서는 MTSS의 세부 명칭으로 미국 교육부(U.S. Department of Education Office of Special Education and Rehabilitative Services, 2015)가 제시한 'a multi-tiered system of supports'를 사용하기로 하며 MTSS에 특수교육을 연계시키고 있는 Texas(TX) 주교육청(Texas Education Agency, n.d.)이 제공한 내용을 중심으로 MTSS를 간단히 소개하고자 한다.

Texas(TX) 주교육청(Texas Education Agency, n.d.)은 [그림 8-1]과 같이 MTSS와 특수교육의 연계 모형을 제공하였다. [그림 8-1]에 보이듯이, Texas(TX)의 MTSS는 세 단계(Tier 1~Tier 3)로 구성되어 있으며 여기에 특수교육(special education)이 연계되어 있다. 이때 세 단계(Tier 1, Tier 2, Tier 3)는 SW-PBS와 RTI에서의 세 단계와 논리적으로 동일하다. Texas(TX) 주교육청(Texas Education Agency, n.d.)에 따르면 MTSS는 SW-PBS와 RTI를 포괄하고 있으며 이에 더하여 사회정서적(social-emotional) 지원도 포함함으로써 학생의 행동적, 학업적, 사회정서적 발달을 지원하는데 이러한 지원을 필요로 하는 학생들을 발견하기 위해 보편적 선별(universal screening)을 실시한다(저자주: '보편적 선별'에 대해서는 제3장의 [보충설명 3-1]을 참조할 것). 또한 Texas(TX) 주교육청(Texas Education Agency, n.d.)은 MTSS와 특수교육의 관계에 대한 설명을 제공하는데 다음과 같은 몇 가지 주목할 만한 사항이 있다. 첫째, MTSS는 일반교육과 특수교육의 협력을 통해 실행되어야 한다. 이는 MTSS가 일반교육과 특수교육의 협력관계를 전제로 한다는 것을 의미한다. 둘째, 특수교육이 필요할 것으로 의심되는 학생이 있을 경우 언제라도 관련평가를 실시해야 한다. 즉, 세 단계(Tier 1, Tier 2, Tier 3) 중 어느 단계에서라도 특수교육을 위한 평가로 의뢰될 수 있다는 것이며 이는 특수교육을 받기 이전에 세 단계가 반드시 요구되는 절차가 아니라는 것을 의미하기도 한다. 셋째, 특수교육을 받고 있는 학생의 경우 경과에 따라 일반교육으로의 복귀가

[그림 8-1] MTSS와 특수교육의 연계 모형

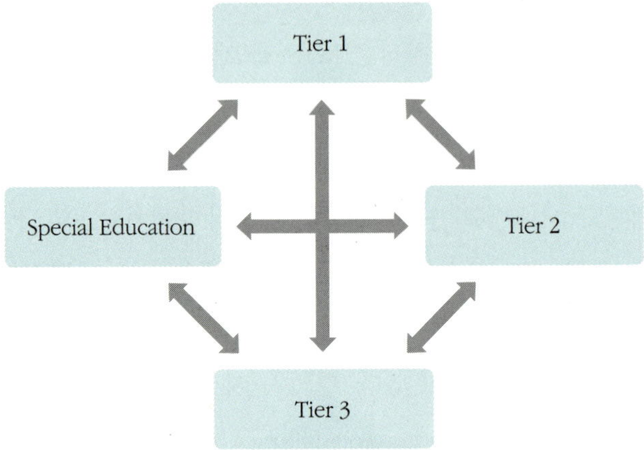

자료출처: Texas Education Agency. (n.d.). Multi-tiered systems of support (MTSS): Questions and answers. Retrieved from https://tea.texas.gov/system/files/TEA%20MTSS%20QA-Final_accessible%20PPT_0.pdf (p. 29)

[그림 8-2] 정서행동장애를 위한 MTSS와 특수교육의 연계 모형

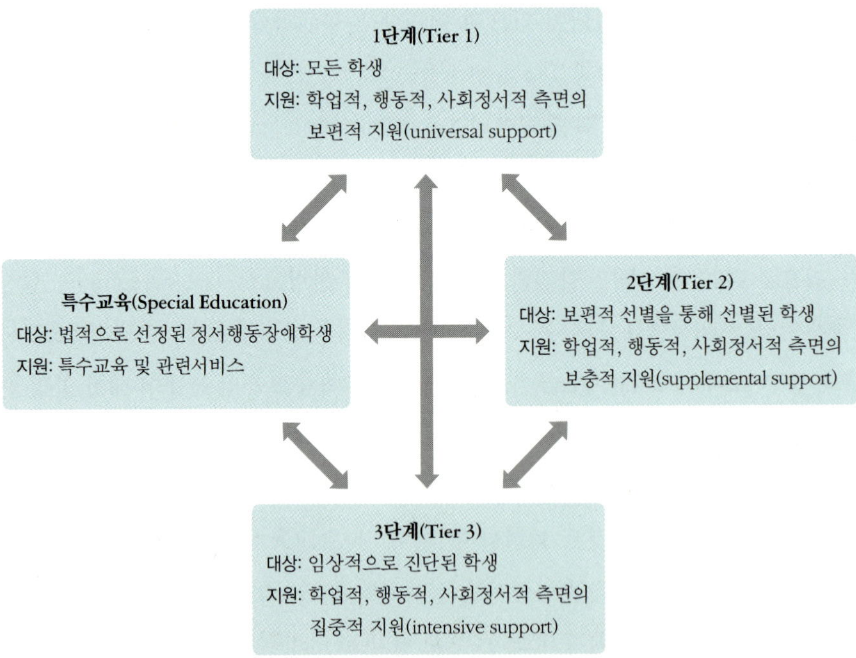

가능하며 이러한 복귀는 세 단계 중 어느 하나가 된다.

이처럼 [그림 8-1]에 보이듯이 MTSS의 세 단계(Tier 1, Tier 2, Tier 3)는 첫째, 상호이동이 가능하고 둘째, 어느 한 단계에서라도 특수교육을 위한 평가로의 의뢰가 가능하며 셋째, 어느 단계에서라도 특수교육과 상호이동이 가능하다. 즉, [그림 8-1]에서는 장애의 예방과 치료(또는 회복)의 가능성을 엿볼 수 있다. 이는 앞서 제1장 8절 '정서행동장애의 차별점'에서 언급하였듯이, 정서행동장애는 다른 장애들에 비해 예방 가능성과 치료(또는 회복) 가능성이 높다는 뚜렷한 차별점이 있으므로 MTSS가 정서행동장애의 예방뿐만 아니라 치료(또는 회복)와도 관련된 모델이 될 수 있다는 것을 의미한다. 따라서 이 책에서는 [그림 8-2]와 같이 정서행동장애를 위한 MTSS와 특수교육의 연계 모형을 제안하고자 한다. 특히 정서행동장애학생은 일반교육 환경에서 통합교육을 받는 경우가 많고 행동에서뿐만 아니라 학업에서 그리고 사회정서적으로도 어려움을 보이므로 [그림 8-2]에 제시된 모형은 정서행동장애의 예방을 위한 의뢰전 중재 모델로 간주할 수 있을 것으로 보이며 또한 정서행동장애의 치료(또는 회복)를 위한 중재 모델로도 유용할 것으로 보인다.

2. 학업중재

정서행동장애 학생들은 자신의 지적 능력에 비해 낮은 학업성취를 나타내는 경향이 있다(Kauffman & Landrum, 2009). 더욱이 이러한 경향은 안정적일 뿐 아니라(Mattison et al., 2002) 학년이 올라감에 따라 더 악화되기도 한다(Greenbaum et al., 1996). 그럼에도 불구하고 정서행동장애학생의 학업중재에 대한 연구는 부족한 편인데(Lane, 2004; Pierce, Reid, & Epstein, 2004), 그 이유는 정서행동장애의 가장 두드러진 특성인 행동문제의 통제가 강조되어 왔기 때문이다. 그러나 행동과 학업이 상호적 관계에 있다는 인식이 확산되면서 정서행동장애 학생들의 학업중재에 대한 요구가 높아지고 있으며 향후 관련연구도 활성화될 것으로 보인다. 다음에서는 현재 관련문헌에 제시된 내용을 근거로 정서행동장애학생의 학업중재를 학업중재의 유형, 학업기술 중재, 공부기술 중재, 교수방법 조정으로 나누어 살펴보고자 한다.

1) 학업중재의 유형

정서행동장애 학생들을 위한 학업중재에는 교사매개 학업중재, 또래매개 학업중재, 학생매개 학업중재의 세 가지 유형이 있다(Shepherd, 2010). 이 세 가지 유형의 학업중재는 정서행동장애 학생들의 학업수행을 성공적으로 개선시켜 왔다(Mooney, Denny, & Gunter, 2004).

(1) 교사매개 학업중재

교사매개 학업중재(teacher-mediated academic intervention)는 교사가 선행자극 그리고/또는 후속결과의 관리를 통하여 중재를 실행하는 것이다(Pierce et al., 2004). 교사매개 학업중재의 대표적인 예는 직접교수다.

① 직접교수

직접교수(Direct Instruction: DI)는 행동주의 이론에 입각하여 연속적이고 구조화된 학습자료를 명시적이고 반복적으로 제공함으로써 학생으로 하여금 자신이 해결해야 할 과제가 무엇인지 분명히 알게 하는 교사중심의 교수법이다(국립특수교육원, 2009b). 직접교수를 전통적인 교사주도 교수(teacher-directed instruction)와 동일시하는 교육자도 많지만, 직접교수는 강의를 강조하는 전통적인 교사주도 교수와 동의어는 아니다(Adams & Carnine, 2003; Shepherd, 2010). 직접교수는『Theory of Instruction』(Engelmann & Carnine, 1991)의 저자들이 학습부진과 같은 특수한 교육적 요구를 가진 학생들을 대상으로 교수-학습자료를 개발하고 이를 현장에 적용하기 시작한 이후 널리 알려진 교수법이며(김동일, 이대식, 신종호, 2003), 적절한 교수와 연습이 제공된다면 모든 학생이 배울 수 있다고 가정한다(Yell et al., 2009). 지난 30여 년간 많은 직접교수 프로그램이 개발되어 그 구성은 문헌에 따라 다소 차이가 있으나, 직접교수에는 일반적으로 다음과 같은 일련의 구성요소가 포함된다(Shepherd, 2010).

- 단계 1: 이전 학습 검토하기
- 단계 2: 오늘 수업의 목적 제시하기
- 단계 3: 수업 시범 보이기
- 단계 4: 명백한 지시와 설명 제공하기

- 단계 5: 학생의 연습 도와주기
- 단계 6: 이해 점검하기
- 단계 7: 유도 연습(guided practice) 제공하기
- 단계 8: 피드백과 교정 제공하기
- 단계 9: 자습 제공하기 및 점검하기

예를 들어, 두 자릿수 곱셈을 가르치기 위해 교사는 먼저 한 자릿수 곱셈에 대한 이전 수업내용을 검토한다(단계 1). 이때 교사는 한 자릿수 곱셈 문제를 몇 개 칠판에 쓴 다음 학생들에게 문제를 풀어 보라고 하거나 특정 학생을 앞으로 나오게 하여 칠판의 문제를 풀어 보게 한다. 학생들이 한 자릿수 곱셈을 이해한다고 확신이 들면 교사는 오늘의 수업인 두 자릿수 곱셈을 소개하고(단계 2), 그것을 시범 보인다(단계 3). 교사가 시범을 보일 때는 명백한 지시와 설명을 제공하는 것이 중요한데(단계 4), 학생이 쉽게 개념을 잡고 적용하도록 하기 위해 수업을 실제 상황과 관련시켜 진행할 수 있다. 그다음 교사는 학생들에게 연습할 시간을 준다(단계 5). 이를 위해 교사는 두 자릿수 곱셈문제를 칠판에 쓰고 학생들에게 자리에서 문제를 풀게 한다. 이때 교사는 교실을 순환하면서 각 학생의 진행과정을 점검하고(단계 6), 어려움이 있는 학생들에게는 유도 연습(guided practice)을 제공한다(단계 7). 그다음 교사는 칠판에 문제를 몇 개 더 쓰고 학생의 진행과정을 계속해서 점검하면서 피드백과 교정을 제공한다(단계 8). 마지막으로 대부분의 학생이 수업을 이해했다고 확신이 들면 교사는 자습시간을 주고 점검한다(단계 9). 교사는 두 자릿수 곱셈 문제지를 나누어 주고 학생들이 문제를 풀 때 진행과정을 점검한다(Shepherd, 2010).

(2) 또래매개 학업중재

또래매개 학업중재(peer-mediated academic intervention)는 교사가 선정한 교수내용을 또래가 실행하는 것이다(Ryan, Reid, & Epstein, 2004). 또래매개 학업중재의 예로는 또래교수와 협동학습이 있다.

① 또래교수

또래교수(peer tutoring)는 한 학생이 교수자가 되어 다른 학생에게 특정 내용을 학습하도록 가르치거나 돕는 것을 말한다. 또래교수를 통해 배우는 또래학습자와 가

르치는 또래교수자는 모두 학업에 대한 긍정적인 영향을 받는 것으로 알려져 있다(Fisher, Schumaker, & Deshler, 1995). 이와 같은 또래교수의 효과는 적합한 교육내용의 선정, 적절한 또래교수자의 선정 및 훈련, 지속적인 교사의 감독 등이 함께 이루어질 때 기대할 수 있다. 따라서 교사가 또래교수를 사용하고자 할 때는 다음과 같은 사항들을 고려해야 한다(Salend, 1994).

- 또래교수를 통해 성취할 구체적인 목표를 세운다.
- 세워진 목표를 위한 활동을 계획한다.
- 교육내용을 잘 알고 있는 학생을 선정한다.
- 선정된 학생이 또래교수자의 역할을 잘할 수 있도록 가르친다.
- 또래교수자와 또래학습자를 짝짓는다.
- 또래교수 시간은 30분을 초과하지 않도록 하고 주 3회 이내로 한다.
- 정기적으로 감독하고 피드백을 제공한다.
- 또래교수에 대하여 학부모에게 미리 설명하여 염려하지 않도록 한다.

② 협동학습

협동학습(cooperative learning: CL)은 서로 다른 능력을 가진 학생들을 작은 집단으로 구성하여 함께 공부하도록 하는 것을 말한다. 또래교수처럼 협동학습은 학생의 수업참여를 증진시키고 활발한 학습활동을 조장하는 것으로 알려져 있다(Jenkins, Antil, Wayne, & Vadasy, 2003). 즉, 협동학습은 학생들이 서로 경쟁하기보다는 공동의 학습목표를 향해 또래와 함께 학습할 수 있도록 구조화시키는 것이다(Salend, 1994). 그러나 많은 학생이 경쟁에 익숙해져 있으므로 협동학습을 성공적으로 실시하기 위해서는 교사의 충분한 계획과 각별한 주의가 필요하다. 교사가 협동학습을 사용하고자 할 때는 다음 절차에 따라 실행해야 한다(Johnson & Johnson, 1986).

- 가르칠 수업목표와 협동학습목표를 사전에 확인한다.
- 집단의 크기(일반적으로 6명 이하)와 구성을 결정한다.
- 집단구성원들에게 역할을 배정한다.
- 학생들에게 학습과제와 협동목표를 설명한다.
- 집단의 진전을 점검하고 필요하다면 중재를 한다. 과제에 대한 피드백을 제공한다.

• 학생 개인별 학습, 집단의 결과물, 협동기술을 평가한다.

(3) 학생매개 학업중재

학생매개 학업중재(student-mediated academic intervention)는 자신의 학업중재를 실행하고 관리하는 궁극적인 책임을 학생들에게 부여하는 것이다(Mooney, Epstein, Reid, & Nelson, 2003). 학생매개 학업중재에는 자기교수(self-instruction), 자기점검(self-monitoring), 자기평가(self-evaluation), 자기강화(self-reinforcement) 등의 전략이 포함된다. 이 가운데 자기점검, 자기평가, 자기강화는 자기관리(self-management)로 묶을 수도 있다. 이와 같은 전략들은 앞서 제4장 1절 '단일모델'과 제7장 3절 '인지적 중재'에서 소개되었듯이 행동문제를 변화시키기 위한 인지적 중재 기법으로 개발되었다. 하지만 이러한 기법들은 학업영역에까지 확장되어 학업중재의 인지적 전략으로도 사용되고 있다.

① 자기교수

학업중재의 인지적 전략으로서 자기교수(self-instruction)는 특정 과제를 학생 스스로 말해가면서 실행하도록 하는 것이다. 일반적으로 자기교수는 제7장의 〈표 7-11〉에 제시된 다섯 단계로 진행된다. 즉, 교사가 먼저 큰 소리로 말하면서 과제를 수행하는 시범을 보인 후(단계 1), 교사가 하는 말을 학생이 큰 소리로 따라 말하면서 과제를 수행하게 하고(단계 2), 학생이 혼자서 큰 소리로 말하면서 과제를 수행하게 하며(단계 3), 학생이 혼자서 작은 소리로 혼잣말을 하면서 과제를 수행하게 하고(단계 4), 마지막으로 학생이 마음속으로 말을 하면서 과제를 수행하게 한다(단계 5).

② 자기점검

학업중재의 인지적 전략으로서 자기점검(self-monitoring)은 학생이 자신의 수행을 스스로 측정하여 기록하게 하는 것이다. 예를 들어, 곱셈을 배운 후 10개의 곱셈문항이 포함된 문제지를 풀 때마다 학생 스스로 정답 수와 오답 수를 기록하도록 할 수 있다.

③ 자기평가

학업중재의 인지적 전략으로서 자기평가(self-evaluation)는 자신의 수행이 특정 준거를 충족시키는지를 결정하기 위해 사전에 설정된 기준과 자신의 수행을 스스로 비교하게 하는 것이다. 예를 들어, 10개의 곱셈문항이 포함된 문제지와 관련하여 설정된 기준이 '상(정답 수 9개 이상), 중(정답 수 7~8개), 하(정답 수 6개 이하)'이고 준거(목표)는 '정답 수 7개'로 설정하였다면 문제지를 풀 때마다 학생 스스로 수행을 '상', '중', 또는 '하'로 측정하고 준거의 충족 여부를 결정하도록 할 수 있다. 한 가지 유의할 점은 학생에게 자기평가를 가르칠 때는 자기점검을 가르치는 것부터 시작하여야 하는데 그 이유는 자기점검이 자기평가의 선행조건이기 때문이다.

④ 자기강화

학업중재의 인지적 전략으로서 자기강화(self-reinforcement)는 정해진 목표에 도달했을 때 스스로 선택한 강화물을 자신에게 제공하게 하는 것이다. 예를 들어, 10개의 곱셈문항이 포함된 문제지와 관련하여 설정된 기준이 '상(정답 수 9개 이상), 중(정답 수 7~8개), 하(정답 수 6개 이하)'고 준거(목표)가 '정답 수 7개'로 설정되었다면 '상' 또는 '중'으로 측정될 경우(즉, 준거를 충족시킬 경우) 사전에 선정되어 있는 강화물을 학생 스스로 자신에게 제공하도록 할 수 있다. 한 가지 유의할 점은 학생에게 자기강화를 가르칠 때는 자기점검과 자기평가를 가르치는 것부터 시작하여야 한다는 것이다. 그 이유는 앞의 예에 나타나 있듯이 자기점검과 자기평가가 자기강화의 선행조건이기 때문이다.

2) 학업기술 중재

읽기(reading), 쓰기(writing), 수학(mathematics)은 기본적인 학업기술(academic skills)이다. 이 기술의 숙달은 다른 기술을 배우고 과학, 사회, 예술 등의 다른 과목을 탐색하기 위해 필요하다. 그러나 정서행동장애 학생들은 흔히 이러한 기본적인 학업기술에서 결함을 보인다(Shepherd, 2010; Yell et al., 2009). 다음에서는 정서행동장애 학생들에게 기본적인 학업기술을 가르치기 위한 전략을 살펴보기로 한다. 하지만 다음에 소개되는 전략은 학습장애 또는 학습부진 학생들을 위해서도 사용될 수 있으므로 정서행동장애 학생들만을 위한 전략은 아니다. 또한 다음에 소개되는 전략이 정서행동장애 학생들을 위한 유일한 전략은 아니며 활용가능한 다른 전략들도 많이 있으므로 관련 문헌이나 연구물에 대한 일반교사와 특수교사들의 관심이 요구된다.

(1) 읽기

학생은 배우기 위해 읽은 것을 이해할 수 있어야 하는데, 정서행동장애 학생은 읽기에서 어려움을 보인다(Coleman & Vaughn, 2000). 읽기는 내용영역 지식을 숙달하기 위한 가장 기본적 도구이므로 읽기결함은 학업에서의 실패를 가장 많이 예견한다

〈표 8-2〉 독해 개선을 위한 전략

전략	내용	예
이해 점검하기	자신이 무엇을 읽고 있는지 적극적으로 검토하게 한다.	자신의 이해를 점검하기 위해 K-W-L(“What do I **K**now?”–“What do I **W**ant to learn?”–“What did I **L**earn?”)과 같은 전략을 사용할 수 있다. 즉, 자료를 읽기 전에 “내가 알고 있는 것은 무엇이지?” 그리고 “내가 배우고자 하는 것은 무엇이지?”를 점검하고 읽은 후에는 “내가 배운 것은 무엇이지?”를 점검하게 한다.
협동학습	전략을 또래와 함께 배우게 한다.	질문에 대답하고 질문을 생성하는 전략을 또래집단에서 학습하게 한다.
도해조직자와 의미조직자(이야기지도 포함) 이용	읽고 있는 자료를 시각적으로 재현하게 한다.	자신이 읽고 있는 자료를 이야기지도나 도해조직자를 이용해 시각적으로 재현하게 한다.
질문에 대답하기	교사가 제시하는 질문에 대답하고 교사로부터 즉각적인 피드백을 받게 한다.	교사의 질문에 대한 정답에는 긍정적 피드백을, 오답에는 교정적 피드백을 즉각적으로 받게 한다.
질문을 생성하기	읽고 있는 자료에 대해 스스로 질문하게 한다.	자신의 이해를 주의 깊게 측정하는 질문들을 하게 한다. 질문의 예로는 “내가 이해 못하는 어휘가 있나?”, “핵심은 무엇인가?”, “저자의 논조와 의도는 무엇인가?” 등이 있다.
이야기 구조화	특정 내용을 잘 회상할 수 있도록 자료를 조직화하게 한다.	“주된 요점은 무엇이며 뒷받침 문장들이 이어지는가?”라는 질문에 대답할 수 있게 한다.
요약	정보를 종합하고 일반화하게 한다.	다른 교육과정 자료나 개인적 경험과 관련시키면서 이야기를 구두로 그리고 시각적으로 요약할 수 있게 한다.

수정발췌: Yell et al. (2009). *Evidence-based practices for educating students with emotional and behavioral disorders*. Upper Saddle River, NJ: Pearson Education, Inc. (p. 347)

(Webber & Plotts, 2008). 정서행동장애 학생의 읽기결함을 개선하기 위해 참고할 수 있는 전략의 예로 미국의 국립아동보건및인간발달원(National Institute of Child Health and Human Development: NICHD)이 소개한 것이 있다. NICHD(2000)는 30여 년에 걸쳐 발표된 481개의 연구를 검토한 후 확실한 과학적 근거에 바탕을 둔 일곱 가지의 독해(reading comprehension) 교수전략을 〈표 8-2〉와 같이 제시하였다. 〈표 8-2〉에 제시되어 있는 전략들 중 일부는 단독으로 사용해도 도움이 될 수 있으나 대부분은 중다전략방법(multiple-strategy method)의 일부로 사용될 때 더욱 효과적이다.

(2) 쓰기

쓰기표현(written expression)은 장애학생들에게 많이 나타나는 기술결핍 중 하나며 정서행동장애학생에게 특히 어렵다(Tindal & Crawford, 2002). 예를 들어, Nelson, Benner, 등(2004)의 연구에서 유치원부터 12학년의 정서행동장애 학생들이 쓰기능력의 표준화검사에서 평균 이하의 점수를 보였다. 정서행동장애학생의 쓰기결함을

〈표 8-3〉 자기조절전략개발(SRSD)의 교수 단계

단계		내용
1	배경지식 개발하기	교사는 학생이 표적전략 및 자기조절절차를 이해하고 습득하고 실행하는 데 필요한 지식과 기술을 개발하도록 돕는다.
2	의논하기	교사와 학생은 현재의 수행과 특정 과제를 완수하는 데 사용되는 전략을 검토하고 의논한다. 그다음 표적전략, 표적전략의 목표와 이점, 표적전략을 사용하는 방법과 시기를 점검한다. 학생은 전략을 배우기 위해 노력할 것과 협력적 파트너로 행동할 것을 요청받는다.
3	시범 보이기	교사는 표적전략을 사용하는 방법을 적절한 자기교수를 사용하여 큰 소리로 시범을 보인다. 자기교수에는 문제정의, 계획, 전략사용, 자기평가, 오류교정, 옮겨 적기, 자기강화 등이 혼합되어 포함된다. 학생은 사용하고자 하는 개인적인 자기진술문을 만들어 기록한다.
4	기억하기	학생은 표적전략의 단계, 표적전략의 단계를 기억하기 위해 수반되는 기억술, 자신의 개인적인 자기진술문을 암기한다.
5	지원하기	학생은 교사 또는/그리고 또래의 도움을 받으면서 표적전략, 자기진술문, 및 다른 자기조절 절차(예: 자기평가, 목표설정)를 독립적으로 사용할 수 있을 때까지 연습한다.
6	독립적으로 수행하기	학생이 독립적으로 전략을 사용한다.

개선하기 위해 사용할 수 있는 전략의 예로는 Harris와 Graham(1996)이 학생의 쓰기 능력 발달을 위해 제안한 자기조절전략개발(self-regulated strategy development: SRSD)이라는 교수전략이 있다. SRSD에는 〈표 8-3〉에 제시된 바와 같은 여섯 단계가 포함되어 있는데 이 단계들은 학생과 교사의 필요에 따라 재배열되거나 결합되거나 또는 수정될 수도 있다(Graham & Harris, 2003).

(3) 수학

학생의 수학적 수행은 중요한데, 그 이유는 다른 교육과정 영역이 산술기술에 의존하고 있으며 기본적인 계산능력은 일상생활에서도 필요하기 때문이다. 그러나 정서행동장애학생은 수학(mathematics)에서 어려움을 보이는 것으로 알려져 있다. 예를 들어, Nelson, Benner, 등(2004)의 연구에서 5~12세의 정서행동장애 학생 56%와

〈표 8-4〉 효과적인 수학교수의 구성요소

구성요소		설명
1	적절한 수학 내용	학생들이 필요한 선수기술과 사전 지식을 보유
2	개념 및 응용 교수	기본적 사실의 기계적 암기를 넘어서는 교수
3	문제-해결 교수	이야기문제(story problems), 문장제(word problems), 그리고/또는 실생활과 관련된 문제
4	체계적이고 명시적 교수	모델-촉구 절차, 모니터링, 고도로 조직화되고 순차적이고 명확하고 간결한 지시
5	일반화 교수	많고 다양한 예, 실생활과 관련된 문제, 학습의 근거에 대한 토의 등을 통해 촉진
6	진전 모니터링	학생의 학업적 작업과 진전을 자주 점검
7	교정적 피드백	학생에게 정기적인 교정 제공
8	성공 비율	교수목표의 80% 이상
9	유도 연습(guided practice)	매개성 비계설정(scaffolding), 학생의 이해에 대한 모니터링과 확인, 초기촉구의 제공 및 제거
10	독립 연습	학생주도, 제거된 촉구, 검토게임(review games), 연습문제, 문제지, 숙제
11	누적 검토	체계적이고 빈번한 연습 그리고/또는 이전에 다룬 기술들의 재교수

자료출처: Yell et al. (2009). *Evidence-based practices for educating students with emotional and behavioral disorders*. Upper Saddle River, NJ: Pearson Education, Inc. (p. 359)

13~18세의 83%가 수학성취검사에서 평균보다 낮은 점수를 받은 것으로 나타났다. 또한 초등학교 6학년 학생들을 대상으로 한 김은주와 이승희(2013)의 연구에서도 국가수준학업성취도평가를 통한 수학 학업성취수준이 '하'로 나타난 집단이 '중' 또는 '상'으로 나타난 집단보다 전반적으로 정서행동문제를 더 많이 보였다. 정서행동장애 학생에게 효과적인 수학수업을 제공할 수 있는 한 가지 전략은 교수의 구성요소를 구체화하는 것이다(Gersten, 1985; Mercer & Miller, 1992). Yell 등(2009)에 따르면 정서행동장애 학생을 위한 수학교수에는 〈표 8-4〉에 제시된 바와 같은 11가지 구성요소가 포함되어야 한다.

3) 공부기술 중재

정서행동장애 학생들은 흔히 강의듣기, 필기하기, 시험보기, 숙제하기 등의 공부기술(study skills)을 가지고 있지 않다(Bos & Vaughn, 2002; Yell et al., 2009). 그러나 이러한 기술들은 학생이 학업적으로 성공하는 데 매우 중요하다. 따라서 교사는 정서행동장애학생을 위해 이러한 기술들을 점검하고 지원할 필요가 있다.

(1) 듣기 기술

Putnam, Deshler와 Schumaker(1993)에 따르면 중등교사는 강의를 통해 정보를 제공하고 적어도 수업시간의 반을 소비한다. 즉, 학업적 성공을 위해서는 강의를 듣는 기술이 중요하다고 할 수 있다. 하지만 듣기 기술은 정서행동장애 학생의 일반적인 특성으로 파악되지 않고 있다. 따라서 정서행동장애 학생에게 듣기 기술을 가르치는 것이 필요한데, 한 가지 전략은 〈표 8-5〉에 제시된 바와 같이 재미있는 질문으로 구두시험을 실시하는 것이다(Custer et al., 1990).

〈표 8-5〉 듣기 기술 향상을 위한 구두시험의 예

학생에게 듣도록 요구되는 질문	답
경기도와 강원도의 경계지역에서 비행기가 추락하였다. 생존자를 어디에 묻어야 하는가?	생존자는 묻지 않는다.
농부가 17마리의 양을 가지고 있었다. 9마리를 제외한 나머지 모두가 울타리에 난 구멍을 통해 달아나 버렸다. 몇 마리가 남았는가?	9마리

〈표 8-5〉 계속됨

학생에게 듣도록 요구되는 질문	답
900cm(9m) 깊이의 우물 바닥에 달팽이가 있다. 만약 달팽이가 매일 낮에 60cm를 기어오르고 매일 밤마다 30cm를 미끄러져 내려간다면, 달팽이가 우물에서 기어나오는 데 며칠이 걸리는가?	29일
500g의 벽돌과 500g의 깃털 중 어느 것이 더 무거운가?	둘 다 무게가 500g이다.
러시아에 8월 15일이 있는가?	있다(하지만 러시아 사람들은 우리의 광복절을 기념하지 않는다).

수정발췌: Yell et al. (2009). *Evidence-based practices for educating students with emotional and behavioral disorders*. Upper Saddle River, NJ: Pearson Education, Inc. (p. 371)

(2) 필기 기술

중등교사는 강의를 통해 정보를 전달하는 데 적어도 수업시간의 반을 소비한다(Putnam et al., 1993). 이와 같은 강의를 통해 배우는 많은 정보를 학생이 다 기억할 수 없기 때문에 수업시간 중에 그러한 정보를 필기할 필요가 있다. 필기 기술의 향상을 위한 한 가지 전략은 수업시간에 배우고 있는 내용을 어떻게 공책에 효율적으로 잘 정리할 것인가를 가르치는 것이다. 〈표 8-6〉은 효율적인 학습자들이 수업시간에 필기하는 행동들을 관찰하여 발견한 특성을 근거로 개발된 '공책정리 강조' 전략을 소개하고 있다(김윤옥, 2005).

〈표 8-6〉 필기 기술 향상을 위한 '공책정리 강조' 전략

단계		내용
1	**공**식적인 필기 도구를 준비하라.	공책정리에 적절한 각종 도구(예: 공책, 연필, 펜 등)를 준비한다. 연필을 사용할 경우는 지우개를 준비하여야 하며, 펜을 사용할 경우는 화이트가 필요할 것이다. 그리고 수학, 과학, 실과 등의 교과목에서는 자, 컴퍼스 등의 특정한 도구들이 필요할 수 있으므로 미리 준비를 한다.
2	**책**의 학습목표를 먼저 쓰라.	수업에서 공부할 내용의 제목과 핵심 내용을 공책에 먼저 쓴다. 그렇게 하지 않는 경우, 무슨 내용에 관한 필기인지 몰라 한참 동안 생각하거나 혼란스러울 수도 있다.
3	**정**리된 칠판의 중요 내용을 쓰라.	교사가 칠판에 판서하는 내용은 대개 중요한 정보를 포함하고 있기 때문에 필기하는 것이 바람직하다.

〈표 8-6〉 계속됨

단계		내용
4	**리**듬이 강한 설명은 받아쓰라. -약자를 사용하라. -줄여서 쓰라. -기호를 활용하라.	교사가 설명하면서 어조에 강세를 두거나 "이것은 중요한 것이야."라는 직접적인 언급을 하는 내용은 공책에 받아 적는다. 교사의 설명을 일일이 다 받아 적을 수는 없으므로 되풀이되는 내용은 약자 또는 기호를 사용하면 효율적일 수 있다. 그리고 문장으로 적기보다는 줄여서 기록한다면 속도 면에서 더 편리할 수도 있다.
5	**강조** 부분에 별표를 치라.	교사가 칠판에 판서하거나 설명하는 내용 가운데 "이것은 기본적인 것이야." 또는 "이건 시험에 나온다."라고 언급한 부분은 필기한 내용의 앞이나 뒤에 '*' 또는 '★'로 표시하거나 밑줄을 그어 놓는다.

(3) 시험보기 기술

정서행동장애학생은 종종 적절한 시험보기 기술이 부족하여 또래보다 시험에서 서툰 수행을 보이기도 한다(Bos & Vaughn, 2002). 따라서 정서행동장애학생에게 시험보기 기술을 가르치면 학업적 성공을 증진시키는 데 도움이 될 수 있다(Yell et al., 2009). 시험문항은 크게 선택형(selection type)과 서답형(supply type)으로 구분되는데, 전자에는 진위형(true-false type), 배합형(matching type), 선다형(multiple choice type)이 포함되고 후자에는 단답형(short-answer type), 완성형(completion type), 논술형(essay type)이 포함된다(이종승, 2009). 선택형 문항으로 구성된 시험과 관련하여, 학생에게 〈표 8-7〉에 제시된 바와 같은 'DREAMS'라는 두문자어를 기억하도록 가르치는 전략을 사용할 수 있다. 또한 서답형 문항으로 구성된 시험과 관련해서는, 학생에게 문제를 주의 깊게 읽고 핵심어가 요구하는 것이 무엇인지를 파악하도록 가르친

〈표 8-7〉 시험보기 기술 향상을 위한 'DREAMS' 전략

내용		설명
	Directions must be read carefully.	지시문은 반드시 주의 깊게 읽어야 한다. 교사가 무엇을 평가하고자 하는지 알기 위해 핵심어를 찾아야만 한다(예: 부정확한, 틀린, 옳은, 가장 나쁜, 가장 좋은, 전혀 없는, 결코 아닌, 더 적은, 최소한, 더 많은, 최대한, 모든, 항상).

〈표 8-7〉 계속됨

내용		설명
DREAMS	**R**ead all answers before committing to one.	한 가지 답지를 선택하기 전에 모든 답지를 읽는다.
	Easy questions must be answered first.	쉬운 질문들에 먼저 답한다. 어려운 문제들을 처음에는 건너뛴다.
	Absolute qualifiers are usually false.	절대적인 수식어구(예: 전혀 없는, 결코 아닌, 오직, 모든, 항상)는 대개 틀린 답이다.
	Mark questions as you read them.	질문들을 읽을 때 표시를 한다(즉, 해결한 질문은 줄을 그어 지우고, 다시 볼 필요가 있는 더 어려운 질문 옆에 별표를 한다).
	Similar and absurd options can usually be eliminated.	유사하거나 터무니없는 선택은 보통 제거될 수 있다.

자료출처: Yell et al. (2009). *Evidence-based practices for educating students with emotional and behavioral disorders*. Upper Saddle River, NJ: Pearson Education, Inc. (p. 372)

[그림 8-3] 숙제 완성 검목표

- ☐ 숙제를 수행하기에 산만하지 않은 장소를 찾는다(예: 전화나 TV가 있는 곳은 피한다).
- ☐ 필요한 자료와 도구를 챙긴다(예: 숙제장, 폴더, 책, 공책, 필기도구).
- ☐ 숙제장을 참조하면서 목록에 있는 첫 번째 과제를 완성하도록 한다.
- ☐ 과제의 일부를 완성할 수 없다면, 그 부분은 숙제장에 메모해 두고 과제를 계속한다.
- ☐ 과제의 오류를 점검한다.
- ☐ 여전히 완성하지 못한 부분이 있다면, 메모를 점검하거나 숙제단짝에게 전화해 본다.
- ☐ 과제를 완성하고 나면, 숙제장에 그 과제를 완성했음을 ✓로 표시한다.
- ☐ 숙제장에 있는 다음 과제를 한다.
- ☐ 과제의 일부를 완성할 수 없다면, 그 부분은 숙제장에 메모해 두고 과제를 계속한다.
- ☐ 과제의 오류를 점검한다.
- ☐ 여전히 완성하지 못한 부분이 있다면, 메모를 점검하거나 숙제단짝에게 전화해 본다.
- ☐ 과제를 완성하고 나면, 숙제장에 그 과제를 완성했음을 ✓로 표시한다.
- ☐ 모든 과제가 완성될 때까지 이전 다섯 단계를 반복한다.
- ☐ 숙제는 숙제장 및 폴더와 함께 둔다.
- ☐ 자료, 숙제장, 폴더를 모아 책가방에 넣는다.
- ☐ 아침에 등교할 때 신을 신발 옆에 책가방을 둔다.

자료출처: Yell et al. (2009). *Evidence-based practices for educating students with emotional and behavioral disorders*. Upper Saddle River, NJ: Pearson Education, Inc. (p. 329)

다. 그 이유는 학습 및 행동 문제를 가진 학생들이 종종 문제를 틀리게 해석하기 때문이다(Yell et al., 2009).

(4) 숙제하기 기술

초등학교에 입학할 때부터 대학교를 졸업할 때까지 학생에게 주어지는 숙제(homework)는 학생의 학업적 성공에 중요한 영향을 미친다. 그러나 많은 정서행동장애학생은 숙제를 완성하는 데 어려움을 보인다(Yell et al., 2009). 정서행동장애학생이 숙제를 완성하는 데 도움이 될 수 있는 한 가지 전략은 [그림 8-3]에 제시된 바와 같은 검목표(checklist)를 사용하도록 하는 것이다.

4) 교수방법 조정

학생들은 학교에서 엄청난 양의 정보를 전달받는데, 이러한 정보를 체계적으로 관리하고 기억하지 못한다면 학업성취에 부정적인 영향을 미치게 된다. 불행하게도, 정서행동장애 학생들은 이러한 측면에서 어려움을 보이기도 한다(Scruggs & Mastropieri, 2000). 따라서 정서행동장애 학생들에게 학업적 정보를 좀 더 조직적이고 기억하기 쉽게 가르치기 위해 정보의 전달방식에 변화를 줄 수 있다. 이를 위한 두 가지 전략으로 다음에서는 도해조직자 사용하기와 기억장치 사용하기를 살펴보기로 하는데, 전자가 정보의 이해를 돕는 전략이라면 후자는 정보의 기억을 돕는 전략이다. 하지만 이 두 가지 전략은 정서행동장애 학생들만을 위한 전략이 아닐 뿐 아니라 정서행동장애 학생들을 위한 유일한 전략 또한 아니다.

(1) 도해조직자 사용하기

도해조직자(도식조직자: graphic organizer)란 개념이나 주제의 주요 측면들을 특정 양식으로 배열함으로써 정보를 구조화하여 제시하는 시각적 표현이라고 할 수 있다(Bromley, Irwin-DeVitis, & Modlo, 1999). 즉, 도해조직자는 학업적 정보의 구조를 파악하여 구성함으로써 이해에 도움을 준다. 이러한 도해조직자의 형식은 문헌에 따라 다소 다양한데 Bromley 등(1999)에 의하면 개념적 도해조직자, 위계적 도해조직자, 순환적 도해조직자, 순서적 도해조직자의 네 가지 범주로 분류된다.

① 개념적 도해조직자

개념적 도해조직자(conceptual graphic organizer)는 하나의 주요 개념과 그 개념을 지원하는 사실, 증거, 또는 특성들을 포함한다(Bromley et al., 1999). 즉, 한 단어나 구절로 표현된 하나의 주요 개념으로 시작하여 이를 지원하는 생각들(즉, 사실, 증거, 또는 특성들)이 주요 개념에서 파생된 것으로 묘사되는데 [그림 8-4]는 개념적 도해조직자의 예를 제시하고 있다.

[그림 8-4] 개념적 도해조직자의 예

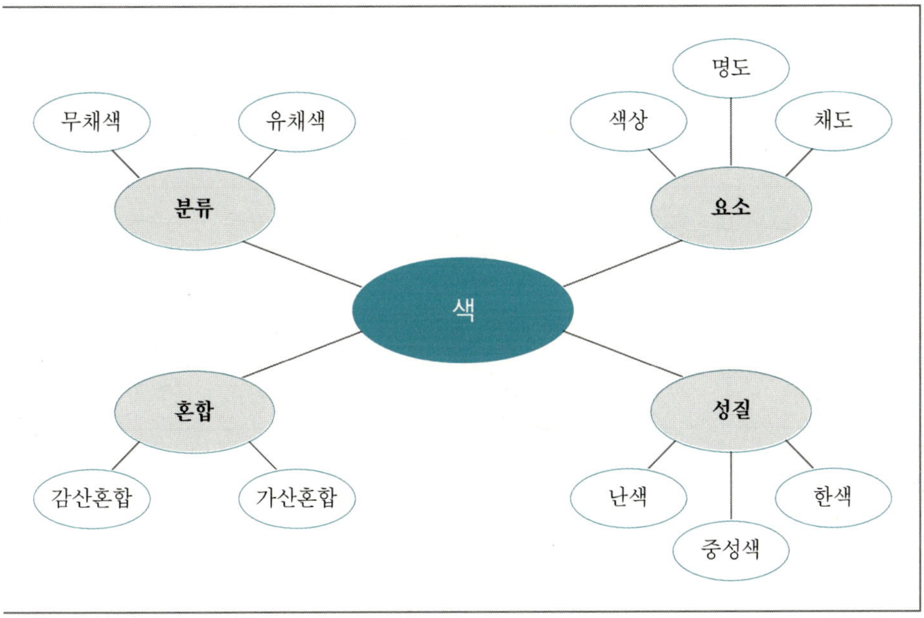

② 위계적 도해조직자

위계적 도해조직자(hierarchical graphic organizer)는 하나의 개념으로 시작하여 그 개념 아래 몇 개의 등급 또는 수준을 포함한다(Bromley et al., 1999). 즉, 하나의 개념 아래 몇 개의 뚜렷한 등급 또는 수준들을 선형적으로 제시하는데 [그림 8-5]는 위계적 도해조직자의 예를 제시하고 있다.

③ 순환적 도해조직자

순환적 도해조직자(cyclical graphic organizer)는 시작과 끝이 없는 일련의 사건들을 묘사한다(Bromley et al., 1999). 즉, 유기체의 일생과 같은 사건을 원형적이고 연속적

[그림 8-5] 위계적 도해조직자의 예

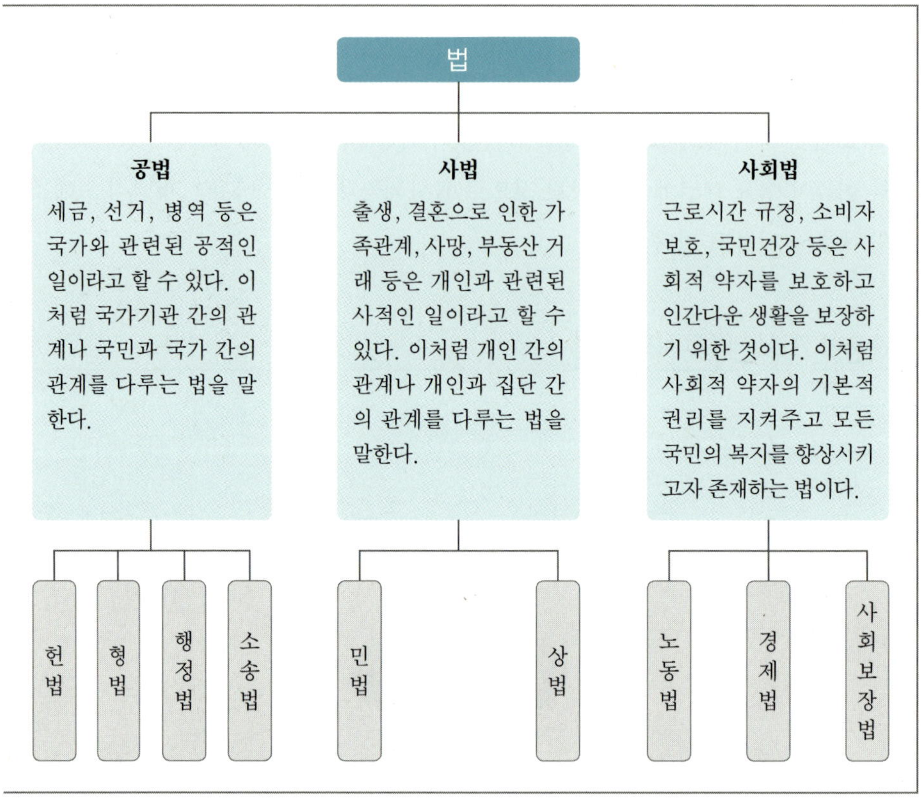

으로 구성하는데 [그림 8-6]은 순환적 도해조직자의 예를 제시하고 있다.

④ 순서적 도해조직자

순서적 도해조직자(sequential graphic organizer)는 시작과 끝이 분명한 사건들을 시간적 순서로 배열한다(Bromley et al., 1999). 즉, 연대적 순서를 가지고 있는 사건들이나 인과관계의 사건들을 선형적으로 제시하는데 [그림 8-7]은 순서적 도해조직자의 예를 제시하고 있다.

(2) 기억장치 사용하기

기억장치(memory device)란 외워야 할 정보를 원래 형태가 아닌 새로운 형태로 전환함으로써 그 정보의 기억을 돕는 장치라고 할 수 있다. 즉, 기억장치는 나중에 정보의 인출을 촉진시키는 단서가 된다. 이러한 기억장치의 예로는 핵심어, 쐐기어, 두문

[그림 8-6] 순환적 도해조직자의 예

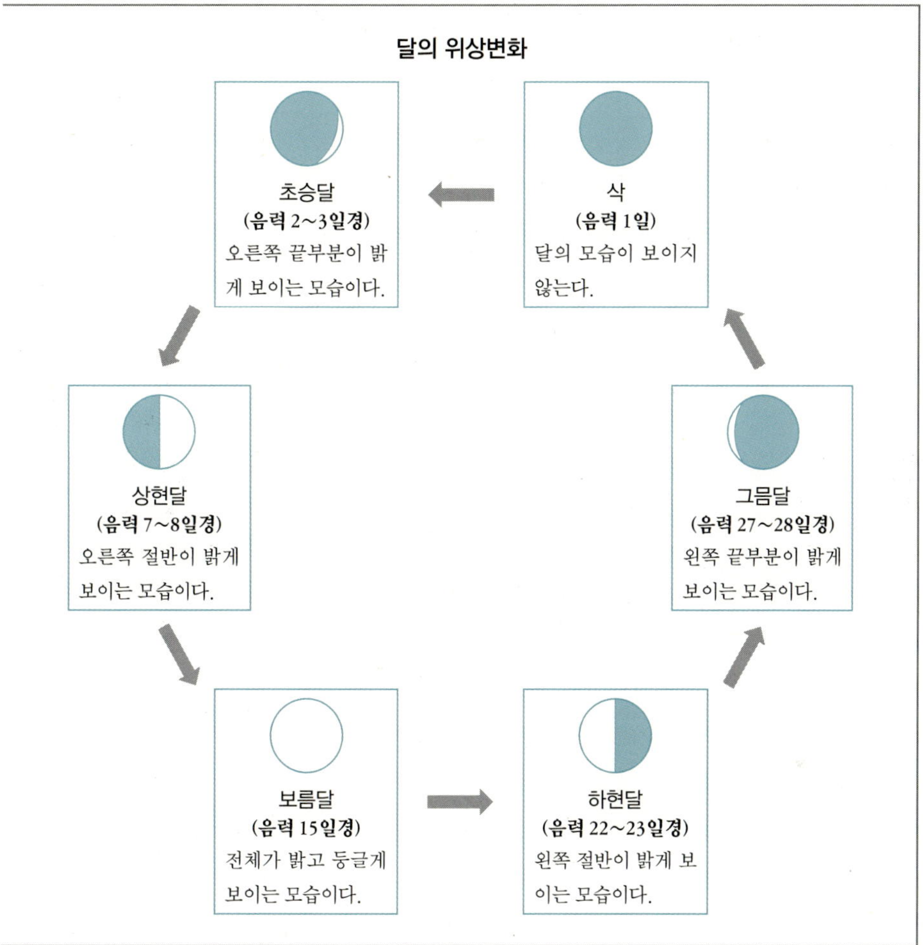

자어 등이 있다.

① 핵심어

기억장치로서 핵심어(keyword)란 학습할 단어와 음향적으로 유사하면서 구체적인 단어를 말한다(Scruggs & Mastropieri, 2003). 이러한 핵심어는 새로운 단어를 기억하도록 돕기 위해 사용되는데, 이때 기본적으로 두 단계가 포함된다. 먼저, 학습할 새로운 단어의 일부 또는 전체와 발음이 유사한 단어, 즉 핵심어를 선택한다. 그다음, 학습할 단어의 의미와 선택된 핵심어를 연결하는 상호작용적 심상을 형성하게 한다. 예를 들어, 'ranidae(개구리과)'라는 단어의 기억을 돕기 위해 ranidae의 첫 부분과 발음이

[그림 8-7] 순서적 도해조직자의 예

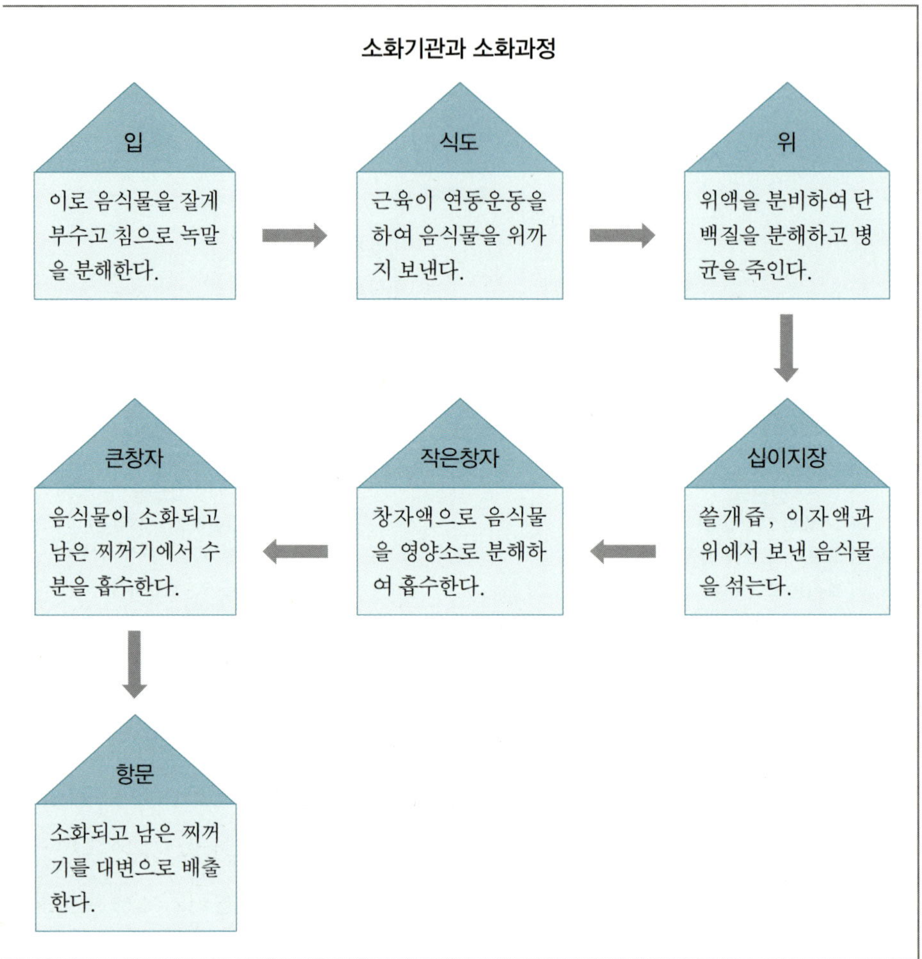

유사한 'rain(비)'을 핵심어로 선택한 다음 비를 맞으며 앉아 있는 개구리를 연상하게 한다. 또한 'carta(편지)'라는 스페인어 단어의 기억을 돕고자 한다면 carta와 전체적으로 발음이 유사한 영어 단어 'cart(손수레)'를 핵심어로 선택한 후 편지로 가득 찬 손수레를 연상하게 할 수 있다.

② 쐐기어

영어에서 box와 fox, cat과 hat, male과 nail 등과 같이 '끝소리가 동일한 단어'를 '운율이 맞는 단어(rhyming word)'라고 한다. 쐐기어(걸이단어: pegword)란 숫자와 운율이 맞는 단어를 말한다(Scruggs & Mastropieri, 2003; Shepherd, 2010). 예를 들어, bun, shoe, tree, door, hive, sticks, heaven, gate, vine, hen은 각각 숫자 one, two, three, four, five, six, seven, eight, nine, ten과 운율이 맞는 단어, 즉 쐐기어의 예가 될 수 있다. 이러한 쐐기어는 수량이나 순서에 대한 정보를 기억하도록 돕는 데 사용된다(Scruggs & Mastropieri, 2003; Shepherd, 2010). 예를 들어, 곤충의 다리는 6개고 거미의 다리는 8개라는 정보를 기억하도록 돕기 위해 sticks(막대기: six의 쐐기어)에 붙어 있는 곤충과 gate(대문: eight의 쐐기어)에 거미줄을 치고 매달려 있는 거미를 연상하게 한다.

③ 두문자어

두문자어(頭文字語: acronym)란 머리글자(initial letter)로 만든 말을 말한다. 예를 들어, 미국 「장애인교육법」의 약칭인 IDEA는 'Individuals with Disabilities Education Act'의 머리글자로 만들어진 말이다. IDEA와 같이 두문자어를 특정 단어(즉, idea)가 되도록 만들어 제시한다면 정보를 기억하는 데 도움이 될 수 있다. 만약 미국의 5대 호(Huron, Ontario, Michigan, Erie, Superior)를 'HOMES'라는 두문자어로 만들어 제시한다면 정보를 인출하는 데 더 좋은 단서가 될 수 있을 것이다. 또한 〈표 8-7〉에 제시된 'DREAMS'와 같이 두문자어에서 사용되는 머리글자가 한 단어가 아닌 한 구절의 머리글자일 수도 있다.

이와 같은 두문자어의 관련용어로 이니셜리즘(initialism)이 있는데, 'individualized education program'의 머리글자로 만든 IEP는 두문자어가 아닌 이니셜리즘(initialism)으로 간주되기도 한다. 이에 대한 구체적인 내용은 [보충설명 8-1]을 참고하기 바란다.

[보충설명 8-1] 두문자어 관련용어

일반적으로, 글자의 수를 줄여 간략하게 나타낸 말을 약어(略語)라고 한다. 다음에서는 영어의 약어와 한국어의 약어에 대해 간략하게 살펴보기로 한다.

• 영어의 약어

1 약자

약자(abbreviation)란 한 단어를 줄여 만든 말이다. 예를 들어, 'Dr.'와 'Mon'는 각각 'Doctor'와 'Monday'의 약자인데 'Dr.'처럼 마지막에 보통 마침표(.)를 붙이지만 실용성을

[보충설명 8-1] 계속됨

위해 'Mon'처럼 마침표를 무시하기도 한다. 영어의 약자는 새로운 단어로 만들어진 것이 아니기 때문에 읽을 때 원래 단어 전체를 그대로 발음한다.

2 두문자어

두문자어(acronym)란 여러 단어의 머리글자(initial letter)를 사용하여 만든 말이다. 예를 들어, 미국 「장애인교육법」의 약칭인 'IDEA'는 'Individuals with Disabilities Education Act'의 두문자어고 'NASA'는 'National Aeronautics and Space Administration'의 두문자어인데 'IDEA'와 'NASA'는 하나의 단어처럼 발음이 된다. 이에 비해 'individualized education program'의 머리글자로 만든 'IEP'는 두문자어라고 하지 않고 이니셜리즘(initialism)이라고도 하는데, 'IEP'의 경우 하나의 단어처럼 발음이 되지 않기 때문에 개별 알파벳으로 발음한다. 이처럼 머리글자로 말을 만들었을 때 한 단어처럼 발음하느냐 아니면 개별 알파벳으로 발음하느냐에 따라 두문자어와 이니셜리즘으로 구분하기도 한다.

• 한국말의 약어

1 준말

준말이란 단어 일부분이 줄어든 말을 의미한다. 즉, 본래의 어형에서 음절이나 형태소가 줄어든 말이며 반의어는 본딧말이다. 예를 들어 '맘'은 '마음'의 준말이며 이때 '마음'은 마음의 본딧말이다. 영어의 약자(abbreviation)와 비슷한 개념이지만, 영어의 약자는 새로운 단어가 아니기 때문에 원래 단어 그대로 읽는 데 비해 한국어의 준말은 새로운 단어이므로 준말 그대로 읽는다.

2 줄임말

줄임말이란 두 단어 이상의 표현을 줄이기 위해 한 음절씩 따와서 만든 말을 의미한다. 예를 들어 '국과수'는 '국립과학수사연구원'의 줄임말이고 '무진장'은 전라북도의 '무주군, 진안군, 장수군'을 일컫는 말이며, '국과수'처럼 이름을 줄인 것은 약칭이라고 부른다. 영어의 두문자어(acronym)와 비슷한 개념인데, 한국어에서는 머리글자로 말을 만들었을 경우 항상 하나의 단어처럼 발음이 되어 이니셜리즘(initialism)이 없다. 왜냐하면 영어는 알파벳 단위로 표기하므로 머리글자가 하나의 알파벳인 데 비해 한국어는 모음과 자음이 결합하여 이루어지는 음절 단위로 표기하므로 머리글자가 하나의 음절이기 때문이다.

자료출처: 이승희(2024a). **자폐스펙트럼장애의 이해**(제3판). 서울: 학지사. (pp. 297-298)

3. 사회성기술 중재

정서행동장애 학생들의 사회성기술 결핍은 정서행동장애의 법적 정의에도 반영되어 있을 만큼 정서행동장애의 주요 특성이다. 즉, 미국 「장애인교육법(IDEA 2004)」은 정서장애 정의에 '또래 및 교사와 만족할 만한 대인관계를 형성하거나 유지하지 못함'이라는 항목을 포함하고 있고 우리나라 「장애인 등에 대한 특수교육법」도 정서 · 행동장애 정의에 '또래와 교사와의 대인관계에 어려움이 있어 학습에 어려움을 겪는 사람'이라는 항목을 포함하고 있다. 또한 정서행동장애 학생들의 사회성기술 결핍은 학업성취에도 부정적인 영향을 미치는 것으로 알려져 있다(Caprara, Barbaranelli, Pastorelli, Bandura, & Zimbardo, 2000; Wentzel, 2009). 특히 이 장 1절의 '4) SW-PBS와 RTI의 통합: 다층지원체계(MTSS)'에서 살펴보았듯이, 근래 주목받고 있는 MTSS가 SW-PBS의 행동적 측면과 RTI의 학업적 측면에 더하여 사회정서적 측면을 추가함으로써 사회성기술 중재에 대한 요구를 반영하였다는 점도 주목할 필요가 있다. 따라서 사회성기술 중재는 앞서 살펴본 학업중재와 더불어 정서행동장애 학생들의 교육에서 효과적으로 제공되어야 한다. 이와 관련하여 다음에서는 사회성기술의 개념을 살펴본 후 사회성기술 결핍의 유형과 이에 따른 사회성기술 중재 전략을 살펴보기로 한다.

1) 사회성기술의 개념

사회적 동물인 인간은 사회 속에서 타인과 관계를 맺으며 살아간다. 따라서 주어진 사회환경과 대인관계에서 균형과 조화를 이루는 기술이 필요한데 이러한 기술을 흔히 사회성기술이라고 한다. 사회성기술(social skills)에 대한 합의된 정의는 없으나(Kavale et al., 2004), Gresham(1998)에 의하면 사회성기술이란 "개인으로 하여금 타인과 효과적으로 상호작용하고 타인에 의한 사회적으로 수용불가능한 행동은 회피 또는 도피할 수 있도록 하는 사회적으로 수용가능한 학습된 행동"(p. 20)을 말한다.

이와 같이 사회성기술은 타인에게 우호적으로 보이게 하고 어려운 대인관계에 효과적으로 대처하게 하는데, 정서행동장애학생의 경우 학교생활과 관련된 사회성기술에서 결핍을 보이는 경향이 있다(Kauffman & Landrum, 2009; Rosenberg et al., 2011;

Wagner et al., 2005; Yell et al., 2009). 학교생활과 관련된 사회성기술이란 긍정적인 대인관계를 형성하고 유지하며 또래에게 수용되고 더 광범위한 사회적 환경에서 잘 지내게 해 주는 기술들을 말하며(Walker et al., 2004) 경청하기, 대화하기, 인사하기, 칭찬하기, 규칙 따르기 등이 포함된다(Kavale et al., 2004; Walker et al., 2004). 이 책에서는 '사회성기술'을 '학교생활과 관련된 사회성기술'의 동의어로 사용한다.

2) 사회성기술 결핍의 유형

대부분의 아동은 성장하면서 자연스럽게 사회성기술을 발달시켜 나간다. 이에 비해 많은 정서행동장애학생은 사회성기술을 습득하는 데 어려움을 보일 뿐 아니라 습득한 사회성기술을 적절하게 수행하는 데도 어려움을 보인다. 따라서 정서행동장애학생들이 보이는 사회성기술 결핍에는 두 가지 유형이 있는데, 하나는 사회성기술을 습득하지 못한 경우인 사회성기술 습득결핍(social skill acquisition deficits)이고 다른 하나는 습득된 사회성기술을 적절하게 수행하지 못하는 경우인 사회성기술 수행결핍(social skill performance deficits)이다. 이 두 가지 유형을 구분하는 것은 중요한데, 그 이유는 유형에 따라 중재 전략에 차이가 있기 때문이다(Gresham & Elliott, 2014; Kavale et al., 2004). 그러나 한 가지 유념할 점은 정서행동장애학생이 이 두 가지 유형의 결핍을 모두 보일 수 있다는 것이다(Kavale et al., 2004). 다음에서는 이 두 가지 유형에 대해 각각 살펴보기로 한다.

(1) 사회성기술 습득결핍

사회성기술 습득결핍(social skill acquisition deficits)은 사회성기술을 습득하지 못한 경우로서 '하지 못함(can't do)'으로 특징지어질 수 있다(Gresham & Elliott, 2014). 즉, 학생이 사회성기술 습득결핍을 보인다는 것은 그 기술을 배운 적이 없다는 것을 의미한다. 따라서 이에 대한 중재는 사회성기술 습득을 촉진하기 위하여 구조화된 환경에서 직접교수를 통해 이루어지는데(Gresham & Elliott, 2014; Kavale et al., 2004), 이에 대해서는 다음의 '사회성기술 중재 전략'을 참고하기 바란다.

(2) 사회성기술 수행결핍

사회성기술 수행결핍(social skill performance deficits)은 습득된 사회성기술을 적절하게 수행하지 못하는 경우로서 '하지 않음(won't do)'으로 특징지어질 수 있다(Gresham & Elliott, 2014). 즉, 학생이 사회성기술 수행결핍을 보인다는 것은 그 기술은 지니고 있으나 수행에서 실패한다는 것을 의미한다. 따라서 이에 대한 중재는 이미 지니고 있는 사회성기술의 수행을 촉진하기 위하여 자연적인 환경에서 선행사건/후속결과 조작을 통해 이루어지는데(Gresham & Elliott, 2014; Kavale et al., 2004), 이에 대해서는 다음의 '사회성기술 중재 전략'을 참고하기 바란다.

3) 사회성기술 중재 전략

(1) 사회성기술 습득결핍에 대한 중재

사회성기술 습득결핍에 대한 중재는 구조화된 환경에서 직접교수를 통해 사회성기술을 가르치는 데 초점을 둔다. 앞서 학업중재에서 언급되었듯이, 교사중심의 교수법인 직접교수는 적절한 교수와 연습이 제공된다면 모든 학생이 배울 수 있다고 가정한다. 사회성기술을 가르치기 위한 직접교수에는 일반적으로 사회성기술 선정, 선정된 사회성기술 설명 및 시범, 역할놀이, 피드백, 일반화의 다섯 가지 구성요소가 포함된다.

한편 사회성기술을 가르치기 위해 개발된 프로그램들도 출간되어 있는데 대표적인 예로 '스킬스트리밍(Skillstreaming)'이 있다(McGinnis, 2011a, 2011b, 2011c). 스킬스트리밍은 원래 Arnold Goldstein과 Ellen McGinnis가 아동과 청소년에게 친사회적 기술(prosocial skills)을 가르치기 위해 개발한 구조화된 훈련 프로그램이며 네 가지 요소, 즉 시범(modeling), 역할놀이(role-playing), 피드백(feedback), 일반화(generalization)로 구성되어 있다(Research Press, 2016). 시범은 학생으로 하여금 다양한 상황에서 나타나는 숙련된 수행의 예를 접하게 한다. 시범을 보이고 나면, 역할놀이를 통해 다양한 상황에서 시연할 기회를 학생에게 제공한다. 그다음에는 역할놀이에서 나타난 학생의 수행에 대해 피드백을 제공한다. 마지막으로 다른 장소로 일반화될 수 있도록 학생에게 과제를 완성하게 한다. 이처럼 직접교수의 구성요소를 사용하는 스킬스트리밍은 연령별(유아, 아동, 청소년)로 구조화되어 있고 지침서와 각본을 갖추고 있다(Kavale et al., 2004). 스킬스트리밍에는 〈표 8-8〉, 〈표 8-9〉, 〈표 8-10〉에 제시된 바와 같이 연령별(유아, 아동, 청소년)로 각각 40개, 60개, 50개의 친사회적 기술, 즉 사회성기술이 제시되어 있어서 필요한 기술을 선택적으로 활용할 수

〈표 8-8〉 '스킬스트리밍'의 사회성기술(유아용)

영역		기술		영역		기술	
I	초급 사회성 기술	1	경청하기	IV	감정 다루기	21	나의 감정 알기
		2	상냥하게 말하기			22	혼자라고 느낄 때
		3	용감하게 말하기			23	하고 싶은 말 하기
		4	고맙다고 말하기			24	두려움에 대처하기
		5	자기보상하기			25	타인의 감정 알기
		6	도움 요청하기			26	애정 보여 주기
		7	원하는 것 말하기	V	공격에 대처하기	27	괴롭힘에 대처하기
		8	무시하기			28	화가 날 때 대처하기
II	학교관련 기술	9	질문하기			29	공평함 알기
		10	지시 따르기			30	문제 해결하기
		11	힘들어도 해 보기			31	사과하기
		12	끼어들기	VI	스트레스 다루기	32	마음 가라앉히기
III	우정 만들기	13	타인에게 인사하기			33	실수에 대처하기
		14	타인의 마음 알기			34	정직하게 말하기
		15	함께 참여하기			35	말해야 할 때 알기
		16	차례 기다리기			36	게임에서 졌을 때
		17	공유하기			37	순서 기다리기
		18	도와주기			38	거절하기
		19	놀이 요청하기			39	거절 수용하기
		20	게임하기			40	할 일 결정하기

자료출처: 박지연 외(2022). 정서행동장애학생을 위한 증거기반의 실제 가이드북. 서울: 학지사. (p. 23)

있다. 또한 각 기술별로 해당기술의 세부 단계와 해당기술을 적용할 수 있는 상황이 제안되어 있는데, 〈표 8-11〉과 〈표 8-12〉에 '경청하기' 기술에 대한 예가 제시되어 있다.

(2) 사회성기술 수행결핍에 대한 중재

사회성기술 수행결핍에 대한 중재는 자연적인 환경에서 선행사건/후속결과 조작을 통해 사회성기술의 수행을 촉진하는 데 초점을 둔다. 즉, 수행결핍에 대한 중재는

〈표 8-9〉 '스킬스트리밍'의 사회성기술(아동용)

영역		기술		영역		기술	
I	교실에서 살아남기	1	경청하기			31	화가 날 때 대처하기
		2	도움 요청하기			32	타인의 화에 대처하기
		3	고맙다고 말하기			33	애정 표현하기
		4	자료 준비하기			34	두려움에 대처하기
		5	지시 따르기			35	자기보상하기
		6	과제 완수하기	IV	공격에 대처하기	36	자기통제하기
		7	토론에 참여하기			37	허락 구하기
		8	어른 도와드리기			38	괴롭힘에 대처하기
		9	질문하기			39	문제상황 피하기
		10	주의분산 요인 무시하기			40	싸우지 않기
		11	수정하기			41	문제 해결하기
		12	할 일 결정하기			42	결과 수용하기
		13	목표 설정하기			43	비난에 대처하기
II	우정 만들기	14	자기 소개하기			44	협상하기
		15	대화 시작하기	V	스트레스 다루기	45	지루함에 대처하기
		16	대화 끝내기			46	문제의 원인 알기
		17	함께 참여하기			47	불만 말하기
		18	게임하기			48	불만에 답하기
		19	도움 요청하기			49	게임에서 졌을 때
		20	친구 도와주기			50	깨끗이 수용하기
		21	칭찬하기			51	따돌림에 대처하기
		22	칭찬 수용하기			52	난처함에 대처하기
		23	활동 제안하기			53	실패에 반응하기
		24	공유하기			54	거절 수용하기
		25	사과하기			55	거절하기
III	감정 다루기	26	나의 감정 알기			56	마음 가라앉히기
		27	나의 감정 표현하기			57	집단압력에 대처하기
		28	타인의 감정 알기			58	타인의 것을 원할 때
		29	타인의 감정에 대한 이해 표현하기			59	의사 결정하기
		30	타인에 대한 걱정 표현하기			60	정직하게 말하기

자료출처: 박지연 외(2022). 정서행동장애학생을 위한 증거기반의 실제 가이드북. 서울: 학지사. (p. 24)

〈표 8-10〉 '스킬스트리밍'의 사회성기술(청소년용)

영역		기술		영역		기술	
I	초급 사회성 기술	1	경청하기			26	자기통제하기
		2	대화 시작하기			27	나의 권리 옹호하기
		3	대화하기			28	괴롭힘에 대처하기
		4	질문하기			29	타인과의 문제상황 피하기
		5	고맙다고 말하기			30	싸우지 않기
		6	자기 소개하기	V	스트레스 다루기	31	불만 말하기
		7	타인 소개하기			32	불만에 답하기
		8	칭찬하기			33	깨끗이 수용하기
II	고급 사회성 기술	9	도움 요청하기			34	난처함에 대처하기
		10	함께 참여하기			35	따돌림에 대처하기
		11	지시하기			36	친구를 위해 옹호하기
		12	지시 따르기			37	설득에 반응하기
		13	사과하기			38	실패에 반응하기
		14	타인 설득하기			39	상반되는 메시지에 대처하기
III	감정 다루기	15	나의 감정 알기			40	비난에 대처하기
		16	나의 감정 표현하기			41	어려운 대화 준비하기
		17	타인의 감정 알기			42	집단압력에 대처하기
		19	타인의 화에 대처하기	VI	계획하기	43	할 일 결정하기
		19	애정 표현하기			44	문제의 원인 알기
		20	두려움에 대처하기			45	목표 설정하기
		21	자기보상하기			46	자신의 능력 알기
IV	공격에 대처하기	22	허락 구하기			47	정보 수집하기
		23	공유하기			48	중요도에 따라 문제 해결하기
		24	타인 도와주기			49	의사 결정하기
		25	협상하기			50	과제에 집중하기

자료출처: 박지연 외(2022). 정서행동장애학생을 위한 증거기반의 실제 가이드북. 서울: 학지사. (p. 25)

사회성기술을 가르치는 것이 아니라 이미 지니고 있는 사회성기술을 수행하도록 고무하고 강화하는 전략을 사용한다.

한편 사회성기술 수행결핍에 대한 중재 전략이 소개되기도 하였는데, 예를 들

〈표 8-11〉 '경청하기'의 세부 단계

유아용	아동용	청소년용
① 본다. ② 가만히 있는다. ③ 생각한다.	① 말하는 사람을 바라본다. ② 조용히 앉아 있는다. ③ 무슨 말을 하고 있는지 생각한다. ④ "네."라고 말하거나 고개를 끄덕인다. ⑤ 더 알고 싶은 주제에 대해 질문한다.	① 말하는 사람을 바라본다. ② 무슨 말을 하고 있는지 생각한다. ③ 내가 말할 차례가 올 때까지 기다린다. ④ 말하고 싶은 것을 말한다.

자료출처: 박지연 외(2022). 정서행동장애학생을 위한 증거기반의 실제 가이드북. 서울: 학지사. (p. 22)

〈표 8-12〉 '경청하기'를 적용할 수 있는 상황

장소	상황
학교	선생님이 숙제를 설명해 주시는 상황
가정	부모님이 집안일을 하는 방법에 대해서 알려 주고 계시는 상황
또래집단	친구가 주말에 있었던 일이나 자신이 읽은 이야기에 대해서 말하고 있는 상황
지역사회	가게 점원이 가게에서 지켜야 할 규칙에 대해서 말하고 있는 상황

자료출처: 박지연 외(2022). 정서행동장애학생을 위한 증거기반의 실제 가이드북. 서울: 학지사. (p. 23)

어 Maag(2005)는 '교체행동훈련(replacement behavior training: RBT)'을 제안하였다. 교체행동훈련(RBT)은 사회성기술의 수행을 방해하는 경쟁적 문제행동(competing problem behaviors)을 감소시키기 위해 그 문제행동과 동일한 기능을 하는 긍정적 교체행동(positive replacement behaviors)을 찾아내 강화하는 것이다. 이때 긍정적 교체행동은 학생이 이미 지니고 있으나 적절하게 수행하지 못하는 친사회적 기술을 말한다. Elliott와 Gresham(1991)도 경쟁적 문제행동의 발생을 감소시키고 친사회적 기술의 수행을 증가시키기 위해 차별강화에 기반을 둔 유사한 전략을 제안한 바 있다.

4. 통합교육

통합교육(inclusive education)이란 장애학생이 일반학교에서 일반학생들과 함께 교육을 받는 것이다. 그러나 통합교육은 단순한 물리적 통합을 넘어서는 것으로서, 우리나라 「장애인 등에 대한 특수교육법」에 의하면 특수교육대상자가 일반학교에서 장애의 유형이나 정도에 따라 차별을 받지 않고 또래와 함께 개개인의 교육적 요구에 적합한 교육을 받는 것을 말한다. 하지만 일반학교에서 통합교육을 받는 장애학생이 모두 일반학급에 배치되는 것은 아니며 개개인의 교육적 요구에 따라 배치도 달라진다. 다음에서는 정서행동장애 학생의 통합교육에 대한 이해를 돕기 위해 먼저 통합교육의 배치 유형을 알아보고, 뒤이어 정서행동장애학생 통합교육의 배치 현황을 살펴본 후, 마지막으로 정서행동장애학생 통합교육의 시사점을 제시하기로 한다.

1) 통합교육의 배치 유형

미국 연방정부는 특수교육대상자의 통합교육을 위한 교육적 배치 유형을 〈표 8-13〉과 같이 '정규학급(regular classroom)', '학습도움실(resource room)', '분리된 학

〈표 8-13〉 미국의 통합교육 배치 유형

미국 연방정부(Heward, 2009)		Rosenberg 등(2011)	
배치 유형	정의	배치 유형	내용
regular classroom (정규학급)	정규학급에서 교육프로그램의 대부분이 제공되며, 정규학급 밖에서 특수교육 및 관련서비스가 제공되는 것은 전체 수업시간의 21% 미만이다.	general education classroom (일반학급)	일반학급에서 부가적인 도움과 서비스(예: 특수교사나 특수교육보조원의 지원)를 받는다.
resource room (학습도움실)	정규학급 밖에서 특수교육 및 관련서비스가 제공되는 것이 전체 수업시간의 21~60%다.	part-time special class (시간제 특수학급)	하루 중 일부 시간은 특수학급에서 교육을 받고 나머지 시간에는 일반학급 또는 비장애학생들의 활동에 참여한다.
separate classroom (분리된 학급)	정규학급 밖에서 특수교육 및 관련서비스가 제공되는 것이 전체 수업시간의 61~100%다.	full-time special class (전일제 특수학급)	다른 학급이나 상황에 참여하는 기회가 거의 또는 전혀 없이 특수학급에서 하루 종일 교육을 받는다.

〈표 8-14〉 우리나라의 통합교육 배치 유형

「장애인 등에 대한 특수교육법」		관련문헌	
배치 유형	정의	배치 유형	내용
일반학교의 일반학급	–	일반학급 (전일제 통합학급)	하루 종일 일반학급에서 교육이 제공된다. (일반교사에게 특수교사의 협력과 지원이 제공됨. 「장애인 등에 대한 특수교육법」에 의하면, 특수교육지원센터에서 근무하는 특수교육교원이 방문하여 장애학생의 학습을 지원함.)
일반학교의 특수학급	–	시간제 특수학급	시간제로 일반학급과 특수학급에서 각각 교육이 제공된다.
		전일제 특수학급	하루 종일 특수학급에서 교육이 제공된다.

〈표 8-15〉 통합교육 배치 유형의 관련용어

공식적 배치 유형		비공식적 배치 유형
미국	우리나라	미국/우리나라
정규학급 (regular classroom)	일반학교의 일반학급	일반학급(전일제 통합학급) (general education classroom)
학습도움실 (resource room)	일반학교의 특수학급	시간제 특수학급 (part-time special class)
분리된 학급 (separate classroom)		전일제 특수학급 (full-time special class)

급(separate classroom)'의 세 가지로 제시하고 각각의 정의를 명시하였다. 그러나 〈표 8-13〉에 보이듯이 관련문헌(예: Rosenberg et al., 2011)에서는 그 명칭 및 내용이 다소 다르게 기술되고 있다. 즉, '정규학급'은 일반학급, '학습도움실'은 시간제 특수학급, '분리된 학급'은 전일제 특수학급의 개념으로 소개하고 있다.

우리나라의 경우, 「장애인 등에 대한 특수교육법」에 통합교육을 위한 교육적 배치 유형이 〈표 8-14〉와 같이 '일반학교의 일반학급'과 '일반학교의 특수학급'의 두 가지로 제시되어 있는데 각 유형에 대한 정의는 명시되지 않았다. 그러나 〈표 8-14〉에 보이듯이 관련문헌에서는 일반학급, 시간제 특수학급, 전일제 특수학급의 세 가지 유형으로 제시되고 있는데 그 명칭 및 내용이 미국의 참고문헌에서 제시되고 있는 것과 매우 유사하다.

이상과 같이 미국과 우리나라의 통합교육 배치 유형을 살펴보았을 때, 법적인 공식적 배치 유형에는 차이가 있으나 학문적인 비공식적 배치 유형 및 내용은 유사한 것으로 보인다. 따라서 이 책에서는 통합교육 배치 유형과 관련된 용어를 <표 8-15>와 같이 사용하기로 한다.

2) 정서행동장애학생 통합교육의 배치 현황

미국 교육부에 의하면 2005-2006학년도에 「장애인교육법(IDEA 2004)」의 정서장애로 판별되어 특수교육을 받은 학령기(6~21세) 학생은 471,306명이었다(U.S. Department of Education, 2007). 이 가운데 34.7%는 정규학급(regular classroom), 21.6%는 학습도움실(resource room), 26.8%는 분리된 학급(separate classroom)에 배치됨으로써 83.1%가 통합교육을 받았다(U.S. Office of Special Education Programs, 2007). 여기에서 한 가지 주목할 점은 일반학급(즉, 정규학급) 배치율(34.7%)보다 특수학급(즉, 학습도움실과 분리된 학급) 배치율(21.6%+26.8%=48.4%)이 더 높다는 것이다.

우리나라의 경우는 2024년도에 「장애인 등에 대한 특수교육법」의 정서・행동장애로 특수교육을 받은 학생은 1,785명이었는데, 이 가운데 31.3%와 64.6%가 각각 일반학급과 특수학급에 배치되었다(교육부, 2024a). 이는 95.9%가 통합교육을 받았으나

<표 8-16> 우리나라 정서행동장애학생 통합교육 현황

단위: 명, (%)

배치 유형		연도				
		2020	2021	2022	2023	2024
특수학교		69 (3.5)	79 (4.2)	87 (4.7)	68 (3.7)	73 (4.1)
일반학교	특수학급	1,317 (66.1)	1,199 (64.0)	1,169 (62.7)	1,186 (64.8)	1,154 (64.6)
	일반학급	607 (30.4)	596 (31.8)	609 (32.6)	577 (31.5)	558 (31.3)
계		1,993 (100)	1,874 (100)	1,865 (100)	1,831 (100)	1,785 (100)

특수학급 배치율이 일반학급 배치율보다 2배 이상 더 높다는 것을 의미하는데, 이러한 상황은 〈표 8-16〉에 보이듯이 지속적으로 나타나고 있다.

연도의 차이와 일반학급/특수학급 개념의 차이는 있지만, 이상과 같이 미국과 우리나라의 정서행동장애학생 통합교육 배치를 살펴보면 한 가지 주목할 사항이 있다. 즉, 정서행동장애학생 대부분인 80~90% 정도가 일반학교에서 통합교육을 받고 있으나 일반학급보다는 특수학급에 더 많이 배치되어 있다는 것을 알 수 있다.

3) 정서행동장애학생 통합교육의 시사점

앞서 살펴보았듯이, 정서행동장애학생 대부분은 일반학교에서 통합교육을 받고 있지만 특수학급 배치율이 일반학급 배치율보다 높은 경향이 있다. 이러한 정서행동장애학생 통합교육이 갖는 시사점을 몇 가지 살펴보면 다음과 같다. 첫째, 특수교육을 받고 있는 정서행동장애학생은 심한 문제행동 때문에 일반학급에 배치되는 데 제한이 있을 수 있다는 것이다. 정서행동장애로 인해 통합교육을 받는 학생은 정서행동장애의 법적 정의를 충족시킨 경우다. 이 책 제1장 4절 '정서행동장애의 정의'에서 언급하였듯이, 법적 정의는 임상적 정의나 교육적 정의보다 좁은 범위의 정의이며, 임상적 정의와 교육적 정의에 해당되는 학생들 가운데 일부만이 법적 정의를 충족시킨다. 이는 법적 정의를 충족시켜 특수교육대상자로 선정된 정서행동장애 학생들은 상대적으로 심한 문제행동을 보인다는 것을 의미한다. 따라서 정서행동장애학생이 통합교육을 받더라도 좀 더 구조화된 환경에서 집중적인 중재를 필요로 할 수 있으며 이는 일반학급보다 특수학급에 배치될 가능성을 높이게 된다.

둘째, 특수학급 배치율보다는 낮지만 일반학급 배치율을 보면 적지 않은 정서행동장애 학생이 일반학급에서 교육을 받고 있다는 것이다. 일반학급에 배치된 정서행동장애 학생들은 정서행동장애 특성을 고려할 때 학교에 입학한 후 어느 시기에 특수교육대상자로 선정되었을 가능성이 있다. 즉, 정서행동장애학생 대부분은 전통적으로 구성된 일반학급에서 실패한 경험이 있다고 볼 수 있다(Webber & Plotts, 2008). 따라서 정서행동장애학생을 일반학급에 배치할 때 적절한 지원이 제공되지 않는다면 긍정적인 결과를 기대하기는 어려울 것이다.

셋째, 특수학급이나 일반학급의 배치와 상관없이 일반학교에서 교육받는 정서행동장애 학생들은 모두 문제행동을 보인다는 것이다. 그런데 문제행동은 성공적인 통합교육의 걸림돌 중 하나로 알려져 있다. 예를 들어, 통합교육 실시와 관련하여 8개 학교의 프로그램을 평가한 Idol(2006)의 연구에서 교직원 대부분은 문제행동을 가진 학생들을 포함하지 않는 경우에만 통합교육 프로그램에 대해서 긍정적 인식을 가지고 있었다. 이는 정서행동장애학생의 성공적인 통합교육을 위해서는 신중한 접근이 필요하다는 것을 의미한다. 다음은 정서행동장애학생의 통합교육에 대한 의사결정 과정에서 다루어야 할 사항들이다(Webber, 2004).

- 학생이 배울 필요가 있는 것 결정하기
- 학생이 배울 필요가 있는 것을 학습하도록 하기 위해 어떤 교수적 수정이 필요한지 결정하기; 그 수정을 제공하기 위해 누군가를 훈련시킬 필요가 있는지 결정하기
- 학생이 배울 필요가 있는 것을 가장 잘 학습할 수 있는 최소제한환경에 적응하도록 하기 위해 최상의 교수적 배합(예: 통합모델)을 개념화하기
- 학생이 행동관리계획을 필요로 하는지 결정하기; 만약 그렇다면 기능평가와 긍정적 행동지원에 기반한 행동관리계획 개발하기
- 일반교사와 특수교사의 역할 구체화하기
- 필요할 수 있는 행정적 지원(예: 일정 변경, 직원 배정, 공간 활용, 자료 입수)을 목록화하기; 이러한 행정적 지원을 확보할 사람 배정하기
- 외부기관의 지원이 필요한지 결정하기; 만약 그렇다면 그 지원을 확보할 사람 배정하기
- 목적과 목표를 가장 잘 타당화할 수 있는 방법 결정하기(예: 형성평가 기법)
- 배치결정의 유효성을 살피고 필요한 훈련을 제공하며 이해관계자들과 의사소통을 할 사람 결정하기

넷째, 정서행동장애학생 통합교육 배치 유형에 일반학급과 특수학급이 있지만 일차적인 고려는 일반학급이어야 한다는 것이다. 즉, 학생 개개인의 교육적 요구에 따라 배치를 결정하게 되지만 일반학급에 배치가 가능한지부터 우선적으로 점검해 보아야 한다. 특히 동일한 교육적 성과가 예상될 경우는 일반학급이 특수학급보다 우선시 되어야 할 것이다.

제3부 정서행동장애의 유형

제9장 Introduction to Emotional and Behavioral Disorders

내재화장애

아동과 청소년의 행동문제는 크게 내재화 행동문제와 외현화 행동문제로 구분할 수 있다. 이 중 내재화 행동문제를 보이는 아동과 청소년들은 우울하고 불안한 모습으로 묘사되며 감정을 자기 자신에게 발산하는 정서적 문제를 갖고 있는 것으로 기술된다. 따라서 이들의 문제는 흔히 내재화장애(internalizing disorders)로 불린다 (Webber & Plotts, 2008; Wicks-Nelson & Israel, 2009). 다음에서는 DSM 체계를 중심으로 아동과 청소년의 내재화장애(우울장애, 양극성장애, 분리불안장애, 범불안장애, 공황장애, 특정공포증, 사회불안장애, 강박장애, 외상후 스트레스장애)를 살펴보기로 한다.

1. 우울장애

사례

세민이는 초등학교 3학년 남학생이다. 올해 초 가족이 이사를 하게 되었는데, 그 후부터는 학교에서 사소한 일로 우는 일이 많았고 친구들과 싸우는 일이 잦아졌다. 2개월 전부터는 머리가 아프다는 말을 자주 하였고 두통 때문에 조퇴를 하거나 양호실에서 시간을 보내는 일이 많아졌다. 이때부터 숙제와 책가방을 싸는 일 등에 관심이 없는 등 게

> 으른 모습을 보이기 시작하였다. 1개월 전부터는 부모가 불러도 대답을 잘 하지 않고, 우울한 표정으로 지내며, 잠을 잘 이루지 못하였다. 최근 10일간은 거의 식사도 하지 않고 아침마다 학교 가기를 거부하기 시작하였다.
>
> 김재원, 2014, p. 241에서 수정 인용.

1) 정의

우리는 누구나 생활 속에서 크고 작은 실패와 상실 등으로 인해 좌절을 경험하게 되고 그 결과 우울한 기분에 젖게 되지만 대부분 어느 정도 시간이 지나면 우울한 기분에서 벗어나 다시 정상적인 삶을 회복하게 된다. 이처럼 좌절 경험 후에 일시적으로 우울한 기분을 느끼는 것은 매우 정상적이며 또한 자연스러운 일이다. 그러나 이러한 정상적인 우울 상태에서 항상 쉽게 벗어나는 것은 아니며 때로는 악화되어 임상적인 우울 상태로 발전하기도 한다. 이러한 임상적인 우울 상태가 우울장애(depressive disorders)며 우울증(depression)이라고도 한다(권석만, 2000).

우울장애에 대해 모든 학자와 임상가가 동의하는 정의는 없지만 현재로서는 미국 정신의학회(APA)가 발행하는 DSM에 제시된 진단준거가 가장 널리 사용되고 있다. DSM-5-TR(APA, 2022)의 우울장애에는 주요우울장애와 지속성 우울장애가 포함되어 있는데 〈표 9-1〉과 〈표 9-2〉는 DSM-5-TR(APA, 2022)의 주요우울장애와 지속성 우울장애의 진단준거를 각각 제시하고 있다.

주요우울장애(major depressive disorder)는 우울장애의 기본적 유형이다. 〈표 9-1〉에 보이듯이, 주요우울장애 진단을 내리려면 다음 조건이 충족되어야 한다. 첫째, 진단준거에 제시된 9가지 증상 가운데 5가지 이상이 나타나야 한다. 둘째, 나타나는 5가지 이상의 증상 중 적어도 하나는 우울한 기분(아동과 청소년의 경우는 성마른 기분)이거나 즐거움의 상실이어야 한다. 셋째, 증상이 2주 이상 지속되어야 한다. 넷째, 증상이 사회적, 직업적, 또는 다른 중요한 기능영역에서 임상적으로 유의한 고통이나 손상을 초래해야 한다. 아동과 청소년의 경우, 중요한 기능영역에 학업이 포함될 수 있을 것이다.

지속성 우울장애(persistent depressive disorder)는 주요우울장애와 구분되는 또 다른 유형의 우울장애로서 우울 증상이 만성적으로 지속되는 것이다. 〈표 9-2〉에 보

〈표 9-1〉 DSM-5-TR의 주요우울장애 진단준거

A. 다음 증상 가운데 5가지 이상이 동일한 2주 기간 동안 나타나고 그 증상들은 이전 기능으로부터의 변화를 의미한다. 나타나는 증상들 중 적어도 하나는 (1) 우울한 기분 또는 (2) 흥미나 즐거움의 상실이다.
주의: 다른 의학적 상태에 명백히 기인하는 증상들은 포함되지 않는다.

1. 하루의 대부분 그리고 거의 매일 우울한 기분이 주관적인 보고(예: 슬픔, 공허감, 절망감을 느낀다)나 타인에 의한 객관적인 관찰(예: 울 것처럼 보인다)에서 드러난다.
(주의: 아동과 청소년의 경우는 성마른 기분으로 나타날 수도 있다.)
2. 모든 또는 거의 모든 활동에서 현저하게 저하된 흥미나 즐거움이 하루의 대부분 그리고 거의 매일 나타난다(주관적인 설명 또는 관찰에서 드러난다).
3. 체중조절을 하고 있지 않은 상태에서의 유의한 체중감소 또는 체중증가(예: 1개월 동안 5% 이상의 체중변화)가 나타나거나 거의 매일 식욕감소 또는 식욕증가를 보인다.
(주의: 아동의 경우는 기대치에 미달되는 체중증가에 주의를 기울여야 한다.)
4. 거의 매일 불면 또는 과다수면이 나타난다.
5. 거의 매일 정신운동성 초조 또는 지체가 나타난다(단순히 주관적인 좌불안석감 또는 처진 느낌이 아니라 타인에 의해 관찰가능하다).
6. 거의 매일 피로 또는 활력상실이 나타난다.
7. 무가치감 또는 과도하거나 부적절한 죄책감(망상적일 수도 있음)이 거의 매일 나타난다(단순히 병이 있다는 것에 대한 자책이나 죄책감이 아니다).
8. 저하된 사고력이나 집중력 또는 우유부단이 거의 매일 나타난다(주관적인 설명 또는 타인에 의한 관찰).
9. 반복되는 죽음에 대한 생각(단지 죽음에 대한 두려움만은 아님), 특정한 계획 없이 반복되는 자살생각, 또는 자살시도나 자살수행을 위한 특정 계획이 나타난다.

B. 증상들이 사회적, 직업적, 또는 다른 중요한 기능영역에서 임상적으로 유의한 고통이나 손상을 초래한다.

C. 삽화가 어떤 물질의 생리적 영향이나 다른 의학적 상태에 기인하지 않는다.

주의: 준거 A~C는 주요우울삽화를 나타낸다.

주의: 중대한 상실(예: 사별, 재정적 파산, 자연재해에 따른 손실, 심각한 의학적 질병이나 장애)에 대한 반응은 준거 A에 기술된 우울삽화와 유사한 강렬한 슬픔, 상실에 대한 반추, 불면, 식욕부진, 체중감소를 포함할 수 있다. 비록 이러한 증상들이 이해될 수 있거나 상실에 대해 적절하다고 간주된다 하더라도 중대한 상실에 대한 정상적인 반응과 더불어 존재하는 주요우울삽화 또한 주의 깊게 고려되어야만 한다. 이러한 결정을 위해서는 개인사와 상실상황에서의 고통의 표현에 대한 문화적 규준에 근거하여 임상적 판단을 내리는 훈련이 필연적으로 요구된다.

D. 최소 1회의 주요우울삽화가 조현정동장애로 더 잘 설명되지 않으며 조현병, 조현양상장애, 망상장애, 또는 달리 명시되는 그리고 명시되지 않는 조현병 스펙트럼 및 기타 정신증적 장애와 겹쳐서 나타나지 않는다.

E. 조증삽화 또는 경조증삽화가 나타난 적이 없다.
주의: 만약 조증성향 또는 경조증성향 삽화 모두가 물질로 유발되었거나 다른 의학적 상태의 생리적 영향에 기인한다면 이러한 배제는 적용되지 않는다.

〈표 9-2〉 DSM-5-TR의 지속성 우울장애 진단준거

이 장애는 DSM-IV의 만성 주요우울장애와 기분부전장애를 통합한 것이다.

A. 적어도 2년 동안, 하루의 대부분 우울한 기분이고, 그런 날이 그렇지 않은 날보다 더 많으며 이는 주관적인 설명이나 타인에 의한 관찰로 드러난다.
주의: 아동과 청소년의 경우는 성마른 기분으로 나타날 수도 있으며 지속기간이 적어도 1년이 되어야 한다.

B. 우울할 때 다음 증상 가운데 2가지 이상이 나타난다.

1. 식욕부진 또는 과식
2. 불면 또는 과다수면
3. 기력저하 또는 피로
4. 자존감 저하
5. 집중력 저하 또는 우유부단
6. 절망감

C. 교란이 나타난 2년(아동 또는 청소년의 경우는 1년) 동안 한 번에 2개월 이상 준거 A와 B의 증상을 보이지 않은 적이 없다.

D. 주요우울장애의 준거가 2년 동안 계속 나타날 수도 있다.

E. 조증삽화 또는 경조증삽화가 나타난 적이 없다.

F. 교란이 지속적인 조현정동장애, 조현병, 망상장애, 또는 달리 명시된 혹은 명시되지 않는 조현병 스펙트럼과 기타 정신증적 장애에 의해 더 잘 설명되지 않는다.

G. 증상들이 물질(예: 남용약물, 치료약물)이나 다른 의학적 상태(예: 갑상선기능저하증)의 생리적 영향에 기인하지 않는다.

H. 증상들이 사회적, 직업적, 또는 다른 중요한 기능영역에서 임상적으로 유의한 고통이나 손상을 초래한다.

이듯이, 지속성 우울장애로 진단되려면 다음 조건에 부합해야 한다. 첫째, 우울한 기분(아동과 청소년의 경우는 성마른 기분)이 진단준거에 제시된 6가지 증상 중 2가지 이상과 함께 나타나야 한다. 둘째, 증상이 2년 이상(아동과 청소년의 경우는 1년 이상) 지속되어야 한다. 만약 2년 동안 주요우울장애 진단준거를 만족시키는 경우에는 주요우울장애 진단도 내린다. 셋째, 증상이 사회적, 직업적, 또는 다른 중요한 기능영역

[보충설명 9-1] DSM-5-TR의 파괴적 기분 조절부전장애(DMDD)

파괴적 기분 조절부전장애(disruptive mood dysregulation disorder: DMDD)는 DSM-5(APA, 2013)에서 우울장애의 새로운 하위범주로 추가되었다. DMDD는 DSM-5-TR(APA, 2022)에도 포함되어 있으며 진단준거는 다음 표(※ DSM-5-TR의 DMDD 진단준거)와 같다.

※ DSM-5-TR의 DMDD 진단준거

A. 언어적으로(예: 언어적 분노) 그리고/또는 행동적으로(예: 사람이나 사물에 대한 신체적 공격) 나타나는 심한 울화폭발이 반복된다. 이러한 울화폭발은 상황이나 화낼 이유에 비해 강도나 지속기간에서 너무 지나치다.

B. 울화폭발이 발달수준에 맞지 않다.

C. 울화폭발이 1주일에 평균 3회 이상 나타난다.

D. 울화폭발이 나타나지 않는 기간의 기분도 하루의 대부분 그리고 거의 매일 지속적으로 성마르거나 화가 나 있으며, 이러한 기분은 타인(예: 부모, 교사, 또래)에 의해 관찰가능하다.

E. 준거 A~D가 12개월 이상 나타나고 있다. 그 기간에 A~D의 모든 증상 없이 연속 3개월 이상 지속된 적이 없다.

F. 준거 A와 D는 3가지 상황(예: 집, 학교, 또래와 있음) 중 최소한 2가지 상황에서 나타나며, 이러한 상황 가운데 적어도 1가지 상황에서 심하게 나타난다.

G. 6세 이전 또는 18세 이후에 첫 진단을 내려서는 안 된다.

H. 내력 또는 관찰을 통해 볼 때, 준거 A~E의 초발 연령이 10세 이전이다.

I. 조증삽화 또는 경조증삽화의 준거(지속기간 제외)를 1일 이상 충족시키는 뚜렷한 시기가 나타난 적이 없다.

주의: 아주 긍정적인 사건이 있거나 기대되는 맥락에서 나타나는 발달적으로 적절한 기분고양은 조증 또는 경조증 증상으로 간주되어서는 안 된다.

J. 행동들이 주요우울장애의 삽화 동안에만 국한해서 나타나는 것이 아니며 다른 정신장애(예: 자폐스펙트럼장애, 외상후 스트레스장애, 분리불안장애, 지속성 우울장애)에 의해 더 잘 설명되지 않는다.

주의: 이 진단은 주요우울장애, 주의력결핍과잉행동장애, 품행장애, 물질사용장애 등과는 공존할 수 있지만 적대적 반항장애, 간헐성 폭발장애, 또는 양극성장애와는 공존할 수 없다. 파괴적 기분 조절부전장애와 적대적 반항장애의 준거를 둘 다

[보충설명 9-1] 계속됨

충족시키는 사람은 파괴적 기분 조절부전장애로 진단되어야 한다. 만약 조증삽화 또는 경조증삽화를 경험한 적이 있다면 파괴적 기분 조절부전장애 진단을 내려서는 안 된다.

K. 증상들이 물질의 생리적 영향이나 다른 의학적 또는 신경학적 상태에 기인하지 않는다.

DMDD와 관련하여 주목할 만한 네 가지 사항을 살펴보면 다음과 같다. 첫째, 'disruptive mood dysregulation disorder'라는 명칭 자체에 대한 이해다. 'dys'는 비정상적인(abnormal), 불완전한(imperfect), 어려운(difficult) 등의 의미를 가진 접두사이므로 우리나라에서는 'dysregulation'을 조절부전(調節不全) 또는 '조절곤란(調節困難)'으로 번역하여 이 장애를 '파괴적 기분 조절부전장애' 또는 '파괴적 기분 조절곤란장애'로 부르고 있다. 즉, DMDD란 파괴적 기분의 조절이 불완전한(또는 어려운) 장애라고 할 수 있다.

둘째, '성마름(irritability)'이라는 용어에 대한 이해다. DSM-5-TR(APA, 2022)은 만성적이면서 심각하고 지속적인 성마름(irritability)이 DMDD의 핵심적 특징이라고 설명하고 있다. 하지만 'irritability'라는 용어는 앞서 제시된 DMDD의 진단준거에는 나타나 있지 않으며 다만 준거 D에 '지속적으로 성마르거나 화가 나 있으며(persistently irritable or angry)'라는 문구에 'irritable'이라는 표현이 있을 뿐이다. 우리나라에서는 'irritability'에 대한 번역과 정의가 다소 다양하다. 예를 들어, 'irritability'를 이우주(2012)는 '자극과민성(刺戟過敏性)'으로 번역하고 '약간의 자극에도 비정상적으로 반응하는 성질'이라고 정의하였고 대한간호학회(1996)는 '이노성(易怒性)'으로 번역하고 '약간의 자극에 또는 그럴 만한 원인이 없음에도 불쾌감이나 분노가 생기는 것'이라고 정의한 바 있으며 권석만(2023b)은 '짜증' 또는 '화를 잘 냄'으로 번역하기도 하였다. 이 책에서는 'irritability'를 '성마름'으로 번역하고 '약간의 자극에도 과민하게 반응하고 불쾌감을 드러내는 성향'이라고 정의하기로 한다. 이러한 'irritability(또는 irritable)'는 다양한 내재화장애(예: 주요우울장애, 지속성 우울장애, 양극성장애, 범불안장애, 외상후 스트레스장애)의 진단준거에서 언급되고 있으며(저자주: 제9장 '내재화장애'에 제시된 관련 진단준거들을 참조할 것) 따라서 내재화장애의 특성으로 간주되기도 하는데 제1장의 〈표 1-18〉을 보면 성마름(irritability)이 내재화 행동문제의 예로 제시되어 있다.

셋째, DMDD와 적대적 반항장애(oppositional defiant disorder: ODD)의 관계에 대한 이해다. 'Irritability(또는 irritable)'는 다양한 내재화장애의 진단준거에서 언급되고 있는데 제10장

[보충설명 9-1] 계속됨

의 〈표 10-2〉에 보이듯이 외현화장애인 ODD의 진단준거에서도 '성마른 기분(irritable mood)'으로 언급되고 있다. 물론 ODD 진단준거의 '화난/성마른 기분' 범주에 해당되는 3가지 증상이 ODD의 진단에 필수적인 것은 아니지만, 이는 ODD가 '성마름(irritability)'을 핵심적 특징으로 하는 DMDD와 관계가 있다는 것을 암시한다. 이와 관련하여 DMDD와 ODD가 서로 독립적인 장애인지, 하나가 다른 하나에 포함될 수 있는 장애인지 등에 관한 향후 연구가 필요하다는 주장도 있다(김재원, 2023). 참고로, 앞서 제시된 DMDD의 진단준거에 따르면 DMDD와 ODD의 진단준거를 둘 다 충족시킬 경우에는 DMDD만으로 진단한다.

넷째, DMDD에 대한 DSM-5-TR과 ICD-11의 관계에 대한 이해다. DMDD는 DSM-5(APA, 2013)에서 새로 추가되어 DSM-5-TR(APA, 2022)에도 포함되어 있지만 2018년에 세계보건기구(World Health Organization: WHO)가 발표한 『국제질병분류(International Classification of Diseases: ICD)』의 11판에는 없는 진단명이다. 단, ICD-11(WHO, 2018)에서는 ODD에 '만성적인 성마름과 분노가 동반된'이라는 명시어를 포함하여 DMDD를 정의하고자 하였다(Bruno et al., 2019). 이처럼 DMDD는 아직까지 논쟁이 많은 진단이며 향후의 진단체계에서 이 장애를 어떻게 정의하고 다룰지는 계속 주목할 필요가 있다(김재원, 2023).

에서 임상적으로 유의한 고통이나 손상을 초래해야 한다. 아동과 청소년의 경우, 중요한 기능영역에 학업이 포함될 수 있을 것이다. 참고로, DSM-5에서는 기분부전증(dysthymia)을 병기하여 '지속성 우울장애(기분부전증)'로 표현하였으나 DSM-5-TR에서는 '지속성 우울장애'라는 용어를 완전히 채택함으로써 병기한 '(기분부전증)'을 삭제하였다.

한편 DSM-5-TR(APA, 2022)의 우울장애에는 파괴적 기분 조절부전장애(disruptive mood dysregulation disorder: DMDD)도 있는데 DSM-5(APA, 2013)에서 새로 우울장애의 하위범주로 포함되었다. DMDD는 아동기 양극성장애의 과잉진단 가능성에 대한 우려와 함께 극단적인 행동의 통제곤란과 지속적인 성마름을 보이는 아동들에게 적절한 진단과 치료를 제공하기 위해 DSM-5에 추가되었다. 그러나 아직까지 DMDD에 대한 많은 논쟁이 있으며 향후 관련연구가 이루어질 필요가 있다. DMDD에 대한 구체적인 내용과 향후 주목할 만한 사항에 대해서는 [보충설명 9-1]을 참고하기 바란다.

2) 출현율

Birmaher 등(1996)에 따르면, 주요우울장애의 아동기 출현율과 청소년기 출현율은 각각 0.4~2.5%와 0.4~8.3%로 추정되고, 지속성 우울장애의 경우는 아동기 출현율과 청소년기 출현율이 각각 0.6~1.7%와 1.6~8%로 추정된다. 즉, 아동기에 우울장애를 경험하는 비율은 1~4.2%고, 청소년기에 우울장애를 경험하는 비율은 2~16.3%라고 할 수 있다. 또한 미국 질병통제예방센터(Centers for Disease Control and Prevention: CDC)의 보고서에 따르면 6~11세 아동의 1.4% 그리고 12~17세 청소년의 3.5%가 우울장애를 겪고 있는 것으로 나타났다(CDC, 2013)(저자주: 이 보고서에서 아동이란 18세 미만을 의미하며 그중 12~17세는 청소년으로 정의함). 이는 아동기보다 청소년기에 우울장애가 더 많이 나타난다는 것을 의미하며 연령이 우울장애의 출현율과 관련이 있음을 시사한다.

성별도 우울장애의 출현율과 관련이 있는 것으로 알려져 있다. 대개 6~12세까지의 아동기에는 성차가 나타나지 않는 것으로 보고되고 있으나(Fleming, Offord, & Boyle, 1989), 이 연령대에 성차가 보고되는 경우에는 남아의 출현율이 여아의 출현율보다 높다(Hankin et al., 1998). 하지만 청소년기에는 여아의 출현율이 남아의 출현율보다 높아져 성인기와 비슷한 2:1에 근접하기 시작한다(Hankin et al., 1998).

3) 원인

앞서 제2장 '정서행동장애의 원인'에서는 정서행동장애와 동시에 나타나는 것처럼 보이는 다양한 위험요인을 생물학적 위험요인과 심리사회적 위험요인으로 분류한 후, 각각 3개 영역(유전, 신체적 환경, 기질)과 8개 영역(자아, 학습, 인지, 가족, 또래, 학교, 지역사회, 대중매체)에 걸쳐 구체적으로 살펴보았다(제2장의 〈표 2-2〉 참조). 그러나 어느 한 가지 위험요인이 정서행동장애를 유발하는 경우는 거의 없을 뿐 아니라 정서행동장애의 필요조건 또는 충분조건이 되는 위험요인도 없다. 이는 정서행동장애 전반에 대한 내용으로서 우울장애에도 해당된다. 따라서 우울장애의 원인은 제2장 '정서행동장애의 원인'의 내용을 참고하면 될 것으로 보인다. 다음에서는 우울장애의 원인에 대하여 보완적으로 간략하게 살펴보고자 한다.

(1) 생물학적 위험요인

아동과 청소년의 우울장애는 가족연구, 쌍생아연구, 입양연구를 통해 유전적 영향이 있는 것으로 보고되고 있다(Glowinski, Madden, Bucholz, Lynskey, & Heath, 2003; Kearney, 2006; Weissman et al., 2005). 즉, 우울장애가 있는 아동과 청소년의 가까운 가족구성원들이 일반인들보다, 일란성 쌍생아가 이란성 쌍생아보다, 우울장애가 있는 친부모를 둔 아동들이 우울장애가 없는 양부모를 둔 아동들보다 우울장애를 경험할 확률이 더 높다. 이러한 유전적 영향은 아동기 우울장애보다는 청소년기 우울장애에서 더 강하게 나타나는 것으로 보인다(Scourfield et al., 2003).

뇌손상이나 뇌기능장애 같은 뇌장애도 아동과 청소년의 우울장애 위험요인으로 주목받고 있다. 예를 들어, 우울장애가 있는 아동에서 편도체의 크기가 감소되어 있다거나(Rosso et al., 2005) 우울장애가 있는 청소년의 전전두피질에 구조적 이상이 있다는 보고가 있다(Zalsman, Brent, & Weersing, 2006). 이와 같이 아동이나 청소년을 대상으로 한 연구도 다각도에서 진척되고 있으나, 아직은 관련연구가 대부분 성인을 대상으로 하고 있을 뿐 아니라 성인 우울장애에서 나타나는 이상이 아동이나 청소년의 우울장애에서도 동일하게 나타나는가에 대해서는 논란이 있다.

또한 우울장애를 가진 아동과 청소년은 보상과 관련된 뇌영역의 활성도가 낮은 것으로 보인다(Forbes, Shaw, & Dahl, 2007). 낮은 수준의 보상 지향성은 우울장애의 발병과 재발을 예측하는 것으로 보고되고 있다(Forbes et al., 2006).

(2) 심리사회적 위험요인

아동과 청소년 우울장애의 유발과 유지에 관련된 다양한 심리사회적 위험요인이 있다. 예를 들어, 친사회적 행동에 대한 감소된 강화와 우울한 행동에 대한 증가된 강화(Kearney, 2006), 자신과 세상 그리고 미래를 비정상적 방식으로 보는 인지적 왜곡(Brent & Weersing, 2007; Lewinsohn, Joiner, & Rohde, 2001), 부모의 우울장애(Brent & Weersing, 2007), 아동학대(Barbe, Bridge, Birmaher, Kolko, & Brent, 2004; Brent & Weersing, 2007), 또래들로부터의 무시 또는 거부(Nangle, Erdley, Newman, Mason, & Carpenter, 2003) 등이 아동과 청소년의 우울장애와 관련이 있는 것으로 알려져 있다.

4) 평가

앞서 제3장 '정서행동장애의 평가'에서 평가의 여섯 단계(선별, 진단, 적부성, 프로그램계획 및 배치, 형성평가, 총괄평가)에 대해 살펴보았다. 그 가운데 진단 단계에서는 특정 장애의 유무와 그 장애의 원인에 대한 의사결정을 하게 된다. 이때 특정 장애의 유무에 대한 의사결정이란 일반적으로 임상적 분류체계인 DSM에 의거하여 한 가지 또는 그 이상의 범주에 아동이 해당되는지 판단하는 것을 말하고, 원인에 대한 의사결정이란 아동이 보이는 장애가 다양한 위험요인 가운데 어떤 위험요인과 관련되어 있는지 판단하는 것을 말한다. 따라서 진단 단계에서는 포괄적 사정이 요구되는데, 이때 일반적으로 실시되는 사정방법과 사정영역별 사정도구에 대해서도 제3장에서 구체적으로 살펴보았다. 이러한 진단 단계의 내용은 우울장애의 평가에도 해당된다. 따라서 우울장애의 평가는 제3장 2절 '진단'을 참고하면 될 것으로 보인다. 다만 다양한 정서행동장애 유형을 전반적으로 평정하는 넓은 범위(broad-range)의 사정도구(예: 「한국판 아동 · 청소년 행동평가척도」, 「한국판 정서-행동 평가시스템」)만 소개하고 상세한 사정이 필요한 특정 유형(예: 우울장애, ADHD)에 국한된 좁은 범위(narrow-range)의 사정도구는 소개하지 않았으므로, 다음에서는 우울장애에 국한된 사정도구만 추가하고자 한다.

아동과 청소년을 대상으로 하는 우울장애 사정도구의 예로 「한국어판 아동우울척도-2판(Korean Children's Depression Inventory-Second Edition: K-CDI-2)」이 있다. K-CDI-2는 김지혜, 이은호, 황순택, 그리고 홍상황(2019)이 미국의 「Children's Depression Inventory-Second Edition(CDI-2)」(Kovacs, 2011)을 한국의 7~17세 아동 및 청소년들을 대상으로 표준화한 것으로서 현재 우울장애를 겪고 있는 아동 또는 청소년을 선별하거나 진단하는 데 유용한 정보를 제공할 수 있다. K-CDI-2에는 자기보고용, 부모용, 교사용이 있다.

물론 우울장애의 평가에서 공존장애가 의심될 경우 그에 대한 평가도 필요하다. 우울장애를 겪는 아동과 청소년들은 다른 정신장애도 함께 경험하는 경우가 많다. 추가로 흔히 나타나는 장애로는 불안장애, 품행장애, ADHD 등이 있다(Birmaher & Brent, 2007).

5) 중재

아동과 청소년의 우울장애는 일반적으로 다양한 생물학적 위험요인과 심리사회적 위험요인에 연관되어 있고 다른 정신장애(예: 불안장애, 품행장애, ADHD)도 흔히 함께 나타난다. 따라서 우울장애의 평가는 포괄적으로 이루어지는데, 중재는 이러한 평가로부터 수집된 정보에 의거하여 계획된다. 이는 우울장애의 중재에서 생물학적 중재와 심리사회적 중재가 함께 실시된다는 것을 의미한다. 한편 최근에는 정서행동장애 학생의 학업이나 사회성기술 등과 관련된 교육적 중재에 대한 관심과 요구도 높아지고 있다. 이 책 제2부 '정서행동장애의 중재'는 3개의 장에 걸쳐 생물학적 중재, 심리사회적 중재, 교육적 중재를 각각 다루고 있으므로 우울장애의 중재는 제2부를 참고하기 바란다.

6) 자살

아동과 청소년의 우울장애와 관련하여 한 가지 추가적으로 살펴볼 사항은 자살(suicide)[또는 자살행동(suicidal behavior)]이다. 일반적으로 자살행동(suicidal behavior)에는 실제자살(completed suicide)뿐만 아니라 자살시도(suicidal attempt)와 자살생각(suicidal ideation)도 포함된다(Wicks-Nelson & Israel, 2009). 자살은 우울장애를 논의할 때 자주 거론되는데, 이는 자살행동이 DSM의 주요우울장애 진단준거에 제시된 9가지 증상 중 하나라는 점에서도 알 수 있다(〈표 9-1〉 참조). 그러나 유념할 점은 우울장애를 가지고 있는 모든 사람이 자살행동을 보이는 것은 아니며, 자살행동을 보이는 모든 사람이 우울장애를 가지고 있는 것도 아니라는 것이다. 즉, 우울장애는 자살행동의 위험요인이기는 하지만 자살행동의 필요조건도 충분조건도 아니다. 아동과 청소년들의 자살행동은 다양한 정신장애(우울장애, 양극성장애, 불안장애, 품행장애)와 관련이 있으며 정신장애의 수가 많을수록 자살행동의 위험도 증가한다(Wicks-Nelson & Israel, 2009).

2. 양극성장애

사례

민정이는 고등학교 1학년 여학생이다. 중학교 3학년 2학기 중간고사에서 성적이 떨어지자, 더 열심히 해도 성적이 오르지 않을 것 같은 불안감이 들었고 다른 사람이 인정해 주지 않을 것 같아 걱정이 많이 되었다. 기말고사가 다가오자 만사에 재미가 없고, 우울한 기분이 들었으며, 대학도 못 갈 것 같았고, 공부에 대한 압박감 때문에 죽고 싶은 생각도 들었으며, 잠을 자는 시간이 많아졌고, 가족과 이야기하기를 귀찮아하면서 혼자 있으려고 하였다. 이러한 증상은 2~3개월이 지나면서 차츰 호전되었다. 그러나 친한 친구들과 헤어져서 집에서 멀리 떨어진 고등학교에 진학한 이후, 학교생활이 힘들고 자신이 더욱 없어졌다. 고등학교 1학년이 된 지 한 달이 지나면서 잠을 자지 않더라도 피곤하지 않았고, 기분이 좋고, 자신감이 넘치며, 큰 깨달음을 얻었다고 자신의 홈페이지에 글을 올리기도 하였다. 말이 점점 많아지며 집에서도 어머니에게 계속 이야기를 하였고 들뜬 기분으로 끊임없이 이야기를 하느라 잠을 자지 않는 행동이 지속되었다.

정유숙, 홍현주, 2012, p. 231에서 수정 인용.

1) 정의

양극성장애(bipolar disorder)는 극심하게 침울하고 슬픈 기분에서부터 유별나게 쾌활하고 지나치게 고양된 기분에까지 이르는 극단적인 기분의 변화가 주기적으로 나타나는 것이 주된 특징이다. 구체적인 양상은 하위유형별로 차이가 있으나, 대체로 갑자기 기분이 고양되는 조증(mania) 상태가 나타났다가 얼마 뒤에 사라진 후 어느 정도 정상적인 생활을 하다가 서서히 우울증(depression)을 나타낸다는 공통점이 있다. 이처럼 조증과 우울증이 교대로 나타나는 경우가 많아서 양극성장애를 조울증이라고 부르기도 한다(조용래, 2000).

양극성장애에 대해 모든 학자와 임상가가 동의하는 정의는 없지만 현재로서는 미국정신의학회(APA)가 발행하는 DSM에 제시된 진단준거가 가장 널리 사용되고 있다. DSM-5-TR(APA, 2022)의 양극성장애에는 제I형 양극성장애, 제II형 양극성장애, 순환성장애가 있는데 〈표 9-3〉과 〈표 9-4〉는 이러한 하위유형 진단에 필요한 DSM-5-TR(APA, 2022)의 준거를 제시하고 있다.

제I형 양극성장애(bipolar I disorder)는 주요우울장애 진단준거(〈표 9-1〉)와 조증삽화 준거(〈표 9-3〉)를 충족시키는 경우고, 제II형 양극성장애(bipolar II disorder)는 주요우울장애 진단준거(〈표 9-1〉)와 경조증삽화 준거(〈표 9-4〉)를 충족시키는 경우다.

〈표 9-3〉 DSM-5-TR의 조증삽화 준거

A. 비정상적으로 고양되거나 과대하거나 성마른 기분과 비정상적으로 증가된 목적지향적 활동이나 활력이 적어도 1주간 하루의 대부분 그리고 거의 매일 지속되는 뚜렷한 기간이 있다(입원이 필요하다면 지속기간은 상관없음).

B. 기분교란과 증가된 활력이나 활동이 나타나는 기간 동안 다음 증상 가운데 3가지 이상(단지 기분이 성마른 상태라면 4가지 이상)이 심각한 정도로 나타나며 평상시 행동과는 다른 눈에 띄는 변화를 보인다.

1. 팽창된 자존감 또는 과장
2. 감소된 수면욕구(예: 단 3시간의 수면으로도 충분하다고 느낌)
3. 평소보다 증가된 수다스러움 또는 계속 말을 해야 할 것 같은 압박감
4. 사고의 비약 또는 생각들이 질주하는 주관적 경험
5. 보고되거나 관찰되는 주의산만(즉, 중요하지 않거나 관계없는 외적 자극에 너무 쉽게 주의가 이끌림)
6. 목적지향적 활동(직장이나 학교에서의 사회적 활동 또는 성적 활동)의 증가 또는 정신운동성 초조(즉, 무의미한 비목적지향적 활동)
7. 고통스러운 결과를 초래할 가능성이 높은 쾌락적 활동에의 과도한 몰두(예: 홍청망청 물건 사기, 무분별한 성행위, 또는 어리석은 사업투자)

C. 기분교란이 사회적 또는 직업적 기능에 현저한 손상을 야기할 만큼 또는 자해나 위해를 방지하기 위해 입원이 필요할 만큼 충분히 심각하거나 또는 정신증적 특징이 있다.

D. 삽화가 물질(예: 남용약물, 치료약물, 또는 기타 치료)의 생리적 영향 또는 다른 의학적 상태에 기인하지 않는다.
주의: 항우울 치료(예: 약물치료, 전기경련요법) 중에 발현하지만 그 치료의 생리적 영향을 넘어서는 완전한 증후군적 수준에서 지속되는 완전 조증삽화는 조증삽화의 충분한 증거이며 따라서 제I형 양극성장애 진단이 내려진다.

주의: 준거 A~D는 조증삽화를 구성한다. 제I형 양극성장애로 진단되기 위해서는 일생 동안 적어도 1회의 조증삽화가 요구된다.

〈표 9-4〉 DSM-5-TR의 경조증삽화 준거

A. 비정상적으로 고양되거나 과대하거나 성마른 기분과 비정상적으로 증가된 활동이나 활력이 적어도 연속 4일간 하루의 대부분 그리고 거의 매일 지속되는 뚜렷한 기간이 있다.

B. 기분교란과 증가된 활력이나 활동이 나타나는 기간 동안 다음 증상 가운데 3가지 이상(단지 기분이 성마른 상태라면 4가지 이상)이 심각한 정도로 지속되며 평상시 행동과는 다른 눈에 띄는 변화를 보인다.

1. 팽창된 자존감 또는 과장
2. 감소된 수면욕구(예: 단 3시간의 수면으로도 충분하다고 느낌)
3. 평소보다 증가된 수다스러움 또는 계속 말을 해야 할 것 같은 압박감
4. 사고의 비약 또는 생각들이 질주하는 주관적 경험
5. 보고되거나 관찰되는 주의산만(즉, 중요하지 않거나 관계없는 외적 자극에 너무 쉽게 주의가 이끌림)
6. 목적지향적 활동(직장이나 학교에서의 사회적 활동 또는 성적 활동)의 증가 또는 정신운동성 초조
7. 고통스러운 결과를 초래할 가능성이 높은 쾌락적 활동에의 과도한 몰두(예: 흥청망청 물건사기, 무분별한 성행위, 또는 어리석은 사업투자)

C. 삽화는 증상이 없을 때의 개인의 특성과는 명백히 다른 기능변화를 동반한다.

D. 기분교란과 기능변화는 타인에 의해 관찰가능하다.

E. 삽화는 사회적 또는 직업적 기능에 현저한 손상을 야기하거나 입원이 필요할 만큼 심각하지 않다. 만약 정신증적 특징들이 있다면 그 삽화는 정의상 조증이다.

F. 삽화가 물질(예: 남용약물, 치료약물, 또는 기타 치료)의 생리적 영향 또는 다른 의학적 상태에 기인하지 않는다.

주의: 항우울 치료(예: 약물치료, 전기경련요법) 중에 발현하지만 그 치료의 생리적 영향을 넘어서는 완전한 증후군적 수준에서 지속되는 완전 경조증삽화는 경조증삽화 진단의 증거로 충분하다. 그러나 1가지 또는 2가지 증상(특히 항우울제 사용에 뒤따라 증가된 성마름, 안달, 또는 초조)이 경조증삽화의 진단을 위해 충분한 것으로 또는 반드시 양극성장애 소질을 나타내는 것으로 간주되지 않기 위해서 주의가 필요하다.

주의: 준거 A~F는 경조증삽화를 구성한다. 경조증삽화는 제I형 양극성장애에서 흔히 나타나지만 제I형 양극성장애의 진단을 위해 요구되지는 않는다.

순환성장애(cyclothymic disorder)는 우울증(depression)과 경조증(hypomania)을 나타내지만 주요우울장애 진단준거와 경조증삽화 준거는 충족시키지 않아야 한다.

2) 출현율

아동기와 청소년기에는 양극성장애가 비교적 드문 것으로 알려져 왔으며 따라서 출현율에 대한 자료도 다소 제한적이다. 14~18세 청소년들을 대상으로 한 연구(Lewinsohn, Klein, & Seeley, 1995)에서 평생출현율이 1%로 보고된 바 있으나, 근래 아동과 청소년의 양극성장애 출현율은 증가하고 있는 것으로 보인다. Moreno 등(2007)이 한 병원의 외래에서 정신장애 진단을 받은 아동과 청소년을 대상으로 진찰횟수를 조사한 결과, 양극성장애 진단을 받은 진찰횟수의 백분율이 1994~1995년에는 0.42%였던 것이 2002~2004년에는 6.67%로 증가한 것으로 나타났다. 또한 Blader와 Carlson(2007)에 의하면 입원한 아동과 청소년의 양극성장애 진단도 증가하였는데, 1996년과 2004년 사이에 양극성장애 진단이 아동은 1만 명당 1.4명에서 7.3명으로 증가하였고 청소년은 1만 명당 5.1명에서 20.4명으로 증가하였다. 우리나라에서도 2006년과 2010년 사이에 20세 미만의 양극성장애 환자가 2,159명에서 2,969명으로 증가한 것으로 보고되었다(건강보험심사평가원, 2011. 5. 2.).

양극성장애 출현율은 연령 및 성별과 관련이 있는 것으로 알려져 있다. 일반적으로 사춘기 이후보다 그 이전의 출현율이 더 낮다(Wicks-Nelson & Israel, 2009). 성인의 경우 성별 출현율에 차이가 없는 것으로 추정되지만 13세 이전의 경우에는 남아의 출현율이 여아의 출현율보다 높다(정유숙, 홍현주, 2012).

3) 원인

앞서 제2장 '정서행동장애의 원인'에서는 정서행동장애와 동시에 나타나는 것처럼 보이는 다양한 위험요인을 생물학적 위험요인과 심리사회적 위험요인으로 분류한 후 구체적으로 살펴보았다. 그러나 어느 한 가지 위험요인이 정서행동장애를 유발하는 경우는 거의 없을 뿐 아니라 정서행동장애의 필요조건 또는 충분조건이 되는 위험요인도 없다. 이는 정서행동장애 전반에 대한 내용으로서 양극성장애에도 해당될 수 있다. 그럼에도 불구하고 양극성장애의 위험요인에 대한 정보는 많지 않으며(Wicks-Nelson & Israel, 2009) 특히 아동과 청소년 양극성장애의 경우 더욱 그렇다. 이러한 한계점을 고려하면서 양극성장애의 위험요인을 간략하게 살펴보기로 한다.

(1) 생물학적 위험요인

성인을 대상으로 한 연구들에 의하면 양극성장애는 유전가능성이 높은 것으로 알려져 있다. 따라서 아동과 청소년 양극성장애에서도 유전적 영향이 주목을 받고 있는데, 이러한 유전적 영향은 양극성장애가 사춘기 이후에 발병한 경우보다 사춘기 이전에 발병한 경우에 더 강한 것으로 보인다(Mick & Faraone, 2009). 또한 아동과 청소년의 양극성장애에 대한 구조적 및 기능적 뇌영상 연구결과는 성인의 양극성장애와 유사한 것으로 보고되고 있다(Pfeifer, Welge, Strakowski, Adler, & DelBello, 2008).

(2) 심리사회적 위험요인

아동과 청소년 양극성장애의 심리사회적 위험요인은 거의 알려진 바가 없는데 이는 생물학적 위험요인에 초점을 두는 경향이 있기 때문이라고 할 수 있다. 그러나 아동기와 청소년기의 심리사회적 위험요인은 양극성장애 증상이 나타날 확률, 증상의 정도, 다른 정신장애가 나타날 확률 등에 영향을 미칠 수 있으므로 향후 아동과 청소년 양극성장애에 대한 연구는 이러한 영향들에 주의를 기울일 필요가 있다(Wicks-Nelson & Israel, 2009). 청소년 양극성장애성향과 관련변인들의 관계를 알아본 조사연구(김혜란, 이승희, 2013; 황선영, 이승희, 2011)에서도 생물학적 변인보다는 심리사회적 변인이 양극성장애 정상집단과 위험집단 판별에 더 큰 영향을 미치는 것으로 보고된 바 있다.

4) 평가

앞서 살펴본 우울장애의 평가와 마찬가지로 양극성장애의 평가도 제3장 2절 '진단'을 참고하면 될 것으로 보인다[제9장 1절 '우울장애'의 '4) 평가' 참조할 것]. 다음에서는 양극성장애에 국한된 사정도구만 추가하고자 한다.

아동과 청소년의 양극성장애나 조증을 평가하기 위한 사정도구가 개발되고는 있으나(Pavuluri, Henry, Devineni, Carbray, & Birmaher, 2006) 아직까지는 찾아보기 힘든 실정이다. 현재 사용되고 있는 사정도구의 예로「기분장애 질문지(Mood Disorder Questionnaire: MDQ)」(Hirschfeld et al., 2000)가 있다. MDQ는 자기보고용 도구로서 '예-아니요'로 대답하는 13개 문항으로 구성되어 있으며, 우리나라에「한국형 기분장애 질문지(K-MDQ)」(전덕인 외, 2005)로 소개되어 있다.

물론 양극성장애의 평가에서 공존장애가 의심될 경우 그에 대한 평가도 필요하다. 양극성장애를 겪는 아동과 청소년들은 다른 정신장애도 함께 경험하는 경우가 많다. 추가로 나타나는 장애 중에서 가장 흔한 것은 ADHD(61~93%)고, 그다음이 적대적 반항장애와 품행장애(43~91%), 불안장애(13~59%) 등이다(Lewinsohn et al., 1995).

5) 중재

일반적으로 아동과 청소년의 정서행동장애는 다양한 생물학적 위험요인과 심리사회적 위험요인에 연관되어 있으나, 양극성장애에 있어서는 생물학적 위험요인에 비해 심리사회적 위험요인은 거의 알려진 바가 없다. 따라서 생물학적 중재, 특히 약물치료가 양극성장애의 중재에 가장 많이 사용되고 있는데(American Academy of Child and Adolescent Psychiatry, 2007), 때에 따라 증상이 변하는 양극성장애의 다면적 특징으로 인해 약물치료 전략은 달라지기도 한다(전덕인, 2009). 그러나 약물치료 효과는 연구와 실제 사이에 차이가 있으며, 이런 차이의 주요 이유 중 하나는 심리사회적 요인들이 양극성장애의 경과에 영향을 미치기 때문이다(정성훈, 2009). 또한 양극성장애는 다른 정신장애(예: 불안장애, 품행장애, ADHD)도 흔히 동반하고 있다. 이와 같은 점들은 양극성장애의 중재에서 생물학적 중재뿐만 아니라 심리사회적 중재도 함께 고려할 필요가 있음을 시사한다. 최근에는 정서행동장애학생의 학업이나 사회성기술 등과 관련된 교육적 중재도 강조되고 있다. 이 책 제2부 '정서행동장애의 중재'는 3개의 장에 걸쳐 생물학적 중재, 심리사회적 중재, 교육적 중재를 각각 다루고 있으므로 양극성장애의 중재는 제2부를 참고하기 바란다.

3. 분리불안장애

사례

보라는 초등학교 2학년 여학생이다. 2개월 전부터 아프다며 자주 조퇴를 하고 등교를 거부하였다. '내일은 무슨 일이 있어도 학교에 가겠다'고 어머니와 약속을 굳게 하지만 막상 다음 날이 되면 사정이 달라지곤 하였다. 아침마다 머리가 아프다며 등교를 거부하고, 억지로 학교에 보내면 어머니가 잘 있나 궁금하여 쉬는 시간에 안부 전화와 문자를 수시로 하고, 여기저기 아프다며 조퇴를 많이 하였다. 어머니와 같이 집에 있을 때에도 아무 문제없이 잘 놀다가도 아버지가 퇴근할 때쯤 되면 불안해지기 시작하였다. 잠자리에 들 때면 꼭 어머니와 붙어서 자려 하고 괴물이 어머니를 잡아먹거나 자신의 팔다리를 물어뜯는 꿈을 자주 꾼다고 하였다.

이영식, 김재원, 2014, p. 255에서 수정 인용.

1) 정의

어느 정도의 분리불안은 영유아기에 흔히 나타나는 정상발달에 속한다. 이에 비해 분리불안장애(separation anxiety disorder)는 집이나 주요애착대상으로부터의 분리에 대해 나이에 적절하지 않게 지속적으로 과도한 불안을 느끼고 걱정을 하는 것이다.

분리불안장애의 정의로는 미국정신의학회(APA)가 발행하는 DSM에 제시된 진단준거가 가장 널리 사용되고 있다. DSM-5-TR(APA, 2022)에서 분리불안장애는 '불안장애(anxiety disorders)'라는 주요범주에 포함되어 있는데, 〈표 9-5〉는 DSM-5-TR(APA, 2022)의 분리불안장애 진단준거를 제시하고 있다.

〈표 9-5〉에 보이듯이 분리불안장애 진단을 내리려면 다음 조건이 충족되어야 한다. 첫째, 진단준거에 제시된 8가지 증상 가운데 3가지 이상이 나타나야 한다. 둘째, 증상이 아동과 청소년에서는 최소한 4주 그리고 성인에서는 6개월 이상 지속되어야 한다. 셋째, 증상이 사회적, 학업적, 직업적, 또는 기타 중요한 기능영역에서 임상적으로 유의한 고통이나 손상을 초래해야 한다.

2) 출현율

분리불안장애는 12세 미만 아동들에서 가장 흔한 불안장애인데, 아동기 출현율은 4% 정도로 추정된다(APA, 2022). 대개 7~8세 무렵에 나타나지만 학령기 전에도 발생하고 드물게는 청소년기에도 발생하며, 성인기로 연령이 증가함에 따라 그 빈도가 감소한다고 알려져 있다(이영식, 김재원, 2014). 그러나 실제 성인기 출현율은 알려진 것보다 훨씬 더 높을 것이라는 주장도 있다(Shear, Jin, Ruscio, Walters, & Kessler, 2006).

〈표 9-5〉 DSM-5-TR의 분리불안장애 진단준거

A. 집이나 애착대상으로부터의 분리에 대해 발달적으로 부적절하고 과도한 두려움이나 불안을 느끼는 것으로 다음 증상 가운데 최소한 3가지가 나타난다.

1. 집이나 주요애착대상으로부터의 분리를 예상하거나 경험할 때 반복적으로 나타나는 과도한 고통
2. 주요애착대상의 상실 또는 주요애착대상에게 닥칠 가능성이 있는 해(예: 병, 부상, 재난, 또는 사망)에 대한 지속적이고 과도한 걱정
3. 주요애착대상으로부터의 분리를 초래하는 불운한 사건(예: 길 잃기, 납치되기, 사고당하기, 병들기)의 경험에 대한 지속적이고 과도한 걱정
4. 분리에 대한 두려움으로 인해 집에서 멀리 외출하거나 학교, 직장, 또는 다른 곳에 가는 것을 지속적으로 꺼리거나 거부함
5. 집이나 기타 장소에서 혼자 또는 주요애착대상 없이 있는 것에 대한 지속적이고 과도한 두려움이나 꺼림
6. 집 떠나 잠을 자거나 가까이에 주요애착대상 없이 잠을 자는 것에 대한 지속적인 꺼림이나 거부
7. 분리와 관련 있는 반복되는 악몽
8. 주요애착대상으로부터의 분리가 발생하거나 예상될 때 신체적 증상(예: 두통, 복통, 구역질, 구토)에 대한 반복되는 호소

B. 두려움, 불안, 회피가 아동과 청소년에서는 최소한 4주 그리고 성인에서는 전형적으로 6개월 이상 지속적으로 나타난다.

C. 사회적, 학업적, 직업적, 또는 기타 중요한 기능영역에 임상적으로 유의한 고통이나 손상을 초래한다.

D. 자폐스펙트럼장애에서 변화에 대한 과도한 저항으로 인해 집 떠나기를 거부하기, 정신증적 장애에서 분리에 대한 망상이나 환각, 광장공포증에서 신뢰하는 사람이 동반되지 않는 외출 거부하기, 범불안장애에서 나쁜 건강이나 중요한 타인에게 닥칠 수 있는 해에 대한 걱정, 질병불안장애에서 병이 드는 것에 대한 근심 등과 같이 다른 정신장애에 의해 더 잘 설명되지 않는다.

성별에 따른 출현율 차이는 아직 확실하지 않다. 어떤 연구는 남아에 비해 여아의 출현율이 더 높다고 보고하지만 성차가 없는 것으로 보고하는 연구도 있다(Wicks-Nelson & Israel, 2009). DSM−5−TR(APA, 2022)에 따르면, 유아기에는 출현율에 성차가 없지만 학령기에서는 여아의 출현율이 남아의 출현율보다 높다.

3) 원인

앞서 제2장 '정서행동장애의 원인'에서는 정서행동장애와 동시에 나타나는 것처럼 보이는 다양한 위험요인을 생물학적 위험요인과 심리사회적 위험요인으로 분류한 후 구체적으로 살펴보았다. 그러나 어느 한 가지 위험요인이 정서행동장애를 유발하는 경우는 거의 없을 뿐 아니라 정서행동장애의 필요조건 또는 충분조건이 되는 위험요인도 없다. 이는 정서행동장애 전반에 대한 내용으로서 분리불안장애에도 해당될 수 있다. 따라서 분리불안장애의 원인은 제2장 '정서행동장애의 원인'의 내용을 참고하기 바란다. 다음에서는 분리불안장애의 원인에 대하여 보완적으로 간략하게 살펴보고자 한다.

(1) 생물학적 위험요인

아동기 분리불안장애는 유전적 영향이 있는 것으로 보이는데, 6세 쌍생아 표본에서 유전성이 73%로 추정된 바 있다(APA, 2022). 또한 행동억제의 기질적 특성을 가진 아동에게서 분리불안장애가 나타날 확률이 증가하는 것으로 보인다. 하지만 분리불안장애아동을 대상으로 수행된 구조적 및 기능적 뇌영상 연구는 아직 찾아보기 힘들다(이영식, 김재원, 2014).

(2) 심리사회적 위험요인

아동기 분리불안장애에는 심리사회적 위험요인도 관련된 것으로 보이는데, 그 예로 부모의 양육태도가 있다. 즉, 부모의 과잉보호와 과도한 참견은 분리불안장애의 위험을 증가시킬 수 있다(이영식, 김재원, 2014).

4) 평가

앞서 살펴본 우울장애의 평가와 마찬가지로 분리불안장애의 평가도 제3장 2절 '진단'을 참고하면 될 것으로 보인다[제9장 1절 '우울장애'의 '4) 평가' 참조할 것]. 그러나 우울장애와는 달리 분리불안장애에 국한된 특정 사정도구는 아직 없다.

물론 분리불안장애의 평가에서 공존장애가 의심될 경우 그에 대한 평가도 필요하다. 분리불안장애를 겪는 아동은 다른 불안장애인 범불안장애와 특정공포증도 함께 경험하는 경우가 많다(APA, 2022).

5) 중재

분리불안장애는 생물학적 위험요인과 심리사회적 위험요인에 연관되어 있고 다른 불안장애(예: 범불안장애, 특정공포증)도 흔히 함께 나타난다. 따라서 분리불안장애의 평가는 포괄적으로 이루어지는데, 중재는 이러한 평가로부터 수집된 정보에 의거하여 계획된다. 이는 분리불안장애의 중재에서 생물학적 중재와 심리사회적 중재가 함께 실시된다는 것을 의미한다. 한편 최근에는 정서행동장애학생의 학업이나 사회성 기술 등과 관련된 교육적 중재에 대한 관심과 요구도 높아지고 있다. 이 책 제2부 '정서행동장애의 중재'는 3개의 장에 걸쳐 생물학적 중재, 심리사회적 중재, 교육적 중재를 각각 다루고 있으므로 분리불안장애의 중재는 제2부를 참고하기 바란다.

6) 등교거부

아동과 청소년의 분리불안장애와 관련하여 한 가지 추가적으로 살펴볼 사항은 등교거부(school refusal)다. 등교거부는 분리불안장애에서 자주 거론되는데, 그 이유는 DSM의 분리불안장애 진단준거에 제시된 8가지 증상 가운데 하나이기 때문이다(〈표 9-5〉 참조). 그러나 분리불안장애 진단을 받기 위해서는 8가지 증상 가운데 3가지만 나타내도 되기 때문에, 분리불안장애를 가진 모든 아동이 등교거부를 나타내는 것은 아니다. 또한 등교거부를 하는 모든 아동이 분리불안장애를 보이는 것도 아니다(Last & Strauss, 1990). 즉, 분리불안장애는 등교거부의 위험요인이기는 하지만 등교거부의 필요조건도 충분조건도 아니다. 등교거부를 나타내는 아동과 청소년들 일부는 특정공포증이나 사회불안장애로 진단되는 경우도 있다. 이들은 또래와의 갈등, 평가, 발표, 혹은 새로운 사람을 만나는 것에 대한 두려움 때문에 등교를 거부할 수 있다(Wicks-Nelson & Israel, 2009).

등교거부는 무단결석(truancy)과 다르다. 무단결석 학생들은 보통 학교에 가는 것을 두려워하는 학생으로 묘사되지 않는 반면, 종종 도벽이나 거짓말 같은 품행문제를 나타내는 문제학생으로 묘사된다. 등교거부 학생들은 대개 장기간 지속적으로 결석을 하며 부모도 이들이 학교에 가지 않고 집에 있다는 것을 알고 있다. 이에 비해 무단결석 학생들은 대개 간헐적으로 부모 몰래 결석을 한다(King & Bernstein, 2001).

4. 범불안장애

사례

진영이는 초등학교 5학년 여학생이다. 모범생으로 공부도 아주 잘하는 편이다. 그러나 평소 시험에 대한 걱정이 많고 시험 전날에는 잠을 이루지 못하는 경우가 많았다. 학교준비물이나 숙제, 시간약속 등이 잘못될까 봐 귀찮을 정도로 미리 걱정하고 확인하며, 텔레비전에서 가스폭발사고를 본 후에는 한동안 가스밸브나 전기스위치 등을 확인하였고, 부엌살림에 어머니가 돈을 헤프게 쓴다고 일일이 참견하고 다녀 집안에서의 별명이 잔소리 많은 '시어머니'였다. 1개월 전 아버지가 사업상 부도를 맞아 금전적 손실을 본 후에는 '집안이 망해 거지가 되면 어떡하나'라는 걱정에 휩싸여 자기 용돈도 쓰지 않고 모았다가 살림에 보태 쓰라고 어머니에게 주기도 하였다.

이영식, 김재원, 2014, p. 265에서 수정 인용.

1) 정의

앞서 살펴본 분리불안장애는 불안과 걱정의 대상 또는 상황에서 비교적 초점이 있다. 이에 비해 범불안장애(generalized anxiety disorder)는 특별한 초점이 없다. 즉, 범불안장애는 특정 대상이나 상황에 초점이 맞추어지기보다는 생활 전반에 걸쳐 지속적으로 과도한 불안과 걱정을 나타내는 것이다. 아동기 후기에 접어들면 자기성찰 및 미래에 대한 사고가 가능해져 내적인 불안(실제 불안의 대상이 존재하지 않거나 일어날 확률이 거의 없는 일까지 걱정하고 긴장하는 것)이 나타나는데, 이것이 지나치면 임상적 불안 상태인 범불안장애로 발전하기도 한다(이영식, 김재원, 2014).

범불안장애의 정의로는 미국정신의학회(APA)가 발행하는 DSM에 제시된 진단준거가 가장 널리 사용되고 있다. DSM-5-TR(APA, 2022)에서 범불안장애는 '불안장애(anxiety disorders)'라는 주요범주에 포함되어 있는데, 〈표 9-6〉은 DSM-5-TR(APA, 2022)의 범불안장애 진단준거를 제시하고 있다.

〈표 9-6〉 DSM-5-TR의 범불안장애 진단준거

A. 여러 사건이나 활동(예: 작업 또는 학교수행)에 대한 과도한 불안과 걱정(염려하는 예견)이 최소한 6개월 동안 나타나지 않는 날보다 나타나는 날이 더 많다.

B. 당사자는 걱정을 통제하는 것이 어렵다는 것을 알게 된다.

C. 불안과 걱정이 다음 6가지 증상 가운데 3가지 이상을 동반한다(적어도 몇 가지 증상은 지난 6개월 동안 나타나지 않은 날보다 나타난 날이 더 많음).
주의: 아동에게는 1가지 항목만이 요구된다.

1. 좌불안석 또는 극도의 긴장감이나 벼랑 끝에 선 느낌
2. 쉽게 피곤해짐
3. 집중곤란 또는 암담함
4. 성마름
5. 근육긴장
6. 수면교란(잠이 들거나 잠을 유지하기 어려움 또는 밤새 뒤척이는 불만족스러운 수면)

D. 불안, 걱정, 또는 신체적 증상이 사회적, 직업적, 또는 기타 중요한 기능영역에 임상적으로 유의한 고통이나 손상을 초래한다.

E. 교란이 물질(예: 남용약물, 치료약물)이나 다른 의학적 상태(예: 갑상선기능항진증)의 생리적 영향에 기인하지 않는다.

F. 교란이 공황발작(공황장애에서), 부정적 평가(사회불안장애에서), 오염이나 기타 강박(강박장애에서), 애착대상으로부터의 분리(분리불안장애에서), 외상성 사건을 상기시키는 것(외상후 스트레스장애에서), 체중증가(신경성 식욕부진증에서), 신체적 증상(신체증상장애에서), 지각된 외모 결함(신체이형장애에서), 심각한 병(질병불안장애에서), 망상적 믿음의 내용(조현병 또는 망상장애에서)에 대한 불안이나 걱정과 같이 다른 정신장애에 의해 더 잘 설명되지 않는다.

〈표 9-6〉에 보이듯이 범불안장애 진단을 내리려면 다음 조건이 충족되어야 한다. 첫째, 진단준거에 제시된 6가지 증상 가운데 3가지 이상(아동의 경우에는 1가지 이상)이 나타나야 한다. 둘째, 증상이 지난 6개월 동안 거의 매일 나타나야 한다. 셋째, 증상이 사회적, 직업적, 또는 기타 중요한 기능영역에서 임상적으로 유의한 고통이나 손상을 초래해야 한다.

2) 출현율

아동기와 청소년기의 범불안장애 출현율은 연구에 따라 다소 다양하다. 아동기의 경우 2.7~4.6%로 추정되며 초등학교 고학년에서 흔히 발생한다(이영식, 김재원, 2014). 청소년기의 경우는 0.4%부터 7%까지 다양하게 보고되고 있다(이소영, 심세훈, 2012).

성별에 따른 출현율 차이도 아동기와 청소년기에 다소 다르게 나타난다. 아동기에는 성별에 따른 출현율 차이가 없다가, 청소년기에 이르면 남아에 비해 여아의 출현율이 높아진다(이소영, 심세훈, 2012).

3) 원인

앞서 제2장 '정서행동장애의 원인'에서는 정서행동장애와 동시에 나타나는 것처럼 보이는 다양한 위험요인을 생물학적 위험요인과 심리사회적 위험요인으로 분류한 후 구체적으로 살펴보았다. 그러나 어느 한 가지 위험요인이 정서행동장애를 유발하는 경우는 거의 없을 뿐 아니라 정서행동장애의 필요조건 또는 충분조건이 되는 위험요인도 없다. 이는 정서행동장애 전반에 대한 내용으로서 범불안장애에도 해당될 수 있다. 따라서 범불안장애의 원인은 제2장 '정서행동장애의 원인'의 내용을 참고하기 바란다. 다음에서는 범불안장애의 원인에 대하여 보완적으로 간략하게 살펴보고자 한다.

(1) 생물학적 위험요인

범불안장애는 유전적 영향이 있는 것으로 보이는데 유전성은 약 30%로 추정된다(이소영, 심세훈, 2012). 또한 범불안장애 아동들을 대상으로 한 기능적 뇌영상 연구에서 부정적인 정서가 표현된 얼굴표정을 볼 때 편도체나 전전두엽이 활성화되는 것으로 보고된 바 있다(Blackford & Pine, 2012). 그리고 아동의 행동억제와 같은 기질적 특성이 범불안장애가 나타날 확률을 증가시킨다(이소영, 심세훈, 2012).

(2) 심리사회적 위험요인

범불안장애에는 심리사회적 위험요인도 관련된 것으로 보인다. 예를 들어, 주어진

상황에 내재하는 위험을 과대평가하는 인지적 왜곡(이용승, 2000), 지나치게 도덕적이거나 완벽을 추구하는 부모의 양육태도(이영식, 김재원, 2014) 등이 있다.

4) 평가

앞서 살펴본 우울장애의 평가와 마찬가지로 범불안장애의 평가도 제3장 2절 '진단'을 참고하면 될 것으로 보인다[제9장 1절 '우울장애'의 '4) 평가' 참조할 것]. 다음에서는 범불안장애에 국한된 사정도구만 추가하고자 한다.

아동과 청소년의 범불안장애를 평가하기 위한 사정도구의 예로 「한국어판 아동불안척도-2판(Korean Revised Children's Manifest Anxiety Scale-Second Edition: K-RCMAS-2)」이 있다. K-RCMAS-2는 김지혜, 이은호, 홍상황, 그리고 황순택(2021)이 미국의 「Revised Children's Manifest Anxiety Scale-Second Edition(RCMAS-2)」(Reynolds & Richmond, 2008)을 한국의 초등학교 3학년부터 고등학교 3학년까지 학생들을 대상으로 표준화한 것으로서 불안의 수준과 특성을 평가하기 위한 도구다.

물론 범불안장애의 평가에서 공존장애가 의심될 경우 그에 대한 평가도 필요하다. 범불안장애를 겪는 아동과 청소년들은 다른 정신장애도 함께 경험하는 경우가 많다. 추가로 흔히 나타나는 장애로 아동기에는 분리불안장애, 청소년기에는 우울장애나 사회불안장애가 있다(Masi et al., 2004).

5) 중재

범불안장애는 생물학적 위험요인과 심리사회적 위험요인에 연관되어 있고 다른 정신장애(예: 우울장애, 분리불안장애, 사회불안장애)도 흔히 함께 나타난다. 따라서 범불안장애의 평가는 포괄적으로 이루어지는데, 중재는 이러한 평가로부터 수집된 정보에 의거하여 계획된다. 이는 범불안장애의 중재에서 생물학적 중재와 심리사회적 중재가 함께 실시된다는 것을 의미한다. 한편 최근에는 정서행동장애학생의 학업이나 사회성기술 등과 관련된 교육적 중재에 대한 관심과 요구도 높아지고 있다. 이 책 제2부 '정서행동장애의 중재'는 3개의 장에 걸쳐 생물학적 중재, 심리사회적 중재, 교육적 중재를 각각 다루고 있으므로 범불안장애의 중재는 제2부를 참고하기 바란다.

5. 공황장애

사례

범수는 중학교 1학년 남학생이다. 잠이 들려고 하면 심장이 뛰고, 숨이 가빠지며, 손이 찌릿찌릿하고, 질식할 것 같은 경험을 하였다. 이러한 경험은 15~20분 동안 지속되었다. 자기 방에서는 잠을 잘 수가 없어서 거실에 있는 소파에서 잠을 자기 시작하였다. 잠이 들고 나면 그의 아버지가 침대로 데리고 가 눕히곤 하였다. 범수는 낮 동안 피곤해 하였으며 학업에도 지장을 받아 성적이 떨어지기 시작하였다.

Wicks-Nelson & Israel, 2009, p. 133에서 수정 재인용.

1) 정의

사례에서 범수는 아동과 청소년이 보이는 불안의 또 다른 형태인 공황발작(panic attack)을 경험하고 있다. 공황(panic)은 그리스 신화에 나오는 신(神)인 '판(Pan)'의 이름에서 유래되었다(박현순, 2000). 숲과 들에서 동물을 지키는 목동의 신이었던 판(Pan)은 사람이 숲이나 들에 들어오면 공포감을 조성해 동물을 방어했는데, 이 때문에 판(Pan)으로부터 당황과 공황(恐慌)을 의미하는 'panic'이라는 말이 유래하였다. 공황장애(panic disorder)란 예상치 못한 공황발작을 반복적으로 경험하고, 공황발작을 겪는 것에 대해 지속적으로 미리 걱정하며, 공황발작 때문에 부적응적인 행동을 보이는 것을 말한다.

공황장애의 정의로는 미국정신의학회(APA)가 발행하는 DSM에 제시된 진단준거가 가장 널리 사용되고 있다. DSM-5-TR(APA, 2022)에서 공황장애는 '불안장애(anxiety disorders)'라는 주요범주에 포함되어 있는데, 〈표 9-7〉과 〈표 9-8〉은 DSM-5-TR(APA, 2022)의 공황발작 명시어와 공황장애 진단준거를 각각 제시하고 있다.

〈표 9-7〉에 보이듯이, 공황발작은 13가지 증상 중 4가지 이상과 함께 갑작스러운 강한 두려움과 불쾌감이 나타나 몇 분 이내에 최고조에 이르는 것을 말한다(일반적으로 10~30분 사이에 약화됨). 그러나 공황발작 그 자체가 정신장애는 아니며, 공황발작

〈표 9-7〉 DSM-5-TR의 공황발작 명시어

주의: 다음 증상들은 공황발작을 확인하기 위해 제시되어 있다. 그러나 공황발작은 정신장애가 아니며 부호를 매길 수 없다. 공황발작은 어떤 유형의 불안장애에서도 발생할 수 있을 뿐 아니라 다른 정신장애(예: 우울장애, 외상후 스트레스장애, 물질사용장애)와 몇몇 의학적 상태(예: 심혈관질환, 호흡기질환, 전정계질환, 위장질환)에서도 나타날 수 있다. 공황발작이 있다는 것이 확인될 경우, 명시어로 기록되어야 한다(예: "공황발작을 동반한 외상후 스트레스장애"). 공황장애에 있어서는 공황발작이 진단준거에 포함되어 있으며 따라서 명시어로 사용되지 않는다.

강한 두려움이나 불쾌감이 갑작스럽게 발생하여 몇 분 이내에 최고조에 도달하는데, 이때 다음 증상 가운데 4가지 이상이 나타난다.
주의: 강한 두려움이나 불쾌감의 갑작스러운 발생은 평온한 상태에서 나타날 수도 있고 불안한 상태에서 나타날 수도 있다.

1. 심계항진, 심장의 두근거림, 또는 심장박동수의 증가
2. 발한
3. 전율 또는 떨림
4. 숨 가쁜 느낌 또는 숨 막히는 느낌
5. 질식감
6. 가슴통증 또는 가슴압박감
7. 구역질 또는 복부불편감
8. 현기증, 불안정감, 아찔함, 또는 어지러움
9. 오한 또는 열감
10. 감각이상(마비감 또는 찌릿찌릿한 감각)
11. 비현실감(현실이 아닌 것 같은 느낌) 또는 이인증(나에게서 분리된 느낌)
12. 통제력 상실에 대한 두려움 또는 "미쳐 버릴지 모른다"는 두려움
13. 죽을지 모른다는 두려움

주의: 문화특수성 증상들(예: 이명, 목통증, 두통, 통제불가능한 비명이나 울음)이 나타날 수도 있다. 그러나 이러한 증상들을 요구되는 4가지 증상의 하나로 간주해서는 안 된다.

이 있다고 해서 반드시 공황장애로 진단되는 것도 아니다. 〈표 9-8〉에 보이듯이, 공황장애로 진단되려면 다음 조건에 부합해야 한다. 첫째, 예기치 못한 공황발작이 반복적으로 나타나야 한다. 둘째, 추가적인 공황발작 또는 공황발작의 결과에 대해 지속적으로 염려하거나 공황발작을 피하기 위한 행동을 의도적으로 한다.

〈표 9-8〉 DSM-5-TR의 공황장애 진단준거

A. 예기치 못한 공황발작이 반복된다. 공황발작이란 강한 두려움이나 불쾌감이 갑작스럽게 발생하여 몇 분 이내에 최고조에 도달하는 것인데, 이때 다음 증상 가운데 4가지 이상이 나타난다.
주의: 강한 두려움이나 불쾌감의 갑작스러운 발생은 평온한 상태에서 나타날 수도 있고 불안한 상태에서 나타날 수도 있다.

1. 심계항진, 심장의 두근거림, 또는 심장박동수의 증가
2. 발한
3. 전율 또는 떨림
4. 숨 가쁜 느낌 또는 숨 막히는 느낌
5. 질식감
6. 가슴통증 또는 가슴압박감
7. 구역질 또는 복부불편감
8. 현기증, 불안정감, 아찔함, 또는 어지러움
9. 오한 또는 열감
10. 감각이상(마비감 또는 찌릿찌릿한 감각)
11. 비현실감(현실이 아닌 것 같은 느낌) 또는 이인증(나에게서 분리된 느낌)
12. 통제력 상실에 대한 두려움 또는 "미쳐 버릴지 모른다"는 두려움
13. 죽을지 모른다는 두려움

주의: 문화특수성 증상들(예: 이명, 목통증, 두통, 통제불가능한 비명이나 울음)이 나타날 수도 있다. 그러나 이러한 증상들을 요구되는 4가지 증상의 하나로 간주해서는 안 된다.

B. 최소한 1가지 발작이 있은 후 다음 중 하나 또는 둘 다가 1개월(또는 그 이상) 동안 나타난다.

1. 추가 발작 또는 발작의 결과(예: 통제력 상실, 심장마비, "미쳐 버리기")에 대한 지속적인 염려 또는 걱정
2. 발작과 관련된 유의한 부적응적 행동변화(예: 운동이나 친숙하지 않은 상황을 회피하는 것같이 공황발작을 피하기 위한 의도적 행동)

C. 교란이 물질(예: 남용약물, 치료약물)이나 다른 의학적 상태(예: 갑상선기능항진증, 심폐장애)의 생리적 영향에 기인하지 않는다.

D. 교란이 다른 정신장애에 의해 더 잘 설명되지 않는다(예: 사회불안장애에서처럼 두려운 사회적 상황에 반응하여, 특정공포증에서처럼 한정된 공포성 사물이나 상황에 반응하여, 강박장애에서처럼 강박사고에 반응하여, 외상후 스트레스장애에서처럼 외상성 사건을 상기시키는 것에 반응하여, 또는 분리불안장애에서처럼 주요애착대상으로부터의 분리에 반응하여 공황발작이 나타나는 것만은 아님).

2) 출현율

성인기와는 달리 아동기와 청소년기에는 공황발작이나 공황장애가 나타나지 않는 것으로 보는 관점도 있으나, 공황발작과 공황장애를 경험하는 많은 성인이 청소년기 혹은 그 이전에 증상이 시작되었다고 보고한다(Wicks-Nelson & Israel, 2009). 이는 사춘기 아동이나 청소년에게도 공황발작이나 공황장애가 일어난다는 것을 시사한다(Suveg, Aschenbrand, & Kendall, 2005). 따라서 아동기와 청소년기 공황장애에 대한 관심이 높아지고 있으며 출현율 정보도 보고되고 있다. 이러한 정보에 의하면 공황발작이나 공황장애는 아동기에는 매우 드물며, 청소년기에 나타나기도 하지만 주로 성인기 초기에 시작된다. 단, 첫 번째 공황발작은 아동기인 10세경부터 나타나기도 한다(이소영, 심세훈, 2012). 구체적인 출현율을 살펴보면, 청소년기(특히, 사춘기 이후) 공황발작은 출현율이 2~18% 정도로 다소 흔하다. 이에 비해 청소년기 공황장애는 1% 정도로 비교적 드물게 나타날 뿐 아니라(이소영, 심세훈, 2012), 청소년기 중기 또는 후기 이전에는 극히 드물게 진단된다(Suveg et al., 2005).

성별에 따른 출현율 차이도 공황발작과 공황장애에서 다소 다르게 나타난다. 공황발작은 성별에 관계없이 비슷하게 나타나지만 공황장애는 여아들이 더 빈번하게 경험하는 것으로 보고되고 있다(Suveg et al., 2005).

3) 원인

앞서 제2장 '정서행동장애의 원인'에서는 정서행동장애와 동시에 나타나는 것처럼 보이는 다양한 위험요인을 생물학적 위험요인과 심리사회적 위험요인으로 분류한 후 구체적으로 살펴보았다. 그러나 어느 한 가지 위험요인이 정서행동장애를 유발하는 경우는 거의 없을 뿐 아니라 정서행동장애의 필요조건 또는 충분조건이 되는 위험요인도 없다. 이는 정서행동장애 전반에 대한 내용으로서 공황장애에도 해당될 수있다. 그러나 아동과 청소년의 공황장애에 대해서는 비교적 최근에 관심을 갖기 시작하였으므로 그 원인에 대해서도 아직 알려진 바가 별로 없다. 이러한 한계점을 고려하면서 공황장애의 위험요인을 간략하게 살펴보기로 한다.

(1) 생물학적 위험요인

공황장애는 유전적 영향이 있는 것으로 보이는데, 유전성은 약 30~40%로 추정된다(이소영, 심세훈, 2012; Barlow & Craske, 2000). 또한 아동의 행동억제와 같은 기질적 특성도 공황장애가 나타날 확률을 증가시킨다(이소영, 심세훈, 2012).

(2) 심리사회적 위험요인

공황장애에는 심리사회적 위험요인도 관련된 것으로 보인다. 예를 들어, 신체증상에 대해 잘못된 믿음을 갖는 인지적 왜곡이 있다(Barlow & Craske, 2000). 즉, 심장박동수의 증가, 어지러움, 복부불편감 등의 신체증상이 다음과 같이 해롭다고 믿는다: 심장이 빨리 뛴다는 것은 심장질환을 의미한다, 어지러움은 곧 기절한다는 것을 의미한다, 위가 꾸르륵거린다는 것은 점차 장에 대한 통제력을 잃어간다는 것을 의미한다. 이런 잘못된 믿음을 갖게 되는 원인은 완전히 알려져 있지 않지만, 자녀의 신체건강을 지나치게 과보호하는 부모의 태도로 인해 그 자녀가 신체건강에 과도하게 집착하게 되고 이 집착은 점차 신체증상이 위험하다는 믿음으로 발전할 수 있다.

4) 평가

앞서 살펴본 우울장애의 평가와 마찬가지로 공황장애의 평가도 제3장 2절 '진단'을 참고하면 될 것으로 보인다[제9장 1절 '우울장애'의 '4) 평가' 참조할 것]. 다음에서는 공황장애에 국한된 사정도구만 추가하고자 한다.

아동과 청소년의 공황장애는 비교적 최근에 관심을 받기 시작하였고 출현율도 비교적 낮기 때문에 사정도구 또한 아직 찾아보기 힘들다. 성인용으로는「신체감각 질문지 및 광장공포인지 질문지(The Body Sensations Questionnaire and the Agoraphobic Cognitions Questionnaire)」(Chambless, Caputo, Bright, & Gallagher, 1984)가 개발되어 있다. '신체감각 질문지(BSQ)'와 '광장공포인지 질문지(ACQ)'는 둘 다 자기보고용이며 각각 5점 척도(0~4)의 17개 문항과 14개 문항으로 구성되어 있다. 국내에서는 원호택, 박현순과 권석만(1995)이 번역하고 타당도와 신뢰도를 검증한 바 있다.

물론 공황장애의 평가에서 공존장애가 의심될 경우 그에 대한 평가도 필요하다. 공황장애를 겪는 아동과 청소년의 90%가 다른 불안장애(특히, 범불안장애)나 외상후 스트레스장애를 동반하며 주요우울장애를 동반하는 경우도 흔하다(이소영, 심세훈, 2012).

5) 중재

공황장애는 생물학적 위험요인과 심리사회적 위험요인에 연관되어 있고 다른 정신장애(예: 주요우울장애, 범불안장애, 외상후 스트레스장애)도 흔히 함께 나타난다. 따라서 공황장애의 평가는 포괄적으로 이루어지는데, 중재는 이러한 평가로부터 수집된 정보에 의거하여 계획된다. 이는 공황장애의 중재에서 생물학적 중재와 심리사회적 중재가 함께 실시된다는 것을 의미한다. 한편 최근에는 정서행동장애학생의 학업이나 사회성기술 등과 관련된 교육적 중재에 대한 관심과 요구도 높아지고 있다. 이 책 제2부 '정서행동장애의 중재'는 3개의 장에 걸쳐 생물학적 중재, 심리사회적 중재, 교육적 중재를 각각 다루고 있으므로 공황장애의 중재는 제2부를 참고하기 바란다.

6. 특정공포증

사례

혁주는 초등학교 3학년 남학생이다. 혁주는 단추를 회피하는 행동을 보이고 있는데, 이 문제는 유치원에 다니던 다섯 살 때부터 시작되었다. 혁주는 단추를 사용하는 미술활동을 하던 중에 단추를 다 써 버리게 되었다. 그러자 교사는 혁주에게 교사의 책상 위에 놓여 있는 큰 단추그릇에서 단추를 가져오라고 하였다. 혁주가 단추를 집으려는 순간, 손이 미끄러지면서 모든 단추가 그에게 떨어졌다. 혁주는 그 순간이 너무 고통스러웠으며, 그 후로 단추를 회피하는 행동이 증가하게 되었다. 또한 혁주는 단추에 몸이 닿는 것조차도 혐오스러워하였다. 이 문제는 혁주와 가족들의 생활을 방해하게 되었다. 예컨대 혁주는 혼자서는 옷을 입을 수 없었으며 학교에서도 옷 단추에 닿지 않으려고 집착하느라 집중을 할 수 없었다.

Wicks-Nelson & Israel, 2009, p. 124에서 수정 재인용.

1) 정의

공포(fear: 두려움)는 일상생활 속에서 누구나 경험할 수 있을 뿐 아니라 공포가 적절한 반응일 수 있는 상황도 많다. 만약 신체적 위험이 있는 상황인데도 공포를 느끼지 않는다면, 그것이 오히려 문제일 것이다. 그러나 이러한 적절한 공포에 비해 훨씬 과도하고 오래 지속되며 일상생활에 지장을 주는 병리적인 공포를 공포증이라고 하는데, 공포증(phobia)은 그리스 신화에 나오는 공포의 신(神)인 포보스(Phobos)의 이름에서 유래되었다(김은정, 김지훈, 2000). 특정공포증(specific phobia)이란 특정 대상이나 상황에 대해 공포증이 나타나는 것을 말한다.

특정공포증의 정의로는 미국정신의학회(APA)가 발행하는 DSM에 제시된 진단준거가 가장 널리 사용되고 있다. DSM-5-TR(APA, 2022)에서 특정공포증은 '불안장애(anxiety disorders)'라는 주요범주에 포함되어 있는데, 〈표 9-9〉는 DSM-5-TR(APA, 2022)의 특정공포증 진단준거를 제시하고 있다.

〈표 9-9〉에 보이듯이, 특정공포증에는 그 대상이나 상황에 따라 하위유형(동물형, 자연환경형, 혈액-주사-상해형, 상황형, 기타형)이 있다. 즉, 공포 대상이 동물이나 곤충이면 동물형이고, 고소(高所)나 천둥번개 등과 같이 자연환경에 존재하면 자연환경형이며, 혈액이나 주사 등이면 혈액-주사-상해형이고, 비행기나 엘리베이터 등의 특수한 상황이면 상황형이며, 큰 소리나 분장인물 등의 기타 다른 자극이면 기타형이다.

2) 출현율

특정공포증은 아동기와 청소년기에 비교적 흔하게 나타난다. 아동기의 경우 5% 정도로 추정되며(이영식, 김재원, 2014) 청소년기의 경우는 3~4% 정도로 추정된다(이소영, 심세훈, 2012). 일반적으로 특정 상황에 대한 공포가 특정 대상에 대한 공포보다 늦은 연령에 나타난다(김은정, 김지훈, 2000; 이영식, 김재원, 2014).

성별에 따른 출현율 차이도 있는 것으로 보인다. 특정공포증은 보통 남아보다 여아의 출현율이 더 높은데(Silverman & Moreno, 2005), 성별 차이가 없는 주사 공포를 제외하고 특정공포증은 남아보다 여아에서 2배 더 흔하다(심세훈, 2023).

3) 원인

앞서 제2장 '정서행동장애의 원인'에서는 정서행동장애와 동시에 나타나는 것처럼 보이는 다양한 위험요인을 생물학적 위험요인과 심리사회적 위험요인으로 분류한

〈표 9-9〉 DSM-5-TR의 특정공포증 진단준거

A. 특정 사물이나 상황(예: 비행기 탑승, 고소, 동물, 주사를 맞음, 피를 봄)에 대한 현저한 두려움 또는 불안이 나타난다.
주의: 아동의 경우에는 두려움이나 불안이 울기, 성질부리기, 몸 굳기, 또는 매달리기로 나타날 수 있다.

B. 공포성 사물 또는 상황은 거의 예외없이 즉각적인 두려움이나 불안을 유발한다.

C. 공포성 사물 또는 상황을 적극적으로 회피하거나 그렇지 않으면 심한 두려움이나 불안을 느끼면서 견딘다.

D. 두려움이나 불안이 특정 사물 또는 상황에 의해 표출되는 실제적 위험과 사회문화적 맥락에 비해 심하게 나타난다.

E. 두려움, 불안, 또는 회피가 전형적으로 6개월 이상 지속된다.

F. 두려움, 불안, 또는 회피가 사회적, 직업적, 또는 기타 중요한 기능영역에 임상적으로 유의한 고통이나 손상을 초래한다.

G. 교란이 공황성향 증상이나 기타 무력화 증상과 관련된 상황(광장공포증에서), 강박사고와 관련된 사물 또는 상황(강박장애에서), 외상성 사건을 상기시키는 것(외상후 스트레스장애에서), 집 또는 애착대상으로부터의 분리(분리불안장애에서), 또는 사회적 상황(사회불안장애에서)에 대한 두려움, 불안, 및 회피와 같은 다른 정신장애의 증상에 의해 더 잘 설명되지 않는다.

명시할 것:
공포성 자극에 근거하여 부호화하시오.
동물형(예: 거미, 곤충, 개)
자연환경형(예: 고소, 폭풍, 물)
혈액-주사-상해형(예: 주사바늘, 침습의료절차)
상황형(예: 비행기, 엘리베이터, 밀폐된 장소)
기타형(예: 질식이나 구토를 초래하는 상황; 아동의 경우 큰 소리 또는 분장인물)

후 구체적으로 살펴보았다. 그러나 어느 한 가지 위험요인이 정서행동장애를 유발하는 경우는 거의 없을 뿐 아니라 정서행동장애의 필요조건 또는 충분조건이 되는 위험요인도 없다. 이는 정서행동장애 전반에 대한 내용으로서 특정공포증에도 해당될 수 있다. 따라서 특정공포증의 원인은 제2장 '정서행동장애의 원인'의 내용을 참고하기 바란다. 다음에서는 특정공포증의 원인에 대하여 보완적으로 간략하게 살펴보고자 한다.

(1) 생물학적 위험요인

특정공포증은 유전적 영향이 있는 것으로 보인다(김은정, 김지훈, 2000; 이영식, 김재원, 2014). 또한 어릴 적부터 유난히 겁이 많은 아동이 있는데, 이러한 기질적 특성과도 관련이 있다(이영식, 김재원, 2014).

(2) 심리사회적 위험요인

특정공포증에는 심리사회적 위험요인도 관련된 것으로 보인다. 예를 들어, 위험에 대한 부모의 양육태도가 있다(이소영, 심세훈, 2012; 이영식, 김재원, 2014). 부모가 잠정적인 위험에 대해 지나친 염려와 과도한 표현을 보이면, 자녀는 세상을 위험한 장소로 보게 되면서 과도하게 안전을 염려할 수 있다(김은정, 김지훈, 2000).

4) 평가

앞서 살펴본 우울장애의 평가와 마찬가지로 특정공포증의 평가도 제3장 2절 '진단'을 참고하면 될 것으로 보인다[제9장 1절 '우울장애'의 '4) 평가' 참조할 것]. 다음에서는 특정공포증에 국한된 사정도구만 추가하고자 한다.

아동과 청소년의 특정공포증은 비교적 흔한 것으로 알려져 있지만 사정도구는 많지 않다. 공포와 관련된 사정도구의 예로 「아동용 공포조사목록-개정판(Revised Fear Survey Schedule for Children: FSSC-R)」(Ollendick, 1983)이 있다. FSSC-R은 아동과 청소년이 어떤 대상과 상황에서 공포를 느끼는지 그 정도를 측정하는 도구며 국내에서는 「한국형 소아공포 조사목록」(이영식, 최진태, 이철원, 1994)으로 개발된 바 있다.

물론 특정공포증의 평가에서 공존장애가 의심될 경우 그에 대한 평가도 필요하다. 특정공포증을 겪는 아동과 청소년은 흔히 분리불안장애, 범불안장애, 사회불안장애 등의 다른 불안장애나 우울장애도 동반하는 것으로 보인다(이소영, 심세훈, 2012; 이영식, 김재원, 2014).

5) 중재

특정공포증은 생물학적 위험요인과 심리사회적 위험요인에 연관되어 있고 다른 정신장애(예: 우울장애, 분리불안장애, 범불안장애, 사회불안장애)도 흔히 함께 나타난다. 따라서 특정공포증의 평가는 포괄적으로 이루어지는데, 중재는 이러한 평가로부터 수집된 정보에 의거하여 계획된다. 이는 특정공포증의 중재에서 생물학적 중재와 심리사회적 중재가 함께 실시된다는 것을 의미한다. 한편 최근에는 정서행동장애학생의 학업이나 사회성기술 등과 관련된 교육적 중재에 대한 관심과 요구도 높아지고 있다. 이 책 제2부 '정서행동장애의 중재'는 3개의 장에 걸쳐 생물학적 중재, 심리사회적 중재, 교육적 중재를 각각 다루고 있으므로 특정공포증의 중재는 제2부를 참고하기 바란다.

7. 사회불안장애

사례

서영이는 초등학교 6학년 여학생이다. 어릴 적 낯가림이 심했고 남 앞에 나서기를 싫어했으며 밖에서는 항상 어머니에게 붙어 다녔다. 유치원이나 초등학교에 입학할 때, 처음에는 등원이나 등교를 거부하며 버티다가 억지로 보내면 그런대로 잘 다녔다. 담임선생님마다 서영이가 수줍음을 많이 타는 것 외에는 별문제가 없다고 하였다. 6학년 1학기까지는 친구도 사귀고 공부도 곧잘 하였으나 2학기 들어 짓궂은 남자 짝이 놀린다고 학교에 가기 싫다는 말을 가끔 하였다. 그러던 중 하루는 음악시간 노래시험에서 너무 긴장한 탓에 목소리가 나오지 않고 음이 틀려 급우들이 웃자 서영이의 얼굴이 홍당무가 된 적이 있었다. 그 때문인지 서영이는 집 밖에도 잘 나가려 하지 않고 곧잘 하던 슈퍼마켓 심부름도 하지 않으려 한다. 급우들의 말에 따르면 서영이는 요즈음 친구들과도 별로 대화를 하지 않고 항상 고개를 푹 숙이고 있다.

이영식, 김재원, 2014, p. 263에서 수정 인용.

1) 정의

일반적으로 아동기 후기나 청소년기 초기에 접어들면 사회적 · 평가적 요소를 가진 과제가 정기적으로 요구된다. 예컨대 수업시간에 발표를 해야 하고, 집단활동을 해야 하며, 음악시간이나 체육시간에 다른 사람들 앞에서 수행을 해야 한다. 또한 이 시기에는 다른 사람들이 자신의 외모와 행동을 토대로 평가한다는 것을 의식하기 시작한다. 이러한 사회적 요구와 자의식의 발달로 인해 이 시기에는 사회적 상황이나 수행상황에서 두려움이나 불편함을 느끼는 사회불안(social anxiety)이 흔히 나타난다 (Neal & Edelmann, 2003; Wicks-Nelson & Israel, 2009). 그러나 일부 아동이나 청소년은 사회불안장애(social anxiety disorder)라는 임상적 수준의 사회불안을 보인다.

사회불안장애의 정의로는 미국정신의학회(APA)가 발행하는 DSM에 제시된 진단준거가 가장 널리 사용되고 있다. DSM-5-TR(APA, 2022)에서 사회불안장애는 '불안장애(anxiety disorders)'라는 주요범주에 포함되어 있는데, 〈표 9-10〉은 DSM-5-TR(APA, 2022)의 사회불안장애 진단준거를 제시하고 있다.

〈표 9-10〉에 보이듯이, 사회불안장애로 진단되려면 다음 조건에 부합해야 한다. 첫째, 다른 사람들의 주목을 받게 되는 1가지 이상의 사회적 상황(예: 대화하기나 낯선 사람 만나기 등의 사회적 상호작용, 관찰받기, 타인들 앞에서 수행하기)에 대해 현저한 두려움이나 불안을 느낀다. 또한 그러한 상황에서 자신이 부정적 평가를 받는 방식으로 행동하거나 불안증상을 보일까 봐 두려워한다. 둘째, 증상이 적어도 6개월 이상 지속된다. 셋째, 증상이 사회적, 직업적, 또는 기타 중요한 기능영역에서 임상적으로 유의한 고통이나 손상을 초래한다. 참고로, DSM-5에서는 사회공포증(social phobia)을 병기하여 '사회불안장애(사회공포증)'로 표현하였으나 DSM-5-TR에서는 '사회불안장애'라는 용어를 완전히 채택함으로써 병기한 '(사회공포증)'을 삭제하였다.

2) 출현율

아동과 청소년의 사회불안장애 출현율은 대개 1~2%로 아동기보다 청소년기를 거치면서 점차 높아지다가 청소년기 후기를 지나면 더 이상 증가하지 않는다(이소영, 심세훈, 2012; Costello, Egger, & Angold, 2005). 사회불안장애는 수줍음을 많이 타는 경우 5세 이전에도 발생할 수 있지만 75%가 8~15세 사이에 발생한다는 보고가 있다(APA,

〈표 9-10〉 DSM-5-TR의 사회불안장애 진단준거

A. 타인이 면밀하게 주시할 가능성에 노출되는 1가지 이상의 사회적 상황에 대해 현저한 두려움이나 불안이 있다. 이러한 사회적 상황에는 사회적 상호작용(예: 대화하기, 낯선 사람 만나기), 관찰받기(예: 먹기 또는 마시기), 타인들 앞에서 수행하기(예: 연설하기) 등이 포함된다.

주의: 아동의 경우에는 불안이 성인들과의 관계에서뿐만 아니라 또래들과의 관계에서도 나타나야 한다.

B. 자신이 부정적 평가를 받는 방식으로 행동하거나 불안증상을 보일까 봐(예: 수치스럽거나 당혹스럽기, 거절당하거나 타인을 화나게 하기) 두려워한다.

C. 그러한 사회적 상황은 거의 매번 두려움이나 불안을 유발한다.

주의: 아동의 경우에는 두려움이나 불안이 울기, 성질부리기, 몸 굳기, 매달리기, 움츠러들기, 또는 사회적 상황에서의 발표 실패로 나타날 수 있다.

D. 그러한 사회적 상황을 회피하거나 또는 과도한 두려움이나 불안을 느끼면서 견딘다.

E. 두려움이나 불안이 사회적 상황에 의해 표출되는 실제적 위협과 사회문화적 맥락에 비해 심하게 나타난다.

F. 두려움, 불안, 또는 회피가 전형적으로 6개월 이상 지속된다.

G. 두려움, 불안, 또는 회피가 사회적, 직업적, 또는 기타 중요한 기능영역에 임상적으로 유의한 고통이나 손상을 초래한다.

H. 두려움, 불안, 또는 회피가 물질(예: 남용약물, 치료약물)이나 다른 의학적 상태의 생리적 영향에 기인하지 않는다.

I. 두려움, 불안, 또는 회피가 공황장애, 신체이형장애, 또는 자폐스펙트럼장애와 같은 다른 정신장애의 증상에 의해 더 잘 설명되지 않는다.

J. 만약 다른 의학적 상태(예: 파킨슨병, 비만, 화상이나 상해에 의한 손상)가 있다면 두려움, 불안, 또는 회피가 이러한 상태들과 명백하게 관련이 없거나 극단적이다.

명시할 것:

수행 단독형: 두려움이 공공장소에서의 발표나 수행에 국한되는 경우

2022).

성별에 따른 출현율 차이는 아직 확실하지 않다. 남녀 출현율이 비슷하다는 견해가 있는 반면, 2:3 정도로 남아에 비해 여아의 출현율이 더 높다는 보고도 있다(이소

영, 심세훈, 2012).

3) 원인

앞서 제2장 '정서행동장애의 원인'에서는 정서행동장애와 동시에 나타나는 것처럼 보이는 다양한 위험요인을 생물학적 위험요인과 심리사회적 위험요인으로 분류한 후 구체적으로 살펴보았다. 그러나 어느 한 가지 위험요인이 정서행동장애를 유발하는 경우는 거의 없을 뿐 아니라 정서행동장애의 필요조건 또는 충분조건이 되는 위험요인도 없다. 이는 정서행동장애 전반에 대한 내용으로서 사회불안장애에도 해당될 수 있다. 따라서 사회불안장애의 원인은 제2장 '정서행동장애의 원인'의 내용을 참고하기 바란다. 다음에서는 사회불안장애의 원인에 대하여 보완적으로 간략하게 살펴보고자 한다.

(1) 생물학적 위험요인

아동과 청소년의 사회불안장애는 가족연구 및 쌍생아연구를 통해 유전적 영향이 있는 것으로 보고되고 있다(김은정, 2000; 이소영, 심세훈, 2012). 즉, 사회불안장애가 있는 아동과 청소년의 친척들이 일반인들에 비해 사회불안장애를 더 많이 보였으며, 일란성 쌍생아에서 2명 다 사회불안장애를 보이는 비율이 이란성 쌍생아에서의 비율보다 높았다.

또한 행동억제의 기질적 특성이 사회불안장애와 관련이 있는 것으로 보인다(김은정, 2000; 이소영, 심세훈, 2012; 이영식, 김재원, 2014). 행동억제는 수줍음, 사회적 위축 및 회피, 사회적 불편감, 낯선 상황이나 사람 등에 대한 두려움 등으로 나타나며(김은정, 2000), 어릴 때 이런 기질적 특성을 보인 사람은 성장 후에도 스스로를 과도하게 통제하고 억압하는 경향이 있다(이소영, 심세훈, 2012).

(2) 심리사회적 위험요인

아동과 청소년의 사회불안장애에는 심리사회적 위험요인도 관련된 것으로 보인다. 사회불안장애는 직접적인 조건형성을 통해 나타날 수 있다(김은정, 2000; 이영식, 김재원, 2014). 즉, 다른 사람들이 보고 있는 사회적 상황이 창피하고 당황스러운 충격적인 경험과 짝지어지게 되면 사회적 상황이 불안을 유발하게 된다는 것이다. 그리고 사회적 상황에서 두려워하고 있는 다른 사람의 관찰을 통해서도 사회적 두려움을 배울 수 있다(김은정, 2000; 이소영, 심세훈, 2012). 또한 과잉보호나 거부 등을 보이는 부모의 양육태도가 사회불안장애의 위험을 증가시키기도 한다(김은정, 2000; 이소영, 심세훈, 2012).

4) 평가

앞서 살펴본 우울장애의 평가와 마찬가지로 사회불안장애의 평가도 제3장 2절 '진단'을 참고하면 될 것으로 보인다[제9장 1절 '우울장애'의 '4) 평가' 참조할 것]. 다음에서는 사회불안장애에 국한된 사정도구만 추가하고자 한다.

아동과 청소년의 사회불안장애는 드물지 않게 나타나는 것으로 알려져 있지만 국내에서 사용할 수 있는 사정도구는 찾아보기 힘들다. 국외에 개발되어 있는 사정도구의 예로는 「아동용 사회불안척도-개정판(Social Anxiety Scale for Children-Revised: SASC-R)」(La Greca, 1998)과 「아동용 사회공포증 및 불안 검사(Social Phobia and Anxiety Inventory for Children: SPAI-C)」(Beidel, Turner, & Morris, 2000) 등이 있다(Kearney, 2006, 재인용).

물론 사회불안장애의 평가에서 공존장애가 의심될 경우 그에 대한 평가도 필요하다. 사회불안장애를 겪는 아동과 청소년은 흔히 다른 불안장애나 우울장애도 동반하는 것으로 보인다(이소영, 심세훈, 2012; 이영식, 김재원, 2014; Wicks-Nelson & Israel, 2009).

5) 중재

사회불안장애는 생물학적 위험요인과 심리사회적 위험요인에 연관되어 있고 다른 불안장애나 우울장애도 흔히 함께 나타난다. 따라서 사회불안장애의 평가는 포괄적으로 이루어지는데, 중재는 이러한 평가로부터 수집된 정보에 의거하여 계획된다. 이는 사회불안장애의 중재에서 생물학적 중재와 심리사회적 중재가 함께 실시된다는 것을 의미한다. 한편 최근에는 정서행동장애학생의 학업이나 사회성기술 등과 관련된 교육적 중재에 대한 관심과 요구도 높아지고 있다. 이 책 제2부 '정서행동장애의 중재'는 3개의 장에 걸쳐 생물학적 중재, 심리사회적 중재, 교육적 중재를 각각 다루고 있으므로 사회불안장애의 중재는 제2부를 참고하기 바란다.

8. 강박장애

사례

유나는 초등학교 2학년 여학생이다. 신체적으로 건강하고 지능도 우수하여 어린이집이나 유치원을 다닐 때 또래들보다 여러 면에서 뛰어나다는 소리를 들었다. 좀 깔끔한 편이었으나 또래들과도 잘 어울리고 특이할 만한 이상행동은 없었다. 초등학교 입학 후 아버지가 교통사고로 크게 다쳐 어머니가 병간호를 하느라 3개월 정도 조부모가 집에 와서 돌봐 주었다. 그 후 아버지가 완쾌되어 집에 오게 되면서 원상태로 돌아왔다. 그런데 어느 날부터 유나는 학교에서 돌아오자마자 가방을 현관 신발장 위에 두고 신발은 신발장 안 구석에 똑바로 놓은 뒤, 곧장 욕실에 가서 손 씻기를 반복하였는데 거의 30분 이상을 소비하였다. 아버지, 어머니, 남동생이 자신을 만지지도 못하게 하고 밥도 떨어져서 먹고 말할 때도 입을 가리곤 하였다. 이유를 물으니 자신에게 균이 묻어 있어 가족에게 옮길까 봐 피한다는 것이었다. 학교에서는 모든 책, 화장실 수도꼭지 등에 균이 묻어 있다고 생각해서 책도 꺼내지 않고 점심도 먹지 않고 화장실도 가지 못하였다.

연규월, 김의정, 2014, pp. 270-271에서 수정 인용.

1) 정의

강박사고(obsessions)란 자신의 의사와 관계없이 반복적으로 떠오르는 생각을 말하고, 강박행동(compulsions) 또한 자신의 의사와 관계없이 어쩔 수 없이 행하는 반복적인 행동을 말한다. 이처럼 강박사고와 강박행동은 떨쳐 버리거나 중단하고 싶어도 그럴 수 없어서 고통스러워하는 상태를 전제로 한다(이용승, 이한주, 2000). 강박장애(obsessive-compulsive disorder)는 강박사고와 강박행동 중 한 가지 또는 둘 다가 나타나는 것이다.

강박장애에 대해 모든 학자와 임상가가 동의하는 정의는 없지만 현재로서는 미국정신의학회(APA)가 발행하는 DSM에 제시된 진단준거가 가장 널리 사용되고 있다.

〈표 9-11〉 DSM-5-TR의 강박장애 진단준거

A. 강박사고, 강박행동, 또는 둘 다 나타난다.

강박사고는 다음 두 가지로 정의된다:

1. 반복적이고 지속적인 사고, 충동, 또는 심상이 장애의 과정 중 어느 시점에 침입적이고 본의 아니게 경험되며 대부분의 사람들에게 현저한 불안이나 고통을 야기한다.
2. 당사자는 그러한 사고, 충동, 또는 심상을 무시하거나 억누르려고 하며 또는 어떤 다른 사고나 행동으로(즉, 강박행동을 수행함으로써) 상쇄하고자 한다.

강박행동은 다음 두 가지로 정의된다:

1. 강박사고에 대한 반응으로 또는 엄격하게 적용되어야만 하는 규칙에 따라 개인이 수행해야 하는 것으로 압박감을 느끼는 반복적 행동(예: 손 씻기, 순서대로 정리하기, 점검하기) 또는 정신적 행위(예: 기도하기, 숫자 세기, 속으로 단어 반복하기)이다.
2. 그러한 반복적 행동이나 정신적 행위는 고통의 예방이나 감소 또는 두려운 사건이나 상황의 예방을 목적으로 한다. 그러나 이러한 반복적 행동이나 정신적 행위는 상쇄하거나 예방하고자 하는 바와는 현실적인 방법에서 관련이 없거나 명백하게 과도하다.
   (주의: 어린 아동들은 이러한 행동이나 정신적 행위의 목적을 말하지 못할 수도 있다.)

B. 강박사고 또는 강박행동은 시간소모적이거나(하루에 1시간 이상) 사회적, 직업적, 또는 기타 중요한 기능영역에 임상적으로 유의한 고통이나 손상을 초래한다.

C. 강박증상은 물질(예: 남용약물, 치료약물)이나 다른 의학적 상태의 생리적 영향에 기인하지 않는다.

D. 교란이 다른 정신장애의 증상(예: 범불안장애에서 과도한 걱정; 신체이형장애에서 외모에 대한 집착; 저장장애에서 소유물을 버리거나 포기하기 어려움; 발모광[모발뽑기 장애]에서 모발뽑기; 박피장애[피부뜯기장애]에서 피부뜯기; 상동적 운동장애에서 상동증; 섭식장애에서 의식화된 섭식행동; 물질관련 및 중독 장애에서 물질이나 도박에 대한 집착; 질병불안장애에서 질병에 대한 집착; 변태성욕에서 성적인 충동이나 환상; 파괴적, 충동-조절, 및 품행 장애에서 충동; 주요우울장애에서 죄책감 반추; 조현병 스펙트럼 및 기타 정신증적 장애에서 사고주입 또는 망상적 집착; 자폐스펙트럼장애에서 반복적인 행동 패턴)에 의해 더 잘 설명되지 않는다.

명시할 것:

통찰력 양호 또는 보통: 강박장애 믿음이 절대로 또는 아마도 사실이 아니라고 인식하거나 사실일 수도 있고 아닐 수도 있다고 인식하는 경우

통찰력 부족: 강박장애 믿음이 아마도 사실이라고 생각하는 경우

통찰력 부재/망상적 믿음: 강박장애 믿음이 사실이라고 완전히 확신하는 경우

명시할 것:

틱관련: 틱장애를 현재 가지고 있거나 가진 내력이 있다.

DSM-IV-TR(APA, 2000)에서 강박장애는 불안장애라는 주요범주에 포함되어 있었는데 그 이유는 강박사고와 관련된 불안증세에 초점을 맞추면서 다른 유형의 불안장애들과 유사하다고 보았기 때문이다. 하지만 DSM-5(APA, 2013)에서는 강박사고 및 강박행동으로 구성되는 다른 장애들과 함께 '강박 및 관련 장애(obsessive-compulsive and related disorders)'라는 새로운 주요범주의 대표적 장애로 포함되었고 DSM-5-TR(APA, 2022)에서도 이러한 분류는 유지되고 있다(이철순, 2023). 〈표 9-11〉은 DSM-5-TR(APA, 2022)의 강박장애 진단준거를 제시하고 있다.

〈표 9-11〉에 보이듯이, 강박장애로 진단되려면 다음 조건에 부합해야 한다. 첫째, 강박사고, 강박행동, 또는 둘 다 나타난다. 다만 아동의 경우는 강박행동의 목적을 인식하지 못할 수도 있다. 둘째, 강박사고나 강박행동이 시간을 많이 소모하며 사회적, 직업적, 또는 기타 중요한 기능영역에 임상적으로 유의한 고통이나 손상을 초래한다.

2) 출현율

아동과 청소년의 강박장애 출현율은 0.5~4% 정도로 알려져 있다. 강박장애 평균 발병연령은 20~25세이지만 강박장애로 진단된 성인의 절반이 아동기나 청소년기에 이미 증상을 경험한다(이정섭, 박태원, 2012).

성별도 강박장애의 출현율과 관련이 있는 것으로 보이는데, 아동기에는 남아의 출현율이 여아의 출현율보다 높지만 청소년기가 되면 남녀비율이 같아진다(Flament et al., 1988). 또한 남아는 사춘기 이전(평균연령 9세)에 발병하는 경향이 있는 데 비해 여아는 사춘기 무렵(평균연령 11세)에 발병하는 경향이 있다(Swedo, Rapoport, Leonard, Lenane, & Cheslow, 1989).

3) 원인

앞서 제2장 '정서행동장애의 원인'에서는 정서행동장애와 동시에 나타나는 것처럼 보이는 다양한 위험요인을 생물학적 위험요인과 심리사회적 위험요인으로 분류한 후 구체적으로 살펴보았다. 그러나 어느 한 가지 위험요인이 정서행동장애를 유발하는 경우는 거의 없을 뿐 아니라 정서행동장애의 필요조건 또는 충분조건이 되는 위험요인도 없다. 이는 정서행동장애 전반에 대한 내용으로서 강박장애에도 해당될 수 있다. 따라서 강박장애의 원인은 제2장 '정서행동장애의 원인'의 내용을 참고하기 바란다. 다음에서는 강박장애의 원인에 대하여 보완적으로 간략하게 살펴보고자 한다.

(1) 생물학적 위험요인

강박장애는 가족연구나 쌍생아연구 등을 통해 유전적 영향이 있는 것으로 보고되고 있다(이정섭, 박태원, 2012). Nestadt 등(2000)에 의하면, 강박장애가 있는 사람의 가까운 가족구성원들이 일반인들보다 강박장애를 경험할 확률이 더 높은데 이러한 경향은 아동기에 발병하는 강박장애에서 더 두드러진다.

또한 뇌손상이나 뇌기능장애와 같은 뇌장애도 강박장애의 위험요인으로 주목받고 있다. 예를 들어, 기저핵과 대뇌피질 사이를 연결하는 회로에 이상이 있다거나 신경전달물질(예: 세로토닌, 도파민) 조절에 이상이 있다는 보고가 있다(연규월, 김의정, 2014; 이용승, 이한주, 2000; 이정섭, 박태원, 2012).

(2) 심리사회적 위험요인

아동과 청소년 강박장애의 발생과 유지에는 다양한 심리사회적 위험요인도 관련되어 있을 수 있다. 1960년대에 제기된 Mowrer의 2단계 이론은 반응적 조건형성 이론과 조작적 조건형성 이론에 근거하여 강박장애의 원인을 설명하고자 하였으며, 1980년대 중반에는 Salkovskis가 강박장애에 대한 인지행동적 이론을 제안하기도 하였다(이용승, 이한주, 2000).

4) 평가

앞서 살펴본 우울장애의 평가와 마찬가지로 강박장애의 평가도 제3장 2절 '진단'을 참고하면 될 것으로 보인다[제9장 1절 '우울장애'의 '4) 평가' 참조할 것]. 다음에서는 강박장애에 국한된 사정도구만 추가하고자 한다.

아동과 청소년의 강박장애는 드물지 않게 나타나는 것으로 알려져 있지만 정확한 진단과 적절한 치료를 받는 경우는 극소수다(연규월, 김의정, 2014). 이는 아동과 청소년의 강박장애 사정도구가 많지 않다는 점에서도 알 수 있다. 사정도구의 예로 「아동용 Leyton 강박검사(Leyton Obsessional Inventory-Child Version: LOI-CV)」(Berg, Rapoport, & Flament, 1986)가 있는데, LOI-CV는 자기보고용 도구로서 4점 척도의 44개 문항으로 구성되어 있다. 국내에서는 이정섭, 신민섭과 홍강의(1994)가 번역하고 타당도와 신뢰도를 검증한 바 있다.

물론 강박장애의 평가에서 공존장애가 의심될 경우 그에 대한 평가도 필요하다. 강박장애를 겪는 아동과 청소년은 흔히 범불안장애, 특정공포증, 사회불안장애, 우울장애, 품행장애, 주의력결핍과잉행동장애 등을 동반하는 것으로 보고되고 있다(연규월, 김의정, 2014; Rapoport & Inhoff-Germain, 2000).

5) 중재

강박장애는 생물학적 위험요인과 심리사회적 위험요인에 연관되어 있고 범불안장애, 특정공포증, 사회불안장애, 우울장애, 품행장애, 주의력결핍과잉행동장애도 흔히 함께 나타난다. 따라서 강박장애의 평가는 포괄적으로 이루어지는데, 중재는 이러한 평가로부터 수집된 정보에 의거하여 계획된다. 이는 강박장애의 중재에서 생물학적 중재와 심리사회적 중재가 함께 실시된다는 것을 의미한다. 한편 최근에는 정서행동장애학생의 학업이나 사회성기술 등과 관련된 교육적 중재에 대한 관심과 요구도 높아지고 있다. 이 책 제2부 '정서행동장애의 중재'는 3개의 장에 걸쳐 생물학적 중재, 심리사회적 중재, 교육적 중재를 각각 다루고 있으므로 강박장애의 중재는 제2부를 참고하기 바란다.

9. 외상후 스트레스장애

사례

찬규는 초등학교 3학년 남학생이다. 8개월 전 등굣길에 횡단보도를 건너다가 교통사고를 당하였다. 사고 당시 의식을 잃지는 않았으나 여러 신체부위에 골절상을 입어 응급수술을 받았다. 그 후 내용을 알 수 없는 악몽을 자주 꾸면서 한밤중에 잠에서 깨는 일이 잦아졌고 낮에도 꿈을 꾸는 것처럼 정신이 몽롱해 보이는 경우도 종종 있었다. 찬규는 교통사고에 대해 물어보면 생각이 잘 나지 않는다며 대화를 회피하였고, 다시 학교를 가게 되었을 때 횡단보도 앞에서 심하게 두려워하며 주저앉기도 하였다. 또한 찬규는 자신의 부주의로 인해 교통사고를 당했다고 생각하는 등 죄책감을 느꼈고, '이 세상은 위험하다'라는 부정적인 생각을 가지게 되었으며, 갑자기 화를 내는 일이 잦았다. 평소 친하게 어울리던 친구들과도 점차 소원해졌을 뿐만 아니라 얼마 전부터는 공부를 할 때 집중하기가 힘들고 학교 가기도 싫다는 말을 하기 시작하였다.

이소영, 심세훈, 2014, p. 287에서 수정 인용.

1) 정의

죽음이나 신체적 손상을 초래하는 자연재해, 화재, 전쟁, 유괴, 폭행, 살인 등은 누구에게나 정신적 충격을 줄 수 있는 사건들이다. 이러한 사건들은 외상성 사건(traumatic events)이라고 하고 이로 인해 사람들이 경험하는 심리적 · 정신적 충격은 외상(trauma)이라고 한다(저자주: 외상성 사건을 겪는다는 것은 외상을 경험한다는 것이므로 외상성 사건과 외상을 종종 상호교환적으로 사용하기도 함). 원래 외상(外傷)은 외부로부터의 상처를 의미하지만 이상심리학이나 정신의학에서는 심리적 · 정신적 의미의 상처를 가리킨다(김순진, 김환, 2000). 이러한 외상은 여러 가지 정신적 · 신체적 증상을 야기하기도 하는데, 이를 총체적으로 외상후 스트레스장애(posttraumatic stress disorder: PTSD)라고 한다.

외상후 스트레스장애(PTSD)에 대해 모든 학자와 임상가가 동의하는 정의는 없지만 현재로서는 미국정신의학회(APA)가 발행하는 DSM에 제시된 진단준거가 가장 널리 사용되고 있다. DSM-IV-TR(APA, 2000)에서 PTSD는 불안장애라는 주요범주에 포함되어 있었는데 DSM-5(APA, 2013)에서는 '외상 및 스트레스원 관련 장애(trauma- and stressor-related disorders)'라는 새로운 주요범주의 대표적 장애로 포함되었다. 그 이유는 PTSD의 경우 불안감이나 공포감 이외에도 다른 다양한 증상을 보이므로 불안장애에서 분리하는 것이 바람직하다고 보았기 때문이다. 이러한 분류는 DSM-5-TR(APA, 2022)에서도 유지되고 있다(이문수, 2023). 〈표 9-12〉와 〈표 9-13〉은 DSM-5-TR(APA, 2022)의 PTSD 진단준거를 제시하고 있는데, 전자는 6세 초과의 개인에게 적용되고 후자는 6세 이하의 아동에게 적용된다. 이처럼 DSM-5(APA, 2013)에 이어 DSM-5-TR(APA, 2022)은 PTSD의 진단준거를 6세 초과와 6세 이하로 나누어 제시하고 있는데, 이는 아동의 PTSD를 정의할 때 발달적 특성을 고려해야 하며 따

〈표 9-12〉 DSM-5-TR의 외상후 스트레스장애(6세 초과의 개인) 진단준거

주의: 다음 준거는 성인, 청소년 및 6세 초과 아동에게 적용된다. 6세 이하의 아동을 위해서는 아래(저자주: 이 책에서는 〈표 9-13〉) 해당 준거를 적용한다.

A. 실제적이거나 위협적인 죽음 혹은 심각한 상해, 또는 성폭행에 다음 중 1가지 이상의 방식으로 노출된 적이 있다.

1. 외상성 사건(들)을 직접 경험함
2. 타인에게 일어나는 외상성 사건(들)을 직접 목격함
3. 가까운 가족이나 친구에게 외상성 사건(들)이 일어났다는 것을 알게 됨. 가족이나 친구에게 일어난 실제적이거나 위협적인 죽음의 경우에는 외상성 사건(들)이 폭력적이거나 우발적이어야 함
4. 외상성 사건(들)의 혐오적인 세부사항에 반복적이거나 극단적인 노출을 경험함(예: 사람의 유해를 수거하는 긴급구조원; 아동학대의 세부사항에 반복적으로 노출되는 경찰관)
   주의: 직업과 관련된 경우가 아니라면 준거 A4는 전자매체, 텔레비전, 영화, 또는 사진을 통한 노출에는 적용되지 않는다.

B. 외상성 사건(들)이 발생한 이후에 외상성 사건(들)과 관련된 다음 증상들 중 1가지 이상이 나타난다.

1. 외상성 사건에 대한 반복적이고 무의식적이며 집요하게 떠오르는 고통스러운 회상.
   주의: 6세 초과 아동의 경우에는 외상성 사건의 주제나 형상이 표현되는 반복적인 놀이가 나타날 수 있다.
2. 내용과 정서가 외상성 사건과 관련되어 있는 반복적인 고통스러운 꿈.
   주의: 아동의 경우에는 내용이 인식되지 않는 무서운 꿈을 꿀 수 있다.
3. 마치 외상성 사건이 재발하고 있는 것같이 느끼거나 행동하는 해리성 반응(예: 플래시백).
   (이러한 반응은 연속체상에서 나타나는데, 가장 극단적인 경우는 현재 상황에 대한 완전한 지각 상실임)
   주의: 아동의 경우에는 놀이에서 외상특수성 재연이 나타날 수 있다.
4. 외상성 사건(들)의 형상을 상징하거나 그와 유사한 내적 또는 외적 단서에 노출되었을 때 극심하거나 긴 심리적 고통.
5. 외상성 사건(들)의 형상을 상징하거나 그와 유사한 내적 또는 외적 단서에 대한 현저한 생리적 반응.

C. 외상성 사건(들)이 발생한 이후에 외상성 사건(들)과 관련된 자극에 대한 지속적인 회피가 나타나는데 다음 증상 가운데 하나 또는 둘 다를 보인다.

1. 외상성 사건(들)에 대한 혹은 그와 밀접하게 관련된 고통스러운 기억, 생각, 또는 느낌을 회피하거나 회피하려고 노력한다.
2. 외상성 사건(들)에 대한 혹은 그와 밀접하게 관련된 고통스러운 기억, 생각, 또는 느낌을 상기시키는 외부적인 자극(사람, 장소, 대화, 활동, 사물, 상황)을 회피하거나 회피하려고 노력한다.

D. 외상성 사건(들)과 관련된 인지와 기분의 부정적 변화가 나타나는데, 이러한 변화는 외상성 사건(들) 이후에 시작되거나 악화되는 것으로서 다음 증상 가운데 2가지 이상을 보인다.

〈표 9-12〉 **계속됨**

1. 외상성 사건(들)의 중요한 측면을 기억하지 못한다(두부외상, 알코올, 또는 약물 등의 이유가 아니며 전형적으로 해리성 기억상실증에 기인함).
2. 자신, 타인, 또는 세상에 대한 지속적이고 과장된 부정적인 믿음 또는 예상을 보인다(예: "나는 나빠", "아무도 믿을 수 없어", "세상은 정말 위험해", "나의 모든 신경계가 영구히 망가졌어").
3. 외상성 사건(들)의 원인과 결과에 대한 지속적이고 왜곡된 인지가 나타나 자신이나 타인을 비난하게 된다.
4. 지속적인 부정적 감정상태(예: 두려움, 공포, 분노, 죄책감, 또는 수치심)를 보인다.
5. 유의미한 활동에 대한 관심이나 참여가 현저하게 감소한다.
6. 다른 사람들로부터 분리되는 느낌 또는 소외감이 있다.
7. 긍정적인 감정(예: 행복, 만족, 또는 사랑의 느낌)을 경험하지 못하는 것이 지속된다.

E. 외상성 사건(들)과 관련된 각성과 반응의 현저한 변화가 나타나는데, 이러한 변화는 외상성 사건(들) 이후에 시작되거나 악화되는 것으로서 다음 증상 가운데 2가지 이상을 보인다.

1. 사람이나 사물에 대한 언어적 또는 신체적 공격성으로 주로 표출되는 성마른 행동과 분노폭발(자극이 거의 없거나 전혀 없이)
2. 무모한 행동 또는 자기파괴적 행동
3. 지나친 경계
4. 과장된 놀람 반응
5. 주의집중문제
6. 수면문제(잠이 들거나 잠을 유지하기 어려움 또는 밤새 뒤척이는 수면)

F. 교란(준거 B, C, 및 D)의 지속기간이 1개월 이상이다.

G. 교란이 사회적, 직업적, 또는 기타 중요한 기능영역에 임상적으로 유의한 고통이나 손상을 초래한다.

H. 교란이 물질(예: 치료약물, 알코올)이나 다른 의학적 상태의 생리적 영향에 기인하지 않는다.

명시할 것:

해리성 증상 동반: 증상이 외상후 스트레스장애의 준거를 충족시키고 더불어 스트레스요인에 반응하여 다음 중 어느 1가지 증상이 지속적 또는 반복적으로 나타나는 경우:

1. **이인증**: 자신의 정신과정이나 육체로부터 이탈된 느낌이나 외부의 관찰자가 된 듯한 느낌을 지속적 또는 반복적으로 경험하는 경우(예: 꿈속에 있는 듯한 느낌; 자신이나 육체가 실재하지 않는 듯한 느낌 또는 시간이 천천히 흐르는 듯한 느낌)
2. **비현실감**: 주변 상황에 대한 비현실성을 지속적 또는 반복적으로 경험하는 경우(예: 자신의 주변 세상을 비현실적인, 꿈같은, 요원한, 또는 왜곡된 것으로 경험함)

주의: 이 아형을 사용하기 위해서는 해리성 증상들이 물질(예: 알코올중독에 의한 일시적 기억상실 및 행동)이나 다른 의학적 상태(예: 복합부분발작)의 생리적 영향에 기인하지 않아야만 한다.

명시할 것:

지연된 표출: 사건 출현 후 최소한 6개월이 지나고 나서 진단준거를 완전히 충족시키는 경우(비록 몇몇 증상들은 즉시 나타나거나 표출될 수도 있지만)

〈표 9-13〉 DSM-5-TR의 외상후 스트레스장애(6세 이하의 아동) 진단준거

A. 6세 이하의 아동의 경우에 실제적이거나 위협적인 죽음 혹은 심각한 상해, 또는 성폭행에 다음 중 1가지 이상의 방식으로 노출된 적이 있다.

1. 외상성 사건(들)을 직접 경험함.
2. 타인, 특히 주양육자에게 일어나는 외상성 사건(들)을 직접 목격함.
3. 부모나 양육자에게 외상성 사건(들)이 일어났다는 것을 알게 됨.

B. 외상성 사건(들)이 발생한 이후에 외상성 사건(들)과 관련된 다음 증상들 중 1가지 이상이 나타난다.

1. 외상성 사건에 대한 반복적이고 무의식적이며 집요하게 떠오르는 고통스러운 회상.
   주의: 자발적이고 집요한 회상이 반드시 고통스럽게 보이지 않을 수 있으며 놀이재연으로 표출될 수도 있다.
2. 내용과 정서가 외상성 사건과 관련되어 있는 반복적인 고통스러운 꿈.
   주의: 무서운 내용이 외상성 사건과 관련되어 있다고 확인하는 것이 가능하지 않을 수도 있다.
3. 마치 외상성 사건이 재발하고 있는 것같이 느끼거나 행동하는 해리성 반응(예: 플래시백). (이러한 반응은 연속체상에서 나타나는데, 가장 극단적인 경우는 현재 상황에 대한 완전한 지각 상실임). 그러한 외상특수성 재연이 놀이에서 나타날 수 있다.
4. 외상성 사건(들)의 형상을 상징하거나 그와 유사한 내적 또는 외적 단서에 노출되었을 때 극심하거나 긴 심리적 고통.
5. 외상성 사건(들)을 상기시키는 것들에 대한 현저한 생리적 반응.

C. 외상성 사건(들)과 관련된 자극에 대한 지속적인 회피 또는 외상성 사건(들)과 관련된 인지와 기분의 부정적 변화가 나타나는데, 이러한 회피와 변화는 외상성 사건(들) 이후에 시작되거나 악화되는 것으로서 다음 증상 가운데 1가지 이상을 보여야만 한다.

자극에 대한 지속적인 회피

1. 외상성 사건(들)에 대한 기억을 불러일으키는 활동, 장소, 또는 신체적 상기자극을 회피하거나 회피하려고 노력한다.
2. 외상성 사건(들)에 대한 기억을 불러일으키는 사람, 대화, 또는 대인 간 상황을 회피하거나 회피하려고 노력한다.

인지의 부정적 변화

3. 부정적 감정상태(예: 두려움, 죄책감, 슬픔, 수치심, 혼동)의 빈도가 상당히 증가한다.
4. 유의미한 활동에 대한 관심이나 참여가 현저하게 감소한다(놀이의 축소 포함).
5. 사회적으로 위축된 행동이 나타난다.
6. 긍정적인 감정 표현의 감소가 지속적으로 나타난다.

〈표 9-13〉 계속됨

D. 외상성 사건(들)과 관련된 각성과 반응의 변화가 나타나는데, 이러한 변화는 외상성 사건(들) 이후에 시작되거나 악화되는 것으로서 다음 증상 가운데 2가지 이상을 보인다.

1. 사람이나 사물에 대한 언어적 또는 신체적 공격성으로 주로 표출되는 성마른 행동과 분노폭발(자극이 거의 없거나 전혀 없이)(극단적인 성질부리기 포함)
2. 지나친 경계
3. 과장된 놀람 반응
4. 주의집중문제
5. 수면문제(잠이 들거나 잠을 유지하기 어려움 또는 밤새 뒤척이는 수면)

E. 교란의 지속기간이 1개월 이상이다.

F. 교란이 부모, 형제자매, 또래나 다른 양육자와의 관계 또는 학교행동과의 관계에 임상적으로 유의한 고통이나 손상을 초래한다.

G. 교란이 물질(예: 치료약물, 알코올)이나 다른 의학적 상태의 생리적 영향에 기인하지 않는다.

명시할 것:

해리성 증상 동반: 증상이 외상후 스트레스장애의 준거를 충족시키고 다음 중 어느 1가지 증상이 지속적 또는 반복적으로 나타나는 경우:

1. **이인증:** 자신의 정신과정이나 육체로부터 이탈된 느낌이나 외부의 관찰자가 된 듯한 느낌을 지속적 또는 반복적으로 경험하는 경우(예: 꿈속에 있는 듯한 느낌; 자신이나 육체가 실재하지 않는 듯한 느낌 또는 시간이 천천히 흐르는 듯한 느낌)
2. **비현실감:** 주변 상황에 대한 비현실성을 지속적 또는 반복적으로 경험하는 경우(예: 자신의 주변 세상을 비현실적인, 꿈같은, 요원한, 또는 왜곡된 것으로 경험함)

   주의: 이 아형을 사용하기 위해서는 해리성 증상들이 물질(예: 일시적 기억상실)이나 다른 의학적 상태(예: 복합부분발작)의 생리적 영향에 기인하지 않아야만 한다.

명시할 것:

지연된 표출: 사건 출현 후 최소한 6개월이 지나고 나서 진단준거를 완전히 충족시키는 경우(비록 몇몇 증상들은 즉시 나타나거나 표출될 수도 있지만)

라서 DSM-IV-TR(APA, 2000)의 PTSD 진단준거가 어린 아동에게는 적합하지 않다(Salmon & Bryant, 2002)는 주장이 반영된 결과라고 할 수 있다.

〈표 9-12〉와 〈표 9-13〉에 보이듯이, PTSD로 진단되려면 다음 조건에 부합해야 한다. 첫째, 외상성 사건에 노출된 적이 있어야 한다. 둘째, 외상성 사건에 대한 반복

적이고 비자발적인 재경험으로 고통스러운 기억이 지속되거나, 외상성 사건과 관련된 꿈을 꾸거나, 외상성 사건과 유사한 단서에 노출되었을 때 심리적 혹은 생리적 재반응이 나타난다. 어린 아동의 경우 외상성 사건을 재경험하는 증상이 사건을 재현하는 놀이 형태로 표현되기도 한다. 셋째, 외상성 사건을 회상하게 하는 사람, 장소, 대화, 활동 등을 지속적으로 회피한다. 넷째, 외상성 사건 이후에 각성과 반응의 변화(예: 지나친 경계, 과장된 놀람 반응, 수면문제 등)가 나타난다. 다섯째, 증상이 1개월 이상 지속된다.

2) 출현율

자연재해, 화재, 범죄, 폭력 등의 외상성 사건들은 성격상 예측할 수 없는 경우가 많기 때문에 PTSD의 일반적 출현율을 산출하기란 어려운 일이다. 그러나 아동과 청소년들이 외상성 사건에 빈번하게 노출되는 것이 현실이다. 실제로 아동과 청소년을 대상으로 실시된 조사에서 약 1/4이 16세가 될 때까지 심각한 외상성 사건을 경험하는 것으로 나타났다(Costello, Erkanli, Fairbank, & Angold, 2002). 또한 외상성 사건에 노출된 아동과 청소년의 1/2 이상이 PTSD를 경험한다고 보고한 연구도 있는데(De Bellis & Van Dillen, 2005), 이는 외상성 사건을 겪은 성인보다 높은 비율이다.

PTSD의 출현율은 성별과도 관련이 있는 것으로 보인다. 대부분의 연구들은 남아에 비해 여아의 출현율이 더 높다고 보고하고 있다(Wicks-Nelson & Israel, 2009).

3) 원인

PTSD는 일차적으로 외상성 사건이 일으키지만 외상성 사건을 경험한 모든 사람이 PTSD 진단을 받는 것은 아니다. 즉, 외상성 사건의 경험이 PTSD로 발전하는 데 관여하는 요인들이 있는데 크게 두 가지로 나누어 볼 수 있다. 첫째는 외상성 사건의 특성이다. 예를 들어, 외상성 사건이 얼마나 심각했는지, 얼마나 지속되었는지, 얼마나 갑작스럽게 일어났는지, 다시 반복될 가능성은 얼마나 있는지, 죽은 사람이 있었는지, 자기 자신이나 주변 사람들이 얼마나 죽을 뻔했는지 등은 PTSD로의 발전 여부를 가늠하는 데 중요한 요인이 될 수 있다(김순진, 김환, 2000).

둘째는 외상성 사건 전후의 위험요인이다. 즉, 동일한 외상성 사건을 경험했다 하더라도 모든 사람에서 PTSD가 발현되는 것은 아닌데, 그 이유는 외상성 사건 전후의 위험요인이 PTSD의 발현에 관여하기 때문이다. 이와 같은 외상성 사건 전후의 위험요인은 생물학적 위험요인과 심리사회적 위험요인으로 분류할 수 있다. 물론 앞서 제2장 '정서행동장애의 원인'에서 살펴본 다양한 위험요인도 PTSD에 해당될 수 있으므로 그 내용도 참고하기 바란다. 다음에서는 PTSD의 발현 여부에 관여하는 외상성 사건 전후의 위험요인에 초점을 두고 PTSD의 원인에 대하여 보완적으로 간략하게 살펴보고자 한다.

(1) 생물학적 위험요인

외상성 사건을 경험한 후에 PTSD가 발병하게 되는 데에는 정신장애에 대한 유전적 취약성이 위험요인으로 작용할 수 있다(이소영, 심세훈, 2012). 또한 부교감신경이 우세한 사람들이 교감신경이 우세한 사람들보다 PTSD 장애로 발전할 위험이 더 크다는 보고도 있다(de la Pena, 1984; 김순진, 김환, 2000, 재인용).

(2) 심리사회적 위험요인

이전에 해결되지 못한 심리적 갈등이 외상성 사건에 의해 재활성화되어 나타날 수 있다(이소영, 심세훈, 2012). 또한 심리적 충격을 유발한 외상성 사건(무조건자극)이 반응적 조건형성을 통해 조건자극과 짝을 이루게 되면 무조건자극과 조건자극 모두를 피하려는 회피양상이 나타날 수도 있다(이소영, 심세훈, 2014). 한편 외상성 사건을 경험한 후에 사회적 지지가 부족한 경우에도 PTSD로 발전할 위험이 높아진다(김순진, 김환, 2000; 이소영, 심세훈, 2012, 2014; Wicks-Nelson & Israel, 2009). 즉, 외상성 사건을 경험한 후에 이를 어떤 환경에서 극복하는지가 중요한데, 다른 사람들의 지지를 얻을 수 있고 가족이나 친구들의 보호막이 있는 사람들이 그렇지 못한 사람들에 비해 외상에 더 잘 대처할 수 있다는 것이다.

4) 평가

앞서 살펴본 우울장애의 평가와 마찬가지로 PTSD의 평가도 제3장 2절 '진단'을 참고하면 될 것으로 보인다[제9장 1절 '우울장애'의 '4) 평가' 참조할 것]. 다음에서는 PTSD에 국한된 사정도구만 추가하고자 한다.

아동과 청소년들이 외상성 사건에 빈번하게 노출되어 있고 PTSD로 발전하는 비율이 성인보다 높아 이에 대한 관심과 연구가 증가하고 있다. 따라서 국외에서는 아동과 청소년을 위한 PTSD 사정도구가 다수 개발되어 있다. 그러나 국내에서는 아직 관련 사정도구가 흔하지 않은 실정이다. 국내의 경우, 「임상가용 아동·청소년 PTSD 척도(Clinician Administered PTSD Scale for Children and Adolescents: CAPS-CA)」(Nader et al., 1996)를 구정일 등(2006)이 번역하고 타당도와 신뢰도를 검증한 바 있다. CAPS-CA는 아동과 청소년의 발달적 특성을 고려하여 PTSD 증상의 유무와 빈도, 강도를 평가할 수 있는 임상가용 사정도구다.

물론 PTSD의 평가에서 공존장애가 의심될 경우 그에 대한 평가도 필요하다. PTSD를 겪는 아동과 청소년은 흔히 분리불안장애, 범불안장애, 특정공포증, 우울장애, 품행장애 등을 동반하는 것으로 보고되고 있다(이소영, 심세훈, 2014).

5) 중재

PTSD는 생물학적 위험요인과 심리사회적 위험요인에 연관되어 있고 분리불안장애, 범불안장애, 특정공포증, 우울장애, 품행장애도 흔히 함께 나타난다. 따라서 PTSD의 평가는 포괄적으로 이루어지는데, 중재는 이러한 평가로부터 수집된 정보에 의거하여 계획된다. 이는 PTSD의 중재에서 생물학적 중재와 심리사회적 중재가 함께 실시된다는 것을 의미한다. 한편 최근에는 정서행동장애학생의 학업이나 사회성 기술 등과 관련된 교육적 중재에 대한 관심과 요구도 높아지고 있다. 이 책 제2부 '정서행동장애의 중재'는 3개의 장에 걸쳐 생물학적 중재, 심리사회적 중재, 교육적 중재를 각각 다루고 있으므로 PTSD의 중재는 제2부를 참고하기 바란다.

특히 아동과 청소년 PTSD의 중재와 관련하여 한 가지 유념할 사항은 중재의 목표가 외상성 사건을 잊고 없었던 일로 여기게 하는 것이 아니라는 점이다. 왜냐하면 기억의 문제는 그렇게 간단하지 않으며 잊으려고 노력한다고 해서 잊혀지는 것이 아니기 때문이다. 아동과 청소년 PTSD 중재의 목표는 외상성 사건이 발생하기 이전의 기능 수준으로 회복하는 것인데, 이는 외상성 사건을 받아들이고 그 경험들을 통합하여 일상생활에 잘 적응하게 된다는 뜻이다(김순진, 김환, 2000). 외상성 사건에 노출된 아동과 청소년들의 상당수가 이후에 다양한 심리적 어려움에 직면하는 것으로 알려져 있으므로 아동과 청소년 PTSD의 중재는 지연되지 않는 것이 매우 중요하다.

한편 PTSD의 중재와 관련하여 주목할 만한 개념이 있는데 바로 '외상후 성장(posttraumatic growth: PTG)'이다. 심리학이나 정신건강 분야에서는 사건이나 사고 등으로 생긴 심리적 · 정신적 충격인 외상(trauma)을 극복한 뒤 개인적인 역량과 삶에 대한 만족도가 이전보다 크게 향상되는 현상을 외상후 성장(PTG)이라고 부른다. 이 용어는 심리학자인 Richard Tedeschi와 Lawrence Calhoun(1996)이 만들었는데, 긍정심리학의 창시자인 Martin Seligman도 한 언론사와의 인터뷰에서 이 개념의 중요성을 강조하였다(이새봄, 황미리, 2011). 그에 따르면 모든 사람은 극심한 충격을 받으면 우울증세와 불안증세를 보이지만 시간이 지날수록 이에 대처하는 행동과 태도는 정규분포를 이룬다. 정규분포의 한쪽 끝에는 PTSD를 겪는 사람들이 존재한다. 충격을 극복하지 못하고 극심한 우울과 불안에 빠지는 사람들이다. 정규분포의 중간 부분에 존재하는 대부분 사람은 초반에 우울증세와 불안증세를 보이지만 일정 시간이 흐른 후 충격을 받기 전 상태로 돌아간다. 역경에 대처하는 가장 일반적인 방법을 잘 숙지하고 있는 사람들이다. 다른 한쪽 끝에는 단순한 회복을 넘어 더욱더 강인해지고 성장하는, 즉 외상후 성장에 이르는 사람들이 존재한다. 이들 역시 처음에는 극심한 우울증세와 불안증세를 겪지만 1년도 되지 않아 이를 성장의 발판으로 삼게 된다. 물론 앞서 언급하였듯이 외상성 사건을 경험한 모든 사람이 PTSD 진단을 받는 것이 아닌 것처럼 PTSD 진단을 받은 모든 사람이 '외상후 성장(PTG)'에 이를 수 있는 것은 아니지만 PTSD의 중재 과정에서 촉진할 수는 있을 것이다.

제10장 ··· Introduction to Emotional and Behavioral Disorders

외현화장애

앞서 제9장에서 살펴본 내재화 행동문제가 내부지향적이라면 외현화 행동문제는 외향적이다. 외현화 행동문제에는 공격성, 일탈행동, 불복종, 부주의, 과잉행동, 충동성 등이 포함되는데 이러한 문제를 보이는 아동과 청소년들은 다른 사람들과 갈등 상태에 놓이게 된다. 따라서 이들의 문제를 흔히 외현화장애(externalizing disorders)라고 한다(Webber & Plotts, 2008; Wicks-Nelson & Israel, 2009). 다음에서는 DSM 체계를 중심으로 아동과 청소년의 외현화장애(품행장애, 적대적 반항장애, 주의력결핍과잉행동장애)를 살펴보기로 한다.

1. 품행장애

사례

나영이는 중학교 3학년 여학생이다. 초등학교 1학년부터 산만하고 과격하다는 말을 자주 들었으나 성적은 중간 정도를 유지하였다. 중학교 1학년 2학기부터 어머니의 말을 잘 듣지 않기 시작하였고, 또래와 어울려 다니며 노는 일이 많아지면서 공부에 대한 관심이 점점 줄어 1학년 말에는 거의 최하위 성적을 보였다. 중학교 2학년이 되면서 같이

> 다니던 친구들이 술과 담배를 권하자 처음에는 거절하였으나 자신도 그 친구들과 어울리려면 같은 행동을 해야 한다는 생각에 그들과 함께 음주와 흡연을 하기 시작하였다. 점차 귀가시간이 늦어지고, 간간이 외박도 하였으며, 부모님께는 등교한다고 거짓말하고 무단결석을 자주 하여 학교에서 경고와 징계를 자주 받았다. 3학년이 되면서 또래와 어울려 패싸움을 하고, 담배를 사거나 노래방에 가기 위해 후배들의 돈을 뺏기도 하고, 자주 편의점에서 점원 몰래 담배를 훔치기도 하였다.
>
> 김지훈, 서완석, 2012, p. 130에서 수정 인용.

1) 정의

아동기와 청소년기에는 또래관계의 문제, 부모와의 갈등, 학업 및 진로에 대한 고민 등의 심리적인 문제로 인해 일시적으로 공격성이나 일탈행동이 나타나기도 한다. 대부분의 아동과 청소년은 이러한 문제들을 잘 극복하면서 건강하게 성장하지만, 일부 아동과 청소년은 사회적 기준을 의도적이고 반복적으로 위반하는 반사회적 행동(antisocial behavior)을 보인다. 이와 같이 아동이나 청소년이 타인의 권리를 침해하거나 나이에 적합한 사회규범을 위반하는 행동을 반복적이고 지속적으로 보이는 것을 품행장애(conduct disorder: CD)라고 한다(김지훈, 서완석, 2012).

품행장애에 대해 모든 학자와 임상가가 동의하는 정의는 없지만 현재로서는 미국정신의학회(APA)가 발행하는 DSM에 제시된 진단준거가 가장 널리 사용되고 있다. 〈표 10-1〉은 DSM-5-TR(APA, 2022)의 품행장애 진단준거를 제시하고 있다.

〈표 10-1〉에 보이듯이, 품행장애로 진단되려면 다음 조건에 부합해야 한다. 첫째, 진단준거에 제시된 15가지 증상 가운데 3가지 이상이 지난 12개월 동안 나타나야 하고 그중 적어도 1가지는 지난 6개월 동안 나타나야 한다. 둘째, 증상이 사회적, 학업적, 또는 직업적 기능에 임상적으로 유의한 손상을 초래해야 한다.

2) 출현율

아동과 청소년의 품행장애 출현율은 다소 다양하게 보고되고 있는데 중앙값은 3% 정도로 추정된다(Wicks-Nelson & Israel, 2009). 또한 품행장애는 아동기에서 청소년기

〈표 10-1〉 DSM-5-TR의 품행장애 진단준거

A. 타인의 기본권리 또는 연령에 맞는 주요 사회적 규범이나 규칙을 위반하는 행동양상이 반복적이고 지속적으로 나타나는 것으로, 다음 15가지 증상 가운데 아래 범주와 상관없이 최소한 3가지 증상을 지난 12개월 동안에 보이고 그중 적어도 1가지 증상을 지난 6개월 동안에 보인다.

사람과 동물에 대한 공격성

1. 자주 타인을 괴롭히거나 위협하거나 협박한다.
2. 자주 신체적 싸움을 도발한다.
3. 타인에게 심각한 신체적 해를 입힐 수 있는 무기(예: 방망이, 벽돌, 깨진 병, 칼, 총)를 사용한 적이 있다.
4. 사람들에게 신체적으로 잔혹하게 한 적이 있다.
5. 동물들에게 신체적으로 잔혹하게 한 적이 있다.
6. 피해자와 대면한 상태에서 절도를 한 적이 있다(예: 강도, 날치기, 강탈, 무장강도).
7. 누군가에게 성적 행위를 강요한 적이 있다.

재산의 파괴

8. 심각한 손해를 입히고자 의도적으로 방화를 한 적이 있다.
9. 타인의 재산을 의도적으로 파괴한 적이 있다(방화는 제외).

사기 또는 절도

10. 누군가의 집, 건물, 또는 차에 침입한 적이 있다.
11. 물품이나 호의를 얻기 위해 또는 의무를 회피하기 위해 자주 거짓말을 한다(즉, 타인을 속임).
12. 피해자와 대면하지 않은 상태에서 귀중품을 훔친 적이 있다(예: 무단침입이 없는 들치기, 위조).

심각한 규칙 위반

13. 부모의 금지에도 불구하고 밤늦게까지 자주 집에 들어오지 않는데 이러한 행동이 13세 이전에 시작된다.
14. 부모 또는 부모대리인과 함께 사는 동안 적어도 2회 밤에 돌아오지 않고 가출한다(또는 장기간 돌아오지 않는 1회의 가출).
15. 학교에 자주 무단결석을 하는데 이러한 행동이 13세 이전에 시작된다.

B. 행동의 교란이 사회적, 학업적, 또는 직업적 기능에 임상적으로 유의한 손상을 초래한다.

C. 18세 이상의 경우, 반사회성 성격장애의 진단준거를 충족시키지 않는다.

명시할 것:

아동기 발병형: 10세 이전에 품행장애의 특성으로 최소한 1가지 증상을 보인다.

청소년기 발병형: 10세 이전에 품행장애의 특성으로 어떤 증상도 보이지 않는다.

명시되지 않는 발병: 품행장애 진단준거는 충족시키지만 발병이 10세 이전인지 또는 이후인지를 결정할 만한 충분한 정보가 없다.

〈표 10-1〉 **계속됨**

명시할 것:

제한된 친사회적 정서: 이 명시어에 적합하기 위해서는 다음 특성들 가운데 최소한 2가지가 적어도 12개월에 걸쳐서 다양한 관계와 상황에서 지속적으로 나타나야만 한다. 이러한 특성들은 어떤 상황에서 이따금 발생하는 것이 아니며 이 기간 동안에 개인이 보인 대인 간 기능 및 정서적 기능의 전형적인 양상을 반영한다. 따라서 명시어를 위한 준거를 사정하기 위해서는 다양한 정보원이 필요하다. 개인의 자기보고에 더하여 장기간에 걸쳐 그 개인과 알고 지낸 다른 사람들(예: 부모, 교사, 동료, 대가족구성원, 또래)로부터의 보고를 고려하는 것이 필요하다.

후회나 죄책감의 결여: 어떤 잘못을 저질렀을 때 나쁜 기분이나 죄책감을 느끼지 않는다(잡혔을 때 그리고/또는 벌에 직면했을 때만 표현하는 후회는 제외). 본인 행동의 부정적인 결과에 대한 염려가 전반적으로 결여되어 있다. 예를 들어, 누군가를 다치게 한 후에 후회하지 않거나 규칙을 위반한 결과에 대해 개의치 않는다.

무감각한-감정이입의 결여: 타인의 기분을 무시하거나 개의치 않는다. 냉담하고 배려심이 없는 것으로 보인다. 본인의 행동이 타인들에게 미치는 영향보다는 자신에게 미치는 영향에 더 관심이 있는 것으로 보이며 이는 본인이 타인들에게 상당한 해를 초래한 경우에도 마찬가지다.

수행에 대한 무관심: 학교, 직장 또는 기타 중요한 활동에서의 부실한/문제가 있는 수행에 대해 관심을 보이지 않는다. 기대치가 분명한 때조차 수행을 잘 하기 위해 필요한 노력을 하지 않으며 본인의 수행이 부실한 탓을 전형적으로 타인에게 돌린다.

피상적이거나 불충분한 감정: 피상적, 위선적, 혹은 허울뿐인 듯한 방식을 취할 때(예: 나타나는 감정과 모순되는 행동; 감정의 표현 여부를 빠르게 전환) 또는 이득을 위해 감정적 표현을 사용할 때(예: 타인을 조정하거나 협박하기 위해 보이는 감정)를 제외하고는 타인에게 기분을 표현하거나 감정을 보이지 않는다.

현재의 심각도 명시할 것:

경도: 진단을 내리기 위해 요구되는 바를 초과하는 품행문제가 있더라도 소수며 그리고 품행문제가 타인에게 비교적 가벼운 해를 끼친다(거짓말하기, 무단결석, 허락 없이 밤늦게까지 집에 들어가지 않기, 기타 규칙위반).

중등도: 품행문제의 수와 타인에 대한 영향이 "경도"에 명시된 것과 "중도"에 명시된 것의 중간이다(예: 피해자와 대면하지 않은 상태에서 절도하기, 기물파손).

중도: 진단을 내리기 위해 요구되는 바를 초과하는 품행문제가 많거나 또는 품행문제가 타인에게 상당한 해를 끼친다(예: 성적 강요, 신체적 잔혹함, 무기사용, 피해자와 대면한 상태에서 절도하기, 무단침입).

로 가면서(즉, 연령이 증가하면서) 더 많이 나타난다(김지훈, 양영희, 2014).

성별도 품행장애의 출현율과 관련이 있는 것으로 알려져 있다. 품행장애는 여아보다 남아에게 더 많이 나타나는데, 보통 3:1 또는 4:1 정도의 비율로 보고되고 있다(Wicks-Nelson & Israel, 2009). 또한 10세 이전에 품행장애를 경험하는 비율도 남아가 여아에 비해 더 높다(김지훈, 서완석, 2012).

이처럼 품행장애는 여아에 비해 남아에게서 현저히 높게 나타난다. 이와 관련하여, DSM의 품행장애 진단준거가 남성적 공격성 표현을 강조함으로써 여아의 품행장애가 과소평가된다는 주장도 있다(Crick & Grotpeter, 1995; Crick, Ostrov, & Werner, 2006; Crick & Zahn-Waxler, 2003). 즉, 남아가 주로 신체적 공격성(physical aggression)을 보인다면 여아는 주로 관계적 공격성(relational aggression)을 보이는데 DSM 진단준거가 남아의 공격성에 초점을 맞추고 있다는 것이다. Crick과 Grotpeter(1995)는 신체적 공격성으로 제한된 정의로는 80% 이상의 공격적인 여아들(신체적으로는 공격적이지 않지만 관계적으로 공격적인)을 파악하지 못한다고 하였다. 관계적 공격성에 대한 구체적인 내용은 [보충설명 10-1]에 제시되어 있다.

3) 원인

앞서 제2장 '정서행동장애의 원인'에서는 정서행동장애와 동시에 나타나는 것처럼 보이는 다양한 위험요인을 생물학적 위험요인과 심리사회적 위험요인으로 분류한 후 구체적으로 살펴보았다. 그러나 어느 한 가지 위험요인이 정서행동장애를 유발하는 경우는 거의 없을 뿐 아니라 정서행동장애의 필요조건 또는 충분조건이 되는 위험요인도 없다. 이는 정서행동장애 전반에 대한 내용으로서 품행장애에도 해당되므로 품행장애의 원인은 제2장 '정서행동장애의 원인'의 내용을 참고하기 바란다. 한 가지 유념할 점은 품행장애에서는 생물학적 위험요인보다는 심리사회적 위험요인이 더 영향력이 있을 가능성이 있다는 것이다(Kearney, 2006; Waschbusch, 2002). 다음에서는 품행장애의 원인에 대하여 보완적으로 간략하게 살펴보기로 한다.

(1) 생물학적 위험요인

아동과 청소년의 품행장애는 유전적 영향이 있는 것으로 알려져 있다(Thomas, 2010). 특정 유전자와 품행장애의 연관성은 아직 명확하지 않으나 현재까지 보고된 바로는 2번과 19번 염색체가 관련이 있다(Dick et al., 2004).

뇌손상이나 뇌기능장애 같은 뇌장애도 품행장애와 관련이 있는 것으로 보인다. 예

[보충설명 10-1] 관계적 공격성

흔히 남아가 여아보다 더 높은 수준의 공격성을 나타낸다고 보고된다. 이것은 여아들이 덜 공격적이기 때문인가? Crick과 동료들(Crick & Grotpeter, 1995; Crick & Zahn-Waxler, 2003)은 공격성을 다른 사람을 해치거나 상해하려는 의도로 정의하였다. 그들은 아동기 초기 및 중기 동안 또래 상호작용이 성별에 따라 구분된다는 데 주목하였다. 이것은 아동의 공격성이 동성 또래집단에서 가장 두드러진 사회적 사안에 초점이 맞추어진다는 것을 시사한다. 외현화 행동을 연구할 때, 공격성은 일반적으로 남을 해치거나 해하려는 의도를 가진 외현적인 신체적 혹은 언어적 행동(예: 때리거나 밀기, 다른 사람을 때리겠다고 위협하기)으로 정의되어 왔다. 이것은 아동기 동안 남아들의 보편적인 특징인 도구성(instrumentality)과 신체적 우세와 일치하는 것으로 생각된다. 반면, 여아들은 가까운 일대일의 관계를 발달시키는 데 관심을 갖는다. 따라서 여아의 공격성은 관계적 사안에 초점이 맞추어진다고 가정할 수 있다. 즉, 여아의 행동은 다른 아동의 감정이나 친구관계에 손상을 입히려는 의도적 행동이다. 이러한 관계적 공격성(relational aggression)의 예는 다음과 같다(Crick & Grotpeter, 1996).

- 놀이나 활동에서 특정 아동을 의도적으로 따돌리기
- 특정 아동에게 화를 내고 또래집단에서 배제시키기
- 특정 아동에 대해 거짓말을 하여 다른 아동들이 그 아동을 싫어하게 만들기
- 특정 아동에게 시키는 대로 하지 않으면 싫어할 거라고 말하기
- 특정 아동에 대해 악의적인 말을 하여 다른 아동들이 그 아동을 싫어하게 만들기

관계적 공격성은 내재적 반사회적 행동의 범위에 잘 들어맞으며(Dishion & Patterson, 2006) 유아원 시기(저자주: 3~5세)부터 청소년기까지 나타난다(Crick, Casas, & Ku, 1999; Prinstein, Boergers, & Vernberg, 2001). 또한 관계적 공격성은 또래거부와 우울, 불안, 외로움, 고립과 관련이 있다(Crick & Grotpeter, 1995; Crick, Casas, & Mosher, 1997; Crick & Nelson, 2002). 흥미롭게도, 성별에 적합하지 않은 형태의 공격성을 보이는 아동(예: 외현적으로 공격적인 여아와 관계적으로 공격적인 남아)은 성별에 적합한 형태의 공격성을 보이거나 비공격적인 아동보다 더 많은 문제행동을 보인다고 한다(Crick, 1997).

자료출처: Wicks-Nelson, R., & Israel, A. C. (2009). *Abnormal child and adolescent psychology* (7th ed.). Upper Saddle River, NJ: Pearson Education, Inc. (pp. 197-198)

를 들어, Pennington(2002)은 낮은 전전두엽 뇌용적, 낮은 자율신경계 각성, 낮은 세로토닌 수준 등과 품행장애의 관련성을 검토한 바 있다.

또한 까다로운 기질도 품행장애의 위험요인으로 간주된다. 즉, 까다로운 기질을 가진 아동은 느리거나 순한 기질을 가진 아동에 비해 품행장애를 보일 가능성이 높다(Center & Kemp, 2003).

(2) 심리사회적 위험요인

아동과 청소년 품행장애의 유발과 유지에 관련된 다양한 심리사회적 위험요인이 있다. 예를 들어, 부모의 부적절한 양육방식, 부부갈등을 포함한 가족구성원 간의 갈등, 부모의 정신병리, 양육자의 잦은 교체, 신체적 또는 성적 학대, 빈곤, 일탈된 또래와의 지속적 관계, 폭력적인 이웃환경 및 대중매체 등이 아동과 청소년의 품행장애와 관련이 있는 것으로 알려져 있다(김지훈, 서완석, 2012; 김지훈, 양영희, 2014). 이와 같은 심리사회적 위험요인들(특히 부모관련 요인)은 앞서 살펴본 생물학적 위험요인과 상호작용하여 품행장애의 위험을 크게 증가시킨다(Harvard Health Publications, 2005).

4) 평가

앞서 살펴본 우울장애의 평가와 마찬가지로 품행장애의 평가도 제3장 2절 '진단'을 참고하면 될 것으로 보인다[제9장 1절 '우울장애'의 '4) 평가' 참조할 것]. 다음에서는 품행장애에 국한된 사정도구만 추가하고자 한다.

국외에서 가장 널리 사용되는 품행장애 사정도구의 예로 「자기보고용 비행척도(Self-Report Delinquency Scale: SRD)」(Elliott, Huizinga, & Ageton, 1985)가 있으며, 부모나 교사가 평정하는 「품행장애척도(Conduct Disorder Scale: CDS)」(Gilliam, 2002)도 개발되어 있다. 국내에서는 김헌수와 김현실(2000)이 「청소년 비행행동 측정도구(Scale for Measuring Delinquent Behavior: SMDB)」를 개발한 바 있다. SMDB는 자기보고용 도구로서 6점 척도의 31개 문항으로 구성되어 있다. 자기보고용 품행장애 사정도구는 어린 아동에게는 잘 사용되지 않는데, 그 이유는 품행문제를 정확히 보고하는 능력에 제한이 따르기 때문이다(Wicks-Nelson & Israel, 2009).

물론 품행장애의 평가에서 공존장애가 의심될 경우 그에 대한 평가도 필요하다. 품행장애를 겪는 아동과 청소년들은 다른 정신장애도 함께 경험하는 경우가 많다.

추가로 흔히 나타나는 장애로 주의력결핍과잉행동장애, 우울장애, 불안장애 등이 있다(김지훈, 서완석, 2012; 김지훈, 양영희, 2014).

5) 중재

품행장애는 생물학적 위험요인과 심리사회적 위험요인에 연관되어 있고 주의력결핍과잉행동장애, 우울장애, 불안장애 등도 흔히 함께 나타난다. 따라서 품행장애의 평가는 포괄적으로 이루어지는데, 중재는 이러한 평가로부터 수집된 정보에 의거하여 계획된다. 이는 품행장애의 중재에서 생물학적 중재와 심리사회적 중재가 함께 실시된다는 것을 의미한다. 한편 최근에는 정서행동장애학생의 학업이나 사회성기술 등과 관련된 교육적 중재에 대한 관심과 요구도 높아지고 있다. 이 책 제2부 '정서행동장애의 중재'는 3개의 장에 걸쳐 생물학적 중재, 심리사회적 중재, 교육적 중재를 각각 다루고 있으므로 품행장애의 중재는 제2부를 참고하기 바란다.

아동과 청소년 품행장애의 중재와 관련하여 한 가지 유념할 사항은 중재에서 부모훈련(parent training)이나 가족치료(family therapy)가 강조되어야 한다는 것이다(김지훈, 서완석, 2012; 김지훈, 양영희, 2014; Wicks-Nelson & Israel, 2009). 그 이유는 앞서 원인에서 언급하였듯이, 품행장애에서는 생물학적 위험요인보다는 심리사회적 위험요인의 영향력이 더 크고 심리사회적 위험요인 중에서도 부모관련 요인이 특히 영향력이 있기 때문이다.

6) 비행

아동과 청소년의 품행장애와 관련하여 한 가지 추가적으로 살펴볼 사항은 비행(delinquency)이다. 품행장애가 정신건강체계에서 사용되는 용어라면 비행은 법체계에서 사용되는 용어다(Webber & Plotts, 2008). 즉, 비행은 법률용어며 보통 18세 이하의 아동과 청소년이 범하는 중대범죄(index crime)나 지위위반(status offence)을 의미한다(Wicks-Nelson & Israel, 2009). 중대범죄란 아동이나 청소년뿐만 아니라 성인에게도 불법이 되는 행위(예: 절도, 폭력, 살인 등)고, 지위위반이란 아동과 청소년에게만 불법이 되는 행위(예: 무단결석, 가출, 원조교제 등)를 말한다. 한편 학교체계에서는 사회적 부적응(social maladjustment)이라는 용어가 사용된다(Webber & Plotts, 2008). 사회적 부적응이란 목적지향적이고 자의적이며 흔히 또래 준거집단에 의해 강화되는 것으로 여겨지는 행동문제의 한 패턴이라고 할 수 있다(Merrell, 2003). 이와 같이 아동과 청소년이 보이는 반사회적 행동(antisocial behavior)에 대해 체계(정신건강체계, 법체계, 학교체계)에 따라 각기 다른 용어가 사용되고 있다.

참고로, 비행과 관련하여 아동과 청소년의 중대범죄에 대해 추가로 살펴보면 다음과 같다. 10세 이상 14세 미만의 형사미성년자가 중대범죄 행위를 한 경우 촉법소년(觸法少年)이라고 하며, 형사처벌 대신 보호처분(중대범죄가 심한 경우 장기 소년원 송치 포함)을 받는다. 14세 이상 19세 미만의 경우에는 보호처분 및 형사처벌이 모두 가능하며, 죄질이 매우 나쁘다고 판단되면 일반 형사사건과 같이 재판이 진행되고 실형을 선고받을 수도 있다. 근래 촉법소년이 증가함에 따라 촉법소년의 연령 하향의 필요성이 제기되고 있다(김지훈, 2023).

2. 적대적 반항장애

사례

헤리는 중학교 3학년 여학생이다. 헤리는 화장품을 사 달라는 요구를 어머니가 거절하자 어머니에게 욕설을 하면서 "아빠 돈인데 왜 엄마 마음대로 하냐?"고 대들었다. 화가 난 어머니가 고함을 지르자 헤리는 화를 참지 못해 식탁 위의 컵을 깨고 발을 쿵쿵 굴러서 아래층 사람이 올라와 항의하도록 만들기도 하였다. 또, 밤 12시가 넘도록 컴퓨터를 하면서 어머니에게 라면을 끓여 달라고 했는데 거절당하자 화를 참지 못해 가위로 컴퓨터 선을 자르고 자신의 머리카락도 잘랐다. 참다못한 아버지가 작은 막대기로 헤리를 때리자 방문을 잠그고 베개에 불을 지르기도 하였다.

김지훈, 서완석, 2012, p. 135에서 수정 인용.

1) 정의

적대적이고 반항적인 행동은 분명 평범한 문제며 특히 유아원 시기(저자주: 3~5세)와 청소년기에 더욱 빈번하게 나타난다(Loeber et al., 2000). 예를 들어, 많은 아동과 청소년이 때로 어른들의 말을 듣지 않고 논쟁적이며 합리적 요구에 대해서도 투쟁적으로 반응한다. 그러나 일부 아동과 청소년의 경우 이런 부정적, 적대적, 반항적인행동을 높은 수준으로 나타내는데 이를 적대적 반항장애(oppositional defiant disorder: ODD)라고 한다. 공격성은 ODD에서 주된 문제는 아니지만 또래들에 비해 신체적, 언어적 공격성이 더 많이 나타날 수 있다. 하지만 품행장애와는 달리 ODD에서는 타인의 권리를 침해하는 등의 반사회적 행동 양상은 없다(김지훈, 서완석, 2012).

ODD에 대해 모든 학자와 임상가가 동의하는 정의는 없지만 현재로서는 미국정신의학회(APA)가 발행하는 DSM에 제시된 진단준거가 가장 널리 사용되고 있다. 〈표 10-2〉는 DSM-5-TR(APA, 2022)의 ODD 진단준거를 제시하고 있다.

〈표 10-2〉에 보이듯이, ODD로 진단되려면 다음 조건에 부합해야 한다. 첫째, 진단준거에 제시된 8가지 증상 가운데 4가지 이상이 최소한 6개월 이상 나타나야 한다. 5세 미만의 아동들의 경우에는 적어도 6개월 동안 거의 매일 나타나야 하고, 5세 이상의 경우에는 적어도 6개월 동안 최소한 1주일에 1회 나타나야 한다. 둘째, 사회적, 학업적, 직업적, 혹은 기타 중요한 기능영역에 부정적으로 영향을 미친다. 만약 파괴적 기분 조절부전장애(DMDD)의 진단준거도 충족시킬 경우에는 DMDD로 진단한다.

2) 출현율

아동과 청소년의 ODD 출현율은 품행장애처럼 다소 다양하게 보고되고 있으며 중앙값도 품행장애와 유사하게 3% 정도로 추정된다(Wicks-Nelson & Israel, 2009).

품행장애와 마찬가지로 ODD 역시 여아에 비해 남아에게서 더 많이 보고되고 있다. 그러나 ODD의 성별 차이는 아직 명확하지 않으며, DSM의 진단준거가 여아들에게 적합한지에 대한 의문도 제기되어 왔다(Loeber et al., 2000; Maughan, Rowe, Messer, Goodman, & Meltzer, 2004; Waschbusch & King, 2006).

3) 원인

앞서 제2장 '정서행동장애의 원인'에서는 정서행동장애와 동시에 나타나는 것처럼 보이는 다양한 위험요인을 생물학적 위험요인과 심리사회적 위험요인으로 분류한 후 구체적으로 살펴보았다. 그러나 어느 한 가지 위험요인이 정서행동장애를 유

〈표 10-2〉 DSM-5-TR의 적대적 반항장애 진단준거

A. 화난/성마른 기분, 논쟁적/반항적 행동, 또는 복수심이 최소한 6개월 지속되는데, 다음 8가지 증상 가운데 아래 범주와 상관없이 적어도 4가지 증상을 보이고 형제자매가 아닌 사람 1인 이상과의 상호작용에서 표출된다.

화난/성마른 기분

1. 자주 버럭 화를 낸다.
2. 자주 과민해지거나 쉽게 언짢아진다.
3. 자주 화가 나 있고 원망스러워한다.

논쟁적/반항적 행동

4. 자주 권위자 또는 성인(아동과 청소년의 경우)과 논쟁한다.
5. 자주 권위자의 요구나 규칙에 따르기를 적극적으로 무시하거나 거부한다.
6. 자주 고의적으로 타인을 귀찮게 한다.
7. 자주 본인의 실수나 잘못된 행동을 타인의 탓으로 돌린다.

복수심

8. 지난 6개월 이내에 두 차례 이상 악의에 차 있거나 앙심을 품은 적이 있다.

주의: 이러한 행동들의 지속성과 빈도는 정상한계 내의 행동을 징후적인 행동과 구별하는데 사용되어야만 한다. 5세 미만의 아동들의 경우, 달리 언급되지 않는다면(준거 A8), 행동이 적어도 6개월 동안 거의 매일 발생해야 한다. 5세 이상의 경우, 달리 언급되지 않는다면(준거 A8), 행동이 적어도 6개월 동안 최소한 1주일에 1회 발생해야 한다. 이와 같은 빈도준거는 증상을 정의하기 위한 최소빈도수준의 지침을 제공하고 있으나 다른 요인들(예: 행동의 빈도와 강도가 개인의 발달수준, 성별, 및 문화에 비추어 정상범위를 벗어나는지의 여부)도 고려되어야만 한다.

B. 행동의 교란이 자신 또는 본인의 직접적인 사회적 맥락(예: 가족, 또래집단, 직장동료)에 있는 사람들의 고통과 관련이 있다. 또는 행동의 교란이 사회적, 학업적, 직업적, 혹은 기타 중요한 기능영역에 부정적으로 영향을 미친다.

C. 행동들이 정신증적 장애, 물질사용장애, 우울장애, 또는 양극성장애의 경과 중에만 국한해서 나타나는 것이 아니다. 또한 파괴적 기분 조절부전장애의 진단준거를 충족시키지 않는다.

현재의 심각도 명시할 것:

경도: 증상이 1가지 상황(예: 집에서, 학교에서, 직장에서, 또래와)에서만 나타난다.
중등도: 일부 증상이 적어도 2가지 상황에서 나타난다.
중도: 일부 증상이 3가지 이상의 상황에서 나타난다.

발하는 경우는 거의 없을 뿐 아니라 정서행동장애의 필요조건 또는 충분조건이 되는 위험요인도 없다. 이는 정서행동장애 전반에 대한 내용으로서 ODD에도 해당되므로 ODD의 원인은 제2장 '정서행동장애의 원인'의 내용을 참고하기 바란다. 한 가지 유념할 점은 ODD에서는 생물학적 위험요인보다는 심리사회적 위험요인이 더 영향력이 있을 가능성이 있다는 것이다(Waschbusch, 2002). 다음에서는 ODD의 원인에 대하여 보완적으로 간략하게 살펴보기로 한다.

(1) 생물학적 위험요인

ODD만을 대상으로 한 유전관련 연구는 찾아보기 힘들다(김지훈, 서완석, 2012; 김지훈, 양영희, 2014). 그러나 ODD, 품행장애, ADHD의 공존장애가 유전적인 취약성에 의해 발생한다고 보고된 바는 있다(Comings et al., 2000; Nadder, Rutter, Silberg, Maes, & Eaves, 2002).

한편 뇌장애와 관련된 연구에 의하면 ODD는 전전두엽의 이상, 세로토닌이나 도파민의 시스템 이상 등과 관련이 있는 것으로 보인다(Connor, 2002).

또한 ODD는 양육하기 어렵고 감정적 과잉반응을 보이는 기질과도 관련이 있는 것으로 알려져 있다(Frick & Morris, 2004). 이러한 기질적 특성이 있는 경우에는 영유아기부터 수면, 섭식, 배변훈련, 예의 바른 행동을 아동이 거부하고 부모는 강요하는 양상이 반복되며, 성장하면서 부정적, 반항적, 적대적 태도의 정도가 증가하는 경향이 나타난다(김지훈, 서완석, 2012).

(2) 심리사회적 위험요인

아동과 청소년 ODD의 유발과 유지에 관련된 다양한 심리사회적 위험요인이 있다. 예를 들어, 부모의 부적절한 양육방식, 부부갈등을 포함한 가족구성원 간의 갈등, 가정폭력, 부모의 정신병리, 아동학대 등이 아동과 청소년의 ODD와 관련이 있는 것으로 알려져 있다(Greene et al., 2002). 특히 지나치게 가혹하거나 일관적이지 않은 부모의 훈육방법이 자녀의 반항적 태도를 유발할 수 있다(Steiner & Remsing, 2007; Thomas, 2010). 이와 같은 심리사회적 위험요인들은 앞서 살펴본 생물학적 위험요인과 상호작용하여 ODD의 위험을 높인다(Frick & Morris, 2004).

4) 평가

앞서 살펴본 우울장애의 평가와 마찬가지로 ODD의 평가도 제3장 2절 '진단'을 참고하면 될 것으로 보인다[제9장 1절 '우울장애'의 '4) 평가' 참조할 것]. 다음에서는 ODD에 국한된 사정도구만 추가하고자 한다.

ODD의 생물학적 위험요인에서 언급되었듯이, ODD만을 대상으로 한 유전관련 연구는 찾아보기 힘들지만 ODD, 품행장애, ADHD의 공존장애를 대상으로 한 유전관련 연구는 수행된 바 있다. 이와 유사하게, ODD만을 평가하는 사정도구는 찾기 힘든 반면에 ODD, 품행장애, ADHD와 연관된 문제행동을 두루 평가하기 위해 개발된 사정도구는 있다. 그 예로「Eyberg 아동행동검사(Eyberg Child Behavior Inventory: ECBI)」가 있는데, ECBI는 2~17세 아동과 청소년을 대상으로 하는 부모용 도구로서 7점 척도의 36개 문항으로 구성되어 있다(Burns & Patterson, 1990).

물론 ODD의 평가에서 공존장애가 의심될 경우 그에 대한 평가도 필요하다. ODD를 겪는 아동과 청소년들은 다른 정신장애도 함께 경험하는 경우가 많다. 주의력결핍과잉행동장애가 가장 흔하게 동반되며 성장하면서 우울장애와 불안장애를 겪을 가능성이 높다(김지훈, 서완석, 2012; Lavigne et al., 2001).

5) 중재

ODD는 생물학적 위험요인과 심리사회적 위험요인에 연관되어 있고 주의력결핍과잉행동장애, 우울장애, 불안장애 등도 흔히 함께 나타난다. 따라서 ODD의 평가는 포괄적으로 이루어지는데, 중재는 이러한 평가로부터 수집된 정보에 의거하여 계획된다. 이는 ODD의 중재에서 생물학적 중재와 심리사회적 중재가 함께 실시된다는 것을 의미한다. 한편 최근에는 정서행동장애학생의 학업이나 사회성기술 등과 관련된 교육적 중재에 대한 관심과 요구도 높아지고 있다. 이 책 제2부 '정서행동장애의 중재'는 3개의 장에 걸쳐 생물학적 중재, 심리사회적 중재, 교육적 중재를 각각 다루고 있으므로 ODD의 중재는 제3부를 참고하기 바란다.

아동과 청소년 ODD의 중재와 관련하여 한 가지 유념할 사항은 중재에서 부모훈련(parent training)이나 가족치료(family therapy)가 강조되어야 한다는 것이다(김지훈, 서완석, 2012; 김지훈, 양영희, 2014; Wicks-Nelson & Israel, 2009). 그 이유는 앞서 원인에서 언급하였듯이, ODD에서는 생물학적 위험요인보다는 심리사회적 위험요인의 영향력이 더 크고 심리사회적 위험요인 중에서도 부모관련 요인이 특히 영향력이 있기 때문이다.

6) ODD와 품행장애의 관계

앞서 '1) 정의'에서 언급하였듯이 어떤 아동이 ODD와 파괴적 기분 조절부전장애(DMDD)의 진단준거를 동시에 충족시킬 경우에는 DMDD로만 진단한다. 이에 비해 어떤 아동이 ODD와 품행장애의 진단준거를 동시에 충족할 경우 두 진단을 모두 내릴 수 있다. 하지만 DMDD가 새로 포함된 DSM-5(APA, 2013) 이전인 DSM-IV-TR(APA, 2000)에서는 어떤 아동이 ODD와 품행장애의 진단준거를 동시에 충족할 경우 품행장애 진단만 내렸다. 이처럼 DSM-5(APA, 2013)부터는 ODD와 품행장애의 동시진단을 허용하고 있는데, DSM-5-TR(APA, 2022)에 따르면 ODD와 품행장애는 다음과 같은 유사점과 차이점을 보이는 구별되는 장애다.

- ODD와 품행장애의 유사점: ODD와 품행장애는 모두 성인과 권위자(예: 부모, 교사, 상사)와의 갈등을 초래하는 증상과 관련이 있다.
- ODD와 품행장애의 차이점: ODD의 행동은 품행장애의 행동에 비해 전형적으로 덜 심각하고 사람과 동물에 대한 공격성, 재산의 파괴, 사기 또는 절도 패턴을 포함하지 않는다. 이뿐만 아니라 ODD는 정서 조절부전의 문제(예: 분노 및 성마른 기분)를 포함하는데 이는 품행장애의 정의에 해당되지 않는다.

3. 주의력결핍과잉행동장애

사례

민우는 고등학교 1학년 남학생이다. 수업 중에 떠들거나 장난쳐서 선생님에게 지적을 많이 받는다. 학교에서 돌아오면 가방을 마룻바닥 등 아무 곳에나 던져두고 정리정돈을 못해 늘 주변이 어질러져 있다. 아침 등교시간에 안경을 어디에 두었는지 몰라 찾아 헤매다가 지각을 하기도 한다. 친구를 만나러 나가면 부모님과의 약속시간을 깜박 잊고 몇 시간씩 늦게 돌아오는 일이 잦다. 민우는 걸음마를 할 때부터 늘 뛰어다니고 넘어져서 다치는 일이 많았다. 유치원 때는 혼자 장난감을 가지고 놀겠다고 해서 또래들이 같이 안 놀려고 하였다. 초등학교 생활기록부에 '주의집중을 요한다, 교우관계에서 양보심이 필요하다'는 선생님의 평이 있었고, 중학교 생활기록부에도 '주변정돈이 잘 되지 않는다, 협동심과 양보심이 필요하다'는 선생님의 지적이 있었다.

신동원, 구영진, 2012, pp. 96-97에서 수정 인용.

1) 정의

우리 모두는 이웃이나 공공장소 또는 학교에서 소위 말썽꾸러기로 불리는 아동을 본 적이 있을 것이다. 그 아동들 대부분은 1~2분 이상을 한곳에 집중하지 못하고, 슈퍼마켓이나 백화점에서 마치 모터를 달아 놓은 것처럼 눈에 보이는 모든 것에 반응하며 부모나 점원이 하는 이야기를 거의 듣지 않는 것처럼 보인다. 또한 그들은 말이 많고, 자신의 차례를 기다리지 못하며, 다른 사람들을 방해하여 눈총을 받는다. 한마디로 그들은 집중력이 부족하고 과도하게 활동적이고 충동적인 행동을 보이는데, 이러한 행동특성은 발달과정에서 일시적으로 나타날 수도 있다. 그러나 이러한 행동특성이 지속적이고 빈번하게 나타날 경우 주의력결핍과잉행동장애(attention deficit hyperactivity disorder: ADHD)로 진단된다.

ADHD에 대해 모든 학자와 임상가가 동의하는 정의는 없지만 현재로서는 미국정신의학회(APA)가 발행하는 DSM에 제시된 진단준거가 가장 널리 사용되고 있다. 〈표 10-3〉은 DSM-5-TR(APA, 2022)의 ADHD 진단준거를 제시하고 있다.

〈표 10-3〉 DSM-5-TR의 주의력결핍과잉행동장애 진단준거

A. 기능이나 발달을 방해하는 부주의 그리고/또는 과잉행동-충동성의 지속적인 양상이 (1) 그리고/또는 (2)와 같이 나타난다.

1. 부주의: 다음 증상 가운데 6가지 이상이 발달수준에 맞지 않고 사회적 및 학업적/직업적 활동에 직접적인 부정적 영향을 미칠 정도로 최소한 6개월 동안 지속되어 왔다.
   주의: 이 증상들은 단지 적대적 행동, 반항, 적개심, 과제나 지시에 대한 이해 실패의 표출로 나타나는 것이 아니다. 연령이 높은 청소년과 성인들의 경우(17세 이상), 최소한 5가지 증상이 요구된다.

   a. 자주 세부사항에 면밀한 주의를 기울이지 못하거나 학교과제, 작업, 혹은 기타 활동에서 부주의한 실수를 범한다(예: 세부사항을 간과하거나 놓침, 일이 부정확함).
   b. 자주 과제 또는 놀이활동에서 주의력을 지속하는 데 어려움을 보인다(예: 강의, 대화, 혹은 장문 읽기 중에 계속 주의를 집중하기 어려움).
   c. 자주 다른 사람이 직접 말을 할 때 경청하지 않는 것처럼 보인다(예: 분명한 주의산만 요인이 없을 때조차 마음이 다른 곳에 있는 것처럼 보임).
   d. 자주 지시에 끝까지 따르지 않고 학교과제, 집안일, 또는 직장임무를 완수하지 못한다(예: 과제를 시작은 하지만 빨리 집중력을 잃고 쉽게 곁길로 빠짐).
   e. 자주 과제와 활동을 조직하는 데 어려움을 보인다(예: 순차적 과제를 해 나가기 어려움, 자료와 소지품을 정리하기 어려움, 뒤죽박죽의 비조직화된 작업, 서툰 시간관리, 최종기한을 맞추지 못함).
   f. 자주 지속적인 정신적 노력이 요구되는 과제에의 참여를 회피하거나 싫어하거나 또는 꺼린다(예: 학교과제 또는 숙제; 연령이 높은 청소년과 성인의 경우에는 보고서 준비하기, 서식 완성하기, 긴 서류 검토하기).
   g. 자주 과제나 활동에 필요한 물건을 잃어버린다(예: 수업준비물, 연필, 책, 도구, 지갑, 열쇠, 서류, 안경, 휴대폰).
   h. 자주 외부자극에 의해 쉽게 산만해진다(연령이 높은 청소년과 성인의 경우에는 관련 없는 생각이 포함될 수도 있음).
   i. 자주 일상활동에서 잘 잊어버린다(예: 집안일 하기, 심부름하기; 연령이 높은 청소년과 성인의 경우에는 전화 회답하기, 청구서 납부하기, 약속 지키기).

2. 과잉행동 및 충동성: 다음 증상 가운데 6가지 이상이 발달수준에 맞지 않고 사회적 및 학업적/직업적 활동에 직접적인 부정적 영향을 미칠 정도로 최소한 6개월 동안 지속되어 왔다.
   주의: 이 증상들은 단지 적대적 행동, 반항, 적개심, 과제나 지시에 대한 이해 실패의 표출로 나타나는 것이 아니다. 연령이 높은 청소년과 성인들의 경우(17세 이상), 최소한 5가지 증상이 요구된다.

   a. 자주 손발을 만지작거리거나 의자에 앉아서도 몸을 꼼지락거린다.
   b. 자주 계속적인 착석이 요구되는 상황에서 자리를 이탈한다(교실, 사무실이나 기타 작업장, 또는 자리에 머물기가 요구되는 기타 상황에서 본인의 자리를 이탈함).
   c. 자주 부적절한 상황에서 돌아다니거나 기어오른다(주의: 청소년이나 성인의 경우, 좌불안석감으로 제한될 수도 있음).

〈표 10-3〉 **계속됨**

d. 자주 여가활동에서 조용히 즐기거나 참여할 수 없다.

e. 자주 "모터에 의해 질주하는" 것처럼 행동하면서 "끊임없이 활동한다"(예: 식당이나 회의에서처럼 장시간 가만히 있는 것이 불가능하거나 불편함; 다른 사람들이 가만히 있지 못하거나 계속하기 어렵다는 것을 경험할 수도 있음).

f. 자주 지나치게 말을 많이 한다.

g. 자주 질문이 채 끝나기 전에 답을 불쑥 말한다(예: 다른 사람의 말을 중간에 가로채서 자기가 대신 마무리함, 대화에서 차례를 기다리지 못함).

h. 자주 자신의 차례를 기다리는 데 어려움을 보인다(예: 줄서서 기다리는 동안).

i. 자주 타인을 방해하고 간섭한다(예: 대화, 게임, 혹은 활동에 참견함, 요청이나 허락 없이 타인의 물건을 사용하기 시작함; 청소년과 성인의 경우에는 다른 사람이 하고 있는 일을 간섭하거나 꿰찰 수도 있음).

B. 몇몇 부주의 또는 과잉행동–충동성 증상이 12세 이전에 있었다.

C. 몇몇 부주의 또는 과잉행동–충동성 증상이 2가지 이상의 상황에서 나타난다(예: 가정, 학교, 또는 직장에서; 친구 또는 친척과; 기타 활동에서)

D. 증상들이 사회적, 학업적, 또는 직업적 기능을 방해하거나 그 질을 낮춘다는 명백한 증거가 있다.

E. 증상들이 조현병이나 다른 정신증적 장애의 경과 중에만 국한해서 나타나는 것이 아니며 다른 정신장애(예: 기분장애, 불안장애, 해리장애, 성격장애, 물질중독 또는 위축)에 의해 더 잘 설명되지 않는다.

명시할 것:

복합형: 지난 6개월 동안 준거 A1(부주의)과 준거 A2(과잉행동–충동성) 모두를 충족시키는 경우

부주의 우세형: 지난 6개월 동안 준거 A1(부주의)은 충족시키지만 준거 A2(과잉행동–충동성)는 충족시키지 못하는 경우

과잉행동–충동성 우세형: 지난 6개월 동안 준거 A2(과잉행동–충동성)는 충족시키지만 A1(부주의)은 충족시키지 못하는 경우

명시할 것:

부분관해: 이전에는 진단준거를 충족시켰고, 지난 6개월 동안에는 진단준거를 충족시키는 것보다는 적은 증상을 보이며, 그 증상들이 여전히 사회적, 학업적, 또는 직업적 기능에 손상을 초래한다.

현재의 심각도 명시할 것:

경도: 진단을 내리기 위해 요구되는 바를 초과하는 증상이 있더라도 소수며, 그리고 그 증상들이 사회적 혹은 직업적 기능에 경미한 손상만 초래한다.

중등도: "경도"와 "중도" 사이의 증상 또는 기능적 손상이 나타난다.

중도: 진단을 내리기 위해 요구되는 바를 초과하는 증상이 많거나 특히 심각한 몇몇 증상이 있고, 또는 그 증상들이 사회적 혹은 직업적 기능에 현저한 손상을 초래한다.

〈표 10-3〉에 보이듯이, ADHD로 진단되려면 다음 조건에 부합해야 한다. 첫째, 6가지 이상의 주의력결핍 증상 그리고/또는 6가지 이상의 과잉행동-충동성 증상이 6개월 이상 지속되어야 한다. 단, 17세 이상의 청소년과 성인의 경우에는 5가지 이상의 증상이 요구된다(저자주: 이 책에서는 'inattention'과 'attention deficit'를 모두 '주의력결핍'으로 번역함). 둘째, 증상이 12세 이전에 나타나야 한다. 셋째, 증상이 2가지 이상의

[보충설명 10-2] ADHD와 미국 「장애인교육법(IDEA 2004)」

미국에서는 ADHD로 진단된 학생의 40~50%가 특수교육을 받고 있는데, 이들 대부분은 '정서장애' 또는 '특정 학습장애' 특수교육대상자다(Reid & Maag, 1998; Zentall, 2006). 하지만 일부는 '기타 건강장애' 특수교육대상자로 선정되어 특수교육을 받는다(Heward, 2009; Rosenberg et al., 2011). 사실 ADHD는 미국 「장애인교육법(IDEA 2004)」에서 기타 건강장애(other health impairment: OHI)에 포함되어 있는데, 「장애인교육법(IDEA 2004)」의 OHI 정의는 다음과 같다.

- 기타 건강장애는 제한된 체력, 활력, 민첩성을 나타내는 것을 의미하며, 교육환경과 관련하여 제한된 민첩성으로 귀결되는 환경자극에 대한 과도한 민첩성을 포함한다.

(i) 천식, 주의력결핍장애나 주의력결핍과잉행동장애, 당뇨, 간질, 심장 상태, 혈우병, 납중독, 백혈병, 신장염, 류머티즘성 열병, 겸상적혈구빈혈증, 투렛증후군과 같은 만성적 또는 급성적 건강문제에 기인한다.

(ii) 아동의 교육적 수행에 부정적인 영향을 미친다.

그러나 ADHD로 진단된 학생들 가운데 일부는 「장애인교육법(IDEA 2004)」의 선정기준을 충족시키지 못해 특수교육대상자로 선정되지 못하기도 한다. 이는 ADHD 증상이 상대적으로 경미하거나 약물로 통제될 수 있고 교육적 수행에 부정적인 영향을 미치지 않는 경우다. 하지만 이러한 경우에도 「재활법」 제504조(Section 504 of the Rehabilitation Act)에 의해 서비스대상자로 선정되면 일반학급에서 필요한 조정이나 서비스를 받을 수 있다. 예를 들어, 학생 좌석의 배치를 변경하고(예: 역할 모델이 될 만한 또래 근처나 교실의 조용한 곳으로 이동), 적절한 경우에 교실에서 돌아다닐 수 있도록 허용하며, 필요하다면 시험을 볼 때 휴식시간이나 추가시간을 제공하고, 조직화 기술을 향상시킬 수 있도록 지원을 제공한다(Rosenberg et al., 2011). 「재활법」에 대해서는 제3장 3절 '적부성'을 참고하기 바란다.

상황에서 관찰되어야 한다. 넷째, 증상이 사회적, 학업적, 또는 직업적 기능을 방해하거나 그 질을 낮춘다는 명백한 증거가 있어야 한다.

한편 ADHD는 DSM-5-TR(APA, 2022)에서 '신경발달장애(neurodevelopmental disorders)'라는 주요범주에 포함되어 있는데 이는 앞서 살펴본 다른 외현화장애인 품행장애와 ODD가 '파괴적, 충동-조절, 및 품행 장애(disruptive, impulse-control, and conduct disorders)'라는 주요범주에 포함되어 있는 것과는 비교된다(제1장의 〈표 1-11〉 참조). 사실 미국 「장애인교육법(IDEA 2004)」에서는 ADHD가 '기타 건강장애(other health impairment)'에 포함되어 있는데, 이에 대해서는 [보충설명 10-2]를 참고하기 바란다.

2) 출현율

아동과 청소년의 ADHD 출현율은 전 세계적으로 7.2% 정도인데(APA, 2022), 국가 간 출현율은 0.1%에서 10.2%까지 매우 다양하다. 아동기에서 청소년기로 가면서 더 많이 나타나는 품행장애와는 대조적으로, ADHD는 아동기에서 청소년기로 가면서(즉, 연령이 증가하면서) 출현율이 감소한다(Wicks-Nelson & Israel, 2009). 이와 같은 출현율 감소는 ADHD 증상이 아동기에 확연히 드러나다가 청소년기에는 덜 심하게 나타나는 경향이 있기 때문이다. Barkley(2003)에 따르면, 초등학교 때 ADHD로 진단된 아동의 50~80%가 청소년기에도 계속해서 ADHD를 유지한다. 한편 ADHD로 진단된 아동의 60% 정도에서는 성인까지 일부 증상이 지속된다(Asherson, 2012).

성별도 ADHD의 출현율과 관련이 있는 것으로 알려져 있다. ADHD는 여아보다 남아에게 더 많이 나타나는데, 보통 4:1 정도의 비율로 보고되고 있으며 어릴수록 이 비율은 더 높다(Barkley, 2006).

3) 원인

앞서 제2장 '정서행동장애의 원인'에서는 정서행동장애와 동시에 나타나는 것처럼 보이는 다양한 위험요인을 생물학적 위험요인과 심리사회적 위험요인으로 분류한 후 구체적으로 살펴보았다. 그러나 어느 한 가지 위험요인이 정서행동장애를 유발하는 경우는 거의 없을 뿐 아니라 정서행동장애의 필요조건 또는 충분조건이 되는 위험요인도 없다. 이는 정서행동장애 전반에 대한 내용으로서 ADHD에도 해당되므로 ADHD의 원인은 제2장 '정서행동장애의 원인'의 내용을 참고하기 바란다. 한 가지 유념할 점은 ADHD에서는 심리사회적 위험요인보다는 생물학적 위험요인이 더 영향력이 있을 가능성이 있다는 것이다(Kearney, 2006; Waschbusch, 2002). 이는 앞서 언급한 것처럼 ADHD가 DSM-5-TR(APA, 2022)에서 '신경발달장애'라는 주요범주에 포함되어 있고 미국「장애인교육법(IDEA 2004)」에서는 '기타 건강장애'에 포함되어 있다는 점에서도 알 수 있다. 다음에서는 ADHD의 원인에 대하여 보완적으로 간략하게 살펴보기로 한다.

(1) 생물학적 위험요인

ADHD의 유발에는 특히 생물학적 위험요인들이 관련된 것으로 보인다(Kearney, 2006). 먼저, ADHD는 유전적 영향이 큰 것으로 알려져 있다. 예를 들어, 부모나 형제자매 중 1명이 ADHD를 가지고 있는 아동에게 ADHD가 나타날 확률은 가족 내 ADHD가 없는 아동에 비해 5배 정도 높은 것으로 보고된 바 있다(Biederman, Faraone, Keenan, & Tsuang, 1991). 또한 일란성 쌍생아 중 1명이 ADHD일 때 다른 1명이 ADHD일 가능성은 67~81%나 된다(Barkley, 2003). 이러한 결과를 통해 보면, ADHD의 유전율 추정치는 80% 정도인데 이는 키가 유전되는 확률과 유사하다(Smith, Barkley, & Shapiro, 2006).

뇌손상이나 뇌기능장애 같은 뇌장애도 ADHD와 관련이 있는 것으로 보인다. 예를 들어, 뇌의 전두엽 부분의 손상이 주의력결핍, 과잉행동, 충동성을 초래한다는 보고가 있다(Strauss & Lehtinen, 1947; Rosenberg et al., 2011, 재인용). 그러나 대부분의 ADHD 아동이 뇌손상을 입지 않았다는 점을 유념해야 하는데, ADHD 아동의 5~10%만이 외상(교통사고나 낙상), 독소, 혹은 질병에 의해 뇌손상을 입은 것으로 알려져 있다(Barkley, 2000). 이에 비해 뇌손상을 입지 않은 90~95%의 ADHD 아동은 뇌기능에 이상이 있다는 증거가 많다. 예를 들어, ADHD를 가진 학생과 그렇지 않은 학생 간에는 뇌에서 발생하는 화학작용에서 차이가 있는데, ADHD 학생의 경우 신경전달물질인 도파민과 노르에피네프린이 부족하다는 사실이 알려져 있다(DuPaul, Barkley, & Connor, 1998).

(2) 심리사회적 위험요인

앞서 살펴본 바와 같이 ADHD 유발에 기여하는 생물학적 위험요인은 ADHD의 원인을 설명하는 데 중요하다. 그러나 심리사회적 위험요인이 ADHD를 유지시키고 악화시키는 데 상당한 영향을 미치는 것으로 보인다. 이러한 심리사회적 위험요인 가운데 가장 주목할 만한 것은 부모-아동 간 그리고 교사-아동 간 상호작용이다(Kearney, 2006).

ADHD의 원인에 대한 초기 이론에서는 부모의 부적절한 양육방식이 ADHD를 유발하는 주요 원인으로 간주되기도 하였으나 이에 대한 증거는 없다(Barkley, 2003; Reid & Johnson, 2012). 하지만 부모의 부적절한 양육방식은 ADHD의 정도에 중요한 영향을 미친다. 일단 자녀에게 ADHD 증상이 나타나면 부모는 상당한 스트레스를 받게 되는데, 이때 부모의 대처방식에 따라서 아동의 증상이 얼마나 심각하게 또 얼마나 오래 지속되는지가 부분적으로 결정된다. 따라서 ADHD 아동을 위한 중재계획에는 부모교육과 부모참여가 반드시 포함되어야 한다(신현균, 김진숙, 2000; Kearney, 2006; Rosenberg et al., 2011).

비슷한 조건이 ADHD 아동에 대한 교사의 지도방식에도 적용된다. 즉, 교사의 부적절한 지도방식이 ADHD의 정도에 영향을 미친다는 것이다. 예를 들어, 교사가 ADHD 아동의 행동을 강화하거나 또래와의 상호작용을 못하게 함으로써 그 아동에게 과도한 관심을 보일 수도 있다. 따라서 ADHD 아동을 위한 중재계획에서는 교사의 협력과 의견도 반드시 포함되어야 한다(신현균, 김진숙, 2000; Kearney, 2006; Rosenberg et al., 2011).

4) 평가

앞서 살펴본 우울장애의 평가와 마찬가지로 ADHD의 평가도 제3장 2절 '진단'을 참고하면 될 것으로 보인다[제9장 1절 '우울장애'의 '4) 평가' 참조할 것]. 다음에서는 ADHD에 국한된 사정도구만 추가하고자 한다.

아동과 청소년의 ADHD를 평가하기 위한 사정도구의 예로 「한국판 ADHD 평가척도(Korean-ADHD Rating Scale-5: K-ARS-5)」가 있다. K-ARS-5는 신민섭, 김붕년, 김재원, 홍순범(2025)이 미국의 「ADHD Rating Scale-5」(DuPaul, Power, Anastopoulos, & Reid, 2016)를 한국의 5~15세 아동 및 청소년들을 대상으로 표준화한 것으로서

ADHD를 선별 또는 진단하는 데 유용한 정보를 제공할 수 있다. K-ARS-5에는 부모보고형과 교사보고형이 포함되어 있으며 각 유형은 아동용(5~12세)과 청소년용(13~15세)으로 구성되어 있다.

물론 ADHD의 평가에서 공존장애가 의심될 경우 그에 대한 평가도 필요하다. ADHD를 가진 아동과 청소년들은 다른 정신장애도 함께 경험하는 경우가 많다. 추가로 흔히 나타나는 장애로 ODD, 품행장애, 우울장애, 불안장애, 양극성장애 등이 있다(Reid & Johnson, 2012). 이 가운데 특히 ODD가 가장 일반적으로 나타나고 품행장애도 적지 않게 나타난다(Waschbusch, 2002). ADHD 아동의 45~80%가 단일 ODD 또는 품행장애를 동반한 ODD에도 해당되는 것으로 보이며, ADHD와 품행장애의 동반성에 대한 추정치는 아동의 15~56%에서부터 청소년의 44~50%에 이르기까지 다소 다양하게 보고되고 있다(Wilens et al., 2002).

5) 중재

ADHD는 생물학적 위험요인과 심리사회적 위험요인에 연관되어 있고 ODD, 품행장애, 우울장애, 불안장애, 양극성장애 등도 흔히 함께 나타난다. 따라서 ADHD의 평가는 포괄적으로 이루어지는데, 중재는 이러한 평가로부터 수집된 정보에 의거하여 계획된다. 이는 ADHD의 중재에서 생물학적 중재와 심리사회적 중재가 함께 실시된다는 것을 의미한다. 한편 최근에는 정서행동장애학생의 학업이나 사회성기술 등과 관련된 교육적 중재에 대한 관심과 요구도 높아지고 있다. 이 책 제2부 '정서행동장애의 중재'는 3개의 장에 걸쳐 생물학적 중재, 심리사회적 중재, 교육적 중재를 각각 다루고 있으므로 ADHD의 중재는 제2부를 참고하기 바란다.

아동과 청소년 ADHD의 중재와 관련하여 한 가지 유념할 사항은 중재에서 부모와 교사의 훈련 및 참여가 강조되어야 한다는 것이다(신현균, 김진숙, 2000; Kearney, 2006; Rosenberg et al., 2011). 그 이유는 앞서 원인에서 언급하였듯이, ADHD의 유발에는 특히 생물학적 위험요인이 관련된 것으로 보이지만 ADHD 증상의 유지와 악화에는 심리사회적 위험요인이 상당한 영향을 미치는데, 이러한 심리사회적 위험요인 중 가장 주목할 만한 것이 부모-아동 간 그리고 교사-아동 간 상호작용이기 때문이다.

6) ADHD와 ODD 및 품행장애의 관계

앞서 언급하였듯이, ADHD는 같은 외현화장애로 분류되는 ODD 또는 품행장애와 흔히 함께 나타난다. 이와 관련하여 한 가지 주목할 점은 이 장애들이 동시에 나타날 경우 ADHD가 다른 장애보다 먼저 발생하는 경향이 있다는 것이다(Wicks-Nelson & Israel, 2009). ADHD의 주요특성인 주의력결핍, 과잉행동, 충동성은 부모의 자녀양육을 특히 어렵게 만들고 이로 인해 자녀의 불복종과 부모-자녀의 부정적 상호작용 양상이 나타날 수 있다(Patterson, DeGarmo, & Knutson, 2000). 따라서 ADHD 아동을 양육하는 부모의 어려움은 ODD 행동의 조기출현에 중요한 역할을 하며 발달과정에서도 지속적으로 ODD/품행장애 행동을 유지하고 악화시키는 것으로 보인다.

제11장 Introduction to Emotional and Behavioral Disorders

기타 장애

제9장과 제10장이 각각 내재화장애와 외현화장애를 다루었다면, 이 장에서는 기타 장애(조현병, 배설장애, 섭식장애)를 살펴보기로 한다. 정서행동장애와 관련된 기타 장애는 문헌에 따라 다양하게 제시되고 있는데 이 책에서는 조현병, 배설장애, 섭식장애를 살펴보고자 한다. 조현병의 경우, 앞서 제1장 4절 '정서행동장애의 정의'에 기술하였듯이, 우리나라 「장애인 등에 대한 특수교육법」의 정서 · 행동장애에는 언급되지 않고 있으나 미국 「장애인교육법(IDEA 2004)」의 정서장애와 우리나라 「장애인복지법」의 정신장애에 포함되어 있다. 또한 배설장애와 섭식장애는 각각 배설과 식사라는 기초 신체기능에 연관된 정신장애로서 아동과 청소년에게 드물지 않게 나타나고 있다.

1. 조현병

사례

지훈이는 초등학교 6학년 남학생이다. 1년 전부터 자신에게서 더러운 냄새가 나는 것 같다고 하며 혼자 있으려 하고, 갑자기 가족에게 욕설을 퍼붓는 일도 때때로 있다. 몇 개월 전부터는 지나가는 다른 또래들이 자신을 비웃고 더럽다고 욕설을 한다고 하면서 또래에게 달려들어 과격한 행동을 하곤 한다. 또한 자신의 어머니가 친모가 아닌 것 같다며 의심하고 부모가 변했기 때문에 자신에게 독을 탄 음식을 주는 것 같다고 하였다. 지훈이는 어려서부터 수줍어하고 겁이 많은 소심한 성격으로 또래관계 형성에서 어려움이 있었고 초등학교 입학 후에는 학업성적이 지속적으로 저조하여 부모가 자주 꾸지람을 하였다.

구영진, 김예니, 2014, p. 226에서 수정 인용.

1) 정의

조현병의 영어인 schizophrenia라는 단어는 19세기 말에 스위스 정신과 의사인 Eugen Bleuler(1857~1939)가 처음 사용하였는데, 그리스어 schizo(분열된, 분리된)와 phrenia(정신의, 마음의)의 합성어다(원호택, 이훈진, 2000). 따라서 schizophrenia는 '분열된 정신'을 뜻하므로 우리나라에서는 '정신분열증'으로 알려지기도 하였다. 그러나 '정신분열증'은 정신이 분열된 것이 아니라 현실을 떠나 자신만의 비현실적인 세계에 있는 특정 정신장애를 지칭하는 진단적 용어일 뿐이다. Bleuler도 schizophrenia를 지(知), 정(情), 의(意), 행동(行動) 등의 기능이 서로 분리되어 나타나는 것으로 보았다(원호택, 이훈진, 2000). 하지만 정신분열증이라는 용어 자체가 정신이 분열되어 치료가 힘든 병이라는 오해와 편견을 야기하는 측면이 있으므로 우리나라에서는 이러한 오해와 편견을 해소하기 위해 '정신분열증'을 '조현병'으로 대체하였다. 조현병(調絃病)이란 말은 '현악기의 줄을 조율한다'는 사전적 의미에서 따온 것으로서, 현악기가 정상적으로 조율되지 못했을 때의 모습이 마치 정신분열증으로 혼란을 겪는 사람의 상태를 보는 것과 같다는 데서 비롯되었으며 치료를 통해 정신적 부조화가 개선되면 일상으로의 복귀가 가능하다는 것을 시사한다.

조현병에 대해 모든 학자와 임상가가 동의하는 정의는 없지만 현재로서는 미국정신의학회(APA)가 발행하는 DSM에 제시된 진단준거가 가장 널리 사용되고 있다. 〈표 11-1〉은 DSM-5-TR(APA, 2022)의 조현병 진단준거를 제시하고 있다.

〈표 11-1〉에 보이듯이, 조현병 진단을 내리려면 다음 조건이 충족되어야 한다. 첫째, 진단준거에 제시된 5가지 증상 가운데 2가지 이상이 나타난다. 단, 2가지 이상의

〈표 11-1〉 DSM-5-TR의 조현병 진단준거

A. 다음 증상 가운데 2가지 이상이 나타나는데, 각 증상은 1개월 기간(성공적으로 치료받았다면 더 짧은 기간) 중 유의미한 시간 동안 존재한다. 나타난 증상들 중 최소한 1가지는 (1), (2), 또는 (3)이어야 한다.

1. 망상
2. 환각
3. 와해된 말(예: 빈번한 주제이탈 또는 지리멸렬)
4. 심하게 와해된 행동 또는 긴장성 행동
5. 음성 증상(즉, 감소된 정서적 표현 또는 의욕상실)

B. 교란이 출현한 이후 유의미한 시간 동안 직장일, 대인관계, 자기관리와 같은 주요영역 중 1가지 이상에서 교란이 출현하기 이전에 성취한 수준보다 현저히 낮은 기능수준을 보인다(아동기 또는 청소년기 발병의 경우에는 대인 간, 학업적, 또는 직업적 기능에서 기대되는 수준을 성취하는 데 실패함).

C. 교란의 부단한 징후가 적어도 6개월 동안 지속된다. 이 6개월에는 준거 A 증상(즉, 활성기 증상)을 충족시키는 1개월(성공적으로 치료받았다면 더 짧은 기간)이 포함되어야 하며 전구기 또는 잔류기가 포함될 수도 있다. 이러한 전구기 또는 잔류기에는 교란의 징후가 음성 증상으로만 나타나거나 준거 A에 열거된 증상 가운데 2가지 이상의 증상이 약화된 형태(예: 기이한 믿음, 이상한 지각적 경험)로 나타나기도 한다.

D. 조현정동장애와 정신증적 특징을 지닌 우울장애 혹은 양극성장애가 다음 두 가지 경우 중 하나 때문에 배제되어 왔다: 1) 주요우울삽화 또는 조증삽화가 활성기 증상과 동시에 나타난 적이 없는 경우; 2) 기분삽화가 활성기 중에 발생하더라도 기분삽화의 지속기간이 활성기와 잔류기의 전체 지속기간 중 극히 일부인 경우.

E. 교란이 물질(예: 남용약물, 치료약물)이나 다른 의학적 상태의 생리적 영향에 기인하지 않는다.

F. 만약 자폐스펙트럼장애나 아동기 발병 의사소통장애의 내력이 있다면, 조현병의 다른 필수증상에 더하여 현저한 망상이나 환각이 적어도 1개월 동안(성공적으로 치료받았다면 더 짧은 기간) 나타나는 경우에만 추가로 조현병 진단을 내린다.

명시할 것:
다음 경과 명시어는 장애의 지속기간이 1년을 넘기고 진단경과준거와 모순되지 않는 경우에만 사용된다.

첫 삽화, 현재 급성삽화 상태: 결정적인 진단 증상준거 및 시간준거를 충족시키는 장애의 첫 발현. 급성삽화란 증상준거가 충족되는 기간을 말한다.

첫 삽화, 현재 부분관해 상태: 부분관해란 이전의 삽화 이후에 개선이 나타나고 장애의 준거를 부분적으로만 충족시키는 기간을 말한다.

첫 삽화, 현재 완전관해 상태: 완전관해란 이전의 삽화 이후에 장애특수성 증상이 나타나지 않는 기간을 말한다.

〈표 11-1〉 계속됨

다중 삽화, 현재 급성삽화 상태: 다중 삽화는 최소 2회 삽화가 나타난 후에 결정될 수 있다(즉, 첫 삽화 후에 1회의 관해와 최소 1회의 재발).
다중 삽화, 현재 부분관해 상태
다중 삽화, 현재 완전관해 상태
지속적 상태: 진단 증상준거를 충족시키는 증상들이 대부분의 경과 중에 남아 있는데, 역치하 증상의 기간이 전반적 경과에 비해 매우 짧다.
명시되지 않는

명시할 것:
긴장증 동반 여부

현재의 심각도 명시할 것:
심각도는 망상, 환각, 와해된 말, 비정상적인 정신운동성 행동, 및 음성 증상을 포함하는 일차적인 정신증 증상에 대한 양적인 사정으로 평정된다. 각 증상은 현재의 심각도(지난 7일 동안 가장 심각했던)에 대해 0점(나타나지 않음)에서 4점(심하게 나타남)까지의 5점 척도로 평정된다.
주의: 조현병 진단은 이러한 심각도 명시어를 사용하지 않고도 내릴 수 있다.

증상 중 최소한 1가지는 망상, 환각, 또는 와해된 말(예: 빈번한 주제이탈 또는 지리멸렬)이어야 한다. 둘째, 징후가 6개월 이상 지속된다. 셋째, 주요영역(예: 직장일, 대인관계, 자기관리 등) 중 1가지 이상에서 발병 이전에 성취한 수준보다 현저히 낮은 기능수준을 보인다. 아동과 청소년의 경우는 대인관계, 학업성취, 또는 직업적 성취에서 기대되는 수준에 도달하지 못하는 것을 의미한다.

2) 출현율

전 세계적으로 조현병의 출현율은 0.5% 내외고 평생출현율은 1% 정도다(원호택, 이훈진, 2000). 하지만 근래에는 조현병의 평생출현율이 0.3~0.7% 정도로 보고되고 있다(APA, 2022). 일반적으로 조현병은 소수의 아동에게 발생하고, 청소년기에 발생이 늘며, 성인기 초기에 발생이 좀 더 증가하는 것으로 알려져 있는데(Wicks-Nelson & Israel, 2009), 18세 이전에 발생한 경우는 조발성 조현병(early-onset schizophrenia: EOS)으로 지칭하고 13세 이전에 발생한 경우는 초조발성 조현병(very-early-onset schizophrenia: VEOS)으로 지칭하기도 한다(황준원, 2012). 이처럼 발병 연령에 따라 분류하는 중요한 이유는 발생빈도, 임상양상, 치료반응, 예후 등에서 차이가 있기 때문이다(남민, 2023). 예를 들어, (초)조발성 조현병의 출현율에 대한 대규모 역학연구는 찾아보기 힘들지만, 10세 이전 발병은 전체 조현병 사례의 0.1~1% 정도고 15세 이전 발병은 전체 조현병 사례의 약 4%다(Clemmensen, Vernal, & Steinhausen, 2012; Sikich, 2009).

조현병 출현율은 성별과도 관련이 있는 것으로 알려져 있다. 아동기에는 1.67:1 정도로 남아에게 조현병이 더 많이 발생하지만 청소년기에 접어들면 성비가 비슷해진다(Clemmensen et al., 2012; Wicks-Nelson & Israel, 2009).

3) 원인

앞서 제2장 '정서행동장애의 원인'에서는 정서행동장애와 동시에 나타나는 것처럼 보이는 다양한 위험요인을 생물학적 위험요인과 심리사회적 위험요인으로 분류한 후 구체적으로 살펴보았다. 그러나 어느 한 가지 위험요인이 정서행동장애를 유발하는 경우는 거의 없을 뿐 아니라 정서행동장애의 필요조건 또는 충분조건이 되는 위험요인도 없다. 이는 정서행동장애 전반에 대한 내용으로서 조현병에도 해당될 수 있다. 따라서 조현병의 원인은 제2장 '정서행동장애의 원인'의 내용을 참고하기 바란다. 다음에서는 조현병의 원인에 대하여 보완적으로 간략하게 살펴보고자 한다.

(1) 생물학적 위험요인

조현병은 가족연구, 쌍생아연구, 입양연구 등을 통해 유전적 영향이 있는 것으로 보고되고 있다. 예를 들어, 부모가 조현병인 아동의 경우 조현병이 발병할 위험도는 12%인 데 비해 사촌의 경우 2%고, 일란성 쌍생아와 이란성 쌍생아의 조현병 발병 일치율이 각각 45~55%와 13~17%며, 친부모가 조현병이 아닌 경우보다 조현병인 경우에 입양아의 조현병 발병이 더 많았다(원호택, 이훈진, 2000; Wicks-Nelson & Israel, 2009). 이러한 유전적 영향은 성인기 발병 조현병보다 아동기 발병 조현병에서 더 큰 것으로 추정된다(구영진, 김예니, 2014).

또한 뇌손상이나 뇌기능장애와 같은 뇌장애도 조현병의 위험요인으로 주목받고 있다. 예를 들어, 아동기 발병 조현병 사례에서 회백질의 감소와 뇌실의 확장 등이 관찰된 바 있으며(Rapoport, Giedd, & Gogtay, 2012) 신경전달물질(예: 도파민, 세로토닌)

조절에 이상이 있다는 보고도 있다(원호택, 이훈진, 2000).

(2) 심리사회적 위험요인

아동과 청소년의 조현병에는 심리사회적 위험요인도 관련된 것으로 보인다. 예를 들어, 부모의 부적절한 양육방식, 부부갈등, 가족구성원 간의 부적절한 의사소통, 부모의 정신병리 등이 아동과 청소년의 조현병과 관련이 있는 것으로 알려져 있다(원호택, 이훈진, 2000). 이러한 심리사회적 위험요인들은 조현병을 직접 유발하기보다는 조현병의 발병시기를 앞당기거나 발병된 증상을 악화시키고 재발가능성을 높이는 데 상당한 영향을 미치는 것으로 보인다(구영진, 김예니, 2014; 원호택, 이훈진, 2000; 황준원, 2012).

4) 평가

앞서 살펴본 우울장애의 평가와 마찬가지로 조현병의 평가도 제3장 2절 '진단'을 참고하면 될 것으로 보인다[제9장 1절 '우울장애'의 '4) 평가' 참조할 것]. 다음에서는 조현병에 국한된 사정도구만 추가하고자 한다.

국외에서 널리 사용되는 조현병 사정도구의 예로 「Eppendorf 조현병 검사(Eppendorf Schizophrenia Inventory: ESI)」(Mass, 2000)가 있다. ESI는 자기보고용 도구로서 4점 척도(0, 1, 2, 3)의 40개 문항으로 구성되어 있다. 국내에서는 권준수 등(2006)이 번역하고 중·고등학생과 20~30대 성인들을 대상으로 타당도와 신뢰도를 검증한 바 있다.

물론 조현병의 평가에서 공존장애가 의심될 경우 그에 대한 평가도 필요하다. 조현병을 가진 아동과 청소년들은 다른 정신장애도 함께 경험하는 경우가 많다. 추가로 흔히 나타나는 장애로 ADHD, ODD, 우울장애 등이 있다(구영진, 김예니, 2014; 황준원, 2012).

5) 중재

아동과 청소년의 조현병은 생물학적 위험요인과 심리사회적 위험요인에 연관되어 있고 ADHD, ODD, 우울장애 등도 흔히 함께 나타난다. 따라서 조현병의 평가는 포괄적으로 이루어지는데, 중재는 이러한 평가로부터 수집된 정보에 의거하여 계획된다. 이는 조현병의 중재에서 생물학적 중재와 심리사회적 중재가 함께 실시된다는 것을 의미한다. 한편 최근에는 정서행동장애학생의 학업이나 사회성기술 등과 관련된 교육적 중재에 대한 관심과 요구도 높아지고 있다. 이 책 제2부 '정서행동장애의 중재'는 3개의 장에 걸쳐 생물학적 중재, 심리사회적 중재, 교육적 중재를 각각 다루고 있으므로 조현병의 중재는 제3부를 참고하기 바란다.

아동과 청소년 조현병의 중재와 관련하여 한 가지 유념할 사항은 중재는 가능한 한 빨리 시작해야 한다는 것이다. 왜냐하면 조현병은 재발과 악화가 반복될 수 있는 정신장애이므로 가능한 한 빨리 치료를 시작하는 것이 장기적인 결과 및 예후를 향상시킬 수 있기 때문이다. 특히 공격행동과 충동행동의 조절이 안 되고 망상과 환각으로 자신 또는 타인을 위험에 빠트리는 경우에는 생물학적 중재인 약물치료를 반드시 시도하여야 한다. 그러나 발달이 진행 중인 아동에게 약물을 투약한다는 점은 항상 사전에 심사숙고할 필요가 있다. 또한 특별한 급성기 증상이 없고 학업성취도가 저하된 경우 등에는 생물학적 중재와 더불어 심리사회적 중재와 교육적 중재도 병행될 필요가 있다(Mattai, Hill, & Lenroot, 2010).

2. 배설장애

사례

지성이는 초등학교 5학년 남학생이다. 발달은 전반적으로 양호한 편이었으나 배뇨조절에서는 어려움을 보여 지금도 밤에 오줌을 싸곤 한다. 초등학교 입학 전에는 하룻밤에 2~3회 오줌을 쌌는데 3학년 무렵부터는 주 4~5회의 빈도를 보이다가 5학년에 들어서는 주 2~3회의 빈도를 보이고 있다. 성격은 소극적이지만 장난스러워 어려서부터 다소 산만하다는 지적과 함께 부모에게 자주 꾸지람을 들어 왔다. 또한 운동신경이 다소 둔해 아직까지 자전거를 타지 못하고 학교 체육시간에 줄넘기를 잘하지 못해 친구에게 자주 놀림을 받는다. 따라서 어머니는 지성이에게 미술이나 피아노뿐만 아니라 운동신경 발달을 위해 수영이나 태권도 등도 많이 시키고 있다. 그러나 아버지는 자신도 어려서 10세까지 소변을 못 가렸는데도 아무런 문제가 없다며 지성이를 편히 쉬게 해 주어야 한다고 하면서 어머니와 자주 말다툼을 하곤 한다.

손정우, 남민, 2014, p. 345에서 수정 인용.

1) 정의

배설에 대한 통제력은 아동이 발달과정에서 성취해야 할 가장 중요한 과업 중 하나다. 정상적인 발달을 하는 아동은 18~36개월 사이에 대소변을 가리게 되는데 야간의 대변통제, 주간의 대변통제, 주간의 소변통제, 야간의 소변통제 순서로 이루어진다(Wicks-Nelson & Israel, 2009). 이렇게 적절한 시기에 점차적으로 대소변을 가릴 수 있어야 하는데도 불구하고 제대로 가리지 못하는 경우를 배설장애(elimination disorders)라고 하며, 유뇨증(enuresis)과 유분증(encopresis)으로 나뉜다(손정우, 남민, 2014).

유뇨증의 정의로는 미국정신의학회(APA)가 발행하는 DSM에 제시된 진단준거가 가장 널리 사용되고 있다. 〈표 11-2〉는 DSM-5-TR(APA, 2022)의 유뇨증 진단준거를 제시하고 있다. 〈표 11-2〉에 보이듯이, 유뇨증 진단을 내리려면 다음 조건이 충족되어야 한다. 첫째, 불수의적이든 고의적이든 침구나 옷에 소변을 보는 일이 연속 3개월 동안 주 2회 이상 발생한다. 둘째, 생활연령이 5세 이상이다. 유뇨증은 나타나는 시간에 따라 야간형(야뇨증), 주간형, 주야간형으로 구분한다. 또한 이전에 소변을 가린 경험의 유무에 따라 일차 유뇨증(primary enuresis: 소변을 가려 본 적이 없는 경우)과 이차 유뇨증(secondary enuresis: 한동안 소변을 가리다가 다시 못 가리게 되는 경우)으로 분류하기도 한다(손정우, 남민, 2014).

〈표 11-2〉 DSM-5-TR의 유뇨증 진단준거

A. 침구나 옷에 불수의적이든 고의적이든 반복적으로 소변을 본다.

B. 행동이 임상적으로 유의한데 이는 연속 3개월 동안 주 2회의 빈도로 나타나거나 또는 사회적, 학업적(직업적), 혹은 기타 중요한 기능영역에서의 임상적으로 유의한 고통이나 손상의 존재로 나타난다.

C. 생활연령이 최소한 5세(또는 등가발달수준)다.

D. 행동이 물질(예: 이뇨제, 항정신병약물)이나 다른 의학적 상태(예: 당뇨병, 척수이분증, 발작장애)의 생리적 영향에 기인하지 않는다.

명시할 것:

야간형: 야간 취침 중에만 소변 배출
주간형: 깨어 있는 동안에 소변 배출
주야간형: 상기 2가지 아형의 혼합

〈표 11-3〉 DSM-5-TR의 유분증 진단준거

A. 부적절한 곳(예: 옷, 마루)에 불수의적이든 고의적이든 반복적으로 대변을 본다.
B. 이러한 사건이 적어도 3개월 동안 매달 최소한 1회 발생한다.
C. 생활연령이 최소한 4세(또는 등가발달수준)다.
D. 행동이 물질(예: 완화제)이나 다른 의학적 상태(변비를 일으키는 기제를 제외한)의 생리적 영향에 기인하지 않는다.
명시할 것:
변비 및 범람 변실금을 동반하는 경우: 신체적 검사나 내력에서 변비의 증거가 있다.
변비 및 범람 변실금을 동반하지 않는 경우: 신체적 검사나 내력에서 변비의 증거가 없다.

유분증의 정의도 미국정신의학회(APA)가 발행하는 DSM에 제시된 진단준거가 가장 널리 사용되고 있다. 〈표 11-3〉은 DSM-5-TR(APA, 2022)의 유분증 진단준거를 제시하고 있다. 〈표 11-3〉에 보이듯이, 유분증 진단을 내리려면 다음 조건이 충족되어야 한다. 첫째, 불수의적이든 고의적이든 부적절한 곳(예: 옷 또는 마루)에 대변을 보는 일이 적어도 3개월 동안 매달 1회 이상 발생한다. 둘째, 생활연령이 4세 이상이다. 유분증은 변비 유무에 따라 변비 및 범람 변실금을 동반하는 경우와 동반하지 않는 경우로 구분한다. 또한 이전에 대변을 가린 경험의 유무에 따라 일차 유분증(primary encopresis: 대변을 가려 본 적이 없는 경우)과 이차 유분증(secondary encopresis: 한동안 대변을 가리다가 다시 못 가리게 되는 경우)으로 분류하기도 한다(손정우, 남민, 2014).

2) 출현율

아동과 청소년의 유뇨증 출현율은 연령과 성별에 따라 차이를 보인다. Walker(2003)에 의하면 5세 아동 가운데 남아와 여아의 각각 7%와 3%가 유뇨증을 보이고, 10세가 되면 남아와 여아의 각각 3%와 2%가 유뇨증을 나타내며, 18세가 되면 남녀 각각 1%와 1% 미만으로 감소한다(Wicks-Nelson & Israel, 2009, 재인용). 즉, 유뇨증은 연령이 증가하면서 그 출현율이 감소하며 여아보다 남아에서 약 1.5~2배 더 많다. 또한 유형별로는 야간형이 약 70~80%, 주간형이 약 5~10%, 주야간형이 약 10~15%를 차지하며(손정우, 남민, 2014) 일차 유뇨증이 85% 정도로 이차 유뇨증보다 많다(Walker, 2003;

Wicks-Nelson & Israel, 2009, 재인용).

아동과 청소년의 유분증 출현율도 연령과 성별에 따라 차이를 보인다. Kaplan과 Sadock(2009)이 제시한 문헌에 의하면 7~8세 아동 가운데 남아와 여아의 각각 1.5%와 0.5%가 유분증을 보이고, 10~12세 아동 중에는 남아와 여아의 각각 1.3%와 0.3%가 유분증을 나타낸다. 즉, 유분증도 연령이 증가할수록 출현율이 감소하며 여아보다 남아에서 3~4배 더 많은 것으로 추정된다. 또한 유형별로는 변비 및 범람 변실금을 동반하는 경우가 대부분이다(Wicks-Nelson & Israel, 2009).

3) 원인

유뇨증과 유분증의 원인으로 여러 가지 요인이 거론되고 있으나 결정적인 요인으로 밝혀진 것은 아직 없다(Wicks-Nelson & Israel, 2009). 다음에서는 현재 거론되고 있는 요인들을 중심으로 유뇨증과 유분증의 생물학적 위험요인 및 심리사회적 위험요인을 간략하게 살펴보기로 한다.

(1) 생물학적 위험요인

유뇨증은 유전적 영향이 있는 것으로 보인다. 유뇨증의 가족력을 살펴보면 친척 가운데 상당수가 같은 문제를 나타내며, 일란성 쌍생아는 이란성 쌍생아에 비해 유뇨증 발병 일치율이 더 높은 것으로 보고되고 있다(Mikkelsen, 2001). 또한 유뇨증 아동은 기능성 방광용적의 감소를 보일 수 있다. 즉, 유뇨증 아동의 1/3 정도에서는 방광이 해부학적으로 작은 것은 아니지만 소변이 최대로 채워지기 전에 수축해 버리는 경향이 나타난다(Butler, 2004). 특히 야뇨증이 있는 아동의 경우 항이뇨호르몬(antidiuretic hormone: ADH)의 분비량이 적을 수 있는데, 야간에는 ADH가 증가하는 것이 정상이다(손정우, 남민, 2014; Wicks-Nelson & Israel, 2009).

유분증은 배변과 관련된 생리적 기제의 기능이 제대로 발달하지 못해 나타날 가능성이 있다(Mikkelsen, 2001). 배변을 하고자 할 때는 직장 벽의 긴장도가 증가하고 항문의 내부 및 외부 괄약근의 완화가 일어나는 것이 정상이다. 그러나 유분증이 있는 아동에서는 항문의 외부 괄약근의 수축과 활성도가 비정상인 경우가 있다(Loening-Baucke, Cruikshank, & Savage, 1987).

(2) 심리사회적 위험요인

유뇨증에는 심리사회적 위험요인도 관련된 것으로 보인다. 예를 들어, 배뇨훈련을 지나치게 일찍 일방적으로 강요받아 배뇨에 대한 통제를 제대로 학습하지 못했을 수도 있다. 이러한 학습실패는 열악한 가족환경(예: 부모의 지적장애, 부부갈등)으로 인해 적절한 시기에 배뇨훈련을 받지 못한 경우에도 나타날 수 있다(손정우, 남민, 2014; Wicks-Nelson & Israel, 2009). 특히 이차 유뇨증은 부모의 이혼, 동생의 출생, 전학 등의 심리사회적 요인으로 인해 나타나는 경우가 많다(손정우, 남민, 2014).

유분증도 심리사회적 위험요인과 관련된 것으로 보인다. 예를 들어, 잘못된 배변훈련(지나치게 빠르거나 엄격한 배변훈련), 배변훈련의 부재, 공용화장실 이용의 거부 등에서 유분증이 비롯될 수 있다. 특히 이차 유분증은 이차 유뇨증처럼 부모와의 이별, 동생의 출생, 입학, 전학 등의 심리사회적 요인으로 인해 나타나는 경우가 많다(손정우, 남민, 2014).

4) 평가

앞서 언급되었듯이, 유뇨증과 유분증의 결정적인 요인은 아직 밝혀진 바 없지만 원인으로 거론되는 여러 가지 생물학적 위험요인과 심리사회적 위험요인이 있다. 따라서 유뇨증과 유분증의 평가는 이러한 위험요인들과 관련하여 폭넓게 실시되어야 한다. 예를 들어, 유뇨증 평가에서는 생물학적 위험요인과 관련하여 가족력에 대해 알아보고 요역동검사(urodynamic study)나 소변분석(urine analysis) 등을 통해 의학적 문제를 살펴볼 수 있으며, 심리사회적 위험요인과 관련해서는 유뇨증에 영향을 줄 수 있는 가족상황이나 스트레스성 생활사건에 대해 점검할 수 있다(손정우, 남민, 2014; Kearney, 2006). 또한 유분증 평가에서는 생물학적 위험요인과 관련하여 복부방사선 촬영이나 항문내압검사 등의 의학적 검사를 실시할 수 있으며, 심리사회적 위험요인과 관련해서는 유분증에 영향을 줄 수 있는 가족상황이나 스트레스성 생활사건을 살펴볼 수 있다.

유뇨증과 유분증의 평가에서 한 가지 유념할 점은 아동의 유뇨증/유분증에 대한 부모의 반응과 치료하고자 하는 부모의 의욕이나 노력을 평가할 필요가 있다는 것이다(손정우, 남민, 2014; Kearney, 2006). 왜냐하면 부모는 유뇨증/유분증의 원인에 연관되었을 수 있을 뿐 아니라 중재에서 많은 역할을 해야 하기 때문이다.

물론 유뇨증/유분증의 평가에서 공존장애가 의심될 경우 그에 대한 평가도 필요하다. 유뇨증은 우울장애, 불안장애, ODD, ADHD 등과 함께 나타나기도 하고 유분증은 ADHD와 함께 나타나기도 한다. 그러나 이러한 정신장애가 유뇨증/유분증의 원인인지, 결과인지, 동반장애인지에 대해서는 아직도 정확하게 밝혀지지 않고 있다(손정우, 남민, 2014). 이와 관련하여 Wicks-Nelson과 Israel(2009)은 유뇨증/유분증 아동의 심리적 문제는 보통 유뇨증/유분증의 원인이 아니라 결과며, 만약 그렇지 않다면 유사한 요인(예: 열악한 가족환경)이 유뇨증/유분증과 심리적 문제에 모두 영향을 미쳤을 가능성이 있다고 하였다.

5) 중재

앞서 살펴본 바와 같이 아동과 청소년의 배설장애는 생물학적 위험요인과 심리사회적 위험요인에 연관되어 있다. 이는 배설장애의 중재에서 생물학적 중재와 심리사회적 중재가 함께 실시된다는 것을 의미한다. 이 책 제2부 '정서행동장애의 중재'는 3개의 장에 걸쳐 생물학적 중재, 심리사회적 중재, 교육적 중재를 각각 다루고 있으므로 배설장애의 중재와 관련하여 제2부를 참고하면 도움이 될 것으로 보인다. 다음에서는 유뇨증과 유분증의 중재를 생물학적 중재와 심리사회적 중재로 나누어 간략하게 살펴보기로 한다.

(1) 생물학적 중재

유뇨증을 가진 아동을 위해서는 종종 약물치료가 실시된다. 유뇨증을 위한 약물로는 항이뇨호르몬 분비를 증가시키는 데스모프레신(desmopressin)과 방광 주변의 근육을 이완시킬 수 있는 이미프라민(imipramine)이 있다(Walsh & Menvielle, 1997). 이 두 가지 약물은 효과와 재발에 있어서는 유사하지만 지금은 부작용이 상대적으로 적은 데스모프레신이 더 많이 사용된다(손정우, 남민, 2014; Mikkelsen, 2001). 또한 낮에는 일부러 물을 많이 마시게 하면서 오랫동안 소변을 참게 하는 방법을 이용하고, 저녁식사 후에는 최대한 수분섭취를 줄이고 이뇨작용이 있는 음식(예: 초콜릿, 아이스크림)은 피하게 한다(손정우, 남민, 2014).

유분증의 경우에도 약물치료가 실시되기는 하지만 유뇨증과 달리 약물치료의 효과는 제한되어 있다. 이는 유뇨증에 비해 유분증에서는 생물학적 요인보다는 심리사회적 요인이 작용하는 경우가 더 많다는 것을 시사할 수도 있다. 식사의 변화를 시도할 수 있는데, 섬유소가 많이 함유된 음식을 먹게 하고 섬유질 성분의 음료나 야쿠르트 등을 음용하게 한다(손정우, 남민, 2014).

(2) 심리사회적 중재

유뇨증의 경우, 우선 아동의 마음을 편하게 해 주고 야단치거나 모욕감을 주지 않는 것이 중요하며 자신감을 키우기 위해 기저귀를 채우지 않는 것이 좋다. 그리고 소변을 가렸을 때 적절한 보상을 해 주는 행동수정 기법을 사용하면 효과적이다. 특히 야뇨증이 있는 경우에는 잠자리에 들기 전에 소변을 보게 하고 소변경보기(urine-alarm system)를 활용할 수도 있다. 소변경보기 치료는 적어도 3~6개월 동안 지속해야 하고 야뇨가 중단되어도 2~4주 동안은 유지해야 하는데, 만약 3개월이 지나도 효과가 없을 경우는 중단하는 것이 좋다(손정우, 2023). 또한 이차 유뇨증은 부모의 이혼이나 동생의 출생 같은 심리사회적 요인으로 인해 나타나는 경우가 많으므로 이와 관련된 심리치료를 필요로 한다(손정우, 남민, 2014; Kearney, 2006).

유분증의 경우에도 우선 아동의 마음을 편하게 해 주고 야단치거나 모욕감을 주지 않아야 하는데 이는 유분증 중재에서 특히 중요하다. 왜냐하면 유분증은 유뇨증에 비해 생물학적 요인보다는 심리사회적 요인이 작용하는 경우가 더 많으며, 대개 부모-아동 관계에 심각한 문제가 있는 것이 특징이기 때문이다. 그리고 정해진 시간에 자발적으로 화장실에 가서 배변하면 적절한 보상을 해 주는 행동수정 기법을 사용할 수도 있다. 또한 이차 유분증은 이차 유뇨증과 마찬가지로 부모의 이혼이나 동생의 출생 같은 심리사회적 요인으로 인해 나타나는 경우가 많으므로 이와 관련된 심리치료가 요구된다(손정우, 남민, 2014).

3. 섭식장애

사례

유정이는 초등학교 6학년 여학생이다. 학기초에 실시된 학교 신체검사에서 키 165cm, 체중 50kg이었으나 과체중이라는 말을 듣고 충격을 받았다. 중학생이 되면 교

> 복을 입을 텐데 교복 입은 모습이 뚱뚱해 보일까 봐 걱정이 되어서 살을 빼기로 결심하고 운동을 시작하였다. 점차 식사도 줄이기 시작했고 음식을 먹으면 살이 찔까 봐 두려웠다. 운동은 점점 강도가 심해져서 매일 줄넘기를 4,000번씩 하였고 식사는 하루에 한 끼도 제대로 먹지 않았다. 그 결과 1.5개월 만에 체중이 35kg으로 감소하였다. 약 1년 전에 초경을 시작하였으나 체중이 빠지면서 월경이 불규칙해졌고 양도 많이 줄었다. 공부는 잘하는 편이고 부모에게는 착한 딸이지만 내성적이고 소심한 성격이라 친구들에게 쉽게 다가가지 못해서 친구가 적다.
>
> 박선자, 2012, p. 315에서 수정 인용.

1) 정의

인간은 섭식해야(즉, 음식물을 섭취해야) 살고 또한 배설해야 살 수 있다. 둘 중에서 하나만 잘못되어도 건강한 삶을 유지하기 어렵다. 앞 절에서 살펴본 '배설장애'가 배설과 관련된 장애라면, 이 절에서 다룰 섭식장애는 섭식과 관련된 장애다. 즉, 섭식장애(eating disorders)란 음식을 먹는 데 있어서 심한 장애를 보이는 것으로 크게 신경성 식욕부진증(anorexia nervosa: 거식증)과 신경성 폭식증(bulimia nervosa: 폭식증)의 두 가지 부류가 있다(김정욱, 2000). 거식증과 폭식증은 음식과 체중이나 체형에 집착을 보이는 공통점은 있으나, 전자는 음식을 먹는 것을 거부하고 심한 체중감소를 보이는 반면 후자는 체중이 정상범위이면서 반복적인 폭식과 이를 보상하기 위한 행동들을 보인다(박선자, 2012).

신경성 식욕부진증(거식증)의 정의로는 미국정신의학회(APA)가 발행하는 DSM에 제시된 진단준거가 가장 널리 사용되고 있다. 〈표 11-4〉는 DSM-5-TR(APA, 2022)의 신경성 식욕부진증 진단준거를 제시하고 있다.

신경성 폭식증(폭식증)의 정의도 미국정신의학회(APA)가 발행하는 DSM에 제시된 진단준거가 가장 널리 사용되고 있다. 〈표 11-5〉에는 DSM-5-TR(APA, 2022)의 신경성 폭식증 진단준거가 제시되어 있다.

참고로, DSM-5-TR(APA, 2022)에는 반복적인 폭식이 특징이지만 부적절한 보상행동은 보이지 않는 폭식장애(binge-eating disorder)도 포함되어 있다. 폭식장애는 DSM-IV-TR(APA, 2000)에서 '불특정 섭식장애(eating disorder not otherwise specified:

〈표 11-4〉 DSM-5-TR의 신경성 식욕부진증 진단준거

A. 필요한 에너지 흡수를 제한함으로써 연령, 성별, 발달적 궤도, 및 신체적 건강의 맥락에서 유의하게 낮은 체중이 된다. 유의하게 낮은 체중이란 최소한의 정상수준보다 낮은 체중(또는 아동과 청소년의 경우에는 최소한의 기대치보다 낮은 체중)으로 정의된다.

B. 유의하게 낮은 체중임에도 불구하고 체중이 늘거나 살이 찌는 것에 대한 극심한 두려움을 느끼거나 또는 체중증가를 방해하는 행동을 지속한다.

C. 자신의 체중과 체형이 체험되는 방식에 혼란이 있거나, 자기평가에 체중이나 체형이 과도하게 영향을 미치거나, 또는 현재의 저체중의 심각성을 지속적으로 인지하지 못한다.

명시할 것:

제한형: 지난 3개월 동안 폭식이나 제거행동(자기-유도 구토 또는 완화제, 이뇨제, 혹은 관장제의 오용)이 반복적으로 나타나지 않았다. 이 아형은 체중감소가 주로 식이요법, 단식, 그리고/또는 과도한 운동을 통해 이루어지는 것을 말한다.

폭식/제거형: 지난 3개월 동안 폭식이나 제거행동(자기-유도 구토 또는 완화제, 이뇨제, 혹은 관장제의 오용)이 반복적으로 나타났다.

명시할 것:

부분관해: 이전에 신경성 식욕부진증 진단준거를 완전히 충족시킨 후에, 준거 A(저체중)는 오랜 시간 동안 충족되지 않았지만 준거 B(체중이 늘거나 살이 찌는 것에 대한 극심한 두려움 또는 체중증가를 방해하는 행동) 또는 준거 C(체중과 체형에 대한 자기-인식에 있어서의 혼란)는 여전히 충족된다.

완전관해: 이전에 신경성 식욕부진증 진단준거를 완전히 충족시킨 후에, 오랜 시간 동안 어떤 준거도 충족된 적이 없다.

현재의 심각도 명시할 것:

심각도의 최소 수준은 성인의 경우 현재의 체질량지수(BMI)(아래를 참조할 것)를 근거로 하고 아동과 청소년의 경우 BMI 백분위를 근거로 한다. 다음 범위는 세계보건기구에서 제공하는 성인의 마른 정도의 범주에 따르는데, 아동과 청소년들을 위해서는 해당 BMI 백분위가 사용되어야 한다. 심각도의 수준은 임상적 증상, 기능적 장애의 정도, 및 감독의 필요를 반영하여 증가될 수도 있다.

경도: BMI $\geq$ 17kg/㎡.

중등도: BMI 16~16.99kg/㎡.

중도: BMI 15~15.99kg/㎡.

최중도: BMI $<$ 15kg/㎡.

〈표 11-5〉 DSM-5-TR의 신경성 폭식증 진단준거

A. 다음 2가지 특징이 있는 폭식삽화가 반복적으로 나타난다.
  1. 일정한 시간 내에(예: 2시간 이내에) 대부분의 사람들이 유사한 상황에서 유사한 시간 내에 먹는 것보다 확연하게 많은 양의 음식을 먹는다.
  2. 삽화 동안 먹는 것에 대한 통제력의 상실감(예: 먹는 것을 멈출 수 없다거나 먹는 것의 종류와 양을 통제할 수 없다는 느낌)이 있다.

B. 체중증가를 막기 위하여 부적절한 보상행동(예: 자기-유도 구토; 완화제, 이뇨제, 관장제, 혹은 기타 약물의 오용; 단식; 또는 과도한 운동)을 반복한다.

C. 폭식과 부적절한 보상행동 둘 다가 3개월 동안 평균적으로 주당 최소한 1회 발생한다.

D. 자기평가에 체중이나 체형이 과도하게 영향을 미친다.

E. 교란이 신경성 식욕부진증의 삽화 동안에만 국한해서 나타나는 것이 아니다.

명시할 것:

부분관해: 이전에 신경성 폭식증 진단준거를 완전히 충족시킨 후에, 모두는 아니지만 몇몇 준거가 오랜 시간 동안 충족되어 왔다.

완전관해: 이전에 신경성 폭식증 진단준거를 완전히 충족시킨 후에, 오랜 시간 동안 어떤 준거도 충족된 적이 없다.

현재의 심각도 명시할 것:

심각도의 최소 수준은 부적절한 보상행동의 빈도를 근거로 한다(다음을 참조할 것). 심각도의 수준은 기타 증상과 기능적 장애의 정도를 반영하여 증가될 수도 있다.

경도: 부적절한 보상행동 삽화가 주당 평균 1~3회 발생한다.

중등도: 부적절한 보상행동 삽화가 주당 평균 4~7회 발생한다.

중도: 부적절한 보상행동 삽화가 주당 평균 8~13회 발생한다.

최중도: 부적절한 보상행동 삽화가 주당 평균 14회 이상 발생한다.

ED-NOS)'로 분류되어 있었으나 이후 많은 연구에 의해 임상적인 유용성과 타당성을 지지받아 DSM-5(APA, 2013)부터 독립적인 진단범주로 인정되었다. 그러나 폭식장애의 출현율, 원인, 평가, 중재 등에 대해서는 아직 연구가 부족한 실정이다(김경미, 2023).

2) 출현율

거식증의 출현율 추정치는 대개 청소년과 성인의 임상표본에 바탕을 둔다(Wicks-Nelson & Israel, 2009). 거식증은 13~14세와 17~18세에 가장 많이 발병하는 것으로 알려져 있고 평생출현율은 여성은 0.9~2.2%, 남성은 0.2~0.3%다(박선자, 2012). 성인 거식증의 경우 90~95%는 여성이며, 아동과 청소년에서는 성인에 비해 남아의 비율이 더 높아서 남아가 20~25%로 보고되고 있다(박선자, 김효원, 2014).

폭식증의 출현율 추정치도 대개 청소년과 젊은 성인의 임상표본에 바탕을 두고 있다(Wicks-Nelson & Israel, 2009). 폭식증은 거식증보다 발병연령이 늦어서 일반적으로 청소년기 후기나 성인기에 나타나고 평생출현율은 여성은 1.5~2%, 남성은 0.5%로 알려져 있다(박선자, 2012).

3) 원인

거식증과 폭식증의 원인은 아직 잘 알려져 있지 않지만 다양한 생물학적 요인과 심리사회적 요인이 복합적으로 작용하여 나타나는 것으로 보인다(박선자, 김효원, 2014). 다음에서는 현재 거론되고 있는 요인들을 중심으로 거식증과 폭식증의 생물학적 위험요인 및 심리사회적 위험요인을 간략하게 살펴보기로 한다.

(1) 생물학적 위험요인

거식증은 유전적 영향이 있는 것으로 보인다. 쌍생아연구에서 일란성 쌍생아와 이란성 쌍생아의 거식증 발병 일치율은 각각 55%와 5%로 보고된 바 있다(Bulik, Sullivan, Wade, & Kendler, 2000). 또한 분자유전학에 의하면 거식증이 염색체 1p(chromosome 1p)와 관련이 있는 것으로 보인다(박선자, 2012). 그리고 뇌영상 연구에서 거식증의 경우 전두엽, 측두엽, 두정엽 기능의 변화가 나타나며 이러한 변화는 회복된 후에도 지속된다는 보고가 있다(박선자, 김효원, 2014).

폭식증도 유전적 영향이 있는 것으로 보인다. 쌍생아연구에서 일란성 쌍생아와 이란성 쌍생아의 폭식증 발병 일치율은 각각 35%와 30%로 보고된 바 있으며(Bulik et al., 2000), 분자유전학에 의하면 폭식증이 염색체 10p(chromosome 10p)와 관련이 있는 것으로 보인다(박선자, 2012). 그리고 뇌영상 연구에 의하면 폭식증의 경우 거식증과 마찬가지로 전두엽, 측두엽, 두정엽 기능의 변화가 나타나며 이러한 변화는 회복된 후에도 지속된다(박선자, 김효원, 2014).

(2) 심리사회적 위험요인

거식증에는 심리사회적 위험요인도 관련된 것으로 보인다. 예를 들어, 거식증 청소년의 가족은 더 통제적이고 구조화된 경향이 있는 것으로 보고된 바 있다(Hoste & Le Grange, 2008). 또한 체중과 체형에 대한 인지적 왜곡도 거식증 발생과 관련이 있을 수 있다(김정욱, 2000). 한편 여성으로 하여금 마른 몸매를 갖게 하는 문화적인 압력이 거식증을 초래하는 중요한 요인으로 간주되기도 한다(Smith, Simmons, Flory, Annus, & Hill, 2007).

폭식증도 심리사회적 위험요인과 관련된 것으로 보인다. 예를 들어, 폭식증 청소년의 가족은 더 혼란스럽고 갈등이 많으며 비판적인 경향이 있는 것으로 보고된 바 있다(Hoste & Le Grange, 2008). 또한 거식증과 마찬가지로 폭식증도 체중과 체형에 대한 인지적 왜곡과 관련이 있을 수 있다(김정욱, 2000).

4) 평가

앞서 언급되었듯이, 거식증과 폭식증의 원인은 아직 잘 알려지지 않았지만 다양한 생물학적 요인과 심리사회적 요인이 복합적으로 작용하여 나타나는 것으로 보인다. 따라서 거식증과 폭식증의 평가는 이러한 위험요인들과 관련하여 폭넓게 실시되어야 한다.

거식증과 폭식증의 평가는 우선 의학적 검사로 시작되어야 한다(Kearney, 2006). 특히 거식증의 경우 사망에까지 이를 수 있을 뿐 아니라 위통, 빈혈, 전해질 불균형, 심장혈관 이상, 신장 기능장애, 비정상적인 신경학적 패턴 등과 같은 신체적 문제도 있을 수 있다(Herzog & Beresin, 1997). 또한 보상행동으로 구토를 하는 경우에는 치아 에나멜질의 부식이 나타나기도 한다(Kearney, 2006).

거식증과 폭식증의 평가에서는 면접을 통해 체중과 체형에 대한 태도, 폭식과 보상행동의 특성, 사회적 기능, 가족기능 등을 살펴보아야 한다(Garner & Garner, 1992). 면접은 구조화면접, 반구조화면접, 비구조화면접으로 분류할 수 있는데, 구조화면접과 반구조화면접에서는 사정도구가 사용되기도 한다. 구조화면접에서 사용할 수 있는 사정도구의 예로는 「섭식장애 진단용 면접(Interview for Diagnosis of Eating Disorder: IDED)」(Williamson, 1990)이 있고, 반구조화면접에서 사용할 수 있는 사정도구의 예로는 「식사장애검사(Eating Disorder Examination: EDE)」(Cooper & Fairburn, 1987)가 있다. EDE는 「한국판 식사장애검사(Korean Version of Eating Disorder Examination: KEDE)」(강동우, 허시영, 이민규, 이혜경, 이영호, 2006; 허시영 외, 2004)로 국내에 소개되어 있다.

또한 거식증과 폭식증 평가에서는 자기보고용 도구도 사용된다. 자기보고용 사정도구의 예로는 「섭식장애검사-2(Eating Disorder Inventory-2: EDI-2)」(Garner, 1991)와 「섭식태도검사(Eating Attitudes Test: EAT)」(Garner, Olmsted, Bohr, & Garfinkel, 1982)가 있다. EDI-2는 이임순(1998)이 국내에서 번안한 바 있고, EAT는 「한국판 식사태도검사-26(Korean version of Eating Attitudes Test-26: KEAT-26)」(이민규, 고영택, 이혜경, 황을지, 이영호, 2001; 이민규 외, 1998)으로 국내에 소개되어 있다.

거식증과 폭식증의 평가에서는 가족평가도 필요한데, 표준화된 사정도구로 「가족환경척도(Family Environment Scale: FES)」(Moos & Moos, 1994)가 있다. FES는 가족환경에 대한 부모의 인식을 측정한다.

물론 거식증과 폭식증의 평가에서 공존장애가 의심될 경우 그에 대한 평가도 필요하다. 거식증과 폭식증 성인들의 경우, 우울장애와 불안장애가 흔히 동반된다(Johnson, Cohen, Kotler, Kasen, & Brook, 2002). 청소년들의 경우, 공존장애에 대해 알려진 바가 적지만 성인들과 유사한 패턴을 보이는 경향이 있다(박선자, 2012).

5) 중재

앞서 살펴본 바와 같이 아동과 청소년의 섭식장애는 생물학적 위험요인과 심리사회적 위험요인에 연관되어 있다. 이는 섭식장애의 중재에서 생물학적 중재와 심리사회적 중재가 함께 실시된다는 것을 의미한다. 이 책 제2부 '정서행동장애의 중재'는 3개의 장에 걸쳐 생물학적 중재, 심리사회적 중재, 교육적 중재를 각각 다루고 있으므로 섭식장애의 중재와 관련하여 제2부를 참고하면 도움이 될 것으로 보인다. 다음에서는 거식증과 폭식증의 중재를 생물학적 중재와 심리사회적 중재로 나누어 간략하게 살펴보기로 한다.

거식증과 폭식증의 중재와 관련하여 두 가지 유념할 사항이 있는데, 첫째는 폭식증 중재에 대한 연구에 비해 거식증 중재에 대한 연구가 훨씬 적다는 것이고 둘째는 이러한 연구들이 주로 성인을 대상으로 했다는 것이다(Wicks-Nelson & Israel, 2009).

(1) 생물학적 중재

거식증의 중재에서 약물치료가 효과적이라는 보고는 거의 없다. 우울장애가 동반되었을 경우에는 우울장애 치료를 위해 약물치료가 실시될 수 있는데, 예를 들어 항우울제인 플루옥세틴이 사용되기도 한다. 그러나 플루옥세틴이 거식증에 동반된 우울장애의 치료에 효과가 있다는 보고를 지지하지 않는 연구들도 있다(박선자, 2012; 박선자, 김효원, 2014). 거식증으로 인하여 생명을 위협하는 심각한 신체적 문제가 있을 때는 입원치료가 필요하다(박선자, 김효원, 2014).

폭식증의 중재에서는 약물치료의 효과가 보고되고 있다. 예를 들어, 플루옥세틴과 같은 항우울제가 폭식을 줄이는 효과가 있는 것으로 보인다(박선자, 김효원, 2014). 그러나 청소년의 폭식증 치료에 항우울제가 효과가 있는지는 아직 불분명하다(Gowers & Bryant-Waugh, 2004).

(2) 심리사회적 중재

앞서 원인에서 언급되었듯이, 거식증 청소년의 가족은 더 통제적이고 구조화된 경향이 있는 것으로 알려져 있다. 따라서 거식증의 경우 가족치료(family therapy)가 권장되고 임상장면에서도 널리 사용되고 있다(김정욱, 2000; 박선자, 김효원, 2014). 또한 체중과 체형에 대한 인지적 왜곡과 관련된 인지적 행동치료가 권장되기도 한다(박선자, 2012). 그러나 거식증 청소년에 대한 가족치료와 인지적 행동치료의 효과를 지지하는 증거는 아직 부족하다(Wicks-Nelson & Israel, 2009).

폭식증의 경우에도 가족치료의 형태로 가족을 치료에 참여하도록 하는 것이 일반적이다(박선자, 김효원, 2014). 또한 폭식증의 중재에서는 인지적 행동치료도 상당한 지지를 받고 있다(Mitchell, Agras, & Wonderlich, 2007). 그러나 가족치료나 인지적 행동치료 효과의 증거는 대체로 성인집단에 기초하고 있으므로 폭식증 청소년을 대상으로 하는 연구가 필요하다(Schapman-Williams, Lock, & Couturier, 2006).

용어해설

다음에 소개되는 용어들은 이 책의 내용에 의거하여 정의되었다. 따라서 다른 분야나 문헌에서는 다소 다르게 정의되는 경우도 있을 것이다.

간격기록(interval recording)
관찰에서 사용되는 기록방법의 한 종류로서, 관찰행동을 관찰기간 동안 일정한 간격으로 여러 회에 걸쳐 관찰하여 그 행동의 발생 여부를 기록하는 방법(시간표집 또는 시간기반기록이라고도 함).

간헐강화(intermittent reinforcement)
어떤 행동이 적절한 수준으로 나타날 경우 가끔(즉, 간헐적으로) 강화물을 제공하여 그 행동을 유지시키는 것.

강화(reinforcement)
어떤 행동 뒤에 그 행동의 발생 가능성을 증가시키는 결과, 즉 강화물(reinforcer)이 뒤따르게 함으로써 행동의 빈도나 강도를 증가시키는 것.

강화물(reinforcer)
어떤 행동의 빈도나 강도를 증가시키는 후속자극.

거시체계(macrosystem)
Bronfenbrenner의 생태학적 체계 이론에 제시된 환경체계 중 하나로서, 아동이 살고 있는 문화적 환경.

검사(test)
점수 또는 다른 형태의 수량적 자료를 산출하기 위하여 사전에 결정된 반응유형을 요구하는 일련의 질문 또는 과제.

공존장애(comorbidity)

i) 정서행동장애에 있어서, 한 아동이나 청소년이 정서행동장애 유형의 다수 범주(임상적 분류)에서 진단준거를 충족시키거나 다수 차원(교육적 분류)에서 분할점수를 초과하는 경우. ii) 특수교육학에 있어서, 정서행동장애가 다른 정신장애(예: 지적장애, 학습장애, 의사소통장애 등)와 함께 나타나는 경우. iii) 정신의학이나 심리학에 있어서, 동일한 개인에게 두 가지 이상의 정신장애가 동시에 존재하는 경우.

관찰(observation)

일반적으로 일상적인 상황에서 자연스럽게 나타나는 아동의 행동을 기술 또는 기록함으로써 특정 현상에 대한 객관적인 자료를 수집하는 방법.

교우관계측정(sociometric measures)

아동의 또래집단에게 질문하여 그 아동의 사회성기술을 평가하는 방법.

규준참조검사(norm-referenced test)

그 검사를 받은 또래 아동들의 점수의 분포인 규준(norm)에 아동의 점수를 비교함으로써 또래집단 내 아동의 상대적 위치에 대한 정보를 제공하는 검사.

기능적 자기공명영상(functional MRI: fMRI)

감각, 동작, 혹은 인지수행 등에 의한 신경세포 활성화에 따른 국소 대사 및 혈역학적 변화를 뇌자기공명영상상의 신호 강도 차이로 변환시켜 영상화하는 기법.

기억장치(memory device)

외워야 할 정보를 원래 형태가 아닌 새로운 형태로 전환함으로써 그 정보의 기억을 돕는 장치.

기질(temperament)

생후 초기 또는 매우 이른 유아기부터 명백히 나타나는 생물학적 기반의 행동성향이나 행동양식.

뇌파도(electroencephalograph: EEG)

두피에 붙인 전극을 통하여 그 부위의 대뇌피질의 신경세포에서 나오는 전기적 활동을 직접적으로 측정하는 기법.

도피조건형성(escape conditioning)

도피-회피조건형성(escape-avoidance conditioning)에서의 예비단계로서, 어떤 행동 뒤에 혐오자극(즉, 강한 불쾌자극)을 철회하여 그 행동을 증가시키는 것.

도해조직자(graphic organizer)
개념이나 주제의 주요 측면들을 특정 양식으로 배열함으로써 정보를 구조화하여 제시하는 시각적 표현.

또래교수(peer tutoring)
한 학생이 교수자가 되어 다른 학생에게 특정 내용을 학습하도록 가르치거나 돕는 것.

또래지명(peer nomination)
교우관계측정의 한 방법으로서, 아동들에게 가장 많이 좋아하는 또래와 가장 적게 좋아하는 또래를 정해진 수(일반적으로 3명)만큼 지명하도록 하는 방법.

또래지위(peer status)
또래집단에 의한 수용 정도.

또래평정(peer rating)
교우관계측정의 한 방법으로서, 모든 아동의 이름과 함께 제시된 평정척도(일반적으로 5점 척도)에 따라 아동들이 자신을 제외한 각 또래에 대해 자신이 좋아하는 정도를 평정하도록 하는 방법.

면접(interview)
면접자와 피면접자 간의 면대면 대화를 통해 일련의 질문에 대한 반응을 기록함으로써 자료를 수집하는 방법

미시체계(microsystem)
Bronfenbrenner의 생태학적 체계 이론에 제시된 환경체계 중 하나로서, 아동이 살고 있는 환경, 즉 아동에게 가장 인접해 있는 환경.

반응일반화(response generalization)
일반화의 한 유형으로서, 어떤 자극이 있을 때 특정 반응이 강화를 받았을 경우 그 자극에 의해 유사하지만 다른 반응들이 촉발될 수 있는 것.

발생률(incidence)
특정 기간에 한 모집단에서 어떤 장애가 새로 나타난 사례수의 비율.

방어기제(defense mechanism)
정신구조들(원초아, 자아, 초자아) 간의 통합의 결여로 나타난 불안을 해소하기 위해 자아가 무의식 수준에서 사용하는 심리적 전략.

벌(punishment)

어떤 행동 뒤에 그 행동의 발생 가능성을 감소시키는 결과, 즉 벌칙(punisher)이 뒤따르게 함으로써 행동의 빈도나 강도를 감소시키는 것.

벌칙(punisher)

어떤 행동의 빈도나 강도를 감소시키는 후속자극.

보편적 선별(universal screening)

선별의 한 유형으로서, 어떤 사항(예: 행동, 학업)과 관련하여 특정 범주의 모든 아동(예: 특정 연령의 모든 아동)을 대상으로 실시하는 선별.

보호요인(protective factors)

한 아동이 나중에 정서행동장애를 보일 가능성을 감소시키는 변인.

비수반강화(noncontingent reinforcement)

행동과는 무관하게 미리 설정된 시간 간격에 따라 강화물을 제공하여 바람직하지 않은 행동의 발생동기를 사전에 제거함으로써 행동을 감소시키는 것.

사건관련 전위(event-related potential: ERP)

일정한 감각자극(시각, 청각, 신체감각 등)에 대한 특정한 뇌파 반응을 컴퓨터로 평균화하여 표시하는 기법.

사건기록(event recording)

관찰에서 사용되는 기록방법의 한 종류로서, 관찰기간 동안 지속적으로 관찰하여 관찰행동이 발생할 때마다 그 행동의 어떤 차원을 기록하는 방법(사건표집 또는 사건기반기록이라고도 함).

사례-특정적 선별(case-specific screening)

선별의 한 유형으로서, 어떤 문제(예: 행동문제, 학업문제)와 관련하여 특정 사례의 한 아동을 대상으로 실시하는 선별.

사정(assessment)

교육적 의사결정에 필요한 자료를 수집하는 과정.

사정방법(assessment method)

평가에 필요한 자료를 수집하기 위하여 사용되는 전략 또는 기법.

산물기록(product recording)

관찰에서 사용되는 기록방법의 한 종류로서, 행동이 낳은 산물(産物)의 개수(number)를 세어 행동발생의 추정치를 기록하는 방법.

서술기록(narrative recording)

관찰에서 사용되는 기록방법의 한 종류로서, 특정 사건이나 행동의 전모를 이야기하듯 있는 그대로 사실적으로 묘사하는 방법.

선별(screening)

심층평가가 필요한 아동을 식별해 내는 과정.

성격(personality)

매우 다양한 상황에 걸쳐 일관적인 방식으로 행동하고 느끼며 생각하는 개인의 지속적인 성향.

성마름(irritability)

약간의 자극에도 과민하게 반응하고 불쾌감을 드러내는 성향.

소거(extinction)

특정 행동을 유지시키는 것으로 보이는 강화물을 제거함으로써 행동을 감소시키는 것.

손상(impairment)

신체의 특정 부위 또는 기관이 상실되거나 그 기능이 감소된 상태.

시간체계(chronosystem)

Bronfenbrenner의 생태학적 체계 이론에 제시된 환경체계 중 하나로서, 개인의 환경에서 발생하는 사건들의 양식과 생애에 있어 전환점이 되는 중요한 역사적 · 사회적 사건들로 이루어지는 환경적 조건.

신경과학(neuroscience)

특히 뇌에 중점을 두고 신경계(뇌, 척수, 말초신경계)의 기능 및 장애에 대해 과학적으로 연구하는 학문.

신경전달물질(neurotransmitter)

신경세포들 사이의 작은 틈인 시냅스에서 정보를 한 신경세포에서 다른 신경세포로 전달하는 화학물질.

양전자방출 단층촬영(positron emission tomography: PET)

소량의 방사능 물질을 인체에 주입한 후 한 쌍의 광자(photons)가 방출하는 2개의 감마선을 180도 방향에서 동시에 탐지한 뒤 컴퓨터로 재구성하여 영상화하는 기법.

연쇄법(chaining)

행동연쇄를 구성하는 각 단계를 점진적으로 배워 모든 연쇄단계로 구성된 표적행동에 도달하도록 하는 것.

외체계(exosystem)

Bronfenbrenner의 생태학적 체계 이론에 제시된 환경체계 중 하나로서, 아동이 직접 참여하지는 않지만 아동에게 영향을 미치는 사회적 환경.

외상후 성장(posttraumatic growth: PTG)

사건이나 사고 등으로 생긴 심리적 · 정신적 충격인 외상(trauma)을 극복한 뒤 개인적인 역량과 삶에 대한 만족도가 이전보다 크게 향상되는 현상.

용암법(fading)

행동을 유발하는 자극을 점진적으로 통제함으로써 목표자극에 의해 표적행동이 유발되도록 하는 것.

위험(at-risk)

현재는 장애가 없지만 향후 장애를 보일 가능성이 보통 이상인 경우.

위험요인(risk factors)

한 아동이 나중에 정서행동장애를 보일 가능성을 증가시키는 변인.

의뢰전 중재(prereferral intervention)

일반적으로 학습문제 그리고/또는 행동문제와 관련하여 공식적인 심층평가에 의뢰하기 전에 주로 일반학급에서 실시되는 비공식적 문제해결 과정.

인지적 결함(cognitive deficiency)

생각의 부재.

인지적 과정(cognitive process)

사고(thought), 인식(perception), 기대(expectation), 믿음(belief), 귀인(attribution) 등의 일련의 정신적 사건.

인지적 왜곡(cognitive distortion)

정확하지 않은 역기능적 사고과정.

일반화훈련(generalization training)

일반화(자극일반화, 반응일반화)가 나타나도록 가르치는 것.

자극식별훈련(stimulus discrimination training)

특정 자극이 있을 때 특정 행동을 보이고 다른 자극이 있을 때 그 행동을 보이지 않도록 가르치는 것.

자극일반화(stimulus generalization)

일반화의 한 유형으로서, 특정 자극(사람, 지시, 자료, 장소/상황)이 있을 때 어떤 반응이 강화를 받았을 경우 유사하지만 다른 자극들에 의해 그 반응이 촉발될 수 있는 것.

자기공명영상(magnetic resonance imaging: MRI)

강력한 자기장하에서 수소핵의 자기공명현상을 이용하여 실제 뇌의 해부학적 모습에 가까운 뇌영상을 얻는 기법.

자아존중감(self-esteem)

자신에 대한 전반적 평가.

장애(disability)

손상(impairment)으로 말미암아 대부분의 사람이 하는 방법으로 특정 과제를 수행할 수 있는 능력이 제한된 상태.

적부성(eligibility)

특수교육대상자로서의 적격성.

전산화 단층촬영(computerized tomography: CT)

서로 대칭적으로 위치한 X-ray 관구와 검출기가 횡단 또는 회전운동을 하면서 수많은 방향에서 투과된 X-ray 양을 측정한 뒤 컴퓨터로 재구성하여 단면 영상을 생성하는 기법.

정서(emotion)

자극에 반응하여 나타나는 신체와 뇌 상태의 변화.

조형법(shaping)

표적행동에 조금씩 근접된 행동을 할 때마다 강화하여 점진적으로 표적행동에 도달하도록 하는 것.

준거참조검사(criterion-referenced test)

사전에 설정된 숙달수준인 준거(criterion)에 아동의 점수를 비교함으로써 특정 지식이나 기술에 있어서의 아동의 수준에 대한 정보를 제공하는 검사.

중간체계(mesosystem)

Bronfenbrenner의 생태학적 체계 이론에 제시된 환경체계 중 하나로서, 미시체계 내에 있는 구성물들(예: 가족, 또래, 학교, 이웃 등) 간의 관계로 이루어지는 환경.

직접교수(Direct Instruction)

행동주의 이론에 입각하여 연속적이고 구조화된 학습자료를 명시적이고 반복적으로 제공함으로써 학생으로 하여금 자신이 해결해야 할 과제가 무엇인지 분명히 알게 하는 교사중심의 교수법.

진단(diagnosis)

어떤 상태의 특성과 원인을 파악하는 과정.

차별강화(differential reinforcement)

바람직한 행동을 강화함으로써 상대적으로 바람직하지 않은 행동을 감소시키는 것.

체계적 탈감법(systematic desensitization)

두려움을 유발하는 자극이나 상황을 최소부터 최대까지 위계적으로 배열해 놓고 이완된 상태로 그 위계에 따라 자극이나 상황을 상상하면서 점차 두려움을 중화시켜 나가는 것.

출현율(prevalence)

특정 시점에 한 모집단에서 어떤 장애를 가진 사례수의 비율.

충분조건(sufficient condition)

특정 현상을 항상 유발하는 조건.

탄력성(resilience)

부정적인 상황에도 불구하고 역경 또는 위험요인들을 극복하고 적응적으로 기능하는 능력(적응유연성 또는 회복력이라고도 함).

토큰경제(token economy)

어떤 행동 뒤에 지원강화물로 교환할 수 있는 토큰이 제공됨으로써 그 행동을 증가시키는 것.

투사법(projective technique)

모호한 자극(예: 잉크반점, 상황/사람들 그림, 미완성 문장)을 제시하고 그에 대한 아동의 반응을 내적 느낌과 갈등의 투사로 해석하는 절차.

평가(evaluation)

수집된 자료에 근거하여 가치판단을 통해 교육적 의사결정을 내리는 과정.

평생출현율(lifetime prevalence)

한 모집단에서 평생 한 번이라도 어떤 장애로 진단받은 사례수의 비율.

평정기록(rating recording)

관찰에서 사용되는 기록방법의 한 종류로서, 관찰행동을 관찰한 후 사전에 준비된 평정수단(범주, 척도, 또는 검목표)을 사용하여 행동의 양상, 정도, 또는 유무를 판단해 기록하는 방법.

필요조건(necessary condition)

특정 현상이 발생하기 위해 반드시 있어야 하는 조건.

핸디캡(handicap)

손상(impairment)이나 장애(disability)로 인해 환경과의 상호작용에서 문제나 불이익이 초래된 상태.

행동수정(behavior modification)

개인이 사회에서 좀 더 충분히 기능할 수 있도록 개인의 내재적 · 외현적 행동을 평가하고 향상시키는 데 학습원리와 기법을 체계적으로 적용하는 것.

행동억제(behavioral inhibition)

친숙하지 않은 사람이나 상황에 대해 위축되는 경향성.

행동억제체계(behavioral inhibition system: BIS)

혐오적 결과를 피할 수 있도록 행동을 멈추게 하는 체계.

행동유전학(behavior genetics)

유전이 행동상의 개인차에 미치는 영향에 관한 연구.

행동활성체계(behavioral activation system: BAS)

추구하는 유인물을 향해 다가가는 행동을 일으키는 체계.

혐오치료(aversion therapy)

어떤 행동을 중단시키기 위해 그 행동을 시도할 때마다 혐오스러운 자극을 주는 것.

협동학습(cooperative learning: CL)

서로 다른 능력을 가진 학생들을 작은 집단으로 구성하여 함께 공부하도록 하는 것.

홍수법(flooding)

강한 두려움을 유발하는 자극에 장시간 노출시킴으로써 공포증을 제거하는 것.

회피조건형성(avoidance conditioning)

도피-회피조건형성(escape-avoidance conditioning)에서의 최종단계로서, 어떤 행동 뒤에 혐오자극(즉, 강한 불쾌자극)을 방지하여 그 행동을 증가시키는 것.

참고문헌

강동우, 허시영, 이민규, 이혜경, 이영호(2006). 한국판 식사장애 검사(The Korean version of Eating Disorder Examination: KEDE)의 타당화. **한국심리학회지: 건강**, 11(2), 407-418.

강위영, 송영혜, 변찬석 편저(1992). **놀이치료**. 서울: 도서출판 특수교육.

강종구, 김미경, 김영한, 옥정달, 이정규, 이태훈, . . . 허명진(2010). **특수교육학개론**. 서울: 학지사.

강현석(2023). 교육신경과학의 새로운 접근: 내러티브 사고와 뇌 기반 학습. **내러티브와 교육연구**, 11(2), 63-93.

건강보험심사평가원(2011. 5. 2.). 우울증보다 무서운 조울증… 진료인원 연평균 6.6% 증가. http://www.hira.or.kr에서 인출.

곽금주, 장승민(2019). **한국 웩슬러 아동지능검사-5판(K-WISC-V)**. 서울: 인싸이트.

곽호완, 박창호, 이태연, 김문수, 진영선(2008). **실험심리학 용어사전**. 서울: 시그마프레스.

교육과학기술부(2013. 2. 8.). 보도자료: '13년 학생정신건강 주요사업 추진계획 발표. 서울: 저자.

교육부(2022a). **장애인 등에 대한 특수교육법**(일부개정 2022. 10. 18. 법률 제18992호). 세종: 저자.

교육부(2022b). **장애인 등에 대한 특수교육법 시행규칙**(일부개정 2022. 6. 19. 교육부령 제269호). 세종: 저자.

교육부(2023). **장애인 등에 대한 특수교육법 시행령**(일부개정 2023. 4. 18. 대통령령 제33406호). 세종: 저자.

교육부(2024a). **2024 특수교육통계**. 충남: 교육부 국립특수교육원.

교육부(2024b). **2024년 교육기본통계**. 세종: 저자.

교육인적자원부(2005). **특수교육진흥법**(일부개정 2005. 3. 24. 법률 제7395호). 서울: 저자.

교육인적자원부(2007). **장애인 등에 대한 특수교육법**(제정 2007. 5. 25. 법률 제8483호). 서울: 저자.

구영진, 김예니(2014). 아동기 정신증. 홍강의 편집, **DSM-5에 준하여 새롭게 쓴 소아정신의학** (pp. 223-232). 서울: 학지사.

구정일, 김태형, 은헌정, 최말례, 이선미, 조수진, . . . 김형욱(2006). 한국판 임상가용 아동 및 청소년을 위한 외상후 스트레스장애 척도의 신뢰도 및 타당도 연구. 신경정신의학, 45(6), 571-577.

국립특수교육원(2009a). 특수교육대상아동 선별검사 개발. 충남 아산: 저자.

국립특수교육원(2009b). 특수교육학 용어사전. 충남 아산: 저자.

국립특수교육원(2011). 2011 특수교육실태조사. 충남 아산: 저자.

권석만(2000). 우울증(이상심리학 시리즈 2). 서울: 학지사.

권석만(2023a). 이상심리학의 기초(2판). 서울: 학지사.

권석만(2023b). 현대 이상심리학(3판). 서울: 학지사.

권준수 외(2006). 정신병의 조기발견 및 예방시스템 구축을 위한 집단검사의 도구에 관한 연구. 경기: 보건복지부.

김경미(2023). 급식 및 섭식장애. 홍강의 총괄편집, 소아정신의학(3판, pp. 323-344). 서울: 학지사.

김기령, 백만기, 조규상(1995). 영한의학대사전. 서울: 수문사.

김동일(2021). 기초학습능력종합검사(BASA-CT). 서울: 인싸이트.

김동일, 이대식, 신종호(2003). 학습장애아동의 이해와 교육. 서울: 학지사.

김순진, 김환(2000). 외상후 스트레스 장애(이상심리학 시리즈 9). 서울: 학지사.

김영환, 김지혜, 오상수, 이수정, 조은경, 홍상황(2006). 청소년 성격평가 질문지(PAI-A). 서울: 인싸이트.

김영환, 진유경, 조용래, 권정혜, 홍상황, 박은영(2002). 한국형 대인관계검사(K-IIP). 서울: 인싸이트.

김윤옥(2005). 학습장애 학생을 위한 교수-학습전략(개정판). 경기 파주: 교육과학사.

김은정(2000). 사회공포증(이상심리학 시리즈 7). 서울: 학지사.

김은정, 김지훈(2000). 특정공포증(이상심리학 시리즈 8). 서울: 학지사.

김은주, 이승희(2013). 초등학생 자아탄력성과 정서행동문제의 관계 및 학업성취수준별 차이. 정서 · 행동장애연구, 29(2), 25-44.

김은혜(2005). 인지행동치료. 홍강의 편집, 소아정신의학(pp. 627-640). 서울: 중앙문화사.

김재원(2014). 기분장애. 홍강의 편집, DSM-5에 준하여 새롭게 쓴 소아정신의학(pp. 233-252). 서울: 학지사.

김재원(2023). 우울장애. 홍강의 총괄편집, 소아정신의학(3판, pp. 221-233). 서울: 학지사.

김재원, 최지욱(2012). 생물 의학적 평가 및 진단. 대한소아청소년정신의학회 편저, 청소년정신의학(pp. 524-543). 서울: 시그마프레스.

김정욱(2000). 섭식장애(이상심리학 시리즈 13). 서울: 학지사.

김지혜, 이은호, 홍상황, 황순택(2021). 한국어판 아동불안척도-2판(K-RCMAS-2). 서울: 인싸이트.

김지혜, 이은호, 황순택, 홍상황(2019). **한국어판 아동우울척도-2판(K-CDI-2)**. 서울: 인싸이트.

김지혜, 조선미, 홍창희, 황순택(2005). **한국아동인성평정척도(KPRC)**. 서울: 한국가이던스.

김지훈(2023). 파괴적 충동조절 및 품행장애. 홍강의 총괄편집, **소아정신의학**(3판, pp. 386-401). 서울: 학지사.

김지훈, 서완석(2012). 품행장애 · 적대적 반항장애. 대한소아청소년정신의학회 편저, **청소년정신의학**(pp. 119-142). 서울: 시그마프레스.

김지훈, 양영희(2014). 파탄적 행동장애 · 충동조절장애 · 품행장애. 홍강의 편집, **DSM-5에 준하여 새롭게 쓴 소아정신의학**(pp. 383-394). 서울: 학지사.

김헌수, 김현실(2000). 청소년 비행행동 측정도구 개발. **소아청소년정신의학, 11**(1), 79-90.

김혜란, 이승희(2013). 고등학생 양극성장애성향과 관련변인 분석. **정서 · 행동장애연구, 29**(3), 459-482.

김혜림(2014). 놀이치료. http://terms.naver.com/print.nhn?docId=2118662&cid=41991&categoryId=41991에서 인출.

김효선, 이승희(2013). ADHD 한방치료에 관한 국내 한의학 학술지논문 분석: 2000년부터 2011년까지를 중심으로. **발달장애연구, 17**(4), 165-187.

남민(2023). 아동기 정신증. 홍강의 총괄편집, **소아정신의학**(3판, pp. 197-208). 서울: 학지사.

대한간호학회(1996). **간호학대사전**. 서울: 한국사전연구사.

동아일보(2024. 1. 30.). 초교 '정서행동검사' 부모가 작성… 학생 정신건강 관리 구멍.

문요한(2019). **이제 몸을 챙깁니다: 바디풀니스, 진정한 나로 살기 위한 첫걸음**. 서울: ㈜해냄출판사.

박경숙, 김계옥, 송영준, 정동영, 정인숙(2005). **KISE 기초학력검사(KISE-BAAT)**. 경기: 국립특수교육원.

박병운(2011. 12. 19.). 뉴로피드백: 뇌파를 통제하는 바이오피드백 기술. http://navercast.naver.com/print.nhn?contents_id=7066에서 인출.

박선자(2012). 식이장애. 대한소아청소년정신의학회 편저, **청소년정신의학**(pp. 304-323). 서울: 시그마프레스.

박선자, 김효원(2014). 급식 · 섭식장애. 홍강의 편집, **DSM-5에 준하여 새롭게 쓴 소아정신의학**(pp. 326-341). 서울: 학지사.

박지연, 강하늘, 김나경, 김소연, 박인선, 위한영, . . . 최미진(2022). **정서행동장애학생을 위한 증거기반의 실제 가이드북**. 서울: 학지사.

박창호, 권혁철, 김정호, 서영삼, 김문수, 조은경, . . . 김완석(1998). **현대 심리학 입문**. 서울: 정민사.

박현순(2000). **공황장애**(이상심리학 시리즈 5). 서울: 학지사.

박현일, 조홍중(2009). 그림을 통한 성격치료 미술치료. 서울: 시그마프레스.

박혜원, 이경옥, 안동현(2016). 한국 웩슬러 유아지능검사-4판(K-WPPSI-IV). 서울: 인싸이트.

백승영, 이승희(2014). 학교급과 성별에 따른 아동과 청소년 정서행동문제의 정도 및 임상위험 차이. 정서·행동장애연구, 30(2), 207-231.

보건복지부(2021). 장애인복지법(일부개정 2021. 12. 21. 법률 제18625호). 세종: 저자.

보건복지부(2022). 장애인복지법 시행규칙(타법개정 2022. 12. 30. 보건복지부령 제932호). 세종: 저자.

보건복지부(2023). 장애인복지법 시행령(타법개정 2023. 4. 11. 대통령령 제33382호). 세종: 저자.

보건복지부(2024. 5. 2.). 보도자료: 소아·청소년 16.1% 정신건강 경험, 소아·청소년의 7.1%는 전문가 도움 시급-「2022년 정신건강실태조사(소아·청소년)」 결과 발표. 세종: 저자.

서경희, 윤점룡, 윤치연, 이상복, 이상훈, 이효신(2003). 발달장애의 진단과 평가(제2판). 경북 경산: 대구대학교출판부.

손정우(2023). 배설장애. 홍강의 총괄편집, 소아정신의학(3판, pp. 345-357). 서울: 학지사.

손정우, 남민(2014). 배설장애. 홍강의 편집, DSM-5에 준하여 새롭게 쓴 소아정신의학(pp. 342-356). 서울: 학지사.

신동원, 구영진(2012). 주의력결핍 과잉행동장애·학습장애. 대한소아청소년정신의학회 편저, 청소년정신의학(pp. 90-118). 서울: 시그마프레스.

신민섭, 김붕년, 김재원, 홍순범(2025). 한국판 ADHD 평가척도(K-ARS-5). 서울: 인싸이트.

신재한, 강민숙, 권영석, 권영활, 김여선, 김영진, . . . 최경민(2021). 교육신경과학 용어사전. 경기 파주: 교육과학사.

신현균, 김진숙(2000). 주의력결핍 및 과잉행동 장애(이상심리학 시리즈 28). 서울: 학지사.

심세훈(2023). 불안장애. 홍강의 총괄편집, 소아정신의학(3판, pp. 234-258). 서울: 학지사.

안명희(2024). 한국판 정서-행동 평가시스템(3판)(K · BASC-3). 서울: 인싸이트.

안이환(2007). 사회성측정: 이론과 실제. 경기 고양: 서현사.

양명희(2012). 행동수정이론에 기초한 행동지원. 서울: 학지사.

연규월(2012). 인지행동치료. 대한소아청소년정신의학회 편저, 청소년정신의학(pp. 591-606). 서울: 시그마프레스.

연규월, 김의정(2014). 강박 관련 장애. 홍강의 편집, DSM-5에 준하여 새롭게 쓴 소아정신의학(pp. 268-283). 서울: 학지사.

오경자, 김영아(2009). 한국판 유아행동평가척도(K-CBCL 1.5-5). 서울: 휴노.

오경자, 김영아(2011). 한국판 아동·청소년 행동평가척도(K-ASEBA). 서울: 휴노.

원호택, 박현순, 권석만(1995). 한국판 공황장애 척도 개발 연구. 한국심리학회지: 임상, 14(1), 95-110.

원호택, 박현순, 이민규, 김은정, 조용래, 권석만, . . . 신민섭(2000). **심리장애의 인지행동적 접근**. 경기 파주: 교육과학사.

원호택, 이훈진(2000). **정신분열증(이상심리학 시리즈 10)**. 서울: 학지사.

위키백과(2024. 12. 23.). 대뇌 피질. https://ko.wikipedia.org/w/index.php?title=대뇌_피질&oldid=38358995에서 인출.

이문수(2023). 외상 및 스트레스 관련 장애. 홍강의 총괄편집, **소아정신의학**(3판, pp. 274-292). 서울: 학지사.

이민규, 고영택, 이혜경, 황을지, 이영호(2001). 한국판 식사태도검사-26(The Eating Attitudes Test-26: KEAT-26)의 타당화. **정신신체의학**, 9(2), 153-163.

이민규, 이영호, 박세현, 손창호, 정영조, 홍성국, . . . 윤애리(1998). 한국판 식사태도검사-26(The Korean version of Eating Attitudes Test-26: KEAT-26) 표준화 연구 I: 신뢰도 및 요인분석. **정신신체의학**, 6(2), 155-175.

이새봄, 황미리(2011). 트라우마 피할 수 없다면 성장 디딤돌로 삼으세요. https://www.mk.co.kr/news/print/2011/444700에서 인출.

이성용, 김진호(2011). 자기교시 중재 효과에 대한 메타 분석. **특수교육학연구**, 46(3), 163-189.

이소영, 심세훈(2012). 불안장애 · 외상 후 스트레스장애. 대한소아청소년정신의학회 편저, **청소년정신의학**(pp. 175-205). 서울: 시그마프레스.

이소영, 심세훈(2014). 외상과 스트레스 관련 장애. 홍강의 편집, **DSM-5에 준하여 새롭게 쓴 소아정신의학**(pp. 284-302). 서울: 학지사.

이숙, 최정미, 김수미(2002). **현장중심 놀이치료**. 서울: 학지사.

이승동, 정훈영(2012). 자기교시훈련 프로그램이 자폐성장애 학생의 문제행동에 미치는 영향. **정서 · 행동장애연구**, 28(4), 403-424.

이승희(2008). 정서 · 행동장애를 지닌 아동의 평가를 위한 과제와 대안모색. **한국정서 · 행동장애아교육학회 제16회 연차학술대회 자료집: 장애인 등에 대한 특수교육법과 정서 · 행동장애**(pp. 17-32). 대구: 한국정서 · 행동장애아교육학회.

이승희(2011). 응용행동분석, 특수교육, 정서 · 행동장애에 대한 긍정적 행동지원의 관계 고찰. **특수교육학연구**, 46(2), 107-132.

이승희(2012). 정서행동장애 정의와 출현율의 개념 및 관계에 대한 체계적 고찰. **정서 · 행동장애연구**, 28(3), 37-58.

이승희(2013). 정서행동장애의 인지적 모델에 관한 10문 10답. **정서 · 행동장애연구**, 29(4), 195-226.

이승희(2018). 부적강화와 도피-회피조건형성의 비교 고찰. **정서 · 행동장애연구**, 34(1), 51-72.

이승희(2019). 응용행동분석에서의 촉구와 용암법의 유형에 대한 고찰. **학습장애연구**, 16(3), 157-177.

이승희(2020). 응용행동분석에서의 배경사건과 동기조작 개념에 대한 비교 고찰. **정서 · 행동장애연구, 36**(2), 23-41.

이승희(2021a). 응용행동분석에서의 일반화의 유형과 일반화의 유형별 정의에 대한 고찰. **정서 · 행동장애연구, 37**(4), 293-307.

이승희(2021b). **장애아동관찰**. 서울: 학지사.

이승희(2022). 응용행동분석에서의 유지와 일반화의 관계 모델. **정서 · 행동장애연구, 38**(2), 45-62.

이승희(2024a). **자폐스펙트럼장애의 이해**(제3판). 서울: 학지사.

이승희(2024b). **특수교육평가**(제4판). 서울: 학지사.

이승희, 백승영(2012). 2009 KISE 정서 · 행동장애 선별검사의 양호도 및 개선방안. **정서 · 행동장애연구, 28**(4), 1-28.

이영식, 김재원(2014). 불안장애. 홍강의 편집, **DSM-5에 준하여 새롭게 쓴 소아정신의학**(pp. 253-267). 서울: 학지사.

이영식, 최진태, 이철원(1994). 한국형 소아공포 조사목록 개발. **신경정신의학, 33**(3), 524-532.

이용승(2000). **범불안장애**(이상심리학 시리즈 4). 서울: 학지사.

이용승, 이한주(2000). **강박장애**(이상심리학 시리즈 6). 서울: 학지사.

이우주(2012). **이우주 의학사전**. 경기 파주: 군자출판사.

이임순(1998). **섭식절제가 식이행동에 미치는 영향**. 미간행 박사학위논문, 고려대학교 대학원, 서울.

이정섭, 박태원(2012). 틱장애 · 강박관련장애. 대한소아청소년정신의학회 편저, **청소년정신의학**(pp. 266-287). 서울: 시그마프레스.

이정섭, 신민섭, 홍강의(1994). 한국판 아동용 Leyton 강박증 척도의 개발. **소아청소년정신의학, 5**(1), 162-171.

이종승(2009). **현대교육평가**. 경기 파주: 교육과학사.

이철순(2023). 강박 관련 장애. 홍강의 총괄편집, **소아정신의학**(3판, pp. 259-273). 서울: 학지사.

임규혁, 임웅(2007). **학교학습 효과를 위한 교육심리학**(2판). 서울: 학지사.

임민경, 이지혜, 이한나, 김태동, 최기홍(2013). 근거기반실천과 심리치료. **한국심리학회지: 일반, 32**(1), 251-270.

장미경, Z. Maoz, 이상희, 정민정, 김유진, 신현정, . . . 김경남(2012). **정신건강론**. 서울: 태영출판사.

전덕인(2009). 약물학적 치료. 박원명 외 공저, **양극성장애**(pp. 156-197). 서울: 시그마프레스.

전덕인, 윤보현, 정한용, 하규섭, 신영철, 박원명(2005). 한국형 기분장애 질문지의 타당화 연구. **신경정신의학, 44**(5), 583-590.

전용호(2008). **인간행동과 사회환경**. 서울: 학문사닷컴.

정선주, 곽영숙(2014). 놀이정신치료. 홍강의 편집, DSM-5에 준하여 새롭게 쓴 소아정신의학(pp. 581-591). 서울: 학지사.

정성훈(2009). 심리사회적 치료. 박원명 외 공저, 양극성장애(pp. 206-222). 서울: 시그마프레스.

정옥분(2007). 전생애 인간발달의 이론(개정판). 서울: 학지사.

정유숙, 홍현주(2012). 기분장애: 우울장애 · 양극성장애. 대한소아청소년정신의학회 편저, 청소년정신의학(pp. 206-237). 서울: 시그마프레스.

조수철, 김붕년, 양영희(2012). 약물치료. 대한소아청소년정신의학회 편저, 청소년정신의학(pp. 547-564). 서울: 시그마프레스.

조용래(2000). 양극성 장애(이상심리학 시리즈 3). 서울: 학지사.

조은희, 전병진(2009). 감각통합 가정프로그램이 발달지연 아동의 감각처리능력과 일상생활 수행능력에 미치는 영향. 대한작업치료학회지, 17(1), 63-76.

조혜현(2012). EEG의 기초. 최승원 외 공저, 뉴로피드백 입문(pp. 19-37). 서울: 시그마프레스.

진미영, 박지연(2017). 한국판 정서행동문제 검사-2판(K-SAED-2). 서울: 인싸이트.

최승원(2012). 뉴로피드백의 개념과 역사. 최승원 외 공저, 뉴로피드백 입문(pp. 1-17). 서울: 시그마프레스.

하이닥(2004. 11. 22.). 스트레스 받으면 오장육부가 위험하다. http://www.hidoc.co.kr/news/healthtoday/item/C0000018047에서 인출.

하지현(2014). 정서에 대한 과학적 접근, 인지치료. http://navercast.naver.com/print.nhn?contents_id=68128에서 인출.

한국교육심리학회(2000). 교육심리학 용어사전. 서울: 학지사.

한국교육평가학회 편저(2004). 교육평가 용어사전. 서울: 학지사.

허시영, 이민규, 최영민, 손창호, 이혜경, 이영호(2004). 한국판 식사장애 검사(The Korean Version of Eating Disorder Examination: KEDE)의 신뢰도 및 요인분석. 대한비만학회지, 13(1), 42-52.

홍상황, 김종미, 안이환, 황순택, 유현실, 정혜원(2009). 아동 · 청소년 교우관계검사(KIPR). 서울: 인싸이트.

홍상황, 김지혜, 안이환, 조선미, 홍창희, 황순택, 한태희(2009). 한국 아동 · 청소년 인성평정척도-교사평정용(KPRC-T). 서울: 인싸이트.

홍준표(2009). 응용행동분석. 서울: 학지사.

황선영, 이승희(2011). 청소년기 양극성장애성향과 관련변인 분석. 정서 · 행동장애연구, 27(2), 59-81.

황순택, 김영환, 권해수, 김지혜, 박은영, 박중규, . . . 홍상황(2019). 청소년 성격평가질문지(증보판). 서울: 인싸이트.

황순택, 김지혜, 조선미, 홍창희, 안이환, 한태희, 홍상황(2020). 한국 아동 · 청소년 인성평정척도-자기보고용(KPRC-S). 서울: 인싸이트.

황준원(2012). 조현병 및 기타 정신병. 대한소아청소년정신의학회 편저, **청소년정신의학**(pp. 288-303). 서울: 시그마프레스.

山口周(2019). **철학은 어떻게 삶의 무기가 되는가: 불확실한 삶을 돌파하는 50가지 생각 도구** (김윤경 역). 경기 파주: 다산북스. (원저 2018 출판)

生田哲(2012). **뇌와 마음을 지배하는 물질** (김세원 역). 서울: 하서출판사. (원저 2011 출판)

Aboitiz, F. (2024). *A history of bodies, brains, and minds: The evolution of life and consciousness*. Cambridge, MA: The MIT Press.

Achenbach, T. M. (1982). *Developmental psychopathology* (2nd ed.). New York, NY: Wiley.

Achenbach, T. M. (1991a). *Manual for the Child Behavior Checklist/4-18 and 1991 profile*. Burlington, VT: University of Vermont, Department of Psychiatry.

Achenbach, T. M. (1991b). *Manual for the Teacher's Report Form and 1991 profile*. Burlington, VT: University of Vermont, Department of Psychiatry.

Achenbach, T. M. (1991c). *Manual for the Youth Self-Report and 1991 profile*. Burlington, VT: University of Vermont, Department of Psychiatry.

Achenbach, T. M., & Edelbrock, C. S. (1981). Behavioral problems and competencies reported by parents of normal and disturbed children aged 4 through 16. *Monographs of the Society for Research in Child Development*, *46* (Serial No. 188).

Achenbach, T. M., & Rescorla, L. A. (2000). *Manual for the ASEBA Preschool Forms and profiles*. Burlington, VT: University of Vermont, Department of Psychiatry.

Achenbach, T. M., & Rescorla, L. A. (2001). *Manual for the ASEBA School-Age Forms and profiles*. Burlington, VT: University of Vermont, Department of Psychiatry.

Adams, G., & Carnine, D. (2003). Direct instruction. In H. L. Swanson, K. R. Harris, & S. Graham (Eds.), *Handbook of learning disabilities* (pp. 403-416). New York, NY: The Guilford Press.

American Academy of Child and Adolescent Psychiatry. (2007). Practice parameters for the assessment and treatment of children and adolescents with bipolar disorder. *Journal of the American Academy of Child and Adolescent Psychiatry*, *46*(1), 107-125.

American Institute of Research. (2002, April). Frequently asked questions. *Technical Assistance Partnership for Child and Family Mental Health*. Accessed September 30, 2002, at www.air.org/tapartnership/advisors/education/fag/april02.htm

American Psychiatric Association. (1952). *Diagnostic and statistical manual of mental disorders*. Washington, DC: Author.

American Psychiatric Association. (1968). *Diagnostic and statistical manual of mental disorders* (2nd ed.). Washington, DC: Author.

American Psychiatric Association. (1980). *Diagnostic and statistical manual of mental disorders* (3rd ed.). Washington, DC: Author.

American Psychiatric Association. (1987). *Diagnostic and statistical manual of mental disorders* (3rd ed., rev.). Washington, DC: Author.

American Psychiatric Association. (1994). *Diagnostic and statistical manual of mental disorders* (4th ed.). Washington, DC: Author.

American Psychiatric Association. (2000). *Diagnostic and statistical manual of mental disorders* (4th ed., text rev.). Washington, DC: Author.

American Psychiatric Association. (2013). *Diagnostic and statistical manual of mental disorders* (5th ed.). Arlington, VA: Author.

American Psychiatric Association. (2022). *Diagnostic and statistical manual of mental disorders* (5th ed., text rev.). Washington, DC: Author.

Anastasi, A., & Urbina, S. (1997). *Psychological testing* (7th ed.). Upper Saddle River, NJ: Prentice Hall.

Anderson, J. A., Kutash, K., & Duchnowski, A. J. (2001). A comparison of the academic progress of students with EBD and students with LD. *Journal of Emotional and Behavioral Disorders*, *9*(2), 106-115.

Angold, A., Costello, E. J., & Erkanli, A. (1999). Comorbidity. *Journal of Child Psychology and Psychiatry*, *40*(1), 57-87.

APA Presidential Task Force on Evidence-Based Practice. (2006). Evidence-based practice in psychology. *American Psychologist*, *61*(4), 271-285.

Arden, J. B., & Linford, L. (2016). **아동 · 청소년 뇌기반 심리치료** (김광웅, 홍주란, 차미숙 역). 서울: 시그마프레스. (원저 2009 출판)

Asherson, P. (2012). ADHD across the lifespan. *Medicine*, *40*(11), 623-627.

Ayres, A. J. (1979). *Sensory integration and the child*. Los Angeles, CA: Western Psychological Services.

Bambara, L. M. (2005). Evolution of positive behavior support. In L. M. Bambara & L. Kern (Eds.), *Individualized supports for students with problem behaviors: Designing positive behavior plans* (pp. 1-24). New York, NY: The Guilford Press.

Barbe, R. P., Bridge, J. A., Birmaher, B., Kolko, D. J., & Brent, D. A. (2004). Lifetime history of sexual abuse, clinical presentation, and outcome in a clinical trial for adolescent depression. *Journal of Clinical Psychiatry*, *65*(1), 77-83.

Barkley, R. (2000). *Taking charge of ADHD*. New York, NY: The Guilford Press.

Barkley, R. (2003). Attention-deficit/hyperactivity disorder. In E. J. Mash & R. Barkley (Eds.), *Child psychopathology* (2nd ed., pp. 75-143). New York, NY: The Guilford Press.

Barkley, R. (2006). Primary symptoms, diagnostic criteria, prevalence, and gender differences. In R. Barkley (Ed.), *Attention-deficit hyperactivity disorder: A handbook for diagnosis and treatment* (3rd ed., pp. 76-121). New York, NY: The Guilford Press.

Barlow, D. H., & Craske, M. G. (2000). *Mastery of your anxiety and panic* (3rd ed.). New York, NY: Oxford University Press.

Beardslee, W. R., Versage, E. M., Van de Velde, P., Swatling, S., & Hoke, L. (2002). Preventing depression in children through resiliency promotion: The preventive intervention project. In R. J. McMahon & R. D. Peters (Eds.), *The effects of parental dysfunction on children* (pp. 71-86). New York, NY: Kluwer.

Bechara, A., & Damasio, A. R. (2005). The somatic marker hypothesis: A neural theory of economic decision. *Games and Economic Behavior*, *52*(2), 336-372.

Beck, A. T. (1976). *Cognitive therapy ad the emotional disorders*. New York, NY: International Universities Press, Inc.

Bell, D. J., Foster, S. L., & Mash, E. J. (Eds.). (2005). *Handbook of behavioral and emotional problems in girls*. New York, NY: Kluwer.

Bellak, L., & Bellak, S. S. (1949). *Children's Apperception Test*. Larchmont, NY: C.P.S., Inc.

Benner, G. J., Nelson, J. R., & Epstein, M. H. (2002). Language skills of children with EBD. *Journal of Emotional and Behavioral Disorders*, *10*(1), 43-57.

Benner, S. M. (2003). *Assessment of young children with special needs: A context-based approach*. Clifton, NY: Delmar Learning.

Bennett, M. R., & Hacker, P. M. S. (2003). *Philosophical foundations of neuroscience*. Hoboken, NJ: Wiley-Blackwell.

Berg, C. J., Rapoport, J. L., & Flament, M. (1986). The Leyton Obsessional Inventory-Child Version. *Journal of the American Academy of Child and Adolescent Psychiatry*, *25*(1), 84-91.

Berger, K. S. (2011). *The developing person through childhood* (6th ed.). New York, NY: Worth Publishers.

Bernet, W. (2005). Child maltreatment. In B. J. Sadock & V. A. Sadock (Eds.), *Kaplan & Sadock's comprehensive textbook of psychiatry* (Vol. II, pp. 3412-3424).

Philadelphia, PA: Lippincott Williams & Wilkins.

Berk, L. E. (1999). *Infants, toddlers, and adolescents* (3rd ed.). Boston, MA: Allyn and Bacon.

Biederman, J., Faraone, S., Keenan, K., & Tsuang, M. (1991). Evidence of a familial association between attention deficit disorder and major affective disorders. *Archives General Psychiatry*, *48*(7), 633-642.

Bierman, K. L. (2005). *Peer rejection: Developmental processes and intervention strategies*. New York, NY: The Guilford Press.

Birch, S. H., & Ladd, G. W. (1998). Children's interpersonal behavior and the teacher-child relationship. *Developmental Psychology*, *34*(5), 934-946.

Birmaher, B., & Brent, D. (2007). Practice parameter for the assessment and treatment of children and adolescent with depressive disorders. *Journal of the American Academy of Child and Adolescent Psychiatry*, *46*(11), 1503-1526.

Birmaher, B., Ryan, N. D., Williamson, D. E., Brent, D. A., Kaufman, J., Dahl, R. E., . . . Nelson, B. (1996). Childhood and adolescent depression: A review of the past 10 years. Part I. *Journal of the American Academy of Child and Adolescent Psychiatry*, *35*(11), 1427-1439.

Blackford, J. U., & Pine, D. S. (2012). Neural substrates of childhood anxiety disorders: A review of neuroimaging findings. *Child and Adolescent Psychiatric Clinics of North America*, *21*(3), 501-525.

Blader, J. C., & Carlson, G. A. (2007). Increased rates of bipolar disorder diagnoses among U.S. child, adolescent, and adult inpatients, 1996-2004. *Biological Psychiatry*, *62*(2), 107-114.

Bos, C. S., Coleman, M., & Vaughn, S. (2002). Reading and students with EBD: What do we know and recommend? In K. L. Lane, F. M. Gresham, & T. E. O'Shaughnessy (Eds.), *Interventions for children with or at risk for emotional and behavioral disorders* (pp. 87-103). Boston, MA: Allyn and Bacon.

Bos, C. S., & Vaughn, S. (2002). *Strategies for teaching students with learning and behavior problems* (5th ed.). Boston, MA: Allyn & Bacon.

Bradley, R., Danielson, L., & Doolittle, J. (2007). Responsiveness to intervention: 1997 to 2007. *Teaching Exceptional Children*, *39*(5), 8-12.

Brent, D. A., & Weersing, R. (2007). Depressive disorder. In A. Martin & F. R Volkmar (Eds.), *Lewis's child and adolescent psychiatry: A comprehensive textbook* (pp. 503-513). Philadelphia, PA: Lippincott Williams & Wilkins.

Bromley, K., Irwin-DeVitis, L., & Modlo, M. (1999). *50 graphic organizers for reading, writing & more*. New York, NY: Scholastic Inc.

Bronfenbrenner, U. (1979). *The ecology of human development: Experiments by nature and design*. Cambridge, MA: Harvard University Press.

Bronfenbrenner, U. (1989). Ecological systems theory. In R. Vasta (Ed.), *Annals of child development* (Vol. 6, pp. 187-251). Greenwich, CT: JAI Press.

Bronfenbrenner, U. (1995). The bioecological model from a life course perspective: Reflections of a participant observer. In P. Moen, G. H. Elder, Jr., & K. Luscher (Eds.), *Examining lives in context: Perspectives on the ecology of human development* (pp. 599-618). Washington, DC: American Psychological Association.

Bronfenbrenner, U. (2001). The bioecological theory of human development. In N. J. Smelser & P. B. Baltes (Eds.), *International encyclopedia of the social and behavioral sciences* (Vol. 10, pp. 6963-6970). St. Louis, MO: Elsevier Science.

Bronfenbrenner, U. (2005). Interacting systems of human development: Research paradigms: Present and future. In U. Bronfenbrenner (Ed.), *Making human beings human: Bioecological perspectives on human development* (pp. 67-93). Thousand Oaks, CA: Sage.

Bruno, A., Celebre, L., Torre, G., Pandolfo, G., Mento, C., Cedro, C., . . . Muscatello, M. R. A. (2019). Focus on disruptive mood dysregulation disorder: A review of the literature. *Psychiatry Research*, *279*, 323-330.

Buck, J. N. (1992). *House-Tree-Person projective drawing technique (H-T-P): Manual and interpretive guide* (Revised by W. L. Warren). Los Angeles, CA: Western Psychological Services.

Bulik, C. M., Sullivan, P. F., Wade, T. D., & Kendler, K. S. (2000). Twin studies of eating disorders. A review. *International Journal of Eating Disorders*, *27*(1), 1-20.

Burgess, K. B., Marshall, P. J., Rubin, K. H., & Fox, N. A. (2003). Infant attachment and temperament as predictors of subsequent externalizing problems and cardiac physiology. *Journal of Child Psychology and Psychiatry*, *44*(6), 819-831.

Burns, B. J., & Goldman, S. K. (Eds.). (1999). *Systems of care: Promising practices in children's mental health, 1998 series: Vol. 4. Promising practices in wraparound for children with serious emotional disturbance and their families*. Washington, DC: Center for Effective Collaboration and Practice, American Institutes for Research.

Burns, G. L., & Patterson, D. R. (1990). Conduct problem behaviors in a stratified random sample of children and adolescents: New standardization data on the Eyberg Child Behavior Inventory. *Psychological Assessment*, *2*(4), 291-397.

Burns, R. C., & Kaufman, S. H. (1987). *Kinetic Family Drawings (K-F-D): An introduction to understanding children through kinetic drawings*. New York, NY: Brunner/Mazel.

Buss, A. H., & Plomin, R. (1984). *Temperament: Early developing personality traits*. Hillsdale, NJ: Lawrence Erlbaum Associates, Inc.

Butler, R. J. (2004). Childhood nocturnal enuresis: Developing a conceptual framework. *Clinical Psychology Review*, *24*(8), 909-931.

Caldwell, C. (2020). **바디풀니스: 생명의 현존, 자신감, 깨어남을 위한 몸 수련** (김정명, 신금옥, 황미정 역). 경기 파주: 한울. (원저 2018 출판)

Cameron, O. G. (2001). Interoception: The inside story—A model for psychosomatic processes. *Psychosomatic Medicine*, *63*(5), 697-710.

Caprara, G. V., Barbaranelli, C., Pastorelli, C., Bandura, A., & Zimbardo, P. G. (2000). Prosocial foundations of children's academic achievement. *Psychological Science*, *11*(4), 302-306.

Carr, J. E., & Sidener, T. M. (2002). On the relation between applied behavior analysis and positive behavior support. *The Behavior Analyst*, *25*(2), 245-253.

Ceci, S. J. (2006). Urie Bronfenbrenner (1917-2005). *American Psychologist*, *61*(2), 173-174.

Center, D. B., & Kemp, D. (2003). Temperament and personality as potential factors in the development and treatment of conduct disorders. *Education and Treatment of Children*, *26*(1), 75-88.

Center on Positive Behavioral Interventions and Supports. (2004). *School-wide positive behavior support: Implementers' blueprint and self-assessment*. Washington, DC: Office of Special Education Programs, U.S. Department of Education.

Centers for Disease Control and Prevention. (2013). Mental health surveillance among children—United States, 2005-2011. *MMWR Supplements*, *62*(2), 1-35.

Chambless, D. L., Caputo, G. C., Bright, P., & Gallagher, R. (1984). Assessment of fear in agoraphobics: The Body Sensations Questionnaire and the Agoraphobic Cognitions Questionnaire. *Journal of Consulting and Clinical Psychology*, *52*(6), 1090-1097.

Chambless, D. L., & Hollon, S. D. (1998). Defining empirically supported therapies. *Journal of Consulting and Clinical Psychology*, *66*(1), 7-18.

Chance, P. (2014). *Learning and behavior* (7th ed.). Belmont, CA: Wadsworth.

Chess, S., & Thomas, A. (1977). Temperamental individuality from childhood to adolescence. *Journal of the American Academy of Child Psychiatry*, *16*(2), 218-226.

Cillessen, A. H., & Bukowski, W. M. (2000). Conceptualizing and measuring peer acceptance and rejection. In A. H. Cillessen & W. M. Bukowski (Eds.), *Recent advances in the measurement of acceptance and rejection in the peer system* (pp. 3-10). San Francisco, CA: Jossey-Bass.

Clemmensen, L., Vernal, D. L., & Steinhausen, H. (2012). A systematic review of the long-term outcome of early onset schizophrenia. *BMC Psychiatry*, *12*(1), 150-165.

Cohen, L. G., & Spenciner, L. J. (2007). *Assessment of children and youth with special needs* (3rd ed.). Boston, MA: Allyn and Bacon.

Coie, J. D., Watt, N. F., West, S. G., Hawkins, J. D., Asarnow, J. R., Markman, H. J., . . . Long, B. (1993). The science of prevention: A conceptual framework and some directions for a national research program. *American Psychologist*, *48*(10), 1013-1022.

Coleman, M. C., & Vaughn, S. (2000). Reading interventions for students with emotional/behavioral disorders. *Behavioral Disorders*, *25*(2), 93-104.

Comings, D. E., Gade-Andavolu, R., Gonzalez, N., Wu, S., Muhleman, D., Blake, H., . . . MacMurray, J. P. (2000). Multivariate analysis of association of 42 genes in ADHD, ODD and conduct disorder. *Clinical Genetics*, *58*(1), 31-40.

Connor, D. F. (2002). *Aggression and antisocial behavior in children and adolescents: Research and treatment*. New York, NY: The Guilford Press.

Cook, B. G., & Cook, S. C. (2013). Unraveling evidence-based practices in special education. *The Journal of Special Education*, *47*(2), 71-82.

Cook, B. G., & Odom, S. L. (2013). Evidence-based practices and implementation science in special education. *Exceptional Children*, *79*(2), 135-144.

Cook, B. G., Tankersley, M., Cook, L., & Landrum, T. J. (2008). Evidence-based practices in special education: Some practical considerations. *Intervention in School and Clinic*, *44*(2), 69-75.

Cook, C. R., Lyon, A. R., Kubergovic, D., Wright, D. B., & Zhang, Y. (2015). A supportive beliefs intervention to facilitate the implementation of evidence-based practices within a multi-tiered system of supports. *School Mental Health*, *7*(1), 49-60.

Cooper, J. O., Heron, T. E., & Heward, W. L. (2007). *Applied behavior analysis* (2nd ed.). Upper Saddle River, NJ: Pearson Education, Inc.

Cooper, Z., & Fairburn, C. G. (1987). The Eating Disorder Examination: A semi-structured interview for the assessment of the specific psychopathology of eating disorder. *International Journal of Eating Disorders*, *6*(1), 1-8.

Costello, E. J., Egger, H. L., & Angold, A. (2005). 10-Year research update review: The epidemiology of child and adolescent psychiatric disorders: I. Methods and public health burden. *Journal of the American Academy of Child and Adolescent*

Psychiatry, *44*(10), 972-986.

Costello, E. J., Erkanli, A., Fairbank, J. A., & Angold, A. (2002). The prevalence of potentially traumatic events in childhood and adolescence. *Journal of Traumatic Stress*, *15*(2), 99-112.

Crain, W. (2005). *Theories of development* (5th ed.). Upper Saddle River, NJ: Prentice Hall.

Crick, N. R., & Grotpeter, J. K. (1995). Relational aggression, gender, and social-psychological adjustment. *Child Development*, *66*(3), 710-722.

Crick, N. R., Ostrov, J. M., & Werner, N. E. (2006). A longitudinal study of relational aggression, physical aggression, and children's social-psychological adjustment. *Journal of Abnormal Child Psychology*, *34*(2), 127-138.

Crick, N. R., & Zahn-Waxler, C. (2003). The development of psychopathology in females and males: Current progress and future challenges. *Development and Psychopathology*, *15*(3), 719-742.

Critchley, H. D., & Garfinkel, S. N. (2017). Interoception and emotion. *Current Opinion in Psychology*, *17*, 7-14.

Culatta, R. A., Tompkins, J., & Werts, M. G. (2003). *Foundations of special education: What every teacher needs to know* (2nd ed.). Upper Saddle River, NJ: Merrill/Prentice Hall.

Cullinan, D. (2004). Classification and definition of emotional and behavioral disorders. In R. B. Rutherford, M. M. Quinn, & S. R. Mathur (Eds.), *Handbook of research in emotional and behavioral disorders* (pp. 32-53). New York, NY: The Guilford Press.

Cullinan, D. (2007). *Students with emotional and behavioral disorders: An introduction for teachers and other helping professionals* (2nd ed.). Upper Saddle River, NJ: Pearson Education, Inc.

Cullinan, D., & Epstein, M. H. (2001). Comorbidity among students with emotional disturbance. *Behavioral Disorders*, *26*(3), 200-213.

Cullinan, D., Epstein, M. H., & Lloyd, J. W. (1991). Evaluation of conceptual models of behavior disorders. *Behavioral Disorders*, *16*(2), 148-157.

Curtis, W. J., & Cicchetti, D. (2003). Moving research on resilience into the 21st century: Theoretical and methodological considerations in examining the biological contributions to resilience. *Development and Psychopathology*, *15*(3), 773-810.

Custer, S., McKean, K., Meyers, C., Murphy, D., Olesen, S., & Parker, S. (1990). *SMARTS: Studying, memorizing, active listening, reviewing, test-taking, and survival skills. A study skills resource guide*. Longmont, CO: Sopris West.

Damasio, A. R. (1994). *Descartes' error: Emotion, reason, and the human brain*. New York, NY: Penguin Books.

Damasio, A. R. (1999). *The feeling of what happens: Body and emotion in the making of consciousness*. San Diego, CA: Harcourt.

Damasio, A. R. (2003). *Looking for Spinoza: Joy, sorrow, and the feeling brain*. New York, NY: Harcourt.

Damasio, A. R. (2010). *Self comes to mind: Constructing the conscious brain*. New York, NY: Pantheon Books.

Damasio, A. R. (2018). *Strange order of things: Life, feeling, and the making of the culture*. New York, NY: Pantheon Books.

Damasio, A. R. (2021). *Feeling and knowing: Making minds conscious*. New York, NY: Pantheon Books.

Davidson, R. J. (1998). Affective style and affective disorders: Perspectives from affective neuroscience. *Cognition and Emotion*, *12*(3), 307-330.

Davidson, R. J. (2000). Affective style, psychopathology, and resilience: Brain mechanisms and plasticity. *American Psychologist*, *55*(11), 1196-1214.

Davis, M. R., Culotta, V. P., Levine, E. A., & Rice, E. H. (2011). *School success for kids with emotional and behavioral disorders*. Waco, TX: Prufrock Press Inc.

De Bellis, M. D., & Van Dillen, T. (2005). Childhood posttraumatic stress disorder: An overview. *Child and Adolescent Psychiatric Clinics of North America*, *14*(4), 745-772.

DeCicco-Bloom, E., & Sondell, M. (2005). Neural development and neurogenesis. In B. J. Sadock & V. A. Sadock (Eds.), *Kaplan & Sadock's comprehensive textbook of psychiatry* (Vol. I, pp. 33-49). Philadelphia, PA: Lippincott Williams & Wilkins.

DeName, K. (2013). Neurofeedback therapy an effective, non-drug treatment for ADHD. *Psych Central*. Retrieved from http://psychcentral.com/blog/archives/2013/06/10/neurofeedback-therapy-an-effective-non-drug-treatment-for-adhd/

Dick, D. M., Li, T. K., Edenberg, H. J., Hesselbrock, V., Kramer, J., Kuperman, S., . . . Foroud, T. (2004). A genome-wide screen for genes influencing conduct disorder. *Molecular Psychiatry*, *9*(1), 81-87.

Donnellan, A. M., LaVigna, G. W., Negri-Shoultz, N., & Fassbender, L. L. (1988). *Progress without punishment: Effective approaches for learners with behavior problems*. New York, NY: Teachers College Press.

Donnellan, A. M., LaVigna, G. W., Zambito, J., & Thvedt, J. (1985). A time-limited intensive intervention program model to support community placement for persons with severe behavior problems. *Journal of the Association for Persons with Severe Handicaps, 10*(3), 123-131.

Dunlap, G., Sailor, W., Horner, R. H., & Sugai, G. (2009). Overview and history of positive behavior support. In W. Sailor, G. Dunlap, G. Sugai, & R. H. Horner (Eds.), *Handbook of positive behavior support* (pp. 3-16). New York, NY: Springer.

Dunn, D. B., Dalgleish, T., & Lawrence, A. D. (2006). The somatic marker hypothesis: A critical evaluation. *Neuroscience and Biobehavioral Reviews, 30*(2), 239-271.

DuPaul, G., Barkley, R., & Connor, D. (1998). Stimulants. In R. Barkley (Ed.), *Attention deficit hyperactivity disorder: A handbook for diagnosis and treatment* (2nd ed., pp. 510-551). New York, NY: The Guilford Press.

DuPaul, G. J., Power, T. J., Anastopoulos, A. D., & Reid, R. (2016). *ADHD Rating Scale -5 for Children and Adolescents: Checklist, norms, and clinical interpretation*. New York, NY: The Guilford Press.

Dwyer, K., & Osher, D. (2000). *Safeguarding our children: An action guide*. Washington, DC: U.S. Department of Education.

Dwyer, K., Osher, D., & Warger, C. (1998). *Early warning, timely response: A guide to safe schools*. Washington, DC: U.S. Department of Education.

Eagle, J. W., Dowd-Eagle, S. E., Snyder, A., & Holtzman, E. G. (2015). Implementing a multi-tiered system of support (MTSS): Collaboration between school psychologists and administrators to promote systems-level change. *Journal of Educational and Psychological Consultation, 25*(2-3), 160-177.

Eber, L., & Keenan, S. (2004). Collaboration with other agencies: Wraparound and systems of care for children and youths with emotional and behavioral disorders. In R. B. Rutherford, M. M. Quinn, & S. R. Mathur (Eds.), *Handbook of research in emotional and behavioral disorders* (pp. 502-516). New York, NY: The Guilford Press.

Eber, L., Malloy, J. M., Rose, J., & Flamini, A. (2014). School-based wraparound for adolescents: The RENEW model for transition-age youth with or at risk of emotional and behavioral disorders. In H. M. Walker & F. M. Gresham (Eds.), *Handbook of evidence-based practices for emotional and behavioral disorders: Applications in schools* (pp. 378-393). New York, NY: The Guilford Press.

Eber, L., Nelson, C. M., & Miles, P. (1997). School-based wraparound for students with emotional and behavioral challenges. *Exceptional Children, 63*(4), 539-555.

Eber, L., Sugai, G., Smith, C. R., & Scott, T. M. (2002). Wraparound and positive behavioral interventions and supports in the schools. *Journal of Emotional and*

Behavioral Disorders, *10*(3), 171-180.

Eisler, I. (2002). Family interviewing: Issues of theory and practice. In M. Rutter & E. Taylor (Eds.), *Child and adolescent psychiatry* (4th ed., pp. 128-140). Malden, MA: Blackwell Science.

Elliott, D. S., Huizinga, D., & Ageton, S. S. (1985). *Explaining delinquency and drug use*. Beverly Hills, CA: Sage.

Elliott, S, N., & Gresham, F. M. (1991). *Social skills intervention guide: Practical strategies for social skills training*. Circle Pines, MN: American Guidance Service.

Engel, G. L. (1977). The need for a new medical model: A challenge for biomedicine. *Science*, *196*(4286), 129-136.

Engel, G. L. (1980). The clinical application of the biopsychosocial model. *American Journal of Psychiatry*, *137*(5), 535-544.

Engelmann, S., & Carnine, D. (1991). *Theory of instruction*. Eugene, OR: Association of Direct Instruction.

English, D. J. (1998). The extent and consequences of child maltreatment. *The Future of Children*, *8*(1), 39-53.

Epstein, M. H., & Cullinan, D. (2010). *Scales for Assessing Emotional Disturbance-Second Edition*. Austin, TX: Pro-Ed.

Epstein, M. H., Cullinan, D., Ryser, G., & Pearson, N. (2002). Development of a scale to assess emotional disturbance. *Behavioral Disorders*, *28*(1), 5-22.

Epstein, M. H., Nordness, P. D., Gallagher, K., Nelson, R., Lewis, L., & Schrepf, S. (2005). School as the entry point: Assessing adherence to the basic tenets of the wraparound approach. *Behavioral Disorders*, *30*(2), 85-93.

Evans, G. W. (2004). The environment of childhood poverty. *American Psychologist*, *59*(2), 77-92.

Evans, I. A., & Meyer, L. H. (1985). *An educative approach to behavior problems: A practical decision model for interventions with severely handicapped learners*. Baltimore, MD: Paul H. Brookes Publishing Co.

Fairbanks, S., Sugai, G., Guardino, D., & Lathrop, M. (2007). Response to intervention: Examining classroom behavior support in second grade. *Exceptional Children*, *73*(3), 288-310.

Feinstein, A. R. (1970). The pre-therapeutic classification of co-morbidity in chronic disease. *Journal of Chronic Diseases*, *23*(7), 455-468.

Fields, F., Farmer, E. M. Z., Apperson, J., Mustillo, S., & Simmers, D. (2006). Treatment and posttreatment effects of residential treatment using a re-education model. *Behavioral Disorders, 31*(3), 312-322.

Fisher, J. B., Schumaker, J. B., & Deshler, D. D. (1995). Searching for validated inclusive practices: A review of the literature. *Focus on Exceptional Children, 28*(4), 1-20.

Flament, M. F., Whitaker, A., Rapoport, J. L., Davies, M., Berg, C. Z., Kalikow, K., . . . Shaffer, D. (1988). Obsessive compulsive disorder in adolescence: An epidemiological study. *Journal of the American Academy of Child and Adolescent Psychiatry, 27*(6), 764-771.

Fleming, J. E., Offord, D. R., & Boyle, M. H. (1989). Prevalence of childhood and adolescent depression in the community: Ontario Child Health Study. *British Journal of Psychiatry, 155*, 647-654.

Fletcher, J. M., Coulter, W. A., Reschly, D. J., & Vaughn, S. (2004). Alternative approaches to the definition and identification of learning disabilities: Some questions and answers. *Annals of Dyslexia, 54*(2), 304-331.

Flick, G. L. (2011). *Understanding and managing emotional and behavioral disorders in the classroom*. Upper Saddle River, NJ: Pearson Education, Inc.

Forbes, E. E., May, J. C., Siegle, G. J., Ladouceur, C. D., Ryan, N. D., Carter, C. S., . . . Dahl, R. E. (2006). Reward-related decision-making in pediatric major depressive disorders: An fMRI study. *Journal of Child Psychology and Psychiatry, 47*(10), 1031-1040.

Forbes, E. E., Shaw, D. S., & Dahl, R. E. (2007). Alterations in reward-related decision making in boys with recent and future depression. *Biological Psychiatry, 61*(5), 633-639.

Forness, S. R. (2005). Personal reflections: Definition. In J. M. Kauffman, *Characteristics of emotional and behavioral disorders of children and youth* (8th ed., pp. 23-25). Upper Saddle River, NJ: Pearson Education, Inc.

Forness, S. R., & Kavale, K. A. (2000). Emotional or behavioral disorders: Background and current status of the E/BD terminology and definition. *Behavioral Disorders, 25*(3), 264-269.

Forness, S. R., & Knitzer, J. (1992). A new proposed definition and terminology to replace "serious emotional disturbance" in Individuals with Disabilities Education Act. *School Psychology Review, 21*(1), 12-20.

Frick, P. J., & Morris, A. S. (2004). Temperament and developmental pathways to conduct problems. *Journal of Clinical Child and Adolescent Psychology, 33*(1), 54-68.

Friedman, R. J., & Chase-Lansdale, P. L. (2002). Chronic adversities. In M. Rutter & E. Taylor (Eds.), *Child and adolescent psychiatry* (4th ed., pp. 261-276). Malden, MA:

Blackwell.

Fuller, G. D. (1984). *Biofeedback: Methods and procedures in clinical practice*. San Francisco, CA: Biofeedback Press.

Furlong, M. J., Morrison, G. M., & Jimerson, S. R. (2004). Externalizing behaviors of aggression and violence and the school context. In R. B. Rutherford, M. M. Quinn, & S. R. Mathur (Eds.), *Handbook of research in emotional and behavioral disorders* (pp. 243-261). New York, NY: The Guilford Press.

Garner, D. M. (1991). *Eating Disorder Inventory-2: Professional manual*. Odessa, FL: Psychological Assessment Resources.

Garner, D. M., & Garner, M. V. (1992). Treatment of eating disorders in adolescents: Research and recommendations. In C. E. Walker & M. C. Roberts (Eds.), *Handbook of clinical child psychology* (2nd ed., pp. 623-641). New York, NY: Wiley.

Garner, D. M., Olmsted, M. P., Bohr, Y., & Garfinkel, P. E. (1982). The eating attitudes test: Psychometric features and clinical correlates. *Psychological Medicine*, *12*(4), 871-876.

Gersten, R. (1985). Direct instruction with special education students: A review of evaluation research. *The Journal of Special Education*, *19*(1), 41-58.

Getty, L. A., & Summy, S. E. (2006). Language deficits in students with emotional and behavioral disorders: Practical applications for teachers. *Beyond Behavior*, *15*(3), 15-22.

Gilliam, J. E. (2002). *Conduct Disorder Scale*. Austin, TX: Pro-Ed.

Glannon, W. (2011). *Brain, body, and mind: Neuroethics with a human face*. Oxford, England: Oxford University Press.

Glowinski, A. L., Madden, P. A. F., Bucholz, K. K., Lynskey, M. T., & Heath, A. C. (2003). Genetic epidemiology of self-reported lifetime DSM-IV major depressive disorder in a population-based twin sample of female adolescents. *Journal of Child Psychology and Psychiatry*, *44*(7), 988-996.

Gowers, S., & Bryant-Waugh, R. (2004). Management of child and adolescent eating disorders: The current evidence base and future directions. *Journal of Child Psychology and Psychiatry*, *45*(1), 63-83.

Graham, S., & Harris, K. R. (2003). Students with learning disabilities and the process of writing: A meta-analysis of SRSD studies. In H. L. Swanson, K. R. Harris, & S. Graham (Eds.), *Handbook of learning disabilities* (pp. 323-344). New York, NY: The Guilford Press.

Gray, J. A. (1987). *The psychology of fear and stress*. New York, NY: Cambridge University Press.

Green, M., & Piel, J. A. (2002). *Theories of human development: A comparative approach*. Boston, MA: Allyn and Bacon.

Greenbaum, P. E., Dedrick, R. F., Friedman, R. M., Kutash, K., Brown, E. C., Lardieri, S. P., & Pugh, A. M. (1996). National Adolescent and Child Treatment Study (NACTS): Outcomes for children with serious emotional and behavioral disturbance. *Journal of Emotional and Behavioral Disorders*, *4*(3), 130-146.

Greene, R. W., Biederman, J., Zerwas, S., Monuteaux, M. C., Goring, J. C., & Fara, S. V. (2002). Psychiatric comorbidity, family dysfunction, and social impairment in referred youth with oppositional defiant disorder. *American Journal of Psychiatry*, *159*(7), 1214-1224.

Gresham, F. M. (1998). Social skills training: Should we raze, remodel, or rebuild? *Behavioral Disorders*, *24*(1), 19-25.

Gresham, F. M. (1999). Noncategorical approaches to K-12 emotional and behavioral difficulties. In D. Reschly, D. Tilly, & J. Grimes (Eds.), *Special education in transition: Functional assessment and noncategorical programming* (pp. 107-137). Longmont, CO: Sopris West.

Gresham, F. M. (2005). Response to intervention: An alternative means of identifying students as emotionally disturbed. *Education and Treatment of Children*, *28*(4), 328-345.

Gresham, F. M., & Elliott, S. N. (2014). Social skills assessment and training in emotional and behavioral disorders. In H. M. Walker & F. M. Gresham (Eds.), *Handbook of evidence-based practices for emotional and behavioral disorders* (pp. 152-172). New York, NY: The Guilford Press.

Gresham, F. M., & Kern, L. (2004). Internalizing behavior problems in children and adolescents. In R. B. Rutherford, M. M. Quinn, & S. R. Mathur (Eds.), *Handbook of research in emotional and behavioral disorders* (pp. 262-281). New York, NY: The Guilford Press.

Gresham, F. M., Lane, K. L., & Lambros, K. M. (2000). Comorbidity of conduct problems and ADHD: Identification of "fledgling psychopaths." *Journal of Emotional and Behavioral Disorders*, *8*(2), 83-93.

Gross, J. J. (2015). Emotion regulation: Current status and future prospects. *Psychological Inquiry*, *26*(1), 1-26.

Hallahan, D. P., Lloyd, J. W., Kauffman, J. M., Weiss, M., & Martinez, E. (2005).

Introduction to learning disabilities (3rd ed.). Boston, MA: Allyn and Bacon.

Hammen, C., & Rudolph, K. D. (2003). Childhood mood disorders. In E. J. Mash & R. A. Barkley (Eds.), *Child psychopathology* (2nd ed., pp. 233-278). New York, NY: The Guilford Press.

Hankin, B. L., Abramson, L. Y., Moffitt, T. E., Silva, P. A., McGee, R., & Angell, K. E. (1998). Development of depression from preadolescence to young adulthood: Emerging gender differences in a 10-year longitudinal study. *Journal of Abnormal Psychology*, *107*(1), 128-140.

Harris, K. R., & Graham, S. (1996). *Making the writing process work: Strategies for composition and self-regulation*. Cambridge, MA: Brookline Books.

Hart, C. (2008). *Secretes of serotonin: The natural hormone that curbs food and alcohol cravings, reduces pain, and elevates your mood*. New York, NY: St. Martin's Griffin.

Hart, K. J., & Morgan, J. R. (1993). Cognitive-behavioral procedures with children: Historical context and current status. In A. J. Finch, W. M. Nelson, & E. S. Ott (Eds.), *Cognitive-behavioral procedures with children and adolescents* (pp. 1-24). Boston, MA: Allyn & Bacon.

Harvard Health Publications. (2005, April). Childhood and adolescent conduct disorder. *Harvard Mental Health Letter*, *21*(10), 4-7.

Hawkins, J. D., Herrenkohl, T. I., Farrington, D. P., Brewer, D., Catalano, R. F., Harachi, T. W., & Cothern, L. (2000, April). Predictors of youth violence. *Juvenile Justice Bulletin*, 1-11. Office of Juvenile Justice and Delinquency Prevention, U.S. Department of Justice.

Herzog, D. B., & Beresin, E. V. (1997). Anorexia nervosa. In J. M. Wiener (Ed.), *Textbook of child and adolescent psychiatry* (2nd ed., pp. 543-561). Washington, DC: American Psychiatric Press.

Hetherington, E. M. (1989). Coping with family transitions: Winners, losers, and survivors. *Child Development*, *60*(1), 1-14.

Hetherington, E. M., Cox, M., & Cox, R. (1982). Effects of divorce on parents and children. In M. E. Lamb (Ed.), *Nontraditional families: Parenting and child development* (pp. 233-288). Hillsdale, NJ: Erlbaum.

Heward, W. L. (2009). *Exceptional children* (9th ed.). Upper Saddle River, NJ: Pearson Education, Inc.

Hirschfeld, R. M., Williams, J. B., Spitzer, R. L., Calabrese, J. R., Flynn, L., & Keck, P. E. (2000). Development and validation of a screening instrument for bipolar spectrum disorder: The mood disorder questionnaire. *American Journal of Psychiatry*, *157*(11), 1873-1875.

Hobbs, N. (1982). *The troubled and troubling child*. San Francisco, CA: Jossey-Bass.

Hooper, S. R., Murphy, J., Devaney, A., & Hultman, T. (2000). Ecological outcomes of adolescents in a psychoeducational residential facility. *American Journal of Orthopsychiatry*, *70*(4), 491-500.

Horner, R. H., Dunlap, G., & Koegel, R. L. (Eds.). (1988). *Generalization and maintenance: Life-style changes in applied settings*. Baltimore, MD: Paul H. Brookes Publishing Co.

Horner, R. H., Dunlap, G., Koegel, R. L., Carr, E. G., Sailor, W., Anderson, J., . . . O'Nell, R. E. (1990). Toward a technology of "nonaversive" behavioral support. *Journal of the Association for Persons with Severe Handicaps*, *15*(3), 125-132.

Hoste, R. R., & Le Grange, D. (2008). Expressed emotion among white and ethnic minority families of adolescents with bulimia nervosa. *European Eating Disorders Review*, *16*(5), 395-400.

Hyman, S. E. (2010). The diagnosis of mental disorders: The problem of reification. *Annual Review of Clinical Psychology*, *6*(1), 155-179.

Idol, L. (2006). Toward inclusion of special education students in general education: A program evaluation of eight schools. *Remedial and Special Education*, *27*(2), 77-94.

Institute of Medicine. (2001). *Crossing the quality chasm: A new health system for the 21st century*. Washington, DC: National Academic Press.

Jasanoff, A. (2018). *The biological mind: How brain, body, and environment collaborate to make us who we are*. New York, NY: Basic Books.

Jenkins, J. R., Antil, L. R., Wayne, S. K., & Vadasy, P. F. (2003). How cooperative learning works for special education and remedial students. *Exceptional Children*, *69*(3), 279-292.

Jensen, M. (2005). *Introduction to emotional and behavioral disorders: Recognizing and managing problems in the classroom*. Upper Saddle River, NJ: Merrill/Prentice Hall.

Johnson, D. W., & Johnson, R. (1986). Mainstreaming and cooperative learning strategies. *Exceptional Children*, *52*(6), 553-561.

Johnson, J. G., Cohen, P., Kotler, L., Kasen, S., & Brook, J. S. (2002). Psychiatric disorders associated with risk for the development of eating disorders during adolescence and early adulthood. *Journal of Consulting and Clinical Psychology*, *70*(5), 1119-1128.

Johnston, J. M., Foxx, R. M., Jacobson, J. W., Green, G., & Mulick, J. A. (2006). Positive behavior support and applied behavior analysis. *Behavior Analyst*, *29*(1), 51–74.

Joint Committee of Standards for Educational Evaluation. (2003). *The student evaluation standards: How to improve evaluation of students*. Thousand Oaks, CA: Corwin Press.

Kagan, J., & Snidman, N. (1999). Early childhood predictors of adult anxiety disorders. *Journal of Biological Psychiatry*, *46*(11), 1536–1541.

Kalat, J. W. (2019). *Biological psychology* (13th ed.). Belmont, CA: Wadsworth.

Kame'enui, E. J. (2007). A new paradigm: Response to intervention. *Teaching Exceptional Children*, *39*(5), 6–7.

Kaplan, H. I., & Sadock, B. J. (2009). Elimination disorders. In B. J. Sadock, V. A. Sadock, & P. Ruiz (Eds.), *Kaplan & Sadock's comprehensive textbook of psychiatry* (9th ed., pp. 3624–3635). Philadelphia, PA: Lippincott Williams & Wilkins.

Kauffman, J. M., Brigham, F. J., & Mock, D. R. (2004). Historial to contemporary perspectives on the field of emotional and behavioral disorders. In R. B. Rutherford, M. M. Quinn, & S. R. Mathur (Eds.), *Handbook of research in emotional and behavioral disorders* (pp. 15–31). New York, NY: The Guilford Press.

Kauffman, J. M., & Landrum, T. J. (2009). *Characteristics of emotional and behavioral disorders of children and youth* (9th ed.). Upper Saddle River, NJ: Pearson Education, Inc.

Kavale, K. A., Mathur, S. R., & Mostert, M. P. (2004). Social skills training and teaching social behavior to students with emotional and behavioral disorders. In R. B. Rutherford, M. M. Quinn, & S. R. Mathur (Eds.), *Handbook of research in emotional and behavioral disorders* (pp. 446–461). New York, NY: The Guilford Press.

Kazdin, A. E. (2001). *Behavior modification in applied settings* (6th ed.). Belmont, CA: Wadsworth/Thomson Learning.

Kearney, C. A. (2006). *Casebook in child behavior disorders* (3th ed.). Belmont, CA: Wadsworth/Thomson Learning.

Kelly, J. B. (2000). Children's adjustment in conflicted marriage and divorce: A decade review of research. *Journal of the American Academy of Child and Adolescent Psychiatry*, *39*(8), 963–973.

Kendall, P. C. (Ed.). (2006). *Child and adolescent therapy: Cognitive-behavioral procedures*. New York, NY: The Guilford Press.

Keogh, B. K. (2003). *Temperament in the classroom: Understanding individual differences*. Baltimore, MD: Brookes.

Kevin, P., Quinn, K. P., & Lee, V. (2007). The wraparound approach for students with emotional and behavioral disorders: Opportunities for school psychologists. *Psychology in the Schools*, *44*(1), 101-111.

Khalsa, S. S., Adolphs, R., Cameron, O. G., Critchley, H. D., Davenport, P. W., Feinstein, J. S., . . . Zucker, N. (2018). Interoception and mental health: A roadmap. *Biological Psychiatry: Cognitive Neuroscience and Neuroimaging*, *3*(6), 501-513.

King, N. J., & Bernstein, G. A. (2001). School refusal in children and adolescents: A review of the past 10 years. *Journal of the American Academy of Child and Adolescent Psychiatry*, *40*(2), 197-205.

King, R. A. (2002). Adolescence. In M. Lewis (Ed.), *Child and adolescent psychiatry: A comprehensive textbook* (3rd ed., pp. 332-342). Philadelphia, PA: Lippincott Williams & Wilkins.

Klip, A. (2016). Homeostasis-the Walter B. Cannon's legacy-Applied to the metabolic syndrome and the scientific enterprise. *Physiology*, *31*(4), 246-253.

Knitzer, J. (1982). *Unclaimed children: The failure of public responsibility to children and adolescents in need of mental health services*. Washington, DC: Children's Defense Fund.

Koppitz, E. M. (1984). *Psychological evaluation of human figure drawings by middle school pupils*. Orlando, FL: Grune & Stratton.

Kovacs, M. (2011). *Children's Depression Inventory-Second Edition*. Toronto, Canada: Multi-Health Systems, Inc.

Kraemer, H. C. (2008). DSM categories and dimensions in clinical and research contexts. In J. E. Helzer, H. C. Kraemer, R. F. Krueger, H. U. Wittchen, P. J. Sirovatka, & D. A. Regier (Eds.), *Dimensional approaches in diagnostic classification* (pp. 5-17). Arlington, VA: American Psychiatric Association.

Landrum, T. J., Tankersley, M., & Kauffman, J. M. (2003). What is special about special education for students with emotional or behavioral disorders? *Journal of Special Education*, *37*(3), 148-156.

Lane, K. L. (2004). Academic instruction and tutoring interventions for students with emotional and behavioral disorders: 1990 to the present. In R. B. Rutherford, M. M. Quinn, & S. R. Mathur (Eds.), *Handbook of research in emotional and behavioral disorders* (pp. 462-486). New York, NY: The Guilford Press.

Last, C. G., & Strauss, C. C. (1990). School refusal in anxiety-disordered children and adolescents. *Journal of the American Academy of Child and Adolescent Psychiatry*, *29*(1), 31-35.

LaVigna, G. W., & Donnellan, A. M. (1986). *Alternatives to punishment: Solving behavior problems with non-aversive strategies*. New York, NY: Irvington.

Lavigne, J. V., Cicchetti, C., Gibbons, R. D., Binns, H. J., Larsen, L., & DoVito, C. (2001). Oppositional defiant disorder with onset in preschool years: Longitudinal stability and pathways to other disorders. *Journal of the American Academy of Child and Adolescent Psychiatry*, *40*(12), 1393-1400.

Lewinsohn, P. M., Joiner, T. E., & Rohde, P. (2001). Evaluation of cognitive diathesis-stress models in predicting major depressive disorder in adolescents. *Journal of Abnormal Psychology*, *110*(2), 203-215.

Lewinsohn, P. M., Klein, D. N., & Seeley, J. R. (1995). Bipolar disorders in a community sample of older adolescents: Prevalence, phenomenology, comorbidity, and course. *Journal of the American Academy of Child and Adolescent Psychiatry*, *34*(4), 454-463.

Lewis, M., & King, R. A. (2002). Psychiatric assessment of infants, children, and adolescents. In M. Lewis (Ed.), *Child and adolescent psychiatry: A comprehensive textbook* (3rd ed., pp. 525-544). Philadelphia, PA: Lippincott Williams & Wilkins.

Lilienfeld, S. (2003). Comorbidity between and within childhood externalizing and internalizing disorders: Reflections and directions. *Journal of Abnormal Child Psychology*, *31*(3), 285-291.

Loeber, R., Burke, J. D., Lahey, B. B., Winters, A., & Zera, M. (2000). Oppositional defiant and conduct disorder: A review of the past 10 years, Part I. *Journal of the American Academy of Child and Adolescent Psychiatry*, *39*(12), 1468-1484.

Loening-Baucke, V., Cruikshank, B., & Savage, C. (1987). Defecation dynamics and behavior profiles in encopretic children. *Pediatrics*, *80*(5), 672-681.

Lovejoy, M. C., Graczyk, P. A., O'Hare, E., & Neuman, G. (2000). Maternal depression and parenting behavior: A meta analytic review. *Clinical Psychology Review*, *20*(5), 561-592.

Maag, J. W. (2005). Social skills training for youth with emotional and behavioral disorders and learning disabilities: Problems, conclusions, and suggestions. *Exceptionality*, *13*(3), 155-172.

Magness, S. (2024). **강인함의 힘** (이주만 역). 경기 성남: ㈜상상스퀘어. (원저 2022 출판)

Mahler, K. J. (2015). *Interoception: The eighth sensory system*. Salt Lake City, UT: AAPA Publishing.

Malchiodi, C. A. (Ed.). (2005). **미술치료 입문** (임호찬, 임지향 역). 서울: 학지사. (원저 2002 출판)

Martin, G., & Pear, J. (2003). *Behavior modification: What it is and how to do it* (7th ed.). Upper Saddle River, NJ: Pearson Education, Inc.

Martin, G., & Pear, J. (2011). *Behavior modification: What it is and how to do it* (9th ed.). Upper Saddle River, NJ: Pearson Education, Inc.

Mash, E. J., & Wolfe, D. A. (1999). *Abnormal child psychology*. Belmont, CA: Wadsworth/Thomson Learning.

Masi, G., Millepiedi, S., Mucci, M., Poli, P., Bertini, N., & Milantoni, L. (2004). Generalized anxiety disorder in referred children and adolescents. *Journal of the American Academy of Child and Adolescent Psychiatry*, *43*(6), 752-760.

Mass, R. (2000). Characteristic subjective experiences of schizophrenia. *Schizophrenia Bulletin*, *26*(4), 921-931.

Mattai, A. K., Hill, J. L., & Lenroot, R. K. (2010). Treatment of early-onset schizophrenia. *Current Opinion in Psychiatry*, *23*(4), 304-310.

Mattison, R. E. (2004). Psychiatric and psychological assessment of emotional and behavioral disorders during school mental health consultation. In R. B. Rutherford, M. M. Quinn, & S. R. Mathur (Eds.), *Handbook of research in emotional and behavioral disorders* (pp. 163-180). New York, NY: The Guilford Press.

Mattison, R. E., Hooper, S. R., & Glassberg, L. A. (2002). Three-year course of learning disorders in special education students classified as behavioral disorder. *Journal of the American Academy of Child and Adolescent Psychiatry*, *41*(12), 1454-1461.

Maughan, B., Rowe, R., Messer, J., Goodman, R., & Meltzer, H. (2004). Conduct disorder and oppositional defiant disorder in a national sample: Developmental epidemiology. *Journal of Child Psychology and Psychiatry*, *45*(3), 609-621.

McArthur, D. S., & Roberts, D. E. (1982). *Roberts Apperception Test for Children*. Los Angeles, CA: Western Psychological Services.

McCarney, S. B., & Wunderlich, K. C. (2006). *Pre-referral intervention manual* (3rd ed.). Columbia, MO: Hawthorne Educational Services, Inc.

McConaughy, S. H., & Ritter, D. R. (2002). Best practices in multidimensional assessment of emotional or behavioral disorders. In A. Thomas & J. Grimes (Eds.), *Best practices in school psychology IV* (pp. 1303-1320). Bethesda, MD: National Association of School Psychologists.

McFadyen-Ketchun, S. A., & Dodge, K. A. (1998). Problems in social relationships. In E. J. Mash & R. A. Barkley (Eds.), *Treatment of childhood disorders* (pp. 338-365). New York, NY: The Guilford Press.

McGee, J. J., Menolascino, F. J., Hobbs, D. C., & Menousek, P. E. (1987). *Gentle teaching: A nonaversive approach for helping persons with mental retardation*. New York,

NY: Human Sciences Press.

McGinnis, E. (2011a). *Skillstreaming in early childhood: A guide for teaching prosocial skills* (3rd ed.). Champaign, IL: Research Press.

McGinnis, E. (2011b). *Skillstreaming the adolescent: A guide for teaching prosocial skills* (3rd ed.). Champaign, IL: Research Press.

McGinnis, E. (2011c). *Skillstreaming the elementary school child: A guide for teaching prosocial skills* (3rd ed.). Champaign, IL: Research Press.

McIntosh, K., & Goodman, S. (2016). *Integrated multi-tiered systems of support: Blending RTI and PBIS*. New York, NY: Guilford Press.

McLean, M. (1996). Child find, tracking, and screening. In M. McLean, D. M. Bailey, & M. Wolery, *Assessing infants and preschoolers with special needs* (2nd ed., pp. 96-122). Englewood Cliffs, NJ: Prentice Hall.

McLoyd, V. C. (1998). Socioeconomic disadvantage and child development. *American Psychologist*, *53*(2), 185-204.

McWilliams, N. (2004). *Psychoanalytic psychotherapy: A practitioner's guide*. New York, NY: The Guilford Press.

Meisels, S. J., & Wasik, B. A. (1990). Who should be served? Identifying children in need of early intervention. In S. J. Meisels & J. P. Shonkoff (Eds.), *Handbook of early childhood intervention* (pp. 605-632). New York, NY: Cambridge University Press.

Mercer, S. C., & Miller, S. P. (1992). Teaching students with learning problems in math to acquire, understand, and apply basic math facts. *Remedial and Special Education*, *13*(3), 19-25.

Merrell, K. W. (2003). *Behavioral, social, and emotional assessment of children and adolescents*. Mahwah, NJ: Lawrence Erlbaum Associates, Inc.

Meyer, L. H., & Evans, I. M. (1989). *Nonaversive intervention for behavior problems: A manual for home and community*. Baltimore, MD: Paul H. Brookes Publishing Co.

Mick, E., & Faraone, S. V. (2009). Family and genetic association studies of bipolar disorder in children. *Child and Adolescent Psychiatric Clinics of North America*, *18*(2), 441-453.

Mikkelsen, E. J. (2001). Enuresis and encopresis: Ten years of progress. *Journal of the American Academy of Child and Adolescent Psychiatry*, *40*(10), 1146-1158.

Miller-Johnson, S., Coie, J. D., Maumary-Gremaud, A., & Bierman, K. (2002). Peer rejection and aggression and early starter models of conduct disorder. *Journal of Abnormal Child Psychology*, *30*(3), 217-230.

Miltenberger, R. G. (2001). *Behavior modification: Principles and procedures* (2nd ed.). Belmont, CA: Wadsworth.

Miltenberger, R. G. (2016). *Behavior modification: Principles and procedures* (6th ed.). Boston, MA: Cengage Learning.

Mitchell, J. E., Agras, S., & Wonderlich, S. (2007). Treatment of bulimia nervosa: Where are we and where are we going? *International Journal of Eating Disorders*, *40*(2), 95-101.

Moffitt, T. E., Caspi, A., & Rutter, M. (2005). Strategy for investigating interactions between measured genes and measured environments. *Archives of General Psychiatry*, *62*(5), 473-481.

Mooney, P., Denny, R. K., & Gunter, P. L. (2004). The impact of NCLB and the reauthorization of IDEA on academic instruction of students with emotional or behavioral disorders. *Behavioral Disorders*, *29*(3), 237-246.

Mooney, P., Epstein, M. H., Reid, R., & Nelson, J. R. (2003). Status and trends of academic intervention research for students with emotional disturbance. *Remedial and Special Education*, *24*(5), 273-287.

Moore, B. E., & Fine, B. D. (Eds.). (2002). **정신분석 용어사전** (이재훈, 문미희, 신은향, 권혜경, 우재현 역). 서울: 한국심리치료연구소. (원저 1990 출판)

Moos, R. H., & Moos, B. S. (1994). *Family Environment Scale Manual: Development, applications, research* (3rd ed.). Palo Alto, CA: Consulting Psychologists Press.

Moreno, C., Laje, G., Blanco, C., Jiang, H., Schmidt, A. B., & Olfson, M. (2007). National trends in the outpatient diagnosis and treatment of bipolar disorder in youth. *Archives of General Psychiatry*, *64*(9), 1032-1039.

Morey, L. C. (1991). *Personality Assessment Inventory (PAI)*. Port Huron, MI: SIGMA Assessment Systems.

Morey, L. C. (2007). *Personality Assessment Inventory-Adolescent (PAI-A)*. Lutz, FL: Psychological Assessment Resources, Inc.

Murray, H. A. (1943). *Thematic Apperception Test manual*. Cambridge, MA: Harvard University Press.

Nadder, T. S., Rutter, M., Silberg, J. L., Maes, H. H., & Eaves, L. J. (2002). Genetic effects on the variation and covariation of attention deficit-hyperactivity disorder (ADHD) and oppositional-defiant disorder/conduct disorder (ODD/CD) symptomatologies across informant and occasion of measurement. *Psychological Medicine*, *32*(1), 39-53.

Nader, K. O., Kriegler, J. A., Blake, D. D., Pynoos, R. S., Newman, E., & Weathers, F. W. (1996). *Clinician Administered PTSD Scale for Children and Adolescents*. White

River Junction, VT: National Center for PTSD.

Nangle, D. W., Erdley, C. A., Newman, J. E., Mason, C. A., & Carpenter, E. M. (2003). Popularity, friendship quantity, and friend quality: Interactive influences on children's loneliness and depression. *Journal of Clinical Child and Adolescent Psychology*, *32*(4), 546-555.

National Center for Education Statistics. (2004). *The condition of education, 2004* (NCES 2004-077). Washington, DC: U.S. Department of Education.

National Institute of Child Health and Human Development. (2000). *Report of the National Reading Panel: Teaching children to read. An evidence-based literature on reading and implications for reading instruction* (NIH Publication No. 00-4769). Washington, DC: NICHD Clearinghouse.

Neal, J. A., & Edelmann, R. J. (2003). The etiology of social phobia: Toward a developmental profile. *Clinical Psychology Review*, *23*(6), 761-786.

Nelson, C. M., Leone, P. E., & Rutherford Jr., R. B. (2004). Youth delinquency: Prevention and intervention. In R. B. Rutherford, M. M. Quinn, & S. R. Mathur (Eds.), *Handbook of research in emotional and behavioral disorders* (pp. 282-301). New York, NY: The Guilford Press.

Nelson, J. R., Benner, G. J., Lane, K. L., & Smith, B. W. (2004). Academic achievement of K-12 students with emotional and behavioral disorders in public school settings. *Exceptional Children*, *71*(1), 59-73.

Nelson, J. R., Benner, G. J., & Mooney, P. (2008). *Instructional practices for students with behavioral disorders*. New York, NY: The Guilford Press.

Nelson, J. R., Benner, G. J., & Rogers-Adkinson, D. L. (2003). An investigation of the characteristics of K-12 students with comorbid emotional disturbance and significant language deficits served in public school settings. *Behavioral Disorders*, *29*(1), 25-33.

Nelson, J. R., Stage, S., Duppong-Hurley, K., Synhorst, L., & Epstein, M. H. (2007). Risk factors predictive of the problem behavior of children at risk for emotional and behavioral disorders. *Exceptional Children*, *73*(3), 367-379.

Nestadt, G., Samuels, J., Riddle, M., Bienvenu, J. Liang, K. Y., LaBuda, M., . . . Walkup, J., Grados, M., & Hoehn-Saric, R. (2000). A family study of obsessive-compulsive disorder. *Archives of General Psychiatry*, *57*(4), 358-363.

Nevid, J. S., Rathus, S. A., & Greene, B. (2006). *Abnormal psychology in a changing world* (6th ed.). Upper Saddle River, NJ: Prentice Hall.

Nottelmann, E. D., & Jensen, P. S. (1995). Comorbidity of disorders in children and adolescents: Developmental perspectives. In T. H. Ollendick & R. J. Prinz (Eds.), *Advances in clinical child psychology* (Vol. 17, pp. 109-156). New York, NY: Plenum Press.

Ollendick, T. H. (1983). Reliability and validity of the revised fear survey schedule for children (FSSC-R). *Behaviour Research and Therapy, 21*(6), 685-692.

Olsson, C. A., Bond, L., Burns, J. M., Vella-Brodrick, D. A., & Sawyer, S. M. (2003). Adolescent resilience: A concept analysis. *Journal of Adolescence, 26*(1), 1-11.

Osofsky, J. D. (2003). Prevalence of children's exposure to domestic violence and child maltreatment: Implications for prevention and intervention. *Clinical Child and Family Psychology Review, 6*(3), 161-170.

Patterson, G. R., DeGarmo, D. S., & Knutson, N. (2000). Hyperactive and antisocial behaviors: Comorbid or two points in the same process? *Development and Psychopathology, 12*(1), 91-106.

Pavuluri, M. N., Henry, D. B., Devineni, B., Carbray, J. A., & Birmaher, B. (2006). Child Mania Rating Scale: Development, reliability, and validity. *Journal of the American Academy of Child and Adolescent Psychiatry, 45*(5), 550-560.

Pelcovitz, D., Kaplan, S. J., DeRosa, R. R., Mandel, F. S., & Salzinger, S. (2000). Psychiatric disorders in adolescents exposed to domestic violence and physical abuse. *American Journal of Orthopsychiatry, 70*(3), 360-369.

Pennington, B. F. (2002). *The development of psychopathology: Nature and nurture*. New York, NY: The Guilford Press.

Peris, T. S., & Emery, R. E. (2004). A prospective study of the consequences of marital disruption for adolescents: Predisruption family dynamics and postdisruption adolescent adjustment. *Journal of Clinical Child and Adolescent Psychology, 33*(4), 694-704.

Pfeifer, J. C., Welge, J., Strakowski, S. M., Adler, C. M., & DelBello, M. P. (2008). Meta-analysis of amygdala volumes in children and adolescents with bipolar disorder. *Journal of the American Academy of Child and Adolescent Psychiatry, 47*(11), 1289-1298.

Pierangelo, R., & Giuliani, G. A. (2006). *Assessment in special education: A practical approach* (2nd ed.). Boston, MA: Allyn and Bacon.

Pierangelo, R., & Giuliani, G. A. (2008). *Classroom management for students with emotional and behavioral disorders*. Thousand Oaks, CA: Corwin Press.

Pierce, C. D., Reid, R., & Epstein, M. H. (2004). Teacher-mediated interventions for children with EBD and their academic outcomes. *Remedial and Special Education*, *25*(3), 175-188.

Pinker, S. (2002). *The blank slate: The modern denial of human nature*. New York, NY: Viking.

Place, M., Reynolds, J., Cousins, A., & O'Neill, S. (2002). Developing a resilience package for vulnerable children. *Child and Adolescent Mental Health*, 7(4), 162-167.

Plomin, R. (1995). Genetics and children's experiences in the family. *Journal of Child Psychology and Psychiatry*, *36*(1), 33-68.

Plomin, R., & Crabbe, J. (2000). DNA. *Psychological Bulletin*, *126*(6), 806-828.

Polenick, C. A., & Flora, S. R. (2012). Sensory integration and autism: Science or pseudoscience? *Skeptic Magazine*, *17*(2), 28-35.

Positive Education Program. (2008). Re-ED. Retrieved from http://pepcleve.org/re-ed.aspx

Pullen, P. C., & Kennedy, M. J. (Eds.). (2018). *Handbook of response to intervention and multi-tiered systems of support*. Milton Park, England: Routledge.

Putnam, M. L., Deshler, D. D., & Schumaker, J. S. (1993). The investigation of setting demands: A missing link in learning strategy instruction. In L. S. Meltzer (Ed.), *Strategy assessment and instruction for students with learning disabilities: From theory to practice* (pp. 324-354). Austin, TX: Pro-Ed.

Quay, H. C. (1988). The behavioral reward and inhibition system in childhood behavior disorders. In L. M. Bloomingdale (Ed.), *Attention deficit disorder* (Vol. 3, pp. 176-186). Elmsford, NY: Pergamon Press.

Quay, H. C. (1993). The psychobiology of undersocialized aggressive conduct disorder: A theoretical perspective. *Development and Psychopathology*, 5(1), 165-180.

Ramachandran, V. S. (2011). *The tell-tale brain: A neuroscientist's quest for what makes us human*. New York, NY: W. W. Norton & Company.

Rapoport, J. L., Giedd, J. N., & Gogtay, N. (2012). Neurodevelopmental model of schizophrenia: Update 2012. *Molecular Psychiatry*, *17*(12), 1228-1238.

Rapoport, J. L., & Inhoff-Germain, G. (2000). Practitioner review: Treatment of obsessive-compulsive disorder in children and adolescents. *Journal of Child Psychology and Psychiatry*, *41*(4), 419-431.

Reid, R., & Maag, J. W. (1998). Functional assessment: A method for developing classroom-based accommodations and interventions for children with ADHD. *Reading and Writing Quarterly*, *14*(1), 7-15.

Reid, R., & Johnson, J. (2012). *Teacher's guide to ADHD*. New York, NY: The Guilford Press.

Research Press. (2016). Skillstreaming. Retrieved from http://www.skillstreaming.com/

Reynolds, C. R., & Kamphaus, R. W. (2015). *Behavior Assessment System for Children-Third Edition*. Bloomington, MN: NCS Pearson, Inc.

Reynolds, C. R., & Richmond, B. O. (2008). *Revised Children's Manifest Anxiety Scale-Second Edition*. Los Angeles, CA: Western Psychological Service.

Rock, E. E., Fessler, M. A., & Church, R. P. (1997). The concomitance of learning disabilities and emotional/behavioral disorders: A conceptual model. *Journal of Learning Disabilities*, *30*(3), 245-263.

Rorschach, H. (1921). *Psychodiagnostics: A diagnostic test based on perception*. New York, NY: Grune & Singular.

Rosenberg, M. S., Westling, D. L., & McLeskey, J. (2011). *Special education for today's teachers: An Introduction* (2nd ed.). Upper Saddle River, NJ: Pearson Education, Inc.

Rosenberg, M. S., Wilson, R. J., Maheady, L., & Sindelar, P. T. (2004). *Educating students with behavior disorders* (3rd ed.). Boston, MA: Pearson Education, Inc.

Rosenblatt, A. (1996). Bows and ribbons, tape and twine: Wrapping the wraparound process for children with multi-system needs. *Journal of Child and Family Studies*, *5*(1), 101-116.

Rosso, I. M., Cintron, C. M., Steingard, R. J., Renshaw, P. F., Young, A. D., & Yurgelun-Todd, D. A. (2005). Amygdala and hippocampus volumes in pediatric major depression. *Biological Psychiatry*, *57*(1), 21-26.

Rothbart, M. K. (2004). Temperament and the pursuit of an integrated developmental psychology. *Merrill-Palmer Quarterly*, *50*(4), 492-505.

Rothbart, M. K. (2007). Temperament, development, and personality. *Current Directions in Psychological Science*, *16*(4), 207-212.

Rothbart, M. K., & Bates, J. E. (1998). Temperament. In W. Damon (Ed.), *Handbook of child psychology: Vol. 3. Social, emotional, and personality development* (5th ed., pp. 105-176). New York, NY: Wiley.

Rubin, K. H., Bukowski, W. M., & Laursen, B. (Eds.). (2009). *Handbook of peer interactions, relationships, and groups*. New York, NY: The Guilford Press.

Rubin, K. H., Burgess, K. B., Kennedy, A. E., & Stewart, S. L. (2003). Social withdrawal in childhood. In E. J. Mash & R. A. Barkley (Eds.), *Child psychopathology* (2nd ed., pp. 372-406). New York, NY: The Guilford Press.

Rutherford, R. B., Quinn, M. M., & Mathur, S. R. (Eds.). (2004). *Handbook of research in emotional and behavioral disorders*. New York, NY: The Guilford Press.

Rutter, M., Caspi, A., & Moffitt, T. E. (2003). Using sex differences in psychopathology to study causal mechanisms: Unifying issues and research strategies. *Journal of Child Psychology and Psychiatry*, *44*(8), 1092-1115.

Ryan, J. B., Reid, R., & Epstein, M. H. (2004). Peer-mediated interventions studies on academic achievement for students with EBD. *Remedial and Special Education*, *25*(6), 330-335.

Sackett, D. L., Rosenberg, W. M., Gray, J. A., Haynes, R. B., & Richardson, W. S. (1996). Evidence based medicine: What it is and what it isn't. *British Medical Journal*, *312*, 71-72.

Sailor, W., Doolittle, J., Bradley, R., & Danielson, L. (2009). Response to intervention and positive behavior support. In W. Sailor, G. Dunlap, G. Sugai, & H. Horner (Eds.), *Handbook of positive behavior support* (pp. 729-753). New York, NY: Springer.

Salend, S. J. (1994). *Effective mainstreaming: Creating inclusive classroom* (2nd ed.). New York, NY: Macmillan Publishing Co.

Salmon, K., & Bryant, R. A. (2002). Posttraumatic stress disorder in children: The influence of developmental factors. *Clinical Psychology Review*, *22*(2), 163-188.

Salvia, J., & Ysseldyke, J. E. (2007). *Assessment in special and inclusive education* (10th ed.). Boston, MA: Houghton Mifflin.

Santrock, J. W. (2002). *A topical approach to life-span development*. New York, NY: McGraw-Hill.

Santrock, J. W. (2010). *A topical approach to life-span development* (5th ed.). New York, NY: McGraw-Hill.

Schapman-Williams, A. M., Lock, J., & Couturier, J. (2006). Cognitive-behavioral therapy for adolescents with binge eating syndrome: A case series. *International Journal of Eating Disorders*, *39*(3), 245-251.

Scheuermann, B. K., & Hall, J. A. (2008). *Positive behavioral supports for the classroom*. Upper Saddle River, NJ: Pearson Education, Inc.

Scheuermann, B. K., & Hall, J. A. (2012). *Positive behavioral supports for the classroom* (2nd ed.). Upper Saddle River, NJ: Pearson Education, Inc.

Schroeder, C. S., & Gordon, B. N. (2002). *Assessment and treatment of childhood problems: A clinician's guide*. New York, NY: The Guilford Press.

Scott, T. M., & Eber, L. (2003). Functional assessment and wraparound as systemic school processes: Primary, secondary, and tertiary systems examples. *Journal of Positive*

Behavior Interventions, *5*(3), 131-143.

Scourfield, J., Rice, F., Thapar, A., Harold, G. T., Martin, N., & McGuffin, P. (2003). Depressive symptoms in children and adolescents: Changing aetiological influences with development. *Journal of Child Psychology and Psychiatry*, *44*(7), 968-976.

Scruggs, T. E., & Mastropieri, M. A. (2000). The effectiveness of mnemonic instruction for students with learning and behavior problems: An update and research synthesis. *Journal of Behavioral Education*, *10*(2/3), 163-173.

Scruggs, T. E., & Mastropieri, M. A. (2003). Science and social studies. In H. L. Swanson, K. R. Harris, & S. Graham (Eds.), *Handbook of learning disabilities* (pp. 364-379). New York, NY: The Guilford Press.

Severson, H. H., Walker, H. M., Hope-Doolittle, J., Kratochwill, T. R., & Gresham, F. M. (2007). Proactive, early screening to detect behaviorally at-risk students: Issues, approaches, emerging innovations, and professional practices. *Journal of School Psychology*, *45*(2), 193-223.

Shapiro, E. S., & Cole, C. L. (1994). *Behavior change in the classroom: Self-management interventions*. New York, NY: The Guilford Press.

Shear, K., Jin, R., Ruscio, A. M., Walters, E. E., & Kessler, R. C. (2006). Prevalence and correlates of estimated DSM-IV child and adult separation anxiety disorder in the National Comorbidity Survey Replication. *American Journal of Psychiatry*, *163*(6), 1074-1083.

Shepherd, T. L. (2010). *Working with students with emotional and behavior disorders*. Upper Saddle River, NJ: Pearson Education, Inc.

Sikich, L. (2009). Early onset psychotic disorders. In B. J. Sadock, V. A. Sadock, & P. Ruiz (Eds.), *Kaplan & Sadock's comprehensive textbook of psychiatry* (9th ed., pp. 3699-3706). Philadelphia, PA: Lippincott Williams & Wilkins.

Silverman, W. K., & Moreno, J. (2005). Specific phobia. *Child and Adolescent Psychiatric Clinics of North America*, *14*(4), 819-843.

Simeonsson, R. (1991). Primary, secondary and tertiary prevention in early intervention. *Journal of Early Intervention*, *15*(2), 124-134.

Simpson, R. L., de Boer-Ott, S. R., Griswold, D. E., Myles, B. S., Byrd, S. E., Ganz, J. B., . . . Adams, L. G. (2005). *Autism spectrum disorders: Interventions and treatments for children and youth*. Thousand Oaks, CA: Corwin Press.

Skinner, B. F. (1953). *Science and human behavior*. New York, NY: Macmillan.

Smith, B., Barkley, R., & Shapiro, C. (2006). Attention deficit/hyperactivity disorder. In E. J.

Mash & R. Barkley (Eds.), *Treatment of childhood disorders* (3rd ed., pp. 65-136). New York, NY: The Guilford Press.

Smith, G. T., Simmons, J. R., Flory, K., Annus, A. M., & Hill, K. K. (2007). Thinness and eating expectancies predict subsequent binge-eating and purging behavior among adolescent girls. *Journal of Abnormal Psychology, 116*(1), 188-197.

Society of Clinical Psychology. (2022). Website on Psychological Treatments. https://www.div12.org/psychological-treatments/

Sourander, A., Jensen, P., Davies, M., Niemelä, S., Elonheimo, H., Ristkari, T., . . . Almqvist, F. (2007). Who is at greatest risk of adverse long-term outcomes? The Finnish From a Boy to a Man Study. *Journal of the American Academy of Child and Adolescent Psychiatry, 46*(9), 1148-1161.

Sousa, D. A. (2007). *How the special needs brain learns* (2nd ed.). Thousand Oaks, CA: Corwin Press.

Sousa, D. A. (Ed.). (2010). *Mind, brain, & education: Neuroscience implications for the classroom*. Bloomington, IN: Solution Tree.

Spring, B. (2007). Evidence-based practice in clinical psychology: What it is, why it matters; what you need to know. *Journal of Clinical Psychology, 63*(7), 611-631.

Stambaugh, L. F., Mustillo, S. A., Burns, B. J., Stephens, R. L., Baxter, B., Edwards, D., & DeKraai, M. (2007). Outcomes from wraparound and multisystemic therapy in a center for mental health services system-of-care demonstration site. *Journal of Emotional and Behavioral Disorders, 15*(3), 143-155.

Steinberg, L., Lamborn, S. D., Darling, N., Mounts, N. S., & Dornbusch, S. M. (1994). Over-time changes in adjustment and competence among adolescents from authoritative, authoritarian, indulgent, and neglectful families. *Child Development, 65*(3), 754-770.

Steinbrenner, J. R., Hume, K., Odom, S. L., Morin, K. L. Nowell, S. W., Tomaszewski, B., . . . Savage, M. N. (2020). *Evidence-based practices for children, youth, and young adults with Autism*. The University of North Carolina at Chapel Hill, Frank Porter Graham Child Development Institute, National Clearinghouse on Autism Evidence and Practice Review Team.

Steiner, H., & Remsing, L. (2007). Practice parameter for the assessment and treatment of children and adolescents with oppositional defiant disorder. *Journal of the American Academy of Child and Adolescent Psychiatry, 46*(1), 126-141.

Steuer, F. B. (1994). *The psychological development of children*. Pacific Grove, CA:

Brooks/Cole.

Stewart, A. J., & Devlin, P. M. (2006). The history of the smallpox vaccine. *The Journal of Infection*, *52*(5), 329-334.

Stirling, J. (2002). *Introducing neuropsychology*. Milton Park, England: Taylor & Francis, Inc.

Sugai, G., & Horner, R. H. (2002). The evolution of discipline practices: Schoolwide positive behavior supports. *Child and Family Behavior Therapy*, *24*(1/2), 23-50.

Sugai, G., & Horner, R. H. (2007). *SW-PBS & RtI: Lessons being learned*. OSEP Center on PBIS, University of Connecticut & Oregon.

Sugai, G., & Horner, R. H. (2009). Defining and describing schoolwide positive behavior support. In W. Sailor, G. Dunlap, G. Sugai, & R. H. Horner (Eds.), *Handbook of positive behavior support* (pp. 307-326). New York, NY: Springer.

Sugai, G., Horner, R. H., Dunlap, G., Hieneman, M., Lewis, T. J., Nelson, C. M., . . . Ruef, M. (2000). Applying positive behavior support and functional behavioral assessment in schools. *Journal of Positive Behavior Intervention*, *2*(3), 131-143.

Sugai, G., Sprague, J. R., Horner, R. H., & Walker, H. M. (2001). Preventing school violence: The use of office disciplinary referrals to assess and monitor school-wide discipline interventions. In H. M. Walker & M. H. Epstein (Eds.), *Making schools safer and violence free: Critical issues, solutions, and recommended practices* (pp. 50-58). Austin, TX: Pro-Ed.

Sullivan, E. A. (2009). *School-wide positive behavior support (SW-PBS): Creating school, environments that are safe, positive, and sustainable*. Denver, CO: Colorado Department of Education.

Suveg, C., Aschenbrand, S. G., & Kendall, P. C. (2005). Separation anxiety disorder, panic disorder, and school refusal. *Child and Adolescent Psychiatric Clinics of North America*, *14*(4), 773-795.

Swedo, S. E., Rapoport, J. L., Leonard, H., Lenane, M., & Cheslow, D. (1989). Obsessive-compulsive disorder in children and adolescents: Clinical phenomenology of 70 consecutive cases. *Archives of General Psychiatry*, *46*(4), 335-341.

Sykes, R. (2001). Penicillin: From discovery to product. *Bulletin of the World Health Organization*, *79*(8), 778-779.

Technical Assistance Center on Positive Behavioral Interventions and Supports. (2010). *Implementation blueprint and self-assessment: Positive behavioral interventions and supports*. Washington, DC: Office of Special Education Programs, U.S. Department of Education.

Tedeschi, R. G., & Calhoun, L. G. (1996). The posttraumatic growth inventory: Measuring the positive legacy of trauma. *Journal of Traumatic Stress*, *9*(3), 455–471.

Texas Education Agency. (n.d.). Multi-tiered systems of support (MTSS): Questions and answers. Retrieved from https://tea.texas.gov/system/files/TEA%20MTSS%20QA-Final_accessible%20PPT_0.pdf

Thomas, A., Chess, S., & Birch, H. (1968). *Temperament and behavior disorders in children*. New York, NY: New York University Press.

Thomas, C. R. (2010). Oppositional defiant disorder and conduct disorder. In M. K. Dulcan (Ed.), *Dulcan's textbook of child and adolescent psychiatry* (pp. 223–240). Washington, DC: American Psychiatric Publishing.

Thompson, M., & Thompson, L. (2003). *The neurofeedback book: An introduction to basic concepts in applied psychophysiology*. Wheat Ridge, CO: Association for Applied Psychophysiology and Biofeedback.

Tindal, G., & Crawford, M. (2002). Teaching writing to students with behavior disorders: Metaphor and medium. In K. L. Lane, E. M., Gresham, & T. E. O'Shaughnessy (Eds.), *Interventions for children with or at risk for emotional and behavioral disorders* (pp. 104–124). Boston, MA: Pearson/Allyn & Bacon.

Tolin, D. F., McKay, D., Forman, E. M., Klonsky, D., & Thombs, B. D. (2015). Empirically supported treatment: Recommendations for a new model. *Clinical Psychology*, *22*(4), 317–338.

Trembley, R. E. (2000). The development of aggressive behavior during childhood: What have we learned in the past century? *International Journal of Behavioral Development*, *24*(2), 129–141.

University of South Florida. (2008). Rehabilitation Research and Training Center on Positive Behavior Support (RRTC-PBS). Retrieved from http://cfs.cbcs.usf.edu/projects-research/ detail.cfm?id=106

Unruh, D., & Bullis, M. (2005). Female and male juvenile offenders with disabilities: Differences in the barriers to their transition to the community. *Behavioral Disorders*, *30*(2), 105–118.

U.S. Department of Education. (1990). *Individuals with Disabilities Education Act* (Public Law 101–476). Washington, DC: Author.

U.S. Department of Education. (1997). *Nineteenth annual report to Congress on the implementation of the Individuals with Disabilities Education Act*. Washington, DC: Author.

U.S. Department of Education. (2004). *Twenty-sixth annual report to Congress on the implementation of the Individuals with Disabilities Education Act*. Washington, DC: Author.

U.S. Department of Education. (2007). *Individuals with Disabilities Education Act (IDEA) data* (Table 1-3). Washington, DC: Author. [Available online: http://www.ideadata.org/ PartBReport.asp]

U.S. Department of Education Office of Special Education and Rehabilitative Services. (2015). Dear colleague letter. Retrieved form http://www2.ed.gov/policy/speced/guid/idea/memosdcltrs/guidance-on-dyslexia-10-2015.pdf

U.S. Office of Special Education Programs. (2007). *Individuals with Disabilities Education Act (IDEA) data* (Table 2-2c). Washington, DC: Author. [Available online: http://www.ideadata.org/PartBdata.asp]

Valderas, J. M., Starfield, B., Sibbald, B., Salisbury, C., & Roland, M. (2009). Defining comorbidity: Implications for understanding health and health services. *Annals of Family Medicine*, 7(4), 357-363.

Venn, J. J. (2004). *Assessing students with special needs* (3rd ed.). Upper Saddle River, NJ: Prentice-Hall.

Wagner, M. M., Kutash, K., Duchnowski, A. J., Epstein, M. H., & Sumi, W. C. (2005). The children and youth we serve: A national picture of the characteristics of students with emotional disturbances receiving special education. *Journal of Emotional and Behavioral Disorders*, *13*(2), 79-96.

Waldman, I. D., & Lilienfeld, S. O. (1995). Diagnosis and classification. In M. Hersen & R. T. Ammerman (Eds.), *Advanced abnormal child psychology* (pp. 21-36). Hillsdale, NJ: Erlbaum.

Walker, H. M., Horner, R. H., Sugai, G., Bullis, M., Spargue, J. R., Bricker, D., & Kaufman, M. J. (1996). Integrated approaches to preventing antisocial behavior patterns among school-age children and youth. *Journal of Emotional and Behavioral Disorders*, *4*(4), 194-209.

Walker, H. M., Ramsey, E., & Gresham, F. M. (2004). *Antisocial behavior in school: Strategies and best practices* (2nd ed.). Pacific Grove, CA: Brooks/Cole.

Walker, H. M., & Severson, H. H. (1990). *Systematic Screening for Behavior Disorders (SSBD)*. Longmont, CO: Sopris West.

Walker, J. S., & Schutte, K. M. (2004). Practice and process in wraparound teamwork. *Journal of Emotional and Behavioral Disorders*, *12*(3), 182-192.

Walsh, T., & Menvielle, E. (1997). Disorders of elimination. In J. M. Wiener (Ed.), *Textbook of child and adolescent psychiatry* (2nd ed., pp. 613-620). Washington, DC: American Psychiatric Press.

Walsh, W. J., Isaacson, H. R., Rehman, F., & Hall, A. (1997). Elevated blood copper/zinc ratios in assaultive young males. *Physiology & Behavior, 62*(2), 327-329.

Ward, A. (2023). *Sensational*. London, England: Profile Books.

Waschbusch, D. A. (2002). A meta-analytic examination of comorbid hyperactive-impulsive-attention problems and conduct problems. *Psychological Bulletin, 128*(1), 118-150.

Waschbusch, D. A., & King, S. (2006). Should sex-specific norms be used to assess attention-deficit/hyperactivity disorder or oppositional defiant disorder? *Journal of Consulting and Clinical Psychology, 74*(1), 179-185.

Webber, J. (2004). Responsible inclusion. In P. Zionts (Ed.), *Inclusion strategies for students with learning and behavior problems: Perspectives, experiences, and best practices* (2nd ed., 27-56). Austin, TX: Pro-Ed.

Webber, J., & Plotts, C. A. (2008). *Emotional and behavioral disorders: Theory and practice* (5th ed.). Boston, MA: Allyn and Bacon.

Wechsler, D. (2012). *Wechsler Preschool and Primary Scale of Intelligence-Fourth Edition*. Bloomington, MN: NCS Pearson, Inc.

Wechsler, D. (2015). *Wechsler Intelligence Scale for Children-Fifth Edition*. Bloomington, MN: NCS Pearson, Inc.

Weissman, M. M., Wickramaratne, P., Nomura, Y., Warner, V., Verdeli, H., Pilowsky, D. J., . . . Bruder, G. (2005). Families at high and low risk for depression: A 3-generation study. *Archives of General Psychiatry, 62*(1), 29-36.

Wentzel, K. R. (2009). Peers and academic functioning at school. In K. Rubin, W. Bukowski, & B. Laursen (Eds.), *Handbook of peer interactions, relationships, and groups* (pp. 531-547). New York, NY: The Guilford Press.

Wentzel, K. R., & Asher, S. R. (1995). The academic lives of neglected, rejected, popular, and controversial children. *Child Development, 66*(3), 754-763.

Werner, E. E., & Smith, R. S. (1992). *Overcoming the odds: High risk children from birth to adulthood*. Ithaca, NY: Cornell University Press.

Whitbourne, S. K., & Whitbourne, S. B. (2011). *Adult development of aging: Biopsychosocial perspective* (4th ed.). Hoboken, NJ: John Wiley & Sons, Inc.

White, O. R., & Haring, N. G. (1980). *Exceptional teaching* (2nd ed.). Upper Saddle River, NJ: Merrill/Prentice Hall.

Wicks-Nelson, R., & Israel, A. C. (2009). *Abnormal child and adolescent psychology* (7th ed.). Upper Saddle River, NJ: Pearson Education, Inc.

Widiger, T. A., & Clark, L. A. (2000). Toward DSM-V and the classification of psychopathology. *Psychological Bulletin*, *126*(6), 946-963.

Wikipedia. (2013, July 22). Self-management. Retrieved from http://en.wikipedia.org/wiki/Self-management

Wikipedia. (2014, January 11). Wraparound (childcare). Retrieved from http://en.wikipedia.org/wiki/Wraparound_(childcare)

Wikipedia. (2015, June 30). Project Re-ED. Retrieved from http://en.wikipedia.org/wiki/Project_Re-ED

Wikipedia. (2020, September 26). Evidence-based practice. Retrieved from https://en.wikipedia.org/Evidence-based_practice

Wikipedia. (2024, September 24). Brain-body interaction. Retrieved from https://en.wikipedia.org/w/index.php?title=Brain-body_interaction&oldid=1217303956

Wilczynski, S. M., Rue, H. C., Hunter, M., & Christian, L. (2012). Elementary behavioral intervention strategies: Discrete trial instruction, differential reinforcement, and shaping. In P. A. Prelock & R. J. McCauley (Eds.), *Treatment of autism spectrum disorders: Evidence-based intervention strategies for communication and social interactions* (pp. 49-77). Baltimore, MD: Paul H. Brookes Publishing Co.

Wilens, T. E., Biederman, J., Brown, S., Tanguay, S., Monuteaux, M. C., Blake, C., & Spencer, T. J. (2002). Psychiatric comorbidity and functioning in clinically-referred preschool children and school-age youths with ADHD. *Journal of the American Academy of Child and Adolescent Psychiatry*, *41*(3), 262-268.

Williamson, D. A. (1990). *Assessment of eating disorders: Obesity, anorexia, and bulimia nervosa*. Elmsford, NY: Pergamon.

Wolery, M., Strain, P. S., & Bailey, D. B. (1992). Reaching potentials of children with special needs. In S. Bredekamp & T. Rosegrant (Eds.), *Reaching potentials: appropriate curriculum and assessment for young children* (pp. 92-111). Washington, DC: National Association for the Education of Young Children.

Wolfe, D. A. (1999). *Child abuse: Implications for child development and psychopathology* (2nd ed.). Thousand Oaks, CA: Sage.

Wolfe, D. A., Crooks, C. V., Lee, V., McIntyre-Smith, A., & Jaffe, P. G. (2003). The effects of children's exposure to domestic violence: A meta-analysis and critique. *Clinical Child and Family Psychology Review*, *6*(3), 171-187.

Wood, J. J., McLeod, B. D., Sigman, M., Hwang, W. C., & Chu, B. C. (2003). Parenting and childhood anxiety: Theory, empirical findings, and future directions. *Journal of Child Psychology and Psychiatry*, *44*(1), 134-151.

Workman, E. A. (1998). *Teaching behavioral self-control to students* (2nd ed.). Austin, TX: Pro-Ed.

World Health Organization. (2018). *International classification of diseases: Diagnostic criteria for research* (11th ed.). Geneva, Switzerland: Author.

Wright School. (2014). Wright School: The North Carolina Re-Education Program. Retrieved from http://www.wrightschool.org/index.htm

Yell, M. L., Meadows, N. B., Drasgow, E., & Shriner, J. G. (2009). *Evidence-based practices for educating students with emotional and behavioral disorders*. Upper Saddle River, NJ: Pearson Education, Inc.

Ysseldyke, J. E., Algozzine, B., & Thurlow, M. (1992). *Critical issues in special education* (2nd ed.). Boston, MA: Houghton Mifflin.

Zalsman, G., Brent, D. A., & Weersing, V. R. (2006). Depressive disorders in childhood and adolescence: An overview: Epidemiology, clinical manifestation and risk factors. *Child and Adolescent Psychiatric Clinics of North America*, *15*(4), 827-841.

Zamariola, G., Frost, N., Van Oost, A., Corneille, O., & Luminet, O. (2019). Relationship between interoception and emotion regulation: New evidence from mixed methods. *Journal of Affective Disorders*, 246, 480-485.

Zentall, S. S. (2006). *ADHD and education: Foundations, characteristics, methods, and collaboration*. Upper Saddle River, NJ: Merrill/Prentice Hall.

Zhang, J., Martella, R. C., Kang, S., & Yenioglu, B. Y. (2023). Response to intervention (RTI)/multi-tiered systems of support (MTSS): A nationwide analysis. *Journal of Educational Leadership and Policy Studies*, 7(2), 1-25.

Zimet, D., & Jacob, T. (2001). Influences of marital conflict on child adjustment: Review of theory and research. *Clinical Child and Family Psychology Review*, *4*(4), 319-335.

Zimmerman, M. A., & Arunkumar, R. (1994). Resiliency research: Implications for schools and policy. *Social Policy Report*, *8*(4), 1-17.

Zionts, P., Zionts, L., & Simpson, R. L. (2002). *Emotional and behavioral problems*. Thousand Oaks, CA: Corwin Press.

Zirkel, P. A. (2009). What does the law say? New section 504 student eligibility standards. *Teaching Exceptional Children*, *41*(4), 68-71.

찾아보기

인명

기관명

일반용어

관련법

사정도구

약물관련 용어

저자 소개

이승희(李承禧; Lee, Seunghee)

• 약력

고려대학교 학사(교육학)
미국 California State University, Sacramento 석사(유아교육학)
미국 University of Illinois at Chicago 박사(특수교육학)
미국 Early Childhood Research and Intervention Program 선임연구원
미국 University of Illinois at Chicago 객원조교수
고려대학교 교육문제연구소 연구조교수
미국 University of Illinois at Chicago 방문교수
조선대학교 특수교육과 교수
현재: 조선대학교 특수교육과 명예교수
　　 시카고특수교육연구소 소장

• 저서

특수교육평가(제1판)(학지사, 2006)
자폐스펙트럼장애의 이해(제1판)(학지사, 2009)
특수교육평가(제2판)(학지사, 2010)
자폐스펙트럼장애의 이해(제2판)(학지사, 2015)
정서행동장애개론(제1판)(학지사, 2017)
특수교육평가(제3판)(학지사, 2019)
장애아동관찰(학지사, 2021)
자폐스펙트럼장애의 이해(제3판)(학지사, 2024)
특수교육평가(제4판)(학지사, 2024)

• 역서

정서 · 행동장애의 이해: 사례중심적 접근(제2판)(박학사, 2003)
정서 · 행동장애의 이해: 사례중심적 접근(제3판)(박학사, 2007)

• 대표논문

특수교육연구에 있어 생존분석 사용에 대한 고찰(2000)

3세 이하 특수유아 어머니의 교육수준 및 혼인상태와 가정환경과의 관계(2001)

우리나라와 미국의 특수교육 실태 비교: 통계자료 분석을 중심으로(2001)

발도르프학교 교육의 특수교육적 고찰: 치료 오이리트미를 중심으로(2003)

고기능자폐증과 아스퍼거증후군의 비교 고찰(2007)

전반적 발달장애와 자폐스펙트럼장애의 개념적 비교(2008)

DSM에 나타난 PDD 개념의 변화에 대한 고찰(2009)

국가수준학업성취도평가를 위한 장애학생의 대체사정에 대한 고찰: 미국의 관련 연방법을 중심으로(2010)

응용행동분석, 특수교육, 정서 · 행동장애에 대한 긍정적 행동지원의 관계 고찰(2011)

정서행동장애 정의와 출현율의 개념 및 관계에 대한 체계적 고찰(2012)

정서행동장애의 인지적 모델에 관한 10문 10답(2013)

DSM-5의 자폐스펙트럼장애에 관한 10문 10답(2014)

한국어판 ADHD 평정척도-IV(K-ARS-IV)의 현황과 개선방안(2015)

DSM-5 ASD 진단준거의 B4(비정상적 감각반응)에 대한 쟁점과 과제(2017)

부적강화와 도피-회피조건형성의 비교 고찰(2018)

자폐스펙트럼장애의 단일중재전략과 종합중재모델에 대한 고찰(2018)

응용행동분석에서의 촉구와 용암법의 유형에 대한 고찰(2019)

응용행동분석에서의 배경사건과 동기조작 개념에 대한 비교 고찰(2020)

응용행동분석에서의 일반화의 유형과 일반화의 유형별 정의에 대한 고찰(2021)

응용행동분석에서의 유지와 일반화의 관계 모델(2022) 外 다수

정서행동장애개론(제2판)

Introduction to Emotional and Behavioral Disorders (2nd ed.)

2017년 2월 25일 1판 1쇄 발행
2025년 8월 30일 2판 1쇄 발행

지은이 • 이승희

펴낸이 • 김진환

펴낸곳 • ㈜학지사

04031 서울특별시 마포구 양화로 15길 20 마인드월드빌딩

대표전화 • 02-330-5114 팩스 • 02-324-2345

등록번호 • 제313-2006-000265호

홈페이지 • http://www.hakjisa.co.kr

인스타그램 • https://www.instagram.com/hakjisabook

ISBN 978-89-997-3484-7 93370

정가 25,000원

파본은 구입처에서 교환해 드립니다.